世界经济"反思与镜鉴"译丛
RETHINKING THE WORLD ECONOMY: A TRANSLATED SERIES OF STUDIES

创新性变革
开启一场经济复兴

INNOVATIVE
START CHANGE
AN ECONOMIC
RENAISSANCE

［英］菲尔·马伦（Phil Mullan）◎著
徐栗　欧阳瑾◎译

石油工业出版社

内容提要

本书为政治经济领域的研究提供了一个创新的视角，详细分析了导致西方世界主要经济体停滞不前的原因，将经济危机带回到最基本的层面。书中分析西方是如何丧失其经济活力的，又将如何恢复其经济活力？本书内容均为严谨的分析和丰富的参考资料，不仅精辟地描述了僵尸资本主义，更勇敢地挑战了宿命论的正统观念，帮助我们进一步深入理解经济停滞，更难得的是为我们介绍了改变这一状态的出路。提出创造性破坏理论表明，当下需要一场新的工业和技术革命，结合经济重组，才能摆脱经济萎缩，提出把世界从长期的经济衰退中解救出来的建议和解决方法。

图书在版编目（CIP）数据

创新性变革：开启一场经济复兴 /（英）菲尔·马伦（Phil Mullan）著；徐粟，欧阳瑾译 . —北京：石油工业出版社，2019.7
（世界经济"反思与镜鉴"译丛）
ISBN 978-7-5183-3342-4

Ⅰ. ①创… Ⅱ. ①菲… ②徐… ③欧… Ⅲ. ①世界经济–研究 Ⅳ. ①F11

中国版本图书馆CIP数据核字（2019）第082853号

Creative Destruction: How to Start an Economic Renaissance
by Phil Mullan
© The Policy Press 2017
The simplified Chinese translation rights arranged through Rightol Media（本书中文简体版权经由锐拓传媒取得Email:copyright@rightol.com）
本书经英国The Policy Press授权石油工业出版社有限公司翻译出版。版权所有，侵权必究。
北京市版权局著作权合同登记号：01-2019-4374

创新性变革：开启一场经济复兴
［英］菲尔·马伦（Phil Mullan） 著　徐　粟　欧阳瑾　译

出版发行：石油工业出版社
　　　　　（北京市朝阳区安华里二区1号楼 100011）
网　　址：www.petropub.com
编　辑　部：(010) 64523766　图书营销中心：(010) 64523633
经　　销：全国新华书店
印　　刷：北京中石油彩色印刷有限责任公司

2019年7月第1版　2019年7月第1次印刷
740×1060毫米　开本：1/16　印张：23
字数：420千字

定　价：59.00元
（如发现印装质量问题，我社图书营销中心负责调换）
版权所有，翻印必究

《世界经济"反思与镜鉴"译丛》
编委会

主　编：卢周来　孟　捷

编　委：（按姓氏笔画排序）

　　　　丁为民　马黎明　王高峰　卢　荻

　　　　朱安东　刘志国　李　玲　李秀铎

　　　　邱海平　张小飞　张忠任　张晓凌

　　　　周明生　胡乐明　胡建国　钱　筠

　　　　陶光远　龚　刚

总　序

从历史粗线条看,近代以来的中国,每一次大的变革与转折,都无不伴随有本土文化与外来思想相互激荡。而中国经济发展与转型,也随着全球资本的扩张,越来越受到世界经济的影响与制约。这其中,有两次特别大的机缘。一次是马克思主义的引入,彻底改变了自1840年以来国家左冲右突仍不得其道的状况,且在彼时特定的世界格局下,引导中国经济选择了计划经济与主要依靠自力更生自我循环;另一次是现代西方经济思想不断涌入且影响力日增,并与传统马克思主义以及本土文化资源一起,逐渐塑造了经济理论界新的生态,中国经济走上市场经济之路并与世界经济日渐融为一体。两次大的机缘背后的历史动因,都无非是内部形势使然与外部环境倒逼,需要引入新元素,来冲破已教条化的旧思想所形成的禁锢,为寻找新路进行思想的再启蒙与再解放。

自20世纪80年代以降,资本主义与市场体制一度凯歌猛进,以至于乐观的西方理论家先是提出"危机终结"理论,后干脆提出"历史终结"命题。然而,肇始于2008年的全球金融危机,再次中断了关于资本与市场的种种神话。历史也再次表明,任何一种思潮,无论曾经如何应运应时应景,如果不能与时俱进,而是变成了刚性的教条,就可能变成发展的障碍。"势比人强"。当金融危机在全球各地不断触发社会危机甚至政治危机之后,西方学界亦开始对资本主义与市场体制再度进行反思,一度被边缘化的马克思主义、后凯恩斯主义、历史学派以及演化经济学、创新经济学、行为经济学等思想资源,重新被重视,被挖掘,被援引,并且已经蔚然成大观。可以预期，彻底摆脱危机的过程，将是世界经济体系激烈重构的过程，也是各种经济理论重新进行交流与统合的过程。

同样是20世纪80年代始，中国选择市场取向的改革，引入相应的西方经济思想，既是在遭受大的挫折后对历史的一次主动选择，同时也是对世界潮流的认知与顺从。这也为中国带来了世界经济史上罕有的持续高速经济增长。但我们也必须时刻保持一种清醒：市场体制始终有其固有弊端，如果过于迷信其自发力量，周期性危机必将如影随形。因为从某个角度看，经济危机与其说是资本主义制度专属，不如说是纯粹市场经济体制的通病；而恰恰就在中国经济理论界，有一种思潮在不断发现与赞美"市场的伟大力量"同时，也呈现出一种"新僵化"或者说"新教条"倾向：对政府的任何调节都予以反对，却不允许对市场予以任何质疑。这显然不利于中国经济未来在世界经济的惊涛骇浪中把握好航向。在这个时候，我们更有必要重申坚持中国"主体性"，坚持马克思主义指导地位，坚持中国特色社会主义理论自信，并以海纳百川的胸怀与心态，始终保持对新思想的敏感，尤其要借鉴西方学术界反思全球性金融危机之后的最新思想成果，以防止再犯历史上有过的"极化思维"或"矫枉过正"的错误。

正当此时，石油工业出版社引入了近年来不少国外大方之家的经济学著作，其中大部分主题与上述主旨高度相关。承蒙信任，邀约我们组成编委会并主持这套丛书。我们理当尽力推介好此套丛书，希冀能为中国经济发展与转型少走弯路提供些许镜鉴，希冀以此促进形成中国经济思想界更为平衡更为良好的学术生态。

卢周来　孟　捷

2019年4月

推荐序

2008年金融危机爆发以来，围绕着危机产生的深层原因，经济学家们展开了广泛而持久的讨论。新自由主义的私有化、市场化、自由化"三化"政策，被众多学者视为金融危机的"罪魁祸首"。然而，随着时间的推移，一个更为重要的问题凸显出来。20世纪30年代的"大萧条"之后，西方国家只用了十年左右的时间就解决了经济衰退的问题，当前即使在以人工智能为代表的新一代通用技术崛起的背景下，西方发达国家的投资、生产率、就业率和经济增长等诸多指标却始终乏善可陈。较之反思和清算新自由主义与新自由主义经济学，经济学家当前面临着更为重要的问题是：为何危机十年之后，生产方面始终没有出现任何实质性的复苏？菲尔·马伦这本《创新性变革》对此进行了富有价值的阐释。

在菲尔·马伦看来，从黄金三十年结束，亦即从20世纪70年代石油危机以来，西方国家就已经进入了类似于20世纪20～30年代大萧条一样的"长萧条"之中，2008的金融危机不过只是这一长萧条过程的一次更为剧烈的表现而已。自石油危机以来，西方国家无论是劳动生产率的增长，还是商业投资总额占GDP的比例，都一直处于下降通道之中。2008危机以来至今所表现出的复苏缓慢，只不过是沿袭了长萧条的下行趋势。当前的主流分析，或者将复苏乏力问题全部归咎于金融危机，或者归结为创新的边际效率递减，都没有触及更深层次的问题：对西方国家而言，曾经支撑了黄金三十年繁荣的那种广泛而不受约束的经济活力已经不复存在。

经济活力的丧失，根源在于系统性的"抑制"。周期性经济衰退、国际资本流动和国家主导的金融化，共同构成了抑制长萧条衰退趋势的力量，其最终结果是，掩盖了生产领域里的根本性问题——如投资率和生产率停滞——的严重程度，从而使20世纪70年代中期以来的"长萧条"，演变成了一场长达四十多年的"抑制型萧条"。这种抑制过程，类似于一种治标不治本甚至饮鸩止渴的疗法——始终不让经济衰退的破坏性效应彻底释放出来，其代价则是同时牺牲了破坏性的另一面——创造性。马伦认为，"抑制型萧条"的这种抑制既有政府主动干预的成分，也有市场内在的因素。其中，周期性经济衰退通过淘汰掉一些薄弱的部门，开启暂时的经济复苏和增长时期；国际资本流动，无论是20世纪70年代后期的"石油美元"，还是20世纪90年代以来以中国为代表的新兴国家的流入资本，都事实上导致价值从发展中国家转移到了西方国家，从而增强了西方国家的经济恢复能力，缓解了经济增速放缓带来的不利影响；国家主导的金融化则不仅为国际资本流动发挥了作用，也为日渐衰退的西方各国提供了新的"增长点"。无论是政府主动干预还是市场本身的力量，周期性经济衰退、国际资本流动和国家金融化三者综合性抑制的总的结果，是掩盖了生产率增长乏力这一问题的严重性和紧迫性，抑制了真正激发经济活力的创造性破坏这一关键机制，从而使西方国家呈现出一种僵尸经济的特征。

之所以出现如此长时间的抑制型萧条，很大程度上是因为与早期资本主义国家相比，现代资本主义国家的主要目标已不再是恢复长期经济活力，而是短期内稳定经济形势。虽然增长与稳定之间有一致性，但也不可避免地存在冲突，因为增长总是要伴随一定的破坏性，从而牺牲掉稳定性。第二次世界大战之后的黄金三十年繁荣期间，西方国家并不在意这种破坏性和不稳定性，只要能换来生产率的增长。也就是，那时西方国家"促进经济增长速度的政策，都把未来置于优先于当下的地位"。但是进入"长萧条"以来，尤其是20世纪80年代后期以来，各国政府机构更倾向于短期的经济稳定。政府制定的政策不是去确立一种稳固的增长机制，反而是试图以此为代价来恢复经济的稳定性。然而，着力于短期内的稳定经济始终无法释放破坏性，从而也始终无法形成创造性，经济体的各种停滞特征会始终存在，并始终阻碍着经济的发展。最终，国家干预只能缓解经济衰退一些最严重的特征，可整个经济却已变得越来越僵化，这就形成了一种不断抑制、不断僵化的恶性循环。从这个意义上说，如果新自由主义的主旨只是让市场释放力量同时让政府远离经济的话，将长萧条归咎于新自由主义可能过于简单化了，因为真正的始作俑者恰好是政府：扶持那些无力通过投资于新技术而促进生产率的企业、鼓励和纵容金融业的畸形发展。

为什么对抑制型萧条这种低增长的乏力状态，人们越来越可以接受甚至会为之辩护？马伦指出，抑制性萧条的长期流行不仅和国家求稳定不求增长，只顾短期不顾长期的政策导向有关，而且和流行的经济学观念存在一定误导性有关。就经济增长理论而言，无论是索罗的外生增长理论，还是罗默等人的内生增长理论，都没有注意到资本投资与生产率之间的必然联系，从而淡化甚至忽视了实物资产方面的有形投资的重要性。尤其是20世纪80年代以来，伴随着内生增长理论的流行和知识经济观念的普及，经济学家和统计部门都过分夸大了研发（R&D）投入、人力资本和市场营销等领域中投资的作用，并认为这是以知识为基础的新型虚拟经济的主要投资特征。相较之下，厂房和设备等方面的有形投资并没有那么重要，至少当后者的衰退被前者的投入增额所弥补时，投资就不存在衰退一说。对此，马伦花了相当篇幅进行批驳，认为研发投入、创意、设计、涉及组织技能的咨询管理等方面的投资被纳入投资计算本身就是荒谬的，因为如果没有有形投资，创新也好，专利也罢，研发投入也好，都无法产生真正意义上的产出增加。知识与技能方面的无形支出，尤其是研发（R&D）支出，必须与有形投资紧密结合起来，才能发挥出作用。从统计观察的角度看，不仅将无形投资纳入投资总额的计算方式，而且包含了住宅和公共基础设施投资的固定资本形成总值（GFCF）的统计口径，都会在一定程度上掩盖经济体"活力"的衰减。只有商业投资净额，才能用来衡量提高生产率和创造优质就业岗位所需的创新投资。按照马伦的统计，美国相对于经济规模而言的商业投资净额，已经从战后经济繁荣期结束时的近6%，下降到了如今的2.5%左右。

马伦对有形投资的强调，与其"生产率至上"的出发点是一致的。马伦在本书开篇就引用了保罗·克里格曼（Paul Krugman）在《期望递减的年代》一书的警句——生产率并非说明了一切，但从长远来看，它差不多说明了一切。而生产率的增长之所以重要，是因为：第一，只有生产率的增长才意味着我们可以用更少的资源生产出更多满足需要的商品，同时也意味着实际收入的持续增加；第二，只有在生产率增长的前提下，经济活动才能形成一种自强化的正反馈，从而使增长得以持续。因为生产率增长意味着会产生出额外的资源，可用于下一轮提高生产率的投资，从而使生产率继续提高，形成一种良性循环的过程；第三，只有在生产率增长的前提下，创新才是可持续的、并具有实质意义。因为新技术只有和资本投资结合才能实现生产率增长，而只有生产率不断增长的经济体才可以确保研发继续获得充足的投入，研发投入则继续带来种种发现与发明。相比之下，在一种增长停滞的经济中，创新之源以及实现创新的资本投资两个方面都会受到制约，从而导致生产创新也停滞下来。

马伦认为，无论是对20世纪70年代以来的通信技术革命，还是当下被热捧的人工智能技术，都无须也不可能抱以太高的期望。"长萧条"的突出特征，不仅在于其"抑制型"，而且在于其创新范围一直非常有限。20世纪80年代至今，无论是基于ICT技术还是AI技术的创新，多集中在改变生活的消费品领域，而这类创新更多的只是扩大了我们的消费集合，通过提供新的效用类型改变了我们的生活方式，但无助于节省我们在生产社会基本必需品时所用的资源。平台经济或共享经济只是使闲置资源得到了更为充分的利用，生产领域的大数据技术虽然可以通过优化和重组生产工艺来暂时性地提高生产率，但很容易达到极限；在这类技术真正大展身手的金融行业，虽然有助于金融行业筹集资金或减少开支，然而这一领域的应用不会直接产生价值，也不会给生产率带来益处。简言之，只要创新不是集中在能够提高生产率的生产技术上，就会呈现出所谓索洛悖论（Solow Productivity Paradox）——迅猛的创新速度与创新对生产率的有限影响并存。

为何投资一直乏力？更准确地说，为何长萧条期间相对经济规模而言的商业投资净额一直疲软不振？马伦发现，长期以来，尤其是2008金融危机以来，投资处于低位的原因，并非是金融危机使企业不得不"去杠杆化"，即使是危机之后，绝大多数国家的企业债务仍然持续增长。企业也并不是因必须用利润去偿还债务才不得不削减其投资，恰恰相反，是相对宽松的贷款可得性让企业债务出现了持续增长。这里存在的"谜之链条"在于：正是由于预期利润率的低下，以及追求财务报表完美性的动机，才使得企业审慎于长期有形资本投资，而只是依赖宽松的现金供应维系，但有形投资不足则进一步导致预期利润率低下，继续导致投资乏力和生产率提升缓慢，从而进一步恶化利润率预期。在这里，马伦高度认可马克思关于利润率下降的理论，即利润率下降的确是资本主义不可避免的趋势。但马伦同时清醒地指出，马克思在刻画利润率下降趋势的同时，也指出了伴随的各种反制性力量，虽然利润率下降是资本主义发展过程一个几乎恒定不变的特征，但它不可能仅凭自身就导致一场经济危机。"马克思明确拒绝接受任何一种机械地或者宿命论式地解释这条'最重要'法则之影响的观点。利润率下降现象的存在，本身并不是衡量当前经济健康状况的一个指标。虽说在现代资本主义发展历程的绝大部分时间里，利润率都在下降，但只是在极少数情况下，经历了一段段漫长的岁月之后，这种下降才会在一种退行性生产崩溃中显露出来"。也就是说，马伦认为，长萧条的根本问题，在于现行制度尤其是政府政策，并未使马克思所说的利润率下降的反制性力量彻底释放出来。

马伦的著作虽然以西方国家为分析对象，但对于中国的读者而言，该书仍有重要的启发意义。尤其是在供给侧改革的背景下，如何清除那些无望恢复生气，仅靠借贷或政府支持而免于倒闭的僵尸企业，如何有效提升生产率，如何引导战略性新兴产业的发展，如何促进人工智能等新技术在生产领域中的广泛应用，马伦的诸多观点非常值得借鉴。相信读者一定会受益良多。

中国社科院经济所副所长　胡乐明

致　谢

撰写本书的灵感，源自本人从20世纪70年代开始就参与政治的经历，源自过去20年来本人在互联网与电信行业内的从业经历。这些方面，都让我获得了非常有利的条件，经历了30年间出现的那三场重大金融危机。

1996年和1997年那两年，我正在曼谷和马尼拉推广"赛伯利亚"（Cyberia）网吧的特许经营业务，因而得以充分、直接体会到了亚洲金融危机带来的影响。几年之后，我又经历了互联网的繁荣与萧条；其时，我仍然在"赛伯利亚"公司工作，同时也是"易网"（Easynet）这家通信服务企业的董事会成员。两家企业当时都处在信息和通信革命的最前沿。到2008年金融危机爆发的时候，我正担任"易网"的常务董事一职，在那段动荡不安的岁月里，负责该公司的英国业务。

这些经历，都让我获得了种种特殊的机会，能够深入思考经济当中实体经济与金融业之间的相互作用。因此，非常感谢下面三位引领本人进入这两家企业的人士：基思·特亚律（Keith Teare）、戴维·罗伊（David Rowe）和爱娃·帕斯科（Eva Pascoe）。他们让我拥有了这种生活，使得我在后来能够抽出时间进行研究，并且撰写本书。他们既是三位具有独创性的、成功的商界人士，也是三位敏锐的思想家，对经济、技术以及其他各种全球性的问题都进行过深入的思考。在很多场合下，我们曾经一起探讨过这些问题。

这些反思性的探讨，说明本书首先是大家进行协作和集思广益的产物。当然，并非仅仅是与上述三位以及其他同事之间的协作。也并非只是众多作家和演说家提出的观点，才激发我更加深入地去思考西方经济乏力的这个问题。除此以外，我还与许多人士进行过直接的协作；这一点，为本书的撰写和出版发挥出了不可估量的作用。许多人士在听说或者看过本书前几稿之后，都向我提出过具有建设性的反馈意见。

本书的精华内容汲取众家之长，汇集了其他人士的智慧而成。其中，部分乃属我有意加以吸纳，更多的内容无疑是我下意识地借鉴利用的。当然，这并不是说，对于本书的全部内容，或者甚至绝大部分内容，所有与我协作过的人士都会一致认同。

应当感谢的人士不胜枚举，限于篇幅我只能对下述诸位表示衷心的感谢：

阅读了本书最初几稿，并且提出了一些具有启迪性的想法与建议，从而极大地帮助我完善和提炼了书中论点的人士有：弗兰克·富里迪（Frank Furedi）、菲利浦·萨德勒（Philip Sadler）、丹尼尔·本-艾米（Daniel Ben-Ami）、罗布·李昂斯（Rob Lyons）、安格斯·肯尼迪（Angus Kennedy）和米娜·托克索斯（Mina Toksöz）。

还有詹姆士·沃德海森（James Woudhuysen）：感谢他提出的学术观点与投入的精力，尤其是在技术和创新问题上提出的意见与付出。我还要感谢他在百忙之中抽出了太多的时间，来完善我的行文风格。就算他没有彻底做到这一点，原因也在于本人具有一些根深蒂固的坏习惯，而不是因为他没有付出心血。

还有我的朋友克莱尔·福克斯（Claire Fox）、米克·休姆（Mick Hume）、奥斯汀·威廉姆斯（Austin Williams）、伯恩哈德·布劳尔（Bernhard Blauel）、布里德·赫尔（Brid Hehir）、温迪·厄尔（Wendy Earle）以及我的姐姐帕特丽夏（Patricia），感谢他们的建议与鼓励。正是有了他们，我才坚持下来，度过了这个旷日持久的项目中的一段段艰难时光。

感谢我的非正式编辑加文·波因特（Gavin Poynter）和迈克·菲茨帕特里克（Mike Fitzpatrick），他们曾经孜孜不倦地替我审阅草稿、提出质疑、进行评论，并且给出了改进意见。后来，由于这一切都还不够，他们又加紧对各个章节的草稿进行了编辑。我们经常在下午聚会，喝喝茶、吃点儿饼干。对我而言，这种聚会总能让我学到东西、获得灵感和感到快乐，同时也让我对这两位极其聪明的人士形成了一定的敬畏之情，让我自惭形秽，觉得相比他们来说，我这一生当中实在是太过于孤陋寡闻了。

此外，还要最真挚地感谢我那位可爱而坚忍不拔的妻子和最佳伴侣帕娜（Para），感谢她在此过程中始终安抚我的疑虑，解决我遇到的困难，协助我撰写和出版本书，感谢她所做的一切。

目录

引　言　西方金融危机十年之后　1

几乎各地的经济增长都陷入了停滞……这是一种新的残酷现实：整个世界都困在了慢车道上，似乎没人知道该怎么办。

经济增长为何没有复苏？　5

"长萧条"　11

国家和僵尸经济　14

第一部分　目前的处境

第 1 章　衰退与复苏　23

20世纪70年代中期至80年代初的那几次经济衰退，不仅协助淘汰掉了整个经济体系中最薄弱的一些部门，更开启了一段暂时的经济复苏和增长时期。

虚幻的曙光与错误的预测　31

"资源诅咒"　35

创新性变革
开启一场经济复兴

第 2 章　生产率衰退　37

生产率的增长，是经济发展和社会进步的根本动力。而生产率增长过程中出现的波动，也将交替出现的资本主义扩张和资本主义危机阶段区分开来。

生产率为何很重要　40

生产率日益衰退　43

对生活水平的影响　46

生产率：投资与创新　50

生产率之争　55

一种新的信息与通信技术（ICT）经济？　56

英国的生产率难题　64

第 3 章　创新谜题　71

大国不可能仅仅由于擅长贸易，或者由于拥有丰富的大米、小麦、煤炭、石油或货币储备，就称其为大国，更不用说仅凭这些就能保持其大国地位了。大国必须能够促进和利用持续不断的技术创新。

何谓创新　76

衡量创新　79

创新与生产率　87

创新与生产　88

国家在研发（R&D）中的作用及其疏忽　90

第4章　投资为何重要　93

研究与科学会产生出新的思想，却不足以自行进步。只有通过投资，利用具有创新性的方式，实现它们为人类增添快乐或者让经济更加繁荣的作用，研究与科学才会产生社会价值。

投资总额　97

商业投资净额下降　101

为什么投资依然很重要　106

结论　119

第二部分　长萧条

第5章　利润率的问题　123

利润率的升降与经济、投资密切相关。经济学家对利润率的衡量，看不多准确地反映出了20世纪经济发展史的盛衰兴废。

投资下降之谜　126

解决投资乏力的难题　133

从繁荣到衰退：一场利润率的危机　136

第6章 增长终结 147

20世纪70年代中期出现的经济萧条,不仅仅是一场严重的周期性经济衰退,还标志着发达经济体创造新的产业部门、提供充足而体面的就业岗位的本领进入了一个下降的时代。

利润率危机如何遏制商业投资　151

尽管单个企业利润增长,投资依然乏力　155

利润率下降问题的棘手性　162

智识挑战　163

第三部分　我们为何会陷入困境

第7章 抑制型萧条 167

在这场缓慢发展的经济萧条中,各大工业化国家在深陷生产衰退的困境的同时能够合理、有效地抑制经济衰退带来的不稳定影响,证明如今的资本主义与20世纪30年代的资本主义相比,具有了更大的韧性。

商业周期放缓　171

经济活力萎缩　175

创造性破坏推动社会生产力　177

企业与岗位流动性下降　179

第 8 章　僵尸经济　189

单个企业和其中的劳动力，可能会因经济形势保持稳定和具有持续性而直接受益，但长此以往的话，整个经济和依靠这种经济来维持生计、获取收入的人都会受到不利的影响。僵尸经济会变成一个黑洞，吸走并遏制所有的活力，并且打击人们的创新冲动。

创造性破坏减少　192

僵尸经济的崛起　195

意外成果　203

抑制性萧条比上一次萧条好不到哪里去　204

第 9 章　资本主义的智识危机　207

本章描述了在与经济发展、社会进步息息相关的传统价值观中，智识日渐衰退并使得各国的领导阶层如今都缺乏长远使命感的过程。

变革中的智识衰退　209

商业领域普遍存在不确定性　210

改变对不确定性、未来与变革的看法　214

启蒙价值观的衰落　220

百年倒退　221

暂时的缓解　224

敌人消失　225

人性的衰减　231

启蒙价值观对经济的影响　232

文化对重组的反感　234

第 10 章　对变革感到不安　237

在这里我们将回顾一下人们对变革感到不安的心态中的三种：一是对风险的高度关注，二是对新技术的影响更感担忧，三是可持续性这种商业原则的兴起。其中的每一种，都阻碍到了转型投资和经济发展。此外，它们还维持了一种有利于国家支持稳定而非支持增长的经济政策的风气。

对风险的高度关注　239

科技悲观主义盛行　243

可持续性准则　249

第 11 章　敷衍了事的魅力　257

自2010年以来，应对欧元区危机成为了欧盟和各国政府一种"踢皮球"式的、旷日持久的做法。德国的《明镜周刊》将这种现象称为"不争不抢的哲学"，即那种敷衍了事的哲学理念。

经济干预的去政治化　260
国家的经济政策信誉尽失　262
别无选择（TINA）与技术官僚统治的兴起　265
恢复力增强　268

第 12 章　敷衍了事的局限性　279

近几十年来的"敷衍了事"，不可能永远有效，它们的局限性都是相对的，而不是绝对的。敷衍了事带来的政治挑战与其说是源于其局限性，还不如说是源于其有效性。

虚假的宽慰　281

持久存在　284

效果枯竭　286

不稳定　290

结论　295

第三部分　出路

第13章　摆脱"长萧条"　299

> 摆脱"长萧条"的魔爪并非易事,但我们必须这样做,也有可能做到这一点。面临的最大挑战并不是客观存在的、经济上的制约因素,而存在于我们的思想观念与想象力、文化与政治领域内。

经济挑战　302

国家主导的重组　309

政府和第二次世界大战　310

"大回避":变革的政治障碍　313

开创经济重组的政治氛围　315

民主的瓦解　318

参考文献　325
缩略词表　347

引言

西方金融危机十年之后

> 几乎各地的经济增长都陷入了停滞……这是一种新的残酷现实：整个世界都困在了慢车道上，似乎没人知道该怎么办。
>
> ——《外交事务》杂志

> 几乎各地的经济增长都陷入了停滞……
> 这是一种新的残酷现实:
> 整个世界都困在了慢车道上,
> 似乎没人知道该怎么办。
>
> ——《外交事务》杂志(*Foreign Affairs*)社论,2016年3月

21世纪头十年末,西方国家爆发了金融危机;这场危机,是1929年华尔街股市崩盘以来最为严重的一次。之后,西方国家便出现了一种严峻的经济衰退形势,而发达国家受到的影响尤其严重,这一点并不奇怪❶。但是,10年过后,尽管金融领域趋于稳定,可人们关注的焦点,却已转向了生产方面始终没有出现任何实质性复苏的问题。

人们早前还抱有种种希望,期待着出现一种更具活力的经济复苏,如今这些希望却再度破灭了;联合国(UN)2016年发表的《世界经济形势与展望》(World Economic Situation and Prospects)年度报告,就说明了这一点。投资乏力的形势为时已久,在生产率、就业和经济增长方面,都给"大批经济体"带来了下行压力❷。生产力僵化,已经变成了我们这个时代一个严重的经济问题。各国政府似乎都束手无策,无力采取任何措施来振兴生产力。

---

❶ 对于2007年至2009年发生的一系列动荡事件,我们常称之为"全球金融危机"。其实,用"全球"一词具有误导性,因为这场危机是西方国家造成的。虽说金融危机的影响波及了全球,但此种说法掩盖了危机起源于发达的工业化国家内部生产力衰退这一事实,因而不利于我们去搞懂危机究竟是如何发生的。

❷ 联合国,2016年,第9页。

创新性变革
开启一场经济复兴

有些人把生产力增长速度的放缓，看成是一个"长期性经济停滞"时代到来的标志❶。国际货币基金组织（IMF）前首席经济学家奥利维尔·布兰查德（Olivier Blanchard）则较为务实：他曾警告说，我们应当降低对未来潜在生产率增长的期望值，把生产率增长停滞看成是一个"无法改变的事实"❷。与此同时，麦肯锡咨询公司（McKinsey）也在向客户提出建议，要客户考虑，起码在接下来的20年内降低他们的投资回报期望；这样做，也为我们描绘出了一幅经济增长持续乏力的前景❸。

发达经济体全都陷入了一种周期性的萧条当中。投资不足导致的低增长，具有一种明显的自我强化特征；这一点，更是增强了人们普遍存在的绝望情绪。投资不足会耗尽经济中的生产能力；反过来，生产能力受损又会拖累经济增长，拖累到收入和投资。经济学这门原本沉闷惨淡的科学，正在陷入新的深渊当中。

表0.1　衰退、经济危机与萧条

"衰退""经济危机"与"萧条"，这三个词的意思各有不同。"衰退"是指经济活动暂时性地收缩的一个时期，通常都是根据国内生产总值（GDP）连续两个季度下滑这一点来确定。"经济危机"是一种较为长期的状态，以投资位于低水平、经济创造新行业与优质就业岗位的能力衰退为特点。目前的这场经济危机，始于1973年至1975年间的经济衰退。"萧条"指的是经济危机业已变得自我强化的一段形势严峻的时期，以整个生产机器萎缩停滞为特点。目前这段旷日持久的经济萧条，在本书中称为"长萧条"，以区别于20世纪30年代的那场"大萧条"。

---

❶ 萨默斯（Summers），2016年。
❷ 奥利维尔·布兰查德，《金融危机后全球经济增长缓慢是无法改变的事实》（Slow growth is a fact of life in the post-crisis world），见于《金融时报》（Financial Times），2016年4月14日。
❸ 麦肯锡全球研究所（McKinsey Global Institute），2016年。

经济增长为何没有复苏?

对于危机过后的经济低迷形势，人们有三种普遍的说法。那些"痛恨银行家的人"带着程度不一的老练世故，将整体经济持续面临的种种困难，全都归咎于金融业的膨胀。他们认为，资本转向投机活动、货币市场的波动性和债务负担三个方面，都对生产性投资产生了持久的制约作用。

"技术悲观主义者"认为，技术资源如今业已枯竭，过去两个世纪以来的经济增长局面不可能再继续下去。许多人还称，人口统计中老龄化所带来的阻力，正在让形势变得更加严峻。相比之下，"技术乐观主义者"却认为，创新的力量从来都没有如今这样强大。电子商务以及即将出现的无人驾驶汽车和人工智能，都证明了这一点。一些狂热支持技术创新的人还认为，国内生产总值（GDP）这种增长指标，低估了新技术的贡献。

这些说法有一个共同的特点，那就是无一例外地带有宿命论的色彩，因此持有这些观点的人都甘愿忍受西方各国目前的运作方式。那些强调金融危机造成破坏的人断言，连期待今后多年里出现一种"新平庸"式的细微增长，也是不现实的❶。把注意力都放在技术作用上的人，往往也倾向于持有一种宿命论式的态度，接受目前的经济形势。他们要么认为技术枯竭必然会导致低增长，要么就是认为，技术进步意味着人们可以无视经济统计表明增长微乎其微这一现象：他们认为没有什么不对头，因此也无须去修复任何东西。

人们还提出了一些互补性的观点，认为是人口结构变化导致了经济增速放缓，认为这种情况是自然而然、难以改变的，甚至是"不可阻挡"的❷。一种更加尊重大自然的态度，也与经济增速缓慢的形势可能长久持续下去的观点共存着。从各个方面来看，这些观点似乎都符合当前的经济发展趋势。

大家公认的一点就是，对一个国内生产总值（GDP）增长率达到最低限度的世界，整个社会都应当习以为常才是。这种对增长乏力的默许态度，与世间盛行的、认

---

❶ 国际货币基金组织（IMF）主席克里斯蒂娜·拉加德（Christine Lagarde）创造的一个术语。拉加德，2014年。

❷ 阿伦森（Aaronson）等，2014年，第199页。

为经济较快增长有可能带来更多生态危害的那种环境保护主义观点保持一致。然而，这种观点也谴责了西方社会，称持续的生产衰退会带来危害人类的种种后果。如果不采取能够撼动经济的干预措施，就不可能恢复投资繁荣、生产率增长适度的局面。经济的繁荣发展将进一步受到削弱。应对现存和未来的种种社会挑战所需的额外资源，其中也包括环境资源，都将锐减。

我们不妨更加仔细地来看一看这三种观点。

金融化带来的重负

许多评论人士都曾提醒过西方国家的领导人，要后者做好心理准备，迎接旷日持久的经济衰退，把它看成此前20年各国金融业蓬勃发展将要付出的代价。理查德·古（Richard Koo）❶对日本经济自1990年之后那"失去的二十年"进行过研究，他曾提出，西方社会可能会陷入一种相似的、旷日持久的"资产负债表式衰退"中❷。在他看来，私营行业不会很快恢复支出与借贷。相反，私营行业将把精力集中在"去杠杆化"这个方面，以偿付这一行业背负的巨额债务。不管是个人还是企业，巨额借贷方都将不得不经历一段清理期，来降低业已导致了严重后果的债务水平。

在卡门·莱因哈特（Carmen Reinhart）❸和肯尼斯·罗格夫（Kenneth Rogoff）❹对金融危机的明确描述中，他们总结了历史经验，并且指出：严重的金融危机过后，往往就会出现缓慢的经济复苏❺。他们认为，考虑到2008年金融危机的规模，对于随后出现一段旷日持久、低于标准增长水平的时期这一点，任何人都不应当感到惊讶才是。从这个角度来看，新的借贷需求必然会后继乏力。在进行结构重组和试图稳定经济形势的过程中，脆弱的金融机构都是不愿意放贷的。此外，居高不下的公共债务，

---

❶ 台湾裔美国经济学家，是日本野村综合研究所的首席经济学家，中文名为"辜朝明"。——译者
❷ 理查德·古，2011年。
❸ 美国经济学家，哈佛大学肯尼迪学院的国际金融体系女教授。2009年她与罗格夫合著的《这次不一样：八百年金融荒唐史》（This Time Is Different: Eight Centuries of Financial Folly），全面深入地分析了从中世纪到现在全球66个国家的数百次经济危机，包括债务、银行业、货币和通胀等问题，一经出版即成为畅销书。——译者
❹ 国际货币基金组织（IMF）前首席经济学家，哈佛大学经济与公共政策学教授，在克林顿政府期间曾担任总统的经济顾问一职。——译者
❺ 莱因哈特、罗格夫，2009年。

也对经济增长发挥了一种制约作用❶；政府实施的紧缩措施，往往也会产生一种短期的通货紧缩效应。

然而，随着形势逐步发展，最终却表明，把经济增长停滞的责任归咎于金融业的观点，是站不住脚的。尽管出现过种种预测，可全球并未出现多大规模的去杠杆化❷，而私营行业的借贷也恢复得相当迅速。到了金融危机之后那个十年中期，非金融企业的借贷速度甚至快过了以往任何时候❸。个人借贷的趋势也在再次走强❹。相对于放贷来说，金融机构没用多久就恢复到了合理的繁荣水平，从而促进了商业借贷的再次增长。据联合国（UN）评估，危机过后的金融业实际上复苏得非常迅速，并且显著超过了实体经济的复苏速度❺。根据这一说法，金融危机造成的"伤疤"愈合之后，经济增长原本应当迎头赶上才是，可实际情况呢，增长速度却依然缓慢得很❻。

因此，经济活力疲软不振的原因，似乎并非只是金融危机造成了不利影响，应该还有别的原因。即便是企业已经再次开始借贷，它们也没有把贷款投入效率更高的工厂与设备，以便改善和扩大经营。在同一时期里，许多企业都成功地提高了自身的收益❼，因此，缺乏金融工具这一点，不可能是投资处于低位的原因。

增长枯竭

那些把生产停滞的原因归咎于技术枯竭的评论人士常常认为，过去10年间的生产率增速之所以放缓，根源就在于创新方面出现了一种较为长期性的衰退。例如，

---

❶ 莱因哈特、罗格夫，2012年。
❷ 多布斯（Dobbs）等，2015年。
❸ 联合国，2016年，第23页。
❹ 希拉里·奥斯本（Hilary Osborne），《英格兰银行表示，消费贷款自金融危机以来增长最快》（Rise in consumer borrowing is fastest since pre-crisis, says Bank of England），见于《卫报》（The Guardian），2016年1月4日；美联储（US Federal Reserve），《消费信贷报告》（Consumer Credit Release），2016年2月，网址：www.federalreserve.gov/releases/g19/current/。
❺ 联合国，2016年，第23页。
❻ 奥利维尔·布兰查德，《金融危机后全球经济增长缓慢是不争的事实》（Slow growth is a fact of life in the post-crisis world），见于《金融时报》，2016年4月14日。
❼ 《物极必反》（Too much of a good thing），见于《经济学人》（The Economist），2016年3月26日。

泰勒·考恩（Tyler Cowen）❶曾在2011年提出，经历了20世纪众多了不起的技术进步（包括电气化、电话、内燃机）之后，我们已经"摘食了所有唾手可得的果实"，已经来到了一个发展停滞的高原上❷。

在考恩看来，1969年的登月行动就是一道具有象征性的分水岭，将一个技术飞速发展的时代与一个技术进步明显较为缓慢的时代区分开来了。罗伯特·戈登（Robert Gordon）❸大体上也同意这一观点；此人认为，1970年那一年，就是标志着"区分较快增长与较慢增长的显著分界点"❹。戈登认为，近来计算机技术和以通信为基础的技术所产生的影响，远不如第二次工业革命期间各种发明创造所带来的影响。

尽管科学方面取得了辉煌的进步，可这些进步的影响主要局限在娱乐、媒体、零售与金融业等领域里。与早期的创新不同，尽管人们抱有很高的期望，可迄今为止，这些进步还没有给予食品、服装、住房、交通或卫生相关的制造业和生产带来革命性的影响。

显而易见，数字技术目前还只是在有限的生产活动中得到了应用。同样明显的是，这正是导致生产率增长持续停滞的一个重要因素。不过，这是创新投资不足所致，而非技术本身的失败。

表0.2 四次工业革命

> 第一次工业革命，是从18世纪开始，以出现蒸汽机、珍妮纺纱机和铁路为标志的革命。第二次工业革命发生在19世纪下半叶，以电报、电话、电力和内燃机为重点。第三次工业革命始于20世纪中期，以核能、喷气推进和电子计算机化为标志，并且导致了互联网和其他数字技术的出现。第四次工业革命呢，就是如今我们为了摆脱"长萧条"而需要的一次革命。

---

❶ 美国著名经济学家，现执教于乔治·梅森大学，并主持该校知名智库"美国市场研究中心"（Mercatus Center），2011年曾被《经济学人》杂志提名为过去10年"最具影响力的经济学家"。——译者

❷ 考恩，2011年。

❸ 美国著名经济学家，美国西北大学的社会科学教授，曾担任美国国家经济研究局经济周期测定委员会委员，著有《宏观经济学》等著作。——译者

❹ 戈登，2016年，第522页。

技术狂热者的托辞

那些热切支持新技术的人士,却不同意创新已经达到了某种技术极限或社会极限的观点。他们提出的证据,就是20世纪90年代末期的互联网繁荣。当时,一些新兴企业抓住了互联网与个人计算机带来的机遇,得以蓬勃发展起来。他们把移动电话技术的迅猛发展看成是另一个标志,说明我们根本就没有停滞于过去,而是生活在一个"变化速度正在加快"的全球社会里。他们还颂扬了纳米技术与基因组学的前景。

不过,正如我们已经看到的那样,对技术持有悲观态度的人士在提到数字化革命具有狭隘性的时候,他们的观点还是有一定道理的。个人所用的小设备、游戏平台和智能电话,已经改变了我们的消费方式和休闲方式。但是,自从20世纪80年代首次推出文字处理软件与数据电子制表技术以来,在改造生产工艺或者创立新的生产部门这个方面,信息与通信技术(ICT)发挥的作用却相对较小。

有些支持技术的人士还称,对经济解释具有指导意义的统计数据,并没有充分体现出数字技术对经济增长与经济繁荣发挥的诸多作用来。免费的智能手机应用程序,在诸多方面改善了我们的生活。比方说,它们可以让我们通过卫星导航系统找到回家的路,或者通过"优步"(Uber)叫到出租车。他们称,尽管这个方面可能会让我们的心情变得更加舒畅,让我们的生产效率变得更高,可在衡量经济产出的主要统计数据即国内生产总值(GDP)当中,却没有把这个方面计入进去❶。

从这个角度来看,用"工业时代"的统计方法,是无法充分地衡量一种以服务为动力的信息密集型经济的,因为"工业时代"的统计方法比较适合统计部件,而不适于统计数字化的信息❷。尽管国内生产总值(GDP)增长停滞,可我们的生活质量却提高了。而且,他们还坚称,人们低估了信息与通信技术(ICT)相关产品质量的改善,而这些产品的价格,也没有得到恰当的体现。因此,人们都夸大了通货膨胀,从而导致实际的产出数据却被人们低估了❸。实际的生产率,其实要高于人们所称的生

---

❶ 蒂莫西·艾佩尔(Timothy Aeppel),《硅谷不相信美国的生产率正在下降》(Silicon Valley doesn't believe U.S. productivity is down),见于《华尔街日报》(Wall Street Journal),2015年7月16日。

❷ 布林·约尔森,1993年。

❸ 马丁·费尔德斯坦(Martin Feldstein),《美国低估了经济增长》(The U.S. underestimates growth),见于《华尔街日报》(Wall Street Journal),2015年5月18日;比恩(Bean),2016年。

产率。

不过，根据质量来进行调整往往都是非常困难的。评估国内生产总值（GDP）时这种可能出现的误差，并非是有了计算机之后才开始的：我们不妨想一想20世纪汽车性能的改善情况。至于这种误差的范围为什么会在近年来扩大，也就是在人们思索生产率下滑这一问题的那个时期里扩大，我们还不清楚原因。实际上，数据采集技术的进步，更有可能是降低而非增大了这种不精确性。[1]

热衷于技术的人士还认为，数字化服务与产品带来的大部分消费福利，都没有进入国内生产总值（GDP）的统计数据当中。例如，统计数据中遗漏了通过互联网获得免费信息与娱乐而产生的价值。不过，这种衡量标准中的缺陷，也不是什么新现象。官方的统计数据，一向都旨在衡量市场活力，而不是以衡量消费福利为目标的。这种统计数据，从来就没有重视过以前的创新带来的一些最重要的益处，比如电灯和冰箱、电话和电视。尽管我们通过个人电脑与智能电话获得了许多无法量化的乐趣，可把它们排除在国内生产总值（GDP）之外，却并不意味着统计数据无效。因此，这一点也无法解释生产率增长乏力的原因。

有些人声称，信息与通信技术（ICT）为人们节省的时间或金钱，就等于统计数据中遗漏了的"生产率"增长，这也是一种错误的看法。生产率是衡量生产效率的一种标准，而不是衡量人们在闲暇时间都干了什么的标准。就算某种对生产有用的东西是免费的，不需要成本，这种情况对衡量生产率的标准而言，也是无关紧要的。比方说，假如在给定的一段时间内，毫不费力地利用互联网进行搜索会导致一个人的产出增加，也就是说此人的生产率会提高。但是，这一点会在标准的生产率指标中体现出来，而不管此人使用搜索引擎的时候需要不需要付费。

这些观点，都试图解释2008年以来没有出现持续经济复苏的原因。将这些观点简要地总结一下，就会证实人们普遍存在的这样一种感受：现代资本主义社会在努力恢复经济增长方面，遇到了一些重大的障碍。不管人们认为这些障碍属于金融制度的寄生特点，还是属于技术的局限性，大家都普遍承认，对于发展而言，它们就算不是完全无法逾越的障碍，也是难以克服的障碍。连那些热切支持技术的人士，似乎也已在国内生产总值（GDP）的低增长前听天由命，只不过他们是出于不同的原因、使用了错误的衡量标准才这样。而与这些说法恰好相反的是，我们面临的主要经济困难，并

---

[1] 美国劳工统计局（BLS），2015年，第15页；戈登，2016年，第527–528页。

非不是金融上的困难、决心上的困难或者错觉导致的困难。这些困难，都与生产息息相关，它们很容易受到人类的干扰，而且，它们都是实实在在的困难。

在关于经济没有出现复苏这一问题的不同看法当中，还暴露出了一种观点：这种观点认为，发达的西方经济体面临的种种问题，并非始于2008年。整个经济创造出新的部门、提供体面就业岗位这种能力的停滞与衰退倾向，数十年来早已显而易见；实际上，自20世纪70年代初"长萧条"伊始，就是如此。

"长萧条"

第二次世界大战结束后的20多年里，西方国家迎来了史上持续时间最长的一个经济增长时期。历经了长达近30年的战争、政治动荡和经济打击之后，美国以及处于美国霸权之下的欧洲和日本，都开始享受到了经济平稳增长、就业充分与生活水准提高带来的好处。

然而，1973年至1975年间的经济衰退，却标志着一段持续到了如今的经济增长停滞时期开始，也就是"长萧条"开始了。在过去的40年里，生产率的增长速度日益下降，而这些国家也始终无法获得一种适度的持续增长率。图0.1表明，领先于西方经济体的"七国集团"（G7）内部的经济增长速度❶，在20世纪六七十年代出现了大幅下降，并且自那时以来，始终都在一个十年一个十年地稳步下降。[尽管国内生产总值（GDP）具有诸多的局限性，但它仍是衡量财富创造的最佳综合指标；请参见本章结尾处的表0.3：衡量经济表现。] 在接连出现的经济复苏期内，净就业率增长速度的明显放缓，也体现出美国生产率的衰退之象（参见图0.2）。

---

❶ 本书主要关注的，是美国、英国、德国和日本这四大西方经济体，再加上法国、意大利和加拿大这三个国家。

创新性变革
开启一场经济复兴

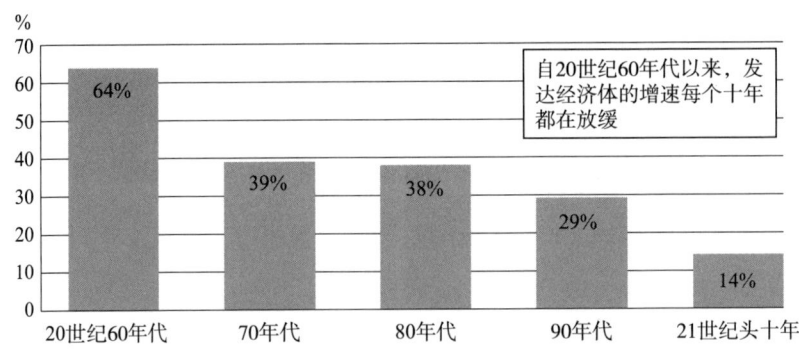

图0.1 "七国集团"(G7)每个十年的实际经济增长

来源:经济合作与发展组织,"'七国集团'按不变价格计算的国内生产总值(GDP),主要经济指标"。

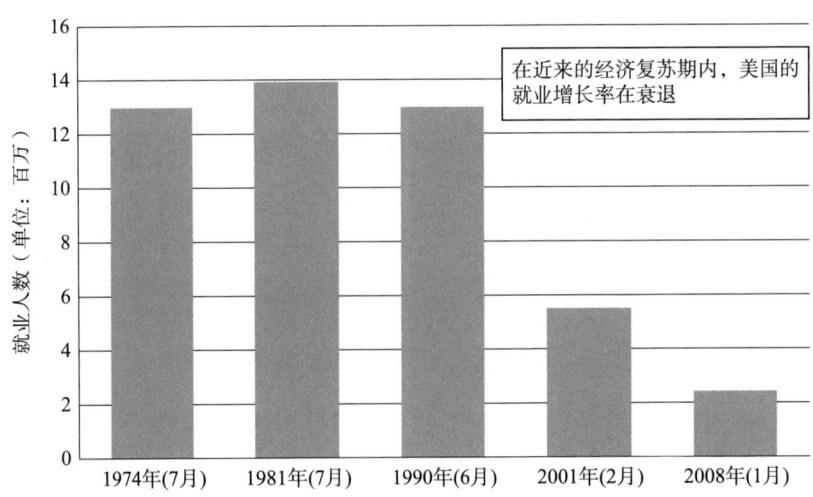

图0.2 以前的增长峰值过了7年后,美国的非农就业人数净增长
来源:美国劳工统计局,"当前的就业统计数据系列",CES0000000001号。网址:http://data.bls.gov/timeseries/CES0000000001

人均国内生产总值(GDP)这一指标,考虑到了人口规模变化的影响,因而是一种最佳的标准,能够衡量社会让人民的生活变得更美好和不断得到改善的能力。图0.3表明,这一指标中的经济增速,自20世纪60年代以来就已下降;其中以日本的降幅最大,但所有发达经济体的情况都是如此。

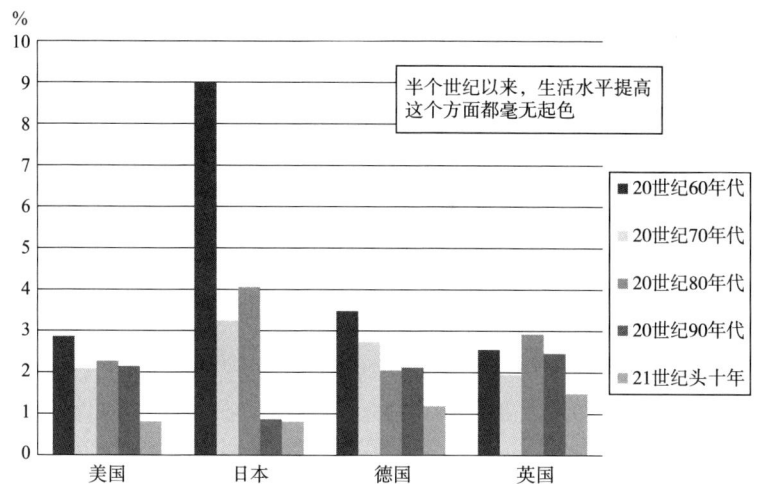

图0.3 实际人均国内生产总值（GDP）的年均增长率
来源：美国劳工统计局，"国际劳动分工国内生产总值（GDP）比较图"。网址：http://www.bls.gov/fls/home.htm#tables。

2008年金融危机爆发之前早已开始的长期性增长停滞，导致了一种结果，那就是住房和交通、教育和卫生等标准一直都落后于人民大众的预期。从年轻人的大规模失业，到人口老龄化需求中出现的困难，各种社会问题似乎都是层出不穷，超出了政府干预的能力。

在最近几十年里，许多人的生活水平都在持续提升；这一事实反映出，经济衰退既不是一个绝对的过程，也不是一个连续不断的过程。自这场危机开始以来的40年里，新的企业投资率与生产率的增长速度都已日益下滑。不过，产出却有所增长，企业利润有所增加，而绝大多数人的生活水平也都提高了。经济的发展往往并不平衡，萧条时代尤其如此。经济衰退是一种趋势，而非一条一成不变的铁律。衰退的模式，并不是一种绝对的下滑。更准确地说，这是一个过程，其中根本性的衰退动力与各种具有抵消性的弹性相互作用，甚至偶尔还会爆发出阵阵活力。之所以如此，原因主要在于资本主义应对机制的有效性。

有些国家的经济，在新的发展中获得了暂时的喘息之机。20世纪80年代，北海的石油和天然气得到开采，从而提振了英国和其他一些欧洲国家的经济。20世纪90年代，互联网的商业化在硬件和软件方面都给一些国家带来了机遇。近年来，页岩能源的繁荣发展又让北美各国获得了一笔意外之财，而其他一些国家，包括英国在内，也正在努力开发这种资源。我们在后文中将看到，这些"飞来横财"还为各国提供了一个机会，使之能够回避处理投资与生产率这样的根本问题。

有三个因素，对整个经济体系的恢复具有更加重大的作用；在第一章里，我们将对这些因素进行进一步的探究。其中的第一个因素，就是周期性经济衰退带来的影响，这些影响扮演着一个具有历史意义的双重角色。一方面，它们表现出了朝着经济危机发展的种种倾向；另一方面，它们又通过淘汰竞争力较弱的企业，以及由此带来的生产率增长，为整个经济提供了一种复兴机制。第二个因素，就是国际资本流动的贡献。20世纪70年代的油价危机之后，国际资本流动采用了"石油美元"的形式。最近，处境艰难的西方经济体则从中国和其他新兴经济体获得了巨额的资本流入。第三个因素，也是其中最重要的一个因素，就是金融化的兴起，即金融活动而非生产性活动开始占据优势，并且开始与国家形成密切的联系。这种联合，带来了一种强大的应对机制，即"国家金融化"（我们将在第一章里进一步说明这一点）。这些具有抵消性的力量结合起来，发挥的作用就是：掩盖了生产领域里那些根本问题的严重程度。

在很大程度上来说，"长萧条"属于一种"抑制型萧条"。结果，这种萧条掩盖了生产率增长乏力问题的紧迫性，使得人们非但开始安于现状，还沾沾自喜地给这种现状贴上了"新常态"的标签❶。

国家和僵尸经济

对于是哪些因素导致了自20世纪70年代以来的生产率下降，经济学家之间还存在很大的分歧。然而，人们却一致认为，在20世纪80年代，也就是美国奉行"里根主

---

❶ 这是美国太平洋投资管理公司（Pimco）自2009年以来推广的一个术语，当时该公司正管理着世界上最大的一只债券基金。参见穆罕默德·埃尔–埃里安（Mohamed El-Erian）的《穆罕默德·埃尔–埃里安谈太平洋投资管理公司的长期展望与投资战略》（Mohamed A. El-Erian discusses PIMCO's secular outlook and investment strategy），见于《太平洋投资管理公司经济展望》（PIMCO Economic Outlook），2009年5月。

义"(Reaganism)、英国奉行"撒切尔主义"(Thatcherism)的那个10年里,市场力量的复苏与国家退出经济生活这一点有关。在许多人看来,正是与放宽管制紧密相关的金融业热潮,为2007年至2008年那场金融危机的爆发铺平了道路。用马丁·沃尔夫(Martin Wolf)❶的话来说,就是:"事实证明,以市场为导向的思潮复辟之后出现的金融驱动型资本主义,是一种物极必反的制度。"❷从这个角度来看,不可逆转地导致了金融危机的,就是各种不受约束的市场力量;这些力量以各种各样的形式表现了出来,比如投机、高管奖金无比优厚和社会不平等等现象日益加剧。

在第八章里,我们将对这种共识提出质疑。这种共识,经常被人们错误地称为"新自由主义"的胜利。相反,如今的市场甚至不如过去那样自由了。在20世纪80年代,国家实际上并没有退出经济生活。在"放宽管制"的名义下,国家干预的形式出现了重大的变化。国家放弃了旨在促进经济增长的那种经济政策传统,可同时非但提供了补贴来维持产业的发展,还鼓励了金融行业的壮大。我们也没有多少证据,证明资本家身上释放出了巨大的创业潜力。在通过金融化活动来努力获得快速回报的过程中,这些人宁愿不冒风险,因而不会投资于新的技术或生产领域。

就算到了再也无法回避的时候,政策制定者通常也只是勉勉强强地解决眼前的问题。比如,在20世纪90年代和21世纪的头十年初,政策制定者都很不审慎地助长了金融化的扩张之势,以此来为资本主义提供一种有效的应对机制❸。由此出现的那种繁荣局面,最后却以金融危机而告终。

政府应对金融危机的政策,走的都是19世纪80年代以来历届政府的老路,采取的都是注重实利与目光短浅的政策。正如沃尔夫所说,政府的目标就是"采取最少的措施来'让形势重回正轨'"❹。政府制定的政策,就是不去确立一种稳固的增长机制,试图以此为代价来恢复经济的稳定性。然而,这种由国家主导的措施,最终结果却是适得其反。试图在当前形势下稳定经济,会产生一种事与愿违的效果,既会留下经济当中各种停滞不前的特征,又会阻碍到经济的发展。尽管国家干预缓解了经济衰

---

❶ 英国记者,《金融时报》的首席经济评论员。　　译者
❷ 沃尔夫,2014年,第xxii页。
❸ 克里普纳(Krippner),2012年,第2—3页。
❹ 沃尔夫,2014年,第5页。

退一些最严重的特征，可整个经济却已变得越来越僵化。

短期的权宜之计虽说带来了暂时性的缓解，却让深层次的问题变得更加严重了。这些政策，最终让经济衰退得更加厉害。通过维持一种停滞不前的生产基础，国家已经阻碍到了约瑟夫·熊彼特（Joseph Schumpeter）❶所称的那种"创造性破坏"。政府不是鼓励更有活力的企业去取代面临困境的公司，而是选择去维持一种"僵尸"经济。各种各样的国家政策，扶持的都是那些无力通过投资于新技术而促进生产率的企业。于是，一种业已失去活力的经济就获得了生机勃勃的假象，而经济复苏的表象也掩盖了一种持续的衰退过程。

要想摆脱"长萧条"的魔爪，并非易事。尽管我们需要进行全面的生产重组，才能恢复资本主义创造价值的能力，可各国政府的默认选择，往往却是避免扰乱经济形势。但是，对于恢复经济增长来说，大规模的"创造性破坏"却是至关重要的。老旧的和生产率较低的资本资产，必须被新兴生产部门对最新技术的转型支出所冲销、所取代。

自金融危机爆发以来，投资乏力与经济增长缓慢这两个根本问题，已经变得日益明显起来。然而，依旧有太多的经济学家、政界人士以及公众人物喜欢贬低这些警告信号，或者回避这些警告信号。一些意想不到的事件，有时确实会促使精英阶层更好地认识到经济的疲软状态。2016年，英国举行了"脱欧公投"，唐纳德·特朗普（Donald Trump）则在大选中获胜，当选为美国总统；推动这两件事情的，与其说是经济因素，还不如说是民众对技术官僚政策和文化价值观的抵制心态。尽管如此，这两件事情的结果还是产生了冲击效应，影响到了人们对整个经济的看法。不仅如此，它们还动摇了精英阶层那种沾沾自喜的心态，使之对2009年之后经济复苏的程度及其对民众的影响程度不再感到自负了。

然而，即便是在经济衰退日益受到了更多关注的情况下，人们也是普遍倾向于支持那些得过且过、敷衍了事的策略，而不是实施那些专注于经济增长的政策。人们总是在回避，不愿带着一种发挥出真正作用的适度决心，去面对经济萧条带来的种种挑

---

❶ 著名的美籍奥地利裔政治学家兼经济学家，曾担任奥地利财政部长、美国"经济学会"会长等职，后一直在哈佛大学任教，著有《经济发展理论》《资本主义、社会主义与民主》《经济分析史》等著作，被誉为"创新理论"的鼻祖。——译者

战。许多人虽说已经在一定程度上认识到了这个问题的严重性,可他们往往持有一种宿命论式的观点,认为经济不会增长或者只有低增长的局面还会持续下去。

这就意味着,恢复经济增长面临的最大挑战并不在于经济,而在于政治。这种挑战就在于,人们没有认识到阻碍生产发展的制约因素,没有认识到这些制约因素可能处于人类的控制之下。与大卫·里恩❶那部同名电影中的主人公、"阿拉伯的劳伦斯"(Lawrence of Arabia)所说的话正好相反,我们的命运并非"已成定局"。未来没有定数。经济衰退的过程并非不可避免。至于恢复经济活力的第一步,就是理解这次"长萧条"的特点和驱动因素。

表0.3　衡量经济表现

> 官方发布的经济统计数据,并非都是绝对真实的。这种数据,往往都是在估计与取样的基础上得出的。国民经济产出的数据,也就是我们所知的"国内生产总值"(GDP),衡量的是一个经济体内部创造出来的财富。它旨在衡量一个地区内部(这就是其中"国内"一词的意思)在一段时间内创造出来的新价值。国内生产总值(GDP)当中,还加入了所有经济领域生产出来的新商品和新服务以最终市场价格衡量所得的估计值,其中包括农业、制造业、能源生产、建筑业,以及最重要的服务业。
>
> 国内生产总值(GDP)的变化,既反映了人口结构的变化(尤其是有效投入的工作时间),也反映了生产率即以市场价格来衡量的、每个小时的平均产出。由于实际价格会随着技术进步与生产率的提高而下降,因此作为实际价格一种衡量标准的国内生产总值(GDP),一般都会低估物质财富的增长,也就是低估用某种特定价值来表示的物质数量。尽管如此,国内生产总值(GDP)的上升或者下降还是提供了一种不错的指标,说明了一个经济体的生产走向,即生产究竟是在扩张还是在收缩。

---

❶ 英国的著名导演,曾执导过《日瓦戈医生》《孤星血泪》《一飞冲天》等众多电影,并两度荣获奥斯卡金像奖最佳导演奖、第一届戛纳国际电影节大奖以及其他许多奖项。《阿拉伯的劳伦斯》是他翻拍的一部电影作品,以土耳其入侵阿拉伯半岛为背景,讲述了英国陆军情报官劳伦斯带领阿拉伯游击队炸毁铁路、成功地让阿拉伯各民族维系在一起的故事。——译者

"七国集团"（G7）国内生产总值（GDP）的增长率呈腰斩趋势，已经从20世纪60年代末的高于4%，下降到了21世纪第二个十年中期的2%❶。这种降幅当中，只有不到四分之一是由20世纪80年代末以来人口增长率减半导致的；当时，人口增长率为年均0.6%左右。国内生产总值（GDP）增长率下降的主要原因，还是在于劳动生产率增长方面出现了下滑。

　　然而，作为衡量一个经济体健康状况及繁荣水平的代表性指标，国内生产总值（GDP）还具有很多的不足之处。它无法衡量人们在生活当中的所有需求。许多的社会进步现象，从自来水和卫生设施到婴儿死亡率的下降，都没有直接计入其中。此外，国内生产总值（GDP）也没有对质的变化加以衡量，比如健康状况改善、寿命增加或者闲暇时间更多等方面。

　　戴安娜·科伊尔（Diane Coyle）曾经撰写过一整部著作，来论述国内生产总值（GDP）的统计，并且称国内生产总值（GDP）是一种虚构出来的实体❷。国内生产总值（GDP）取决于我们做出的种种假设，即想当然地认为哪些东西应当包括在内，而哪些东西不应当包括在内。改变这些假设，也会改变我们得出的数据，有时两种数据之间的出入还相当巨大。例如，最近欧盟（EU）的统计准则就有了变化，将一些黑市活动也包括进了国家的产出当中，比如毒品的非法交易和卖淫。更加难以想象的是，美国竟然还将投资的定义进行了扩展，从而让该国2016年的国内生产总值（GDP）规模扩大了3.6%；更准确一点来说，这种增长率比该国整个年度的国内生产总值（GDP）增长率还要高❸。

　　国内生产总值（GDP）最大的一种经济性缺陷，就是把那些虽说有益、却没有体现出新的经济价值的活动也囊括了进去。例如，许多的金融服务行业对市场经济的运转来说都是必需的，但绝对不是说所有的金融服务行业都是不可或缺的。这些金融服务行业，使得商品与服务能够进行交换，供个人或者其他企业去消费。它们有助于对资本进行分配，并为额外的生产提供资金。生产是一个可以

---

❶ 安托林-迪亚兹（Antolin-Diaz）、德雷克塞尔（Drechsel）、彼得雷拉（Petrella），2014年。
❷ 科伊尔，2014年，第4页。
❸ 莎拉·奥康纳（Sarah O'Connor），《毒品与卖淫为英国经济增加了100亿英镑》（Drugs and prostitution add £10bn to UK economy），见于《金融时报》，2014年5月30日。

增加价值的领域，若是没有这些金融服务业的协助，市场经济中就不可能出现生产。不过，这些金融中介服务行业只会交换或者移动现有的价值，它们并不会创造出新的价值。然而，金融服务业却赫然位列国内生产总值（GDP）的统计数据当中。

因此，提供可靠的数据来说明它们对国内生产总值（GDP）的贡献时，我们常常会碰到各种问题，这一点就是不足为奇了。正如英格兰银行的一位经理史蒂芬·伯格斯（Stephen Burgess）所说："衡量金融业的产出方面，还存在着诸多概念性的困难。"对于以前用来估算金融行业产出的某些替代性指标，用户不应当"抱有不合理的过高期望"❶。换言之就是说，不要指望国内生产总值（GDP）当中的金融业这一组成部分具有多大的重要性。而且，随着近年来债务的大幅增加和经济金融化，将金融服务业包括进国内生产总值（GDP）的做法，已经导致GDP所反映的经济增长情况出现了严重的失真。

尽管国内生产总值（GDP）存在种种缺陷，但套用英国前首相温斯顿·丘吉尔（Winston Churchill）的话来说，除了如今已经提出的其他所有指标，国内生产总值（GDP）仍是衡量财富创造最糟糕的一种指标。戴维·皮林（David Pilling）❷曾经对人们批评这一指标的种种意见进行过回顾，并且总结说，国内生产总值（GDP）可能完全没有反映出当前与未来、工作与休闲、"良好"增长与"糟糕"增长之间种种复杂的权衡关系。不过，其最大的优点仍在于，它是一个"单一而具体的数字"❸。

---

❶ 伯格斯，2011年，第234页和第245页。
❷ 英国《金融时报》负责非洲事务的主编与专栏作家，也曾担任过亚洲版主编，其专栏涉及商业、投资、政治和经济等各方面的内容。——译者
❸ 戴维·皮林，《国内生产总值(GDP)已经尾大不掉了吗？》(Has GDP outgrown its use?)，见于《金融时报》，2014年7月5日。

第一部分
目前的处境

生产率并非说明了一切,但从长远来看,它差不多说明了一切。

——保罗·克里格曼[1]

---

[1] 美国著名经济学家,纽约城市大学研究生中心的特聘经济学教授,也是《纽约时报》(The New York Times)的专栏作家,2008年因提出的"新贸易理论"与"新经济地理学"而荣获诺贝尔经济学奖。——译者

第 1 章
衰退与复苏

20世纪70年代中期至80年代初的那几次经济衰退,非但协助淘汰掉了整个经济体系中最薄弱的一些部门,更开启了一段暂时的经济复苏和增长时期。

第1章 衰退与复苏

在西方各国，经济停滞与衰退的迹象都非常明显。正如"引言"中那些图表所示，各国的经济增长都陷入了疲软状态。自金融危机以来，经济表现已经进一步恶化了。据财经编辑艾迪·康威（Ed Conway）估算，这次金融危机爆发7年半之后，与1929年那场严重的经济危机爆发7年半之后相比，全球的工业产出更低了❶。世界各地的生产率，即每名工人每个小时的产出量，仍然没有恢复过来。在美国，从2009年至2016年，年均生产率增长都低于1%，还不到2003年生产率增长水平的一半。

在金融危机过后的英国，生产率的增长也已停滞了多年。英国恢复到经济衰退前的人均产出水平所花的时间，要比20世纪30年代久得多。日本由于在1990年至1991年间爆发过金融危机，而此后又经历了20多年"失去"的时光，因此人均年产出量的增幅甚至不足1%❷。在西班牙，从21世纪头十年初期开始，就有超过五分之一的工人无法找到就业岗位，而对于西班牙的年轻人来说，这一比例更是高达二分之一。并且，在那些失业率已经降到相对较低水平的发达经济体内，新增的许多就业岗位都质量不佳，带来的工资收入也不足。

尽管如此，由于资本主义制度具有持久的韧性，因此在过去40年的大部分时间里，尤其是在金融危机爆发以前，人们一直都有可能把经济衰退的这些表征看成是不幸的插曲和异常事件，看成经济走向长期性的繁荣这一趋势中的暂时性现象。随着中国和其他新兴经济体的崛起，全球资本主义体系那种明显的活力、服务业的扩展以及国内有可能出现新型数字技术的前景，都大大缓解了传统制造业必然消亡这一点给西

---

❶ 艾迪·康威，《深度冷冻的英国面临自身失去的十年》（Deep-freeze Britain faces its own lost decade），见于《泰晤士报》（The Times），2016年1月12日。

❷ 尽管地处东方，但人们认为日本也是由工业化国家组成的"西方"俱乐部中的一员。

创新性变革
开启一场经济复兴

方国家带来的担忧。即便是到了2010年之后，全球仍然笼罩在经济增长持续低迷的阴影之下时，情况也是如此。很少有人预料到，随着经济在将来某个时候恢复到日益繁荣的状况，他们的生活水平却会出现灾难性的大幅下降。

在工业化国家里，产出已经增长，而像电话、汽车和洗衣机等消费品的用途，也已变得更加广泛。人类的许多新产品，比如苹果手机，都令人钦佩。尤其是因为有了信息与通信技术（ICT）中的这些进步，我们似乎一直都在迅速发展。不过，表面现象可能具有欺骗性。要知道，尽管轮子上的仓鼠可能会使劲蹬踏，跑得飞快，甚至有可能以这一过程为乐，可它其实哪儿也去不了。

1945年之后那25年的经济繁荣，特点就是有一种基础广泛而不受约束的活力；可如今，这种活力却不复存在了。经济活力种种短暂无常的特征，掩盖了一种潜在的衰退过程和增长动力丧失的情况。尽管有一系列的机制让整个经济体系得以存续下去，在有些时期甚至还会让整个经济体系得以扩张，可自从第二次世界大战后的经济繁荣局面在20世纪70年代初结束以来，西方经济体创造新行业和提供体面就业机会的能力，却在不断地衰退。

然而，就算人们的感觉或许并不均衡，他们还是普遍认为，过去几十年间生活水平的提高，已经导致了一种忽视投资不景气与增长乏力等深层问题的倾向。正如"引言"部分提到过的那样，人们之所以有这种印象，是因为朝着经济停滞发展的种种潜在趋势，都被诸多有助于经济体系复苏的因素掩盖了。尽管经济持续衰退，这些因素也能够让经济体系维持着增长的表象。其中有三个因素最为突出，它们就是经济衰退的影响、国际资本流动和金融化。我们不妨依次来探讨一下这三个因素。

经济衰退

通过优胜劣汰的净化效应，经济衰退为生产复兴创造了条件，从而为生产率较高的企业开辟了创业或发展的空间❶。实力较弱和生产率最低的企业要么会破产，要么就会被实力更强的企业以极低的价格所收购。幸存下来的，就是那些拥有能够带来现金收入业务的企业，而其中最赚钱的企业呢，又会采用较新的技术，从而遥遥领先于其他的企业。与此同时，具有更多发展空间的新兴企业，也会投资于最新的技术。仅

---

❶ 卡巴雷罗（Caballero）、汉穆尔（Hammour），1994年。

凭"平均成功率"这种效应，整个经济中的生产率通常就会有所增长，而经济也会迅速开始复苏[1]。

在经济衰退期间，由企业倒闭或者裁员而导致的失业率上升，也有利于幸存企业的复苏，因为失业率上升会让工资成本更加容易降下来。这一点，既对幸存企业的现金流动有利，还对那些将继续推动经济复苏的新兴企业尤其有利。

衰退和其他许多长久存在、有助于抵消衰退作用的市场特征（比如外贸和降低生产成本），在"长萧条"的第一个十年期间都是显而易见的。20世纪70年代中期至80年代初期的那几次经济衰退，不仅协助淘汰掉了整个经济体系中最薄弱的一些部门，更开启了一段暂时的经济复苏和增长时期。

国际资本流动

20世纪70年代，由中东地区不稳定的地缘政治形势和美元贬值导致的高油价，促使国际资本纷纷流向了深陷于危机当中的西方经济体。"石油美元"，也就是石油出口国逐渐积累起来的资本盈余，纷纷被这些国家用于购买西方国家的金融资产，或者通过一些主要的商业银行借贷给了发展中国家；其中的一部分贷款，还为发展中国家购买西方国家的出口商品提供了资金。通过上述两种途径，国际资本流动便发挥出了作用，促使价值从发展中国家转移到了西方国家，从而增强了西方国家的经济恢复能力，缓解了西方经济增速放缓带来的不利影响。

自20世纪90年代以来，亚洲各国经济的迅速增长，也为西方国家提供了一种类似的资本来源。由于亚洲各国创造可观价值的速度太快，以至于国内无法完全消化，故各国可以将这种价值借贷给其他国家。在中国的带领下，从全球一些新兴地区流入的资本，对老旧的西方各国来说始终都是一种福利，使得西方各国能够维持着一圈经济繁荣的光环。

金融化

国际资本流动发挥了作用，为日渐衰退的西方各国经济中最重要的支撑性机制提供了资金。这种支撑机制就是金融化，即为了弥补生产性企业具有的种种缺陷而扩

---

[1] 福斯特（Foster）、格里姆（Grim）、霍尔蒂万格（Haltiwanger），2013年，第24页和第31页。

大的金融活动。生产活动苦苦挣扎着创造新价值，尽管它们创造出来的新价值相对不足，但扩大信贷也能让企业和个人继续生产、消费和经营下去。于是，银行与政府便开始日益依赖于举债，来为企业和个人的经营活动提供资金了。

为了维持表面上的活力，西方资本主义已经变得越来越依赖于扩大债务水平，越来越依赖于扩大虚拟资本了。后者（即虚拟资本）由金融资产构成，可金融资产只是价值的象征，而不是真实的价值。例如，企业的股票被人们像商品和服务一样交易，可它们体现价值的方式，其实却与商品和服务不同。股票代表着企业的部分所有权，以及获得企业以股息形式分配未来利润的可能性。纸质股权证书或者电子股权证书并不是一种真正的价值，无法创造出更多的价值来。股价上扬，常常被人们看成是经济健康发展的证据；可实际上，股票的交易金额既不能确切地说明企业的资产价值，也不能确切地说明企业的生产能力。相反，实际资本停滞不前的时候，虚拟资本的规模往往就会增长。

金融业的扩张，正是金融化最容易识别的一个方面。然而，更能说明经济运行方式如何变化的一个部分，还是非金融企业部门采取的金融活动，以及范围更加广泛的产业经济采取的金融活动。金融化的核心特征，就是产业活动与金融活动融为了一体。陷入困境的非金融企业会纷纷转向金融活动，来筹集现金和巩固企业的盈利能力。

这些金融活动，是从举债来为利润率低于平均水平的业务提供资金开始的。它们会延伸至财务工程领域，可这一领域却把买卖股票或者并购公司置于优先地位，而让基础企业里的生产性投资和有机增长位居其次。金融服务公司常常都会助长企业进行这些活动的风气。不过，金融化的动力却来自于非金融企业，因为等到最初的那些生产性活动的利润下降、变得不那么有利可图之后，非金融企业就不得不去从事金融活动了。

金融化的兴起，就说明了近几十年里发展演变而成的"长萧条"一个关键的特征。对生产衰退具有反作用且由市场驱动的种种机制，已经得到了西方各个大国大力实行的敷衍了事政策的补充。自20世纪70年代以来，西方各国的政府机构往往都是随意而偶然地想出了一些办法；这些办法，或是将现有的克服手段进行了扩展，或是提出了应对经济放缓的一些新举措。

虽说向金融化发展的倾向，源自金融与生产之间现存的市场关系，可导致金融化倾向大行其道的，却是国家的干预。20世纪70年代初，美国政府决定终止"布雷顿森林体系"（Bretton Woods）❶中的战后货币协定，从而激发了金融化蓬勃发展起来的潜力。通过打破美元与黄金之间的关联性，并让其他货币不再与美元挂钩，金融体系就获得了解放。

这种由国家决定回归明确的法定货币、不再用黄金来支撑货币的做法，让西方国家全都转向了纯粹的纸币。结果，银行获得了发行货币的更大余地，而信贷系统受到的约束也减少了。自此以后，国家机构已经推动并且巩固了所有西方经济体的金融化转型，尤其是通过各国中央银行采取的措施，推动并且巩固了这种金融化转型❷。在这一现象发展演变的过程中，国家机构始终都是一个强大的推动因素，因此我们完全可以把这一过程称为"国家金融化"。

西方各国政府已经为金融化打下了基础，这一点既促进了债务规模的增长，也促进了金融体系的发展。英国的伦敦，本是19世纪英国在产业和商业领域都居世界领先地位的产物；而到了20世纪，英国政府又提供了支持，来帮助该市缓解生产性行业衰落带来的不利影响。例如，在20世纪60年代，英国就欣慰地看到，伦敦变成了新兴的"欧洲美元市场"（eurodollar market）❸中一个主要的离岸贸易中心。（这是一个在美国以外持有的美元市场，因此不受美国联邦储备银行的控制。）自20世纪80年代以来，政府的支持变得越来越重要了；当时，英国政府还通过玛格丽特·撒切尔（Margaret Thatcher）在1986年实施的金融行业"大爆炸"改革措施，直接促进了该国的金融化。

在探究传统经济模式各个方面的失败，以便理解投资乏力和生产率停滞不前对"长萧条"产生的关键影响之前，停下来考虑考虑人们猛烈批判金融化的意见当中一

---

❶ 第二次世界大战后西方国家建立的一种国际货币体系，以美元为中心。1944年7月，西方主要国家的代表在联合国"国际货币金融会议"上确立了该体系，由于会议是在美国新罕布什尔州的旅游胜地"布雷顿森林"举行的，故称之为"布雷顿森林体系"。后来，这一体系中又补充了"关税总协定"。这一体系的建立，促进了战后资本主义世界的经济复苏与发展，后因美元危机与美国经济危机的频繁爆发，以及制度本身不可调和的矛盾性，这一体系于1971年被尼克松政府宣布终止。——译者

❷ 克里普纳（Krippner），2012年。

❸ 由欧洲银行体系在20世纪50年代开辟的美元存贷款等业务形成的市场，不受美联储相关银行法规和利率监管所约束。——译者

些不足之处，还是很有价值的，因为这种批判可能产生误导作用。批评者常常认为，导致当前经济危机的罪魁祸首，就在于"新自由主义"占据了优势地位。我们在"引言"部分已经提到，"新自由主义"理论主张削弱国家的作用，并且扩大各种不受约束的市场力量。批评者认为，金融化正是国家退出经济生活导致的一种结果。事实却恰好相反：虽然我们可以举出众多的金融自由化与放宽管制的例子，可这些例子说明的，却是国家参与经济生活的力度变得更强，而不是变得更弱。

比如说，1999年美国的克林顿政府废除了20世纪30年代制定的"格拉斯—斯蒂格尔法案"（Glass-Steagall Act）❶，该法案对投资银行与商业银行进行了区分。废除这项法案，让金融业务获得了更大的灵活性，而后美国政府又进一步决定，不再将场外金融衍生品纳入其监管范围。这些金融工具，在导致2008年金融危机爆发的过程中，都显得十分突出。但与此同时，各国政府也制定了一些新型的监管措施。例如，自1988年以来，在有"央行行长银行"之称的国际清算银行（BIS）的支持下，通过一系列的《巴塞尔资本协定》（Basel Accords），各国都已设定了银行的资本充足率。尽管最终未能有效地防控金融系统的不稳定性，但这些措施却表明，政府对金融系统进行了持续的监管和控制。

因此我们不应当认为，举出几个金融自由主义的例子，就反映出了政府监管的缺失。正如科斯塔斯·拉帕维查斯（Costas Lapavitsas）这位对金融化持激进批评态度的人士所称，不管是从国内还是从国际来看，金融业都继续处在政府的严格监管之下❷。只是为了应对范围更加广泛的经济需求，这种监管的形式发生了变化而已。

在弥补经济衰退以及预防经济衰退发展成一种持久的现象等方面，国家金融化已经获得了令人瞩目的成功。尽管如此，与其他应对机制一样，金融化也无法解决生产停滞不前这个问题。这些应对措施，不能无限期地维持一种经济繁荣的表象。2008年席卷西方的金融危机，就是一个鲜明的例子；这场危机证明，通过金融化与债务两种手段来应对生产性衰退，具有很多的局限性。

---

❶ 指1933年由美国参议员卡特·格拉斯和众议员亨利·斯蒂格尔提出后制定的一项法案，亦称"1933年银行法"。该法案将投资银行业务和商业银行业务严格地区分开来，目的是保证商业银行避免证券行业的风险，后分别被1980年美国政府对储蓄机构解除管制和"货币控制法"，以及1999年的"金融服务现代化法案"所取代。——译者

❷ 拉帕维查斯，2013年，第321–313页。

诱发这场危机的直接原因，就是债务泡沫。太多的债务，都被用于提高支出水平、巩固目前这种经济繁荣的表象。用于投资、以便为将来创造一种持久繁荣的资金，却实在太少。人们之所以会日益依赖于通过举债来获得消费资金，并不是因为他们变得对自己的财务状况不负责任了。相反，人们之所以转向借贷，是因为他们的收入增长不足，没有达到他们想要的支出水平。同样，企业首先也是更多地转向了借贷，来为企业的必要支出提供资金。这一点，就指向了问题的核心：整个经济并未生产出充足的新价值，而是变得越来越依赖于债务。

虚幻的曙光与错误的预测

2008年的金融危机过后，在伦敦政治经济学院（LSE）举办的一场杰出经济学家会议上，英国女王曾经发表过一场著名的演说，责怪了众多的经济学家，因为他们竟然没有预测出这场危机。女王批评说，经济学家所用的模型并不完善。这种看法，与第二次世界大战之后美国前总统哈里·杜鲁门（Harry Truman）的观点如出一辙；后者曾经说过，他希望身边都是"单方面的经济学家"，以便听不到当时那帮专家顾问含糊其辞的意见，因为他们提出建议的时候，总是会说"一方面，如此如此，而另一方面，又如此如此"。在英国女王与杜鲁门总统分别发表此种批评意见之间的那60多年里，经济建模虽说在数学上变得更加复杂了，可其预测事件的精确性，却并未提高多少。由于始终都依赖于过去的数据与明确无误的假设，因此，对预测一种不断变化的未来这个方面，经济模型的作用最终表明实在有限。

20世纪的经济学家，普遍都日益与一些伟大的古典经济学家［比如亚当·斯密（Smith）、大卫·李嘉图（Ricardo）和约翰·穆勒（Mill）］的追求分道扬镳了；后者希望理解资本主义的根本动力，赞成对市场、价格、需求水平与供应限制等方面的运动进行分析。由于前者关注的都是经济复苏的种种表象，因此20世纪的经济学家都没有深入地理解经济衰退的根本趋势。既然没能将表面现象与根本动力区分开来，或者说没能找到这两个不同层次之间的中间环节，他们做出的分析和预测，自然就会变得模糊不清了。

创新性变革
开启一场经济复兴

在过去40年间的许多场合下，主流经济学家都曾声称"长萧条"已经结束，都曾预测说一个持续增长的新时代即将到来。这种虚幻的曙光当中，有一种正好处在奉行"撒切尔主义"和"里根经济学"（Reaganomics）的那个时代；20世纪80年代撒切尔夫人和里根这两位西方国家的领导人在任之时，正值英美同盟重新焕发出活力，故这个时代便以之为名。还有一种，则称为"新经济"；一些经济学家曾吹捧说，这种"新经济"是20世纪90年代互联网的商业开发和新型信息技术的产物。让资本主义经济学家感到乐观的第三个时刻，是由21世纪头十年中期出现的一种前景引发的；当时，开采页岩天然气有可能给美国提供廉价的能源，并且结束该国对中东所产石油的依赖。在对这些方面进行评价之前，我们不妨先回顾一下图0.1（P12），因为该图表明，尽管具有这些因素，但自20世纪60年代以来，"七国集团"（G7）的经济增速却是每一个十年都相继放缓了。

撒切尔/里根效应

到20世纪80年代中期，长达10年的经济增长停滞与物价上涨期（即所谓的"滞胀期"）似乎已经结束了。英国的玛格丽特·撒切尔（1979年至1990年间担任首相）和美国的罗纳德·里根（1981年至1989年间担任总统）两人，都坚定地致力于实行保守的经济和社会政策，且都是在严重的衰退过后一段经济增长时期主政。经济形势的这种好转，是随着众多的传统制造业崩溃、工会与资方存在激烈纠纷的局面而来的。大西洋两岸的经济学家和政治家都宣称，一个以私营企业从国家专制与工会权力之下解放出来为基础，并且充满了活力与繁荣的新时代，已经到来。

但最终表明，此时庆祝"长萧条"结束还为时过早。到了1987年，股市行情暴跌，其中美国股市还创下了有史以来的最大单日跌幅。此次股市崩盘的破坏性影响极其严重，以至于一些评论人士还以为，整个经济形势有可能回到20世纪30年代的那种萧条状况呢❶。金融市场崩盘之后，全球经济在1990年至1991年间很快便再次陷入了衰退当中；当时属于世界第二大经济体的日本，迄今依然没有从这场衰退当中恢复过来。20世纪80年代那次昙花一现式的经济复苏，并没有证实金融体系的实力，而是仅

---

❶ 《"七国集团"遇到"三十三国集团"》（Group of 7, Meet the Group of 33），见于《纽约时报》，1987年12月26日。

仅标志着全球经济进入了一个向"长萧条"过渡的新阶段罢了。这个新阶段的特点，就是西方企业的定价能力下降，并在通货膨胀率降低、经济增长水平适度两个方面表现了出来。

互联网繁荣

20世纪90年代末，与互联网相关的企业开始如雨后春笋般纷纷涌现出来；经济学家对此做出了热烈的响应，从而提供了一个更加显著的例子，说明他们很容易被一种有可能让西方各国经济摆脱"长萧条"的新技术冲昏头脑。尽管互联网与数码技术的发展更多的是由第二次世界大战后的军工研究与产业研究导致的，而非当代科学创新带来的成果，可许多经济学家却欢欣鼓舞地认为，它们是开创一种"新经济"的先声。新的产业纷纷涌现，一个网络化的社会也蓬勃发展起来了。这些新技术给经济带来的有利影响，在美国表现得尤其显著；不过，它们在英国、芬兰、瑞典和韩国等国也表现得十分明显，并且逐渐影响到了世界上的其他国家和地区。

尽管有迹象表明，经历了20年的停滞之后，生产率在一个短暂的时期内再度出现了增长，但到了世纪之交时，这种所谓的"新经济"就已陷入了困境。2000年，互联网泡沫破灭了。互联网经济崩溃之后，紧接着就出现了另一场（相对较为温和的）经济衰退，对绝大多数西方国家都造成了影响。更加重要的是，在接下来的数年里，美国的生产率增长还全然停滞了下来，说明经济衰退的种种力量迅速地重新站稳了脚跟。以新技术这种形式呈现出来的复苏迹象，再一次被许多经济学家误解了；他们都以为，新技术有可能让各国摆脱"长萧条"，因此他们便有了感到乐观的理由。

页岩能源的繁荣

21世纪头十年初，"水力压裂法"（也就是通过水平钻探法和水力压裂技术，将页岩区储藏的天然气与石油开采出来）让整个北美地区的能源格局发生了改变。除了让美国摆脱了对海外石油资源的依赖性这一点，人们还普遍欢欣鼓舞地认为，能源价格下降的前景还有可能提高美国的产业竞争力。2011年，"波士顿咨询集团"（The

Boston Consulting Group）❶曾在一份很有影响力的报告，即《再现美国制造：为何制造业会重返美国》（*Made in America, Again: Why Manufacturing Will Return to the US*）当中，宣传了美国"制造业复兴"的观念。在这份报告的作者们看来，页岩能源让美国的制造商获得了在全球舞台上展开竞争的新机遇，而当时中国的工资成本正在日益上涨，这一趋势正在日益削弱该国的竞争力❷。在2013年举办的"达沃斯世界经济论坛"（Davos World Economic Forum）上，时任美国能源部长一职的罗伯特·霍马茨（Robert Hormats）提出，能够迅速获得廉价而充足的天然气这一点，有可能改变美国的经济形势❸。一年半之后，国际货币基金组织（IMF）又称，相比于天然气价格较高的一些地区（比如欧洲）而言，"页岩革命"将促进美国的工业生产❹。

尽管现在就来评估页岩能源带来的长期性影响还为时过早，但从用量来看，2015年的美国与20世纪80年代或者70年代中期以前相比，对进口能源的依赖性仍在增加。虽说按价值来算，美国的能源贸易逆差已经有所改善，但仍然高于20世纪80年代和90年代（参见图1.1）。由能源驱动的"工业复兴"对商品贸易逆差其他方面的影响，如今甚至还没有以前那么具体了：有数据表明，其他方面的形势还在继续恶化。（2008年至2009年间那种暂时性的改善，其实是经济衰退带来的一种常见后果：家庭消费下降、国内生产所需的进口原材料减少，都会导致进口量下滑。）总体趋势表明，与人们普遍希望看到一种处于萌芽状态的产业复兴局面这种期待恰恰相反，美国正在变得更加依赖于海外产品，而不是降低了这种依赖性。

伴随着经济增长再次停滞不前而来的、不断增长的贸易赤字，就揭示出了下面这一点的原因：生产率下降，仍是对美国的外部账户更具影响力的一种因素。人们再一次把经济的恢复力与持久的经济复苏混为了一谈。他们将一种对整个经济具有积极作用的补充因素，误作了一种具有真正变革性的因素。

---

❶ 美国一家著名的企业管理咨询公司，成立于1963年，被公认为战略管理咨询领域的先驱，有企业策略、信息技术、企业组织、营运效益四大业务职能。——译者

❷ 西尔金（Sirkin）、津泽（Zinser）和霍勒（Hohner），2011年。

❸ 多米尼克·奥康奈尔（Dominic O'Connell），《我看不到邪恶》（I see no evil），见于《星期日泰晤士报》（The Sunday Times），2013年1月27日。

❹ 国际货币基金组织，2014b，第28—29页，第32页。

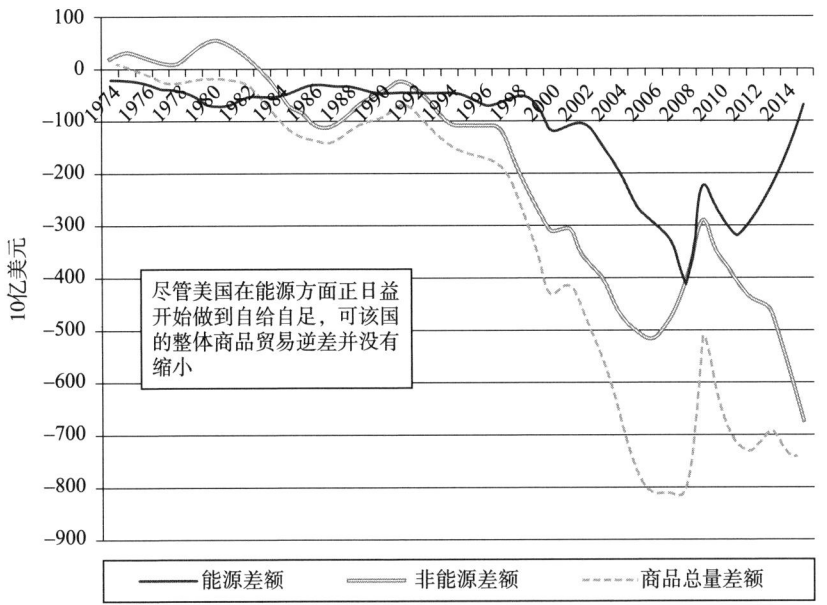

图1.1 美国的商品贸易差额

来源：美国能源信息管理局，每月能源回顾，2015年10月，表1.5。网址：http://www.eia.gov/totalenergy/data/monthly/archive/00351609.pdf。

"资源诅咒"

虽然人们对美国的页岩能源热潮也抱有一种适度的担心，可这并不是一种常规性的担忧；他们不是担心页岩能源有可能太过迅速地开采殆尽，而是担心页岩能源繁荣的局面有可能持续很久，以至于耽搁了原本早就应该进行的经济重组。水力压裂技术带来的有益影响，可能会变成相当于21世纪头十年中的信息与通信技术（ICT）革命的一种影响，即变成一种掩盖经济衰退、却又无法扭转其严重影响的力量。页岩能源的繁荣，有可能变成美国版的"资源诅咒"。

人们早已认识到，对于发展中国家而言，拥有能源或者其他的自然资源，有可能对该国的经济发展与进步造成干扰；但这并不是说，拥有能源或者其他自然资源，就一定会成为这样一种干扰因素。不管是国内资本还是国外资本，资本往往都完全集中在资源领域里，从而牺牲掉范围更加广泛的经济发展。由于国家的资源丰富，所以其他行业改善自身生产率的动力似乎都没有那么强大了。如此一来，就有可能导致一种悖论：拥有丰富自然资源的国家和地区，经济增长速度常常都要比自然资源较少的国家缓慢，而取得的发展成果，也会不如资源较少的国家。

这种现象，就是人们所谓的"资源诅咒""丰富悖论"或者"荷兰病"（Dutch disease）；最后一种叫法，是《经济学人》（The Economist）杂志于1977年首创出来，用于描述荷兰在20世纪50年代发现了一处大型天然气田之后，制造业却开始衰退的现象。假如美国真的经历一段持久的能源繁荣期，那么与能源繁荣只是一个短暂的阶段相比，此种"资源诅咒"就有可能变成一个更加严重的问题。认为美国经济正在"好转"的这种错误观点，有可能进一步分散美国解决其经济问题的注意力。

还有一个西方国家的近况，也证明了这种可能性。英国二十世纪七八十年代出现的北海石油繁荣，掩盖了该国基础经济已经严重衰退的现实。该国的汽车巨头"英国利兰汽车公司"（British Leyland）当时经营状况不佳，时任首席执行官兼董事长一职的是迈克尔·爱德华兹（Michael Edwardes）；此人曾经在1980年英国工业联合会（CBI）召开的年会上提醒与会者，要他们注意英国自身资源热潮带来的危险。他认为，如果英国内阁没有"智慧和想象力"来协调好工业需求与北海石油带来的益处，那么政府"最好是任由那该死的石油留在地下"。可他的意见却无人理睬；北海油田进行了开发，而英国的经济也在继续衰退下去，并且势不可挡。

第 2 章

生产率衰退

　　生产率的增长，是经济发展和社会进步的根本动力。而生产率增长过程中出现的波动，也将交替出现的资本主义扩张和资本主义危机阶段区分开来。

第2章 生产率衰退

在一段较短的时间内生产出较多产品的能力,是衡量社会进步最根本的一种指标。在过去的200年里,生产率的提高巩固了人类文明取得的令人瞩目的发展。生产率增长过程中出现的波动,也将交替出现的资本主义扩张和资本主义危机阶段区分开来了。

20世纪60年代末,所有重要工业化经济体内的生产率增速都在放缓;这就是最明显的一种迹象,说明第二次世界大战后的经济繁荣局面即将结束。此后,生产率一直未能恢复其原有的活力,则表明这是一个转折点,也标志着另一场经济萧条的开始。与其他任何一种指标相比,生产率的好坏都更加充分地说明了"长萧条"的大致情况。图2.1既说明了经济增长停滞不前的总体趋势,也说明了具有反作用的复苏趋势带来的效果。

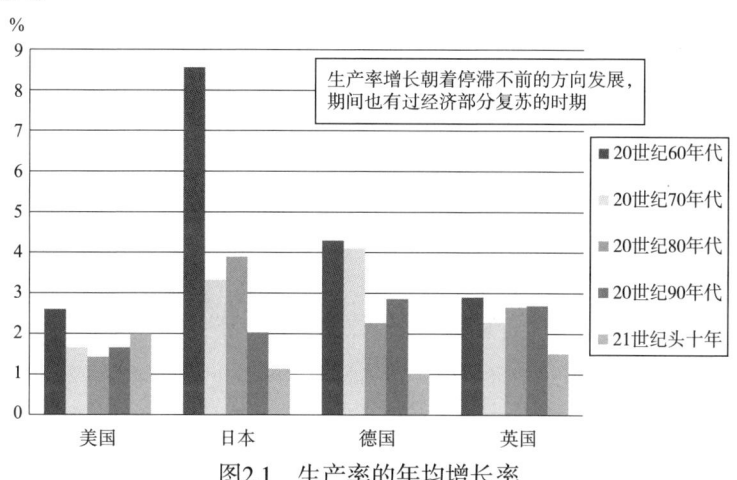

图2.1 生产率的年均增长率

注:图中数字说明的是每小时的国内生产总值(GDP),只有20世纪60年代除外,因为当时的数据说明的是每位雇员的国内生产总值(GDP)。英国20世纪70年代只有从1971年至1979年间的数据,而不是从1970年至1979年间的标准数据。

来源:美国劳工统计局,"国际劳动分工国内生产总值(GDP)比较图"。网址:http://www.bls.gov/fls/home.htm#tables。

不同发达经济体在第二次世界大战期间遭遇的不同命运，就决定了它们在战后具有不同的发展模式。与英国或者美国相比，德、日两国因战败而导致的资本资产损失，却促成了一种更加彻底的经济重建和水平更高的生产率；而英、美两国进行的经济重组，更多的却是因战争对工业的需求所导致，而不是遭到了实实在在的破坏所导致。令人惊讶的是，20世纪60年代德、日两国的相对生产率水平，竟然与20年前两国本土遭到轰炸的程度成反比。战后的经济繁荣局面开始停滞下来之后，在生产率已经达到较高水平的德、日两国，生产率增速放缓的情况也变得更加明显了。

在本章中，我们首先会探究生产率为何是经济发展、生活水平以及社会福利的核心这个问题。其次，我们将回顾一些证据，因为它们说明了"长萧条"期间潜在的生产率正在日益恶化下去；我们还会回顾一下"长萧条"在不同发达经济体中的不同表现，以及它对各国生活水平的影响。然后，我们将参照一些在这个问题上具有影响力的经济理论，来探究生产率的驱动因素究竟是什么。最后，我们将对过去20年里关于生产率的两大争议进行评估；这两大争议，说明了人们在生产率增长方面存在的一些主要误解，因而需要我们来澄清。

生产率为何很重要

生产率主要是从两个方面，说明了一种经济能够给人们提供什么的问题。生产率的绝对水平，说明我们如今究竟有多富裕。而生产率的变化速度，则说明了我们将来可能变得更加富裕的程度。

生产率提高，是指在一段给定的时间内，生产出来的产品或者服务数量也增加了。生产率翻一番，就意味着财富也会翻一番，且表现为单位产量翻番的形式。然而，由于用专业术语去比较和统计生产出来的种种不同的有用物品的数量不可行，因此同一时间内生产的商品或者服务的价值，便成了一种标准的衡量手段❶。

由于生产率的增长是累积式的，因此它会不断地增强；也就是说，生产率的增长

---

❶ 这种衡量价值的标准，扭曲了生产率的量化指标，因为生产率提高带来的直接影响，就是降低每单位产品的价值。

会带来更多的生产率增长。它会产生出额外的资源，用于下一轮提高生产率的投资。而且，更有效率地创造出来成本较低的产品或者服务，又会通过刺激其他领域提高生产率和降低成本，在生产当中反馈出来。例如，提高生产率并且制造出一台更加廉价的机床，很可能会让这台设备扩展到其他的生产领域，从而更加广泛地提高了生产率。

一个领域里生产率较高的技术，常常都会被人们应用到其他领域去提高生产率；这一过程，就称为"生产率扩散"❶。例如，19世纪末期芝加哥肉类加工业率先应用的移动式架空线路，最终被人们复制成了汽车制造行业里的流水线作业技术，然后又被复制到了其他的交通运输方式当中（轮船和后来的飞机）。类似的技术，也应用到了家用电器的生产，以及第二次世界大战后那些年的电子产品生产中。可惜的是，假如生产率增速放缓，这种良性循环就会变成完全相反的情况，即生产率疲软也会成为一种自我强化的过程。生产率僵化也会扩散。

那么，生产率的增长又是如何改善人们生活水平的呢？我们经常会用一个事实来解释，即生产率较高的企业支付给员工的薪资也较高。但是，这还只是部分情况。诚然，某个特定行业的企业通过率先创新、通过提高某些产品或者服务的生产率水平，将会获得竞争优势。这些技术较为先进的企业，会因产品或者服务价格较低、利润率较高而获益。许多企业都会通过加薪，将这种日益增加的利润与员工们共享。随着其他企业都效仿这些先锋企业的做法，纷纷采用新的技术，其员工获得的工资最终也会上涨。

而更加普遍的一种关系就是，在众多行业的生产率都日益增长的一种经济中，每个人都能享受到更高的生活水平。生产商品和服务时采用更好的方法，会让这些商品和服务对所有人来说都变得更加廉价。由于每种具体的产品或者服务所需的劳动时间变少，因此以前定价为10英镑❷的商品，如今可能会降价到9英镑。某件商品变得便宜之后，大家就能用自己手头已有的美元、英镑、日元或者欧元，购买更多的这种商品了❸。因此，生产率增长对生活水平和经济繁荣具有一种"双重"的作用。在某些特

---

❶ 阿达莱特·麦高文（Adalet McGowan）等，2015年。

❷ 英国的法定货币和货币单位，正式名称为pound（镑），£为其符号。——译者

❸ 这个例子，忽略了一种货币的购买力当中，其他变化带来的影响。原因主要在于，第二次世界大战后的几代人已经习惯了通货膨胀和普遍的物价上涨，从而让提高生产率导致商品减价这一点表现得不再那么明显了。

创新性变革
开启一场经济复兴

定的、生产率不断增长的领域里工作的人，他们的收入将会增长；与此同时，所有的人也会从这些更廉价的商品和服务中获益。

相比而言，生产率增长乏力却会导致货币的购买力几乎没有或者根本没有改善，而实际收入也会维持不变，或者只会增长得非常缓慢。一些暂时性的因素，有可能降低生产率和生活水平之间的这种联系，并让人们能够维持自己现有的生活水平。个人债务可能会扩展到为消费提供资金，股市可能会一片繁荣，让我们名义上变得更加富裕，房价可能会上涨，也让我们觉得自己更加富裕，从而更加容易接受"寅吃卯粮"的做法。然而，从长远来看，当人为地维持经济繁荣的这些因素消失之后，人们却会发现，他们的经济状况并不比几年前更好。倘若人们只能得到生产率不高的工作岗位，薪资待遇不好，不安全感却很强，那么他们的幻灭感就会更加严重。

生产率增长也是社会进步的根基。自18世纪末期以来，英国的生产率一直都在稳步增长，从而为该国在卫生与福利方面的进步打下了基础。一个社会发展的特定方式，始终都是人类决定如何使用日益增长的财富所带来的结果。例如，建立一种养老保险制度，或者为失业者提供安全保障，或者制定一种公共卫生服务制度，或者建立一种全面的儿童托管制度。如果没有生产率增长提供的物质基础，人类的种种发展潜力与雄心大志，可能就会受到相应的限制。

生产率的增长，是经济发展和社会进步的根本动力。它能够提高我们的生活水平，增强人类对大自然（比如有效地利用自然资源）和时间（比如减少生产产品所需的劳动时间）的掌控能力。这一点，不但对经济繁荣至关重要，也会让整个社会有可能获得更多的休闲时光。用维克多·弗兰克尔（Viktor Frankl）❶的话来说就是，这一点给了我们更多的时间去思考，从而获得"体验美、艺术或大自然带来的成就感"。❷

---

❶ 美国著名的临床心理学家，是"语言疗法"（Logotherapy，亦称"存在分析疗法"和"意义疗法"）的奠基者。——译者

❷ 弗兰克尔，2004年，第76页。

生产率日益衰退

从20世纪70年代开始，生产率增速一直都呈下滑趋势，而自20世纪90年代初以来，这种趋势还在绝大多数工业化国家里变得更加显著了；但在美国，生产率增速下滑之势，则是到21世纪初才开始变得更加显著的。2008年的金融危机过后，经济学家已经越来越普遍地认识到了这一趋势❶。他们之所以认识到了这一点，与其说是由于生产力基本面不断恶化，还不如说是因为以前那些具有抵消性和掩饰性的影响因素日益减少，尤其是源自债务泡沫的那些影响因素日益减少了❷。曾经成功地支撑过产出的那些非持久性机制，也让生产率下降的趋势维持了下来。

国际货币基金组织（IMF）在2015年发表了一份研究报告，承认危机过后生产率增速的放缓，是发达工业化经济体一种长期性趋势的延续：在此前的40年里，发达国家的基本产出和生产率增长，始终都处在一种长期下滑的状态中❸。国际货币基金组织（IMF）的这份报告，接下来还描述了一些与金融周期相关的起伏波动，再加上其他暂时性的增长现象，是如何掩盖了生产率长期下降的这一趋势。低成本债务的扩张，为产出和生产率提供了一种非常重要的短暂性刺激：由债务支撑的企业会加快生产，来满足以债务为支撑的人为需求。

与这一机制相辅相成的是，企业已经通过不断的努力裁撤就业人员的做法，并将其作为降低运营成本的主要途径，更加直接地稳固了生产率。尽管企业利用借贷维持了产出，但管理人员已经找出了办法，在不用投入实物资产的情况下，淘汰了一批批的员工。这些削减劳动力成本的做法，是在各种时髦的管理和组织模式下实施的，其中包括业务流程重组、采用精益技术、"六西格玛"（Six Sigma）❹以及等级平化，等等。

---

❶ 图林斯（Teulings）、鲍德温（Baldwin），2014年；国际清算银行（BIS），2014年，第58-60页，以及2015年，第50-51页；国际货币基金组织（IMF），2015年，第69-110页。

❷ 国际清算银行（BIS），2014年，第58页。

❸ 达布拉-诺里斯（Dabla-Norris）等，2015年。

❹ 一种改善企业质量流程的管理策略，由当时在摩托罗拉公司任职的工程师比尔·史密斯（Bill Smith）于1986年提出，主要强调制定极高的目标、收集数据以及分析结果，通过这些措施来减少产品和服务的缺陷，亦译"六标准差"。

这些方面结合起来产生的效果，就是从余下的工人身上榨出更多的产出，来美化生产率数据。尽管这是一种暂时性的有效办法，可以替代由投资驱动的生产率，但由此导致的工作强度，最终却会达到员工的物理极限。假如没有投资于更好的技术，人们就只能在工作日里被迫拼命工作了。

在不同的国家，我们都能看到生产率长期下降这一过程，都以各种各样的方式被短暂的生产率增长时期所中断。

英国

在1973年至1975年和1980年至1981年两次经济衰退中，该国一些最不具有生产率的产业被淘汰，尤其是淘汰了炼钢业、造船业和汽车行业；此后，金融服务业的扩张接踵而至，对英国的经济复苏起到了最为重要的作用。二十世纪八九十年代开采北海石油所带来的短期效应，也发挥出了作用；而1992年英国被迫退出"欧洲汇率机制"（European Exchange Rate Mechanism）之后，英镑贬值和利率下调带来的那种为时甚至更短的增长，则起到了相同的作用。

德国

1990年德国重新统一后实施的工业重组，就是20世纪90年代德国经济腾飞的主要原因。随后，德国的生产率增速大幅放缓，而且自世纪之交以来，该国也是此处所列3个国家中经济增长最为乏力的一个。这可不是我们熟悉的、对于德国经济的那种描述，因为尽管生产率增长大幅下滑，德国还有其他的储备性复苏手段，可以替代国内投资。尤其是，德国始终都能够利用该国在1999年成立的欧元区国家中的领先地位，来维持其经济发展；德国既能向其他国家输出资本和出口商品，尤其是向南部的欧元区国家输出资本和出口商品，还能从全球出口的低汇率中获益。

美国

20世纪90年代末至21世纪初的信息与通信技术（ICT）热潮，让美国的生产率出现了一种短暂的增长。如今回顾起来，许多经济学家都认为，这种增长具有的变革性意义，并没有当时人们以为的那么大。

但不管怎样，最终结果都表明，这些方面的增长既没有维持下去，也没能恢复二十世纪五六十年代那种蓬勃发展的经济活力。美国经济咨商局（US Conference Board）曾经为发达国家编制了一份总图（见图2.2），其中消除了这些国家的一些波动性；这份图，就清晰地显示出了这些发达经济体自第二次世界大战后经济繁荣局面结束之后，劳动生产率增长方面的放缓趋势。

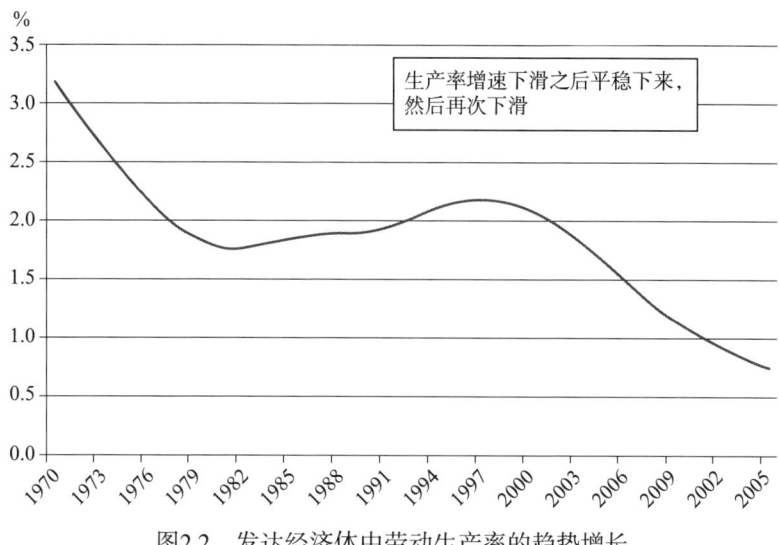

图2.2　发达经济体中劳动生产率的趋势增长

注：本图利用了人均国内生产总值（GDP）这一指标。图中的趋势线是在HP滤波法（HP-filtering）❶的基础上绘制而成。

来源：美国经济咨商局经济总量数据库TM（调整版），2016年11月。网址：http://www.conference-board.org/data/economydatabase/。

发达经济体生产率的衰退，分成了两个大的阶段。总体来看，在20世纪70年代，发达经济体的生产率增速从每年的3.25%左右降到2.0%左右。接下来，在20世纪80年代，第一波反作用力的共同效应让增长率稳定了下来，甚至还让生产率稍有增长。然而，由于最有效措施的作用自行枯竭，故自20世纪90年代末以后，经济衰退便再次卷

---

❶ 广泛应用于宏观经济趋势分析研究中的一种数学工具，因美国经济学家罗伯特·霍德里克（Robert J. Hodrick）与诺贝尔奖得主爱德华·普雷斯科特（Edward C. Prescott）两人而得以在经济学领域里普及开来，故以这两人的名字命名。不过，这种方法最初其实是由英国数学家惠泰克（E. T. Whittaker，1873—1956）在1923年提出的。——译者

土重来了。发达经济体的增长率在21世纪头十年中期下降到了1.25%左右,并且在金融危机过后再度降到了1%以下。

对生活水平的影响

假如从整个人类的角度来看待生产率统计数据的话,那么以前那种3.25%的增长率意味着,我们的生活水平差不多每隔20年就会翻上一番(假设就业率与工作时间保持在合理稳定的水平上)。倘若增长率只有1%,那么生活水平翻上一番所需的时间,就要70年。相比之下,在1970年之前的100多年里,包括两次世界大战之间那段具有毁灭性的经济萧条时期在内,生产率都是以大约2%的年均速度增长,因此每隔35年,人们的生活水平就翻了一番。这就相当于,差不多每一代人的生活水平都翻了一番,从而给第二次世界大战后的那一代父母提供了强有力的理由,使之认为他们子女的生活会比他们本身更加富裕。

生产率增速放缓,也削弱了收入的增长。尽管近来出现了危机后经济复苏的一些迹象,但西方国家里近来工资增长停滞的趋势,从其平均水平来看却表现得非常明显(见图2.3)。(平均二字,"意味着"工资水平也会受到收入差异变化的影响。)自20世纪90年代初金融泡沫破裂以来,日本的平均工资水平始终都明显持平,而其他发达经济体内的工资涨速也一直都在放缓,并且落后于这些国家的经济增长率。在德国,平均工资和中值(中点)工资增长到了20世纪90年代中期之后,接下来就开始持平了。然后,在2003年至2008年间,扣除物价因素之后,这两种工资都下降了差不多十分之一[1]。

---

[1] 布伦克(Brenke),2009年,第193-194页;普伦基特(Plunkett),2011年,第17-18页。

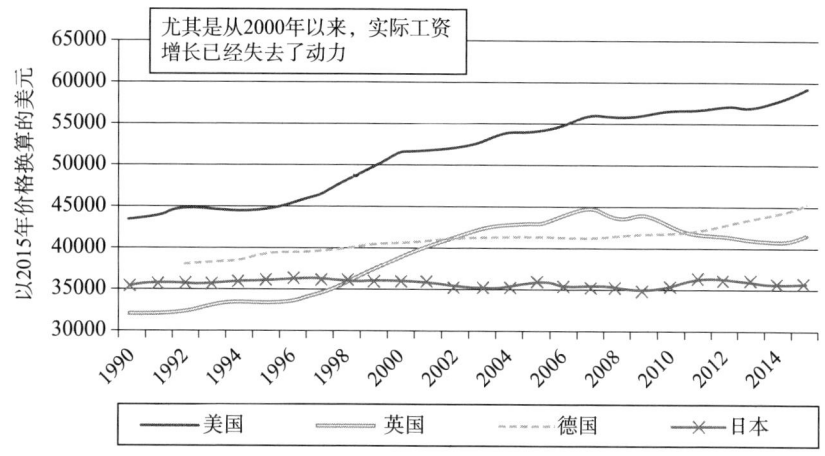

图2.3 平均实际工资

来源：平均年薪（2015年的可比价格，按照2015年的美元购买力指标计算），经济合作与发展组织（OECD）版权所有。网址：http://stats.oecd.org/Index.aspx?DataSetCode=AV_AN_WAGE。

在美、英两国，尽管早有迹象，但直到金融危机爆发，收入增长停滞这一点才变得非常明显[1]。对于全职工作的美国人而言，自从进入21世纪以来，他们的收入中值一直持平，而男性的收入中值还有所下降[2]。更加令人惊讶的是，非管理型员工在21世纪头十年中期的实际时薪，竟然比1973年"长萧条"开始的时候还要低（参见图2.4）。事实上，1973年的水平代表了美国私营企业时薪的高位；此后，私营行业的时薪就再也没有达到过这种高度了。

---

[1] 参见国际劳工组织（ILO）的年度《全球工资报告》（Global Wage Reports），以及推出《全球工资报告2014/2015》（Global Wage Report 2014/15）时的新闻发布稿《全球工资增长停滞不前，落后于危机前的水平》（Global wage growth stagnates, lags behind pre-crisis rates），2014年12月5日。网址：www.ilo.org/global/about-the-ilo/newsroom/news/WCMS_324645/lang--en/index.htm。

[2] 美国劳工统计局（BLS），当期人口调查（Current Population Survey）中显示的每周和每小时收入数据，LEU0252881600系列（全部）；LEU0252881900（男性）。

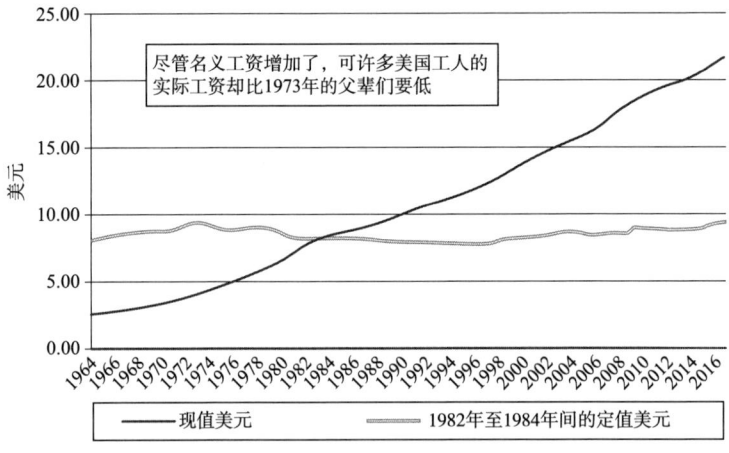

图2.4 美国的平均时薪

来源：美国劳工统计局，"当前的就业统计数据系列"，CES0500000008号与CES0500000032号。网址：http://www.bls.gov/ces/home.htm#data。

自20世纪50年代以来，由于美国出现了更多的双职工家庭，因此越来越多的女性开始上班，导致家庭的收入中值都提高了。可进入新千年以来，这一指标也始终呈下降趋势：2015年的水平，竟然低于15年多以前的1999年水平（参见图2.5）。英国的工资中位数在二十世纪八九十年代曾经持续增长，但从2003年起，增速就开始放缓了；接下来，扣除物价因素之后的增速又从2008年开始出现了下滑（参见图2.6）。

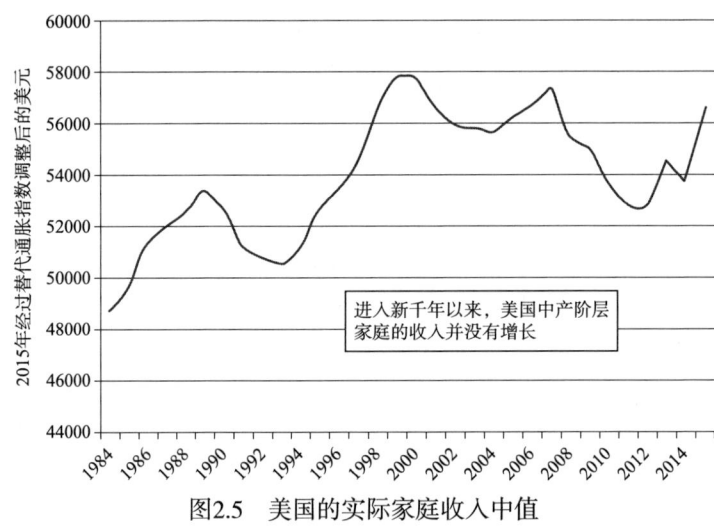

图2.5 美国的实际家庭收入中值

来源：美国人口普查局，美国家庭实际收入中值（MEHOINUSA672N），联储经济数据库（FRED）。网址：https://research.stlouisfed.org/fred2/series/MEHOINUSA672N/。

图2.6 英国全职员工实际周薪中值

注：为2015年的可比价格。
来源：英国国家统计局，"工时与收入年度调查"。网址：http://www.ons.gov.uk/employmentandlabourmarket/peopleinwork/earningsandworkinghours/bulletins/annualsurveyofhoursandearnings/previousReleases。

考虑到国内生产总值（GDP）数据的上升反映出抵消经济衰退的因素取得了相对的成功，因此薪资增长方面的这些不利趋势可能表明，经济增长与薪酬水平之间脱了钩。这就为人们极其关注不平等的态度奠定了基础；其中，尤以托马斯·皮克迪（Thomas Piketty）❶在其畅销书《21世纪资本论》（Capital in the Twenty-First Century）中所阐述的观点最为流行，即认为富人一直都在以牺牲社会其他阶层的利益为代价，来推动自身的发展。然而，对于收入增长少得可怜这一点，其实有一种更加简单、更具根本性的解释。绝大多数薪资如今仍然与经济增长紧密相关；它们只是沿着生产率增长不足的趋势发展罢了。生产率增速的放缓和变平，就是导致收入增长放缓与趋平的最大因素。

---

❶ 托马斯·皮克迪（1971—），法国经济学家，曾任巴黎社会科学高等研究院（EHESS）的教授，并且创办了巴黎经济学院（PSE）。

生产率：投资与创新

导致生产率增速长期下滑的原因，其实是显而易见的。生产率的增长，源自人们使用新的、更好的做事方式，源自通过投资于新技术与新工艺，来应用新的发明创造。从20世纪70年代以来，科学、研究和商业投资方面的支出水平持续不足，已经减少了工人人均高科技新资本的数量。

要想推动生产率向前发展，我们必须将提出、培养新思想的基础研究，与转型性的资本支出这两个方面结合起来。能够引入创新的商业投资，要么会革新现有的生产工艺，使之达到更高的生产率水平，要么就会引入一些生产率更高的新行业。这些创新之举，就是劳动生产率获得真正增长的源泉[1]。

创新会让第一批应用者获得一种暂时性的优势。这些应用者，能够从产品和工艺创新两个方面获得超额利润。由于具有独创性，起初也不会出现竞争，因此产品创新会让应用者能够以高价出售新的商品或者服务。工艺创新会提高生产率，从而让应用者能够以低价进行销售；这种低价，一方面低得足以压过其他利用旧技术的生产商的价格，另一方面却又高得足以让应用者获取溢价。

很快，竞争对手就会试着采用这种方法，并且复制这种创新。产品或者工艺上的改进，将会普及开来。随着价格出现标准化，发明这种方法的企业获取的超额利润，就会大大减少。社会生产率会提升，或是因为生产技术手段经过了改良而出现直接的增长，或是因为经过改良的服务或产品作为一种更好的投入重新进入了生产过程中，从而间接地得到提高。其结果就是，一种具有突破性的创新最终提高了生产率，而其作用也远远超过了这种创新随后带来的直接影响。

以三维制造技术的应用为例。最先采用这些技术的企业，都获得了巨大的超额利润，赚了个盆满钵满。不过，随着其他企业也开始采用同样的技术，原先那种具有优势的方法就会变成一种标准，而溢价利润也会消失。这样一来，由于企业普遍采用经过了改良的技术，提高了生产率，并且降低了产品和服务的价格，所以整个社会都将获益。

因此，持续的生产率增长与现存企业的技术升级相辅相成，需要具有程度充足的

---

[1] 戈登，2016年，第569页。

企业流转率。从企业倒闭与开业的意义来看，健康的商业活力对促进资源从低生产率领域持续转移到高生产率领域而言，是必不可少的。除非人力资源与资本资源能够从生产率较低的领域转移出去，使得生产率较高的领域能够站稳脚跟和发展起来，否则的话，整个经济体系的生产率就会失去活力。

经济合作与发展组织（OECD）的研究人员曾经得出结论说，近期生产率增速放缓的主要原因，并不在于全球一些最先进的企业创新速度放缓，而是因为创新在整个经济领域里传播开来的速度放缓了，即扩散机制出了问题。实际上，经济合作与发展组织（OECD）还发现，尽管全球最具生产力的企业生产率增速在21世纪保持得相当强劲，可高生产率企业与其他企业之间的差距却增大了❶。

这一研究证实，"长萧条"的主要经济问题，并非在于全然没有了投资与创新，而是在于阻碍投资与创新传播开来、范围更加广泛的经济萎缩。倘若有太多的资源困在生产率很低的领域和僵尸企业（即那些实力太弱，无法向其基础业务投资，却又拥有充足的收入来维持生存的企业）里，那么各种创新型企业投资带来范围更加广泛的积极影响的潜力，就会大打折扣。

增长模型

生产率增长乏力的根源在于转型投资不足这种简单的解释，已经被第二次世界大战后的种种经济增长理论模糊化。这些理论都依赖于数学模型，将经济增长分解为数个不连续的组成部分，其中包括劳动时间、劳动质量、资本投入和技术进步或者技术创新。虽然这些术语会不时发生变化，但其中所用的方法论却很相似。这种方法，淡化了对生产率有效驱动因素进行分析的重视程度，并且与人们重视其中算术性组成部分的程度形成了对照。

结果就是，一种特定类型的投资即转型投资（也是体现了创新的一种投资）发挥的关键作用，却被人们忽视了。由特定类型的资本投资与这种投资带入生产工艺中的创新形成的那种融合，原本对生产率的蓬勃增长具有决定性作用，此时却会变得分崩离析。

诺贝尔奖得主罗伯特·索洛（Robert Solow）曾在20世纪50年代中期开发出了一

---

❶ 阿达莱特·麦高文等，2015年，第12页。

创新性变革
开启一场经济复兴

种模型；这种模型，后来还变成了标准的第二次世界大战后"新古典主义"增长核算模型❶。由于受到了"冷战"的影响，这一模型旨在凸显出粗放型经济发展的种种局限性，并且强调简单地向某个特定的经济领域投入资源（就像苏联在关键工业领域所做的那样）的做法具有局限性。索洛当时想当然地认为，由于投资回报会日益减少，因此在缺乏技术进步的情况下，经济增长就会随着时间的推移而受到抑制。

此人开发的模型及其衍生模型，都具有一种严重的内在局限性，因为这些模型都无法解释清楚技术进步这个组成部分，也就是众所周知的"全要素生产率"（TFP）或者"多要素生产率"（MFP）。在他的模型里，其他数据都被归入了劳动力和资本，而这个因素却被当成一种"残差"而剩下来了。索洛认为，这种剩余的技术进步是外在的，或者说是"外生的"，暗示它起源于生产过程之外。这种理解，否定了这样一种基本认识：创新并非仅仅是各种想法或发明；只有通过资本投资范围之内的生产过程，创新才能变成现实。

这样一种静态的和技术性的方法，无法解释清楚生产率增长的问题，就是不足为奇的一件事情了❷。索洛发现，经济产出的增长速度之快，以至于只用劳动力和资本投入增长，根本就无法解释清楚。他首次应用这一模型的时候，在1909年至1949年间美国生产率的增长中，"残差"所占的比重竟然高达八分之七。由于这种占比相当巨大的"残差"极其重要，因此与索洛属于同一时代的经济增长理论家摩西·阿布拉莫维奇（Moses Abramovitz）还有一句名言，说它是"衡量我们无知的标准"呢❸。

其实，认识到生产率增长的速度主要反映了工人可用资本投资的数量和技术水平，我们就可以摆脱这种无知。上述两个方面具有内在的联系，而不是像模型中互不相干的两个要素。因此，为每个工人积累新资本的速度，就对生产率的增长至关重要。

根据经验来看，投资与生产率增长之间这种紧密的联系是相当强大的。在担任美国联邦储备委员会委员之前的学术生涯中，本·伯南克（Ben Bernanke）曾［与雷费

---

❶ 索洛，1956年，1957年。
❷ 使用这种模型的斯蒂芬·奥利纳、丹尼尔·西切尔、凯文·斯提洛承认，这一点说明该模型存在一种内在的缺陷。奥利纳、西切尔和斯提洛，2007年，第1页。
❸ 阿布拉莫维奇，1956年，第11页。

特·居尔卡伊纳克（Refet Gurkaynak）一起］进行过分析，并且发现了强有力的统计证据，表明一个国家的有形资本投资率与每位工人的长期产出增长率之间具有紧密的关联❶。因此，两人实际上就是否定了索洛的观点❷。

可惜的是，其他一些有影响力、对索洛模型持批评态度的批评家却没有发挥出作用，没有阐明资本投资与生产率之间的必然联系。由经济学家保罗·罗默（Paul Romer）和罗伯特·卢卡斯（Robert Lucas）领头的"后新古典主义内生经济增长理论"学派❸，就是对索洛模型种种不足之处的一种回应。这两个人所用的方法，否定了技术进步是一种外生因素或者说意外因素的观点。相反，他们认为，经济增长在很大程度上是"内生的"，是由商业的内部因素导致的。他们的论点，强调了知识在带来技术变革方面的作用❹。

这种以知识为基础的经济增长模型，将创新摆到了首要的位置上。他们一致认为，创新的作用太过重要，不能简单地将其从模型中分离出来，当成一种残余因素。可惜的是，他们获得这种进步而付出的代价，却是在分析中低估了有形投资的作用。创新仍然与资本投资毫无瓜葛。相反，倡导这种理论的人士还认为，人力资本的支出（主要是教育与培训）以及研发（R&D）的地位要优先于资本投资的作用。内生学派关于"无形投资"相对于有形实物投资的相反观点，让生产率如何以一种不同的方式增长这个问题变得模糊不清了。

这种方法提高了无形资产支出的作用，它依赖的是以这样一种假设：如今，知识在现代经济当中扮演着一种更加重要的作用。不过，近来在知识方面却没有出现什么定性的新东西，可以证明人们认为有一种独特的"知识经济"这种观点是正确的。我们最好是明白，知识与生产是交织在一起的，并且这一点也适用于整个技术史。

甚至在承认知识对生产所做的贡献方面，我们也没有看到什么新鲜之处。1890年，资本主义经济学的经典教科书《经济学原理》（Principles of Economics）一书的

---

❶ 伯南克、居尔卡伊纳克，2002年，第12页。

❷ 亦请参见邦德（Bond）、勒布利比奇奥古鲁（Leblebicioğlu）和斯奇安塔雷利（Schiantarelli），2010年。

❸ 众所周知，英国前工党首相戈登·布朗（Gordon Brown）曾在1994年的一次演讲中推广了这一理论；那份演讲稿，是由他的顾问艾德·鲍尔斯（Ed Balls）起草的。

❹ 罗默，1986年，1990年。

创新性变革
开启一场经济复兴

作者阿尔弗雷德·马歇尔（Alfred Marshall），曾将知识说成是"推动生产最强大的引擎"。尽管并不是那么与现代人们的环保敏感性保持一致，但他还是强调了知识如何"可以让我们征服大自然并且迫使大自然满足我们的需求"这一点❶。

知识始终都在为生产领域提供支撑；知识会揭示出生产的运作方式，以及生产如何发展等方面。这一点，既适用于隐性知识，即难以用文字写下来或者用语言表达出来，却具有讽刺意味地变成了如今人们最热门话题的那种知识，也适用于人们可以较为容易地通过训练加以掌握的显性知识。将如今的经济说成是知识经济，给了人们一种虚假的和具有欺骗性的印象，使得人们以为，知识在早期的工业经济中并没有发挥出那么大的作用。

如今人们对知识的重视，用发达经济体目前呈现出来的方式，就可以更为充分地加以解释。随着传统重工业的衰落，生产似乎已经变得不那么显眼了。之所以变得不显眼，部分原因就在于，更多的制造过程都是发生在海外，并且很多制造地点都位于遥远的新兴经济体里。此外，西方国家中业已扩张的服务业供应，并不具有某些与制造商品相同的有形特征。

"知识资本"的推广，也与当代的种种主题与文化理念保持着一致。它与环境保护主义相得益彰，还迎合了人们因为生产破坏了生态而感到极其厌恶的心态。知识与无形资产基本上都是非物质的，在污染、全球变暖与气候变化等方面的影响也不那么明显。无形经济与一个更加环保的世界结合起来，就让减少有形生产变得理所当然了，好像这对整个社会是一件好事似的。

这种方法的主要问题就在于，知识被人们赋予了优先地位，凌驾于生产过程中一些必不可少的方面之上；可如今人们却认为，这些方面不再那么重要了。这种集中关注知识的做法，导致人们回避了西方国家生产能力复兴所必需的、种种有形的物质先决条件。倘若知识被认为是经济的核心驱动力，那么重组有形的生产性资产这个方面，就显得不再那么重要。

资本投资体现了创新和技术进步的这种关键作用，被人们低估和轻视了。罗伯特·阿特金森（Robert Atkinson）是智库"信息技术与创新基金会"（Information Technology and Innovation Foundation）的主任，他非常正确地批评了那些"信奉无形资

---

❶ 马歇尔，1920年，第84页。

产主义者",说这些人都不合理地忽视了有形高科技设备方面的投资对经济增长所做的贡献❶。

与外生及内生两种理论所用的方法论截然相反的是,倘若把经济增长看成是互不相关的组成部分,我们就无法正确地把握经济增长的种种动力。经济增长并不是各种投入的算术总和,而是一种标准,用于衡量社会增进其生产能力所用的方法。倘若不把其中有形的物质成分和无形成分看成是整体中的组成部分,我们就不可能理解技术进步这种动力。

重视无形支出胜过有形投资的做法,实际上会给社会能够从其知识储备中获益的程度带来危害。知识与无形支出,尤其是研发(R&D)支出,必须与有形投资紧密结合起来,才能发挥出作用。这两个方面都无法孤立地蓬勃发展起来。非物质经济的发展与物质经济的发展,并不是一个二者择一的问题,因为它们会齐头并进。在一种以牺牲有形经济为代价、盲目地崇尚无形经济的文化里,创新就会步履维艰。

我们可以通过承认生产率的增长既有内部原因,也有外部原因,来驳倒人们围绕这些可供选择的模型而出现的论争。导致生产率增长的有形投资,必须吸纳某种新的生产方式,必须吸纳某种切实有形的技术进步。如若不然,这种投资就只是重复以前的生产方式,而生产率也会继续停滞不前❷。在"内部"转型投资中体现出来的创新,其实常常都源自"外部"的研究和实验。

生产率之争

在过去的20年里,围绕着生产率这个问题,爆发过两场主要的论争;其中,一次是在美国,一次是在英国。第一场论争,以20世纪90年代末美国的信息技术革命对生产率的影响为中心。这场论争,再次引发人们对以前一个问题展开了讨论,那

---

❶ 彼得·科伊(Peter Coy),《无形经济的崛起:美国将研发(R&D)和艺术创造计入国内生产总值(GDP)》(The rise of the intangible economy: U.S. GDP counts R&D, artistic creation),见于《彭博商业周刊》(Bloomberg Businessweek),2013年7月18日。

❷ 戈登,2016年,第569页。

就是：二十世纪七八十年代出现的计算机，为什么明显没能达到提高生产率这一目的呢？第二大争议领域关注的，则是2008年金融危机过后，英国的生产率始终未能复苏的问题。

一种新的信息与通信技术（ICT）经济？

20世纪90年代末，在经历了30多年的经济增速乏力之后，美国的生产率出现了大幅增长❶。人们普遍认为，大幅增长的原因就在于，新的信息技术产生了巨大的影响。从1970年至1994年，美国的生产率年均增幅为1.5%左右，但在1994年至2004年间，却猛增到了将近2.3%（尽管这种增速仍低于第二次世界大战后经济繁荣时期2.7%的水平），然后在2004年至2015年间，再次逐渐下降到了1%❷。这种激增，明显标志着生产率的增长大大偏离了那种长期衰退的模式❸。当时人们有一种耳熟能详的说法，那就是：信息与通信技术（ICT）的出现，预示着一段不同寻常的经济低迷期的结束，并且预示着一种"新经济"的诞生。

虽然大家一致同意，美国的生产率数据在20世纪90年代末有所改善，但对于导致这种激增的关键因素，人们却仍然存有争议。其中，最根本的问题就是：导致了这种激增的，究竟是什么呢？特别是，新的信息技术的作用，又是什么呢？第二大争议领域，则源自美国的生产率数据与欧洲的生产率数据之间出现的明显差异：尽管欧洲的移动通信技术应用可能比北美地区更先进，可欧洲的生产率增长却依然落后于北美地区。还有一系列争议，是由美国经济中技术创新的范围显然非常狭窄这一点引起的。生产率增幅最大的领域，比如零售与批发业以及金融业，都与生产性经济无关。最后就是，如果技术创新无法解释20世纪90年代出现的生产率飞跃现象，我们又该如何才能理解这一点呢？下面，就让我们依次来看一看这些问题。

---

❶ 费尔普斯（Phelps），2013年，第220页。
❷ 戈登，2016年，第635页。
❸ 戈登，2012年，第1页。戈登的观点在其著作中得到了详述：戈登，2016年。

信息与通信技术（ICT）的确导致了美国生产率的飙升吗？

在许多美国人看来，互联网的繁荣似乎为人们以前的冷嘲热讽提供了一种迟来的回应；当时人们都嘲讽说，计算机的发展显然未能触发经济复兴的引线。早在1987年，罗伯特·索洛就曾尖刻地指出："除了生产率统计领域，到处都是所谓的计算机时代了。"❶这种观点，后来还变成了所谓的"索洛悖论"。如今却是突然之间，我们走到哪里都看得到计算机了：非但在我们的工作场所和家里看得到，移动技术日益发达起来，先是有了网吧，接着又可以通过手机上网，而且在生产率统计领域也看得到了。最后，信息技术还名正言顺地位列生产率增长因素之列，只是所用的时间比人们预计的稍微久了一点而已。

这种生产率复苏，促使经济增长模型也进行了更新，目的则在于"表明"，这种复苏是由信息与通信技术（ICT）导致的。像戴尔·乔根森（Dale Jorgenson）、凯文·斯提洛（Kevin Stiroh）、斯蒂芬·奥利纳（Stephen Oliner）和丹尼尔·西切尔（Daniel Sichel）这样的经济学家，都用自己的模型代表了主流的观点，都将生产率增长中很大的比重差不多同等地归功于信息与通信技术（ICT）设备、软件的生产和使用❷。前者即信息与通信技术（ICT）设备生产的作用，我们不难理解：20世纪90年代末，随着互联网泡沫的出现，市场对信息与通信技术（ICT）新产品有着巨大的需求，从而提高了生产这些产品的生产率。任何一个行业，在面对需求强劲增长的时候，通常都会出现在招聘新员工之前从老员工身上榨出额外产出的现象。与此同时，由其他人对信息与通信技术（ICT）的应用日益增加所导致的后一种影响，似乎又证实了互联网的腾飞与经济活力的复苏之间，具有一种成正比的关系。

之所以有如此之多的经济学家信心十足地认为，一种由计算机主导的、更具活力的经济必将出现，在一定程度上来看，是由大家熟悉的经济增长模型表现出了更多方法上的局限导致的。那些模型都具有一种自我应验的特点，即输出的结果反映了输入的数据是如何被分解的。当他们修正这些模型，将信息与通信技术（ICT）领域里投资产生的特定作用吸纳进去之后，尽管信息与通信技术（ICT）投资所占的比重从来

---

❶ 罗伯特·索洛，《我们最好小心点》（We'd better watch out），见于《纽约时报书评》（New York Times Book Review），1987年7月12日，第36页。

❷ 奥利纳、西切尔，2000年，2002年；乔根森、斯提洛，2000年。

都没有超过总投资的三分之一❶，可这些模型依然变成了解释生产率增长的一个主导因素。

信息与通信技术（ICT）被人们分离出来，当成了资本投资的一种类型，而其他的非信息与通信技术（ICT）投资，却被归并成了一个单一的、据说影响最小的"其他"类型。不过，这种表面上并不重要的非信息与通信技术（ICT）要素，却代表了总投资中其余三分之二的份额，并且具有许多重大的积极影响与消极影响；从绝对意义上来看，其中每一种的影响，都跟信息与通信技术（ICT）的影响不相上下。由于这些具有影响力的非信息与通信技术（ICT）投资并没有被逐一分解开来，因此人们在分析和评论的时候，通常都会忽视这些方面。

正如马丁·贝利（Martin Baily）所说："经济增长核算的分解性因素无论多么重要，都不会证明正在快乐地发展壮大的信息技术（IT）资本真正得到了富有成效的应用。它们只是假设情况如此罢了。"贝利反而认为，逆向的因果关系也在发挥作用：20世纪90年代的经济扩张，在一定程度上导致了信息与通信技术（ICT）支出的激增，而不是相反的情况❷。尽管信息与通信技术（ICT）支出在20世纪90年代的确出现了大幅增长，可上述模型却无法确定，这一点就是导致生产率出现更广泛复苏的原因❸。虽说那时的时机似乎很适于解决"索洛悖论"，可这些计量经济学方面的研究反映出来的，主要还是人们那种目光短浅的"新经济"思维。不出所料，他们当时得出的结论就证实了这一点。

欧洲为什么没有出现生产率飙升？

对于人们将美国生产率的增长归因于新技术的观点，还存在一种质疑意见，那就是：尽管信息与通信技术（ICT）在大西洋两岸都迅速发展起来，可美国与欧洲的生产率数据却大相径庭。罗伯特·戈登曾经注意到，欧洲的生产率增速正在放缓而不是加快，因此他合理地推断说，解释美国生产率高涨的原因，必定"远远"不止是信息

---

❶ 经济合作与发展组织（OECD）数据：信息与通信技术（ICT）投资。网址：https://data.oecd.org/ict/ict-investment.htm#indicator-chart。

❷ 贝利，2003年，第283页。

❸ 麦肯锡全球研究所，2001年；贝利，2003年，第283页。

与通信技术（ICT）的应用这一点❶。欧洲企业应用着相同的个人电脑和相同的软件，甚至更令人尴尬的是，欧洲在移动电话的应用方面还领先于美国；因此，信息与通信技术（ICT）怎么可能是美国经济增长复兴的主要原因呢？❷美国"硅谷"的种种创新可能带来的好处，不可能受到国界的限制。尽管美国企业毫不犹豫地将它们的数码产品与技术销售给世界上的其他国家和地区，可美国国内生产率增长的大好形势，到了海外却仍然难以实现。

戈登得出结论说，欧洲与美国之间的这种反差，明显违背了人们为了说明信息与通信技术（ICT）投资就是美国经济增长之源而提出的"广泛证据"。他很明智地指出，1995年以后，欧洲未能在生产率方面实现同样的加速增长这一事实，原本早该让人们将因果解释的重心从互联网这样的通用技术进步，转移到各国鼓励或者抑制生产率增长的一些特定因素上去了❸。

与欧洲相比，美国国内消费的相对重要性，也有助于解释生产率增长之间出现差异的原因。在美国（还有英国），二十世纪八九十年代以借贷为支撑的家庭支出，要比欧洲大陆更加显著❹，而零售业在生产率差异中所占的比重，也达到了一半以上❺。拉里·埃利奥特（Larry Elliott）与丹·阿特金森（Dan Atkinson）两人一致认为，这一点正是美国与欧洲生产率水平方面的主要差异。两人还得出了一个直言不讳的结论，称美国"生产率增长的奇迹在某种程度上来说，就是一个神话"❻。

零售业与金融业

人们从数项研究中得出了一致的发现，阐明了导致生产率出现大幅增长的真正原因。除了信息与通信技术（ICT）产品制造，还有两个行业也呈现出了生产率大幅增

---

❶ 戈登，2004年，第1页。

❷ 戈登，2004年，第5页。

❸ 戈登，2010a，第10–11页。

❹ 罗克斯伯格（Roxburgh）等，2010年，第23页。世界银行（World Bank）的数据称，1996年至2000年间，从家庭消费平均在国内生产总值（GDP）中所占的比重来看，法国为55%，德国为57%，意大利为60%，而美国为65%，英国则为64%。网址：http://data.worldbank.org/indicator/NE.CON.PETC.ZS?page=3。

❺ 范·亚克（Van Ark）、英克拉尔（Inklaar）、麦古金（McGuckin），2003年，第56–99页。

❻ 埃利奥特、阿特金森，2008年，第232页。

创新性变革
开启一场经济复兴

长的趋势，因而在更广泛的经济中脱颖而出；其中一是批发与零售业，一是金融业，尤其是金融证券交易业❶。虽然计算机硬件与软件在这两个行业里都得到了极其广泛的应用，但这些研究还证实，"新经济"的影响范围其实有限得很。

生产力并没有在美国广泛的工业领域里出现复兴。其中，包括农业、建筑业与公用事业，以及制造业的大部分领域，如食品业、饮料和烟草业、纺织业、矿物油提炼、炼焦与核燃料、化学品、塑料和汽车业。至于排除在外的行业，则延伸到了众多的服务产业，比如医疗卫生、教育、住宿和餐饮，汽车的销售、维护和修理，内河运输和航空运输，以及其他"五花八门"的商业活动❷。很多的经济领域里，都没有出现世人大肆炒作的所谓"复兴"。

人们对信息与通信技术（ICT）的关注，更能反映出"长萧条"期间技术变革原本就具有局限性的特点，而没有显示出其变革性特征来。互联网服务的繁荣是一个非比寻常的时期，期间的创新与技术，证明整个经济都受到了衰退的制约。

零售业与金融业的突出表现，只是反映了20世纪90年代经济恢复的一些重要原因，却没有表明整个经济正在恢复活力。似乎没有几位评论人士注意到，生产率增速最快的两个领域，正是距生产活动最远的两大领域。加速进行金融交易或者扩大消费机会，并不会创造出一种生产率更高的经济。它们的作用，充其量不过是协助生产活动中的融资、促进生产出来的商品进行交换罢了。无论具有多大的必要性，这两种功能都不会直接创造出新的价值来；但是，新价值却正是我们确定一个市场体系中什么东西具有生产率的标准。

零售业与金融业的发展，是为了抵消真正的生产性企业衰落带来的影响。金融贸易的强度反映出，经济已从依赖于生产真实的商品和服务，转变到了依赖于金融活动。与此同时，不断上升的家庭债务水平推动了消费，维持了国内生产总值（GDP）水平和个人觉得经济持续繁荣的感受，并在购买活动的增长中表现了出来。

将贸易业或者金融业的增长归因于信息与通信技术（ICT），是一种本末倒置的做法。20世纪90年代，支撑美国那次短期的生产率复苏过程的，是美联储支持的日益金融化，而不是某些特定的技术。换个角度我们就会揭示出，其实这是一副"技术有

---

❶ 诺德豪斯（Nordhaus），2002年；特里普利特（Triplett）、博斯沃思（Bosworth），2002年。
❷ 奥马霍尼（O'Mahony）、范·亚克，2003年。

色眼镜"；可很多人呢，却一直都是戴着这副眼镜来看待整个世界的。金融业与零售业之所以能从以信息与通信技术（ICT）为中心的经济模型中脱颖而出，是因为所有正在发展壮大的行业，往往都会利用当前的技术；只不过在20世纪90年代，这些技术碰巧是建立在信息与计算机的基础之上罢了。

其中的因果关系，与传统的假设是背道而驰的；也就是说，增长是因、技术为果，而不是技术是因、增长为果。信息与通信技术（ICT）的确促成了金融化，但它既不是导致金融化的原因，也不是产出增长与生产率提高背后的推动因素。这与20世纪初的情形一样：当时，汽车行业的电气化曾经促进了工厂的生产，可电气化既不是导致汽车市场飞速发展的原因，也不是国民经济发展壮大的原因。

有些技术，比其他技术更加容易适应某些用途。例如，金融活动特别容易受到数码化的影响，由此才兴起了所谓的"金融科技"这个行业，才促进了信息与通信技术（ICT）在金融服务供应领域里的应用。风险投资家比尔·詹韦（Bill Janeway）曾称，世界经济中没有哪一个行业的计算技术进步，会比金融业中计算技术的进步更具"革命性"的影响，因为从技术上来看，金融行业很适合开发出和交易一些复杂的金融工具。詹韦还指出说，华尔街正是信息与通信技术（ICT）创新的关键市场❶。金融化经济的扩张，既具有不依赖于新技术的原因，而且事实上还协助这些技术获得了快速的发展。

解释生产率增长的原因

从20世纪90年代末至21世纪初，美国在"长萧条"期间生产率增速放缓的趋势得到了暂时的逆转，是一系列反作用力导致的；这些反作用力，虽然集中于金融化带来的特殊益处中，但还超出了这些特殊益处的范围。美国相对强劲的生产率增长，就是一种更加明显的证据，说明该国能够利用范围更加广泛的复苏资源。例如，作为世界上唯一的霸权国，美国能够利用它在全球的领导地位，从"冷战"结束带来的机遇中获得特殊的优势。其中，还包括亚洲崛起带来的好处，比如廉价的消费品，以及大量廉价的资本流入，尤其是源自中国的资本流入。

美国还能够利用美元的"世界货币"地位，来摆脱支撑出口生产的货币贬值带来

---

❶ 詹韦，2012年，第165页。

的影响。从2002年至2004年，在广义的贸易加权基础上，美元汇率的下跌幅度超过了15%[1]，从而使得该国的出口增加、进口减少。美国的生产和生产率，都增长到了高于该国原本应有的水平之上。

各种削减成本的做法，也帮助美国企业提高了生产率。找出一些闲置劳动力并进行裁员，尽管往往会让留下的员工的工作强度增加，但仍属于一种提高生产率的可靠办法；起码来说，短期内就是如此。这些措施虽然可以提高生产率水平，却不会永久地提高生产率的增长速度。

2001年那段为时甚短的经济衰退过后，这些方法都获得了广泛的应用。在泰勒·考恩（Tyler Cowen）看来，随后出现的生产率增长应当更多地归因于成本削减，而不应归因于具有"令人惊叹之新技术"的创新：是"发现哪些人的生产效率不高并且解雇他们"这种办法，才让21世纪初出现了最大的生产率增幅[2]。戈登也承认，2000年以后，在信息与通信技术（ICT）投资出现严重萎缩的时候，正是劳动力成本的大幅削减，才导致生产率出现了短暂的增长[3]。

诺贝尔奖得主埃德蒙·费尔普斯（Edmund Phelps）则进一步指出，有些企业采取了一种目光更加短浅的态度，解雇了一些参与研究和企业规划、但对当前的生产来说并非不可或缺的员工。他还指出了囤积劳动力的作用：经济增长刚刚开始放缓的时候，一些企业都过于乐观，因此将工人们继续留在公司里，期待着业务很快就会有所改善。随着企业的期望值变得日益现实，它们就会甩掉这些囤积起来的劳动力，而它们的生产率便会再次增长[4]。因此，在过去20年里美国的生产率变化当中，非信息与通信技术（ICT）因素比技术的作用更加重要；而在其他发达经济体内，这些因素与经济发展趋势的关系同样更加重大。

回顾"索洛悖论"

这样说，并不是否认第二次世界大战后信息与通信技术（ICT）领域的发展代表

---

[1] 美国财政部（US Department of the Treasury），2008年，第14页。
[2] 考恩，2011年，第24–25页。
[3] 戈登，2004年，第8页；戈登，2010a，第23页。
[4] 埃德蒙·费尔普斯在《评论与讨论》（Comments and Discussion）中引用，戈登，2003年，第294页。

了一种重大的进步。不过，这些技术给生产率带来的变革性作用，基本上在互联网泡沫破裂之前就已存在；而在其他方面，如今这些技术的应用也依然太过有限。计算机革命实际上始于1960年左右，并在20世纪90年代末的互联网时代发展到了高峰❶。与索洛忽视计算机技术对经济所做贡献的观点恰好相反，信息与通信技术（ICT）对生产率发挥最大影响的时间，是在互联网大规模商业化之前。

二十世纪七八十年代开始应用的计算机技术具有变革性，提高了许多行政工作和职能的生产率。这样的例子有很多，包括银行所用的自动柜员机（ATM）、电子账单，以及电子出版；这些方面，全都不再需要很多单调地从事行政工作与秘书工作的人力了。然而，由此导致的生产率增长幅度，并没有达到被经济衰退的种种下行力量所抵消的程度。

到了20世纪80年代中期，计算机已经广泛地应用于各个单位的办公室；到了20世纪90年代，计算机就变得无所不在了。从这个角度来看，互联网的繁荣与其说是一个新时代的开始，还不如说标志着生产领域里一个技术变革时期的结束。经济史学家亚历山大·菲尔德（Alexander Field）曾经解释说，"萧条"时代技术进步方面的惊人之处，就是技术进步在制造业内外都具有广泛的基础。相比而言，在美国生产率出现增长的所谓"新经济"时期，制造业内部技术进步的范围却很狭窄，只是集中在耐用品方面；而在耐用品当中，这些进步又主要集中在计算机、软件与通信行业等领域❷。

信息与通信技术（ICT）仍然具有潜力，能够促进产业部门内部和产业部门之间的合作。正如乔尔·莫基尔（Joel Mokyr）强调过的那样，并非只是科学为技术提供动力，技术也能推动科学向前发展。例如，数码技术能够为科学发现提供更好的工具❸。尽管如此，最终表明，自20世纪70年代以来，整个社会对科学范围进行扩展的速度，与前一个世纪相比还是太过缓慢。迄今为止，在一些先进领域（比如医药、基因组学和机器人技术）里实现其巨大潜力这个方面，信息与通信技术（ICT）的进展都实在有限。

---

❶ 戈登，2012年，第2页。

❷ 菲尔德，2003年，第24—25页。

❸ 莫基尔，2013年。

英国的生产率难题

尽管美国的问题在于如何解释20世纪90年代末该国生产力猛增的原因，可英国经济学家面临的难题，却是如何解释经历了2008年的金融危机以及随后的经济衰退之后，该国的生产率为什么没有按照惯常的方式出现增长。2014年与2007年以前的那种增长趋势相比，英国原本能够达到的水平却没达到，其生产率增长低了大约五分之一❶；这种情况，使得连英国国家统计局（ONS）也称："此种旷日持久且生产率增长基本上持平的状态，是第二次世界大战后一个史无前例的现象。"❷

解决英国"生产率难题"的常规办法，都没能经受住检验。其中有一种解释认为，在经济低迷时期，企业囤积劳动力的力度大于过去，从而抑制了增长。可实证性研究却表明，在2008年至2011年的那段经济低迷期间，与此前的4年相比，英国的失业率实际上却有所增长。随后出现的扩大招聘现象（尽管许多的新聘劳动力都属于临时工），也让人们对囤积劳动力的重要性产生了怀疑❸。而且，我们也不能把低迷的生产率数据，仅仅看成是人为造成的一种统计假象而加以忽视❹。

真正能够解释英国生产率增长情况异常低迷的原因就在于，以前抵消该国经济朝着停滞不前的方向发展这一主导趋势的因素，如今的作用普遍减弱了。正如我们已经看到的那样，尽管美国有一系列的应对机制（其中包括新技术的作用），导致该国的生产率出现了短暂的回升，可在英国，应对危机的措施（尤其是2008年金融危机之后涉及金融部门的那些措施）的有效性却在下降，从而暴露出了该国经济的根本弱点，并在生产率水平长期停滞不前这个方面表现了出来。

虽说英国在工业世界中并非是唯一一个生产率增速很低的国家，可该国却拥有一段不值得别国羡慕的历史，因为英国非但商业投资落后，而且忽视研发（R&D）；

---

❶ 英国国家统计局，2015b，第8页。
❷ 英国国家统计局，2015a，第3页。
❸ 布彻（Butcher）、伯斯诺尔（Bursnall），2013年，第F8页。
❹ 布赖森（Bryson）、福思（Forth），2015年，第9页。

这两个方面结合起来，便导致了该国在技术进步与创新方面发展缓慢的局面。英国的研发（R&D）支出在国内生产总值（GDP）中所占的百分比，从1981年的2.2%降到了2014年的1.7%；这一数字，不但远低于美国、日本和德国，甚至还低于中国与韩国的水平❶。到了2014年时，英国每个小时的产出，要比"七国集团"（G7）中其他国家平均低了20%，而与法国、德国和美国相比，甚至低了30%多❷。

真正的根本问题就在于，为什么2008年金融危机爆发之前，英国在研发（R&D）和创新方面的资本投资如此之少的时候，该国的生产率增长势头却看似相对强劲。这个问题的答案，我们在下面这一点中就可以看出来：生产率数据受到了抵消因素的推动，尤其是受到了金融行业直接贡献的推动；还有就是，金融化通过企业和个人债务，在维持商业运作需求不断扩大这个方面发挥了更加广泛的作用。

生产率之所以受益，一方面是因为金融部门对国内生产总值（GDP）做出虚假贡献时，并不需要更多的工人，另一方面则是因为不断采取的成本削减措施，限制了经济领域内其他行业里的员工数量。待金融危机爆发，英国的商业无法再获得金融服务业发展和债务急速扩张带来的好处之后，该国的生产率便回落到了与经济现实相符的水平上。金融危机过后生产率水平的停滞不前，就暴露了金融化泡沫之下整个经济的真实情况。

要想解释清楚2008年之后英国的生产率水平一直停滞不前的原因，我们必须更加仔细地看一看金融领域的直接作用，以及金融危机爆发之前那些年里，范围更加广泛的金融化过程发挥的直接作用。然后，我们可以再来回顾一下主流经济学家否认这些严酷现实的情况。

金融业如何帮助掩盖了低生产率

在21世纪初至2008年金融危机达到高潮的那几年里，金融服务业（亦称"金融中介业"，其中包括保险公司与银行）的规模增长了53%，远远高于整体经济19%的增长率。若是没有这个在整体经济中几乎占据了十分之一份额的行业，英国的年均经济

---

❶ 经济发展与合作组织（OECD）数据：国内研发（R&D）支出总额。网址：https://data.oecd.org/rd/gross-domestic-spending-on-r-d.htm。

❷ 英国国家统计局，2015b，第1页和第3页。

增长率就不会那么显著，就只有1.8%，而不是人为地提高了五分之一，达到2.2%❶。伦敦政治经济学院（LSE）2011年开展的一项研究对此进行了分析，认为生产率增长的原因就在于，1997年至2007年间的"市场领域"（不包括卫生、教育和政府行政事务等公共行业领域）出现了高达2.8%的年均生产率增幅。这一研究还发现，在生产率增长当中，有0.4%的增幅可以直接归因于金融业❷。

英国国家统计局（ONS）的一份报告，则强调了这样一个事实：在金融危机爆发之前到金融危机爆发之后的那段时间里，英国行业生产率的最大降幅，就出现在金融和保险业里。这一行业在经济衰退前那个时期的年均生产率增幅为4%；相比之下，在随后的3年里，该行业生产率的年均降幅却差不多达到了3%，即年均生产率增长下降了大约7个百分点❸。这一事实，暴露了一个以金融业为主的经济体中出现的所有统计幻象。尽管金融和保险业中的劳动力事实上没有创造出任何价值，但这些现象的扭曲程度，却仍然因为该行业里员工的生产率高于平均值而变得更加严重了❹。

英格兰银行的一份报告，还进一步强调了金融服务业在2007年之前给英国经济带来的过度影响。该报告评估了不同行业对2007年至2013年间生产率下降的相对作用，发现其中最大的两个因素就是"采矿业"（主要反映了北海的油气开采）和金融服务业；并且，这两个行业在当时高达16%的生产率差额中，都各占五分之一左右的份额❺。

报告中提到了北海油田，就证实了这笔意外之财对英国的经济产生了具有历史性的作用：油田的产量在20世纪90年代末达到了顶峰，而到2010年时，油气产量在总增加值中所占的比重却只有2.3%。能源行业生产率的下降速度，甚至比产量下降的速度更快，因为随着油藏枯竭，油田变得越来越难以开采，需要的工人也越来越多，可开采出来的能源却相对较少了。

另一组研究人员也得出了相似的结论，认为金融危机过后的生产率降幅当中，有

---

❶ 克里斯·贾尔斯（Chris Giles），《新秩序威胁经济增长》（New order threatens economic growth），见于《金融时报》，2011年5月11日。

❷ 科里（Corry）、巴莱罗（Valero）、范·雷南（Van Reenen），2011年，第14页。

❸ 帕特森（Patterson），2012年，第12页。

❹ 霍尔丹（Haldane）、布伦南（Brennan）、马多诺斯（Madouros），2010年，第95-100页。

❺ 麦卡弗蒂（McCafferty），2014年。

三分之一可归因于这两个相同的行业❶。研究人员还得出结论：金融危机爆发之前的那些年里，英国的全要素生产率中有三分之一来自金融业。这个研究小组里的一人后来还称，上述那16%的生产率差额当中，有四分之一可归因于金融服务这一行业❷。

金融化的作用

除了金融业人为地提高了国内生产总值（GDP）与生产率这种直接贡献，债务的急剧增长与金融化的其他一些特征，也发挥出了一种重要的作用，且很可能发挥的还是一种更大的作用。由信贷推动的支出，促进了商业服务、消费服务以及依赖政府合同的企业的产出与生产率；这些企业都看到，它们的客户（包括企业与个人）在债务扩张协助之下购买的东西更多了，超过了客户仅凭自身创造的新价值而能够购买的东西。在一个对劳动力成本实施严格商业控制的时期，这种额外产出帮助提高了生产率的统计数据。来自花旗银行、后来又担任英格兰银行货币政策委员会（Monetary Policy Committee）委员一职的迈克尔·桑德斯（Michael Saunders）认为，在金融危机爆发前英国的生产率正增长当中，"很大一部分"都具有误导性；它们要么是人为造成的统计假象，要么就是一种暂时性的增长❸。

从1990年至2008年，英国的债务总额以每年大约4%的年均速度增长，几乎达到了国内生产总值（GDP）增长率的两倍。单是英国的家庭债务，从1990年至2008年的增长幅度就高达全国产出的40%❹。比方说，就算其中只有四分之一被用于购买东西，从而维持了英国的产出与生产率（其余部分则用于购买房产或者用于进口商品），即相当于全国年均产出的0.5%左右，这一点也会对维持英国的产出和生产率增长做出重大的贡献。

比尔·马丁（Bill Martin）认为，资产价格泡沫和他们批准的财政援助，可能"大大美化了"英国在1995年至2007年间的经济增长表现，令其年均增长率提高了

---

❶ 古德里奇（Goodridge）、哈斯克尔（Haskel）、沃利斯（Wallis），2015年，第3页和第5页。

❷ 马丁·阿诺德（Martin Arnold）、帕特里克·詹金斯（Patrick Jenkins），《巴克莱银行：队长可信》（Barclays: Captain credible），见于《金融时报》，2015年10月17日。

❸ 克里斯·贾尔斯，《威胁之下的英国经济增长速度》（Pace of UK growth under threat），见于《金融时报》，2011年5月11日。

❹ 罗克斯博格等，2010年，第23页。

0.5%左右。倘若没有股市与房地产市场的误估，失业率降幅中的一部分（或许还是很大一部分）可能就不会出现，而英国的经济增速可能就会"远远低于"我们业已看到的那种年均增长率了；正是这种年均增长率，让人们相信英国当时正处在一个"新的黄金时代"呢❶。

马丁指出，到2007年时，英国的经济活力水平已经被人为地提高了6.5%左右，从而使得生产率也增长了大约6.5%。这一数字，接近于2008年年初至2009年年中那次经济衰退期间的国内生产总值（GDP）降幅。我们可以认为，金融危机过后的经济衰退，消除了金融化协助导致的人为增长，使得经济规模重新与其真实水平较为接近了。

重要的是，我们必须认识到，借来的生产率与真正挣来的生产率不是一回事。在研发（R&D）、技术和企业创新投资方面进行持续的生产性支出所导致的生产率增长，与属于一个以债务为生（即大力借用未来的财富）、同时又严格控制员工数量的社会中一种统计副产品的生产率，有着天壤之别。

拒绝承认现实的经济学家

由于淡化了金融化的这些重大影响，只承认金融行业带来的直接影响，因此丹·科里（Dan Corry）、安娜·巴莱罗（Anna Valero）和约翰·范·雷南（John Van Reenen）三人都忽视了金融对生产率的影响。他们的分析与思考，曾在英国的"发展委员会"（Growth Commission）里大行其道。该委员会的总部也位于伦敦政治经济学院（LSE）；对于英国的经济增长受到了一种"金融驱动型统计假象"的严重影响这一观点，该委员会曾经明确地提出过质疑❷。

实际上，这些人在伦敦政治经济学院（LSE）进行的研究，也列举出了金融危机爆发之前金融化的一些相关影响。他们的研究确认，在前文已经提到过的、金融危机爆发前10年里那种2.8%的年均生产率增幅当中，最大的比重源自"商业服务与机器设备租赁"这一类别，达到了0.8%，其次则是"销售"，占0.7%❸。这些研究成果，非但完全没有贬低金融业的作用，反而暴露出了金融业一些更加广泛的影响。

---

❶ 马丁，2010年，第40页。
❷ 伦敦政治经济学院发展委员会（LSE Growth Commission），2013年，第9页。
❸ 科里、巴莱罗、范·雷南，2011年，第14—15页。

所谓的"商业服务",包括像咨询、会计和法律工作这样的领域;它们帮助其他企业扩大了金融活动,而这些金融活动呢,通常又是以与金融机构合伙的方式进行的。例如,自20世纪80年代以来,引导企业走上金融发展之路的合并与收购(并购)业务激增,已经让咨询师、律师和会计师,还有银行家和经纪人,全都参与进来了。这些领域的迅速发展,就证明金融化的影响非常广泛,而不是影响有限。

"销售"则涵盖了零售与批发业、交通与仓储业,它是金融化力度更大的经济当中的另一个受惠者。这个领域的过度扩张,受到了债务增长的大力推动。1995年至2005年间以年均15%左右这一幅度增长的消费信贷,极大地推动了零售业的发展❶。销售业正是导致美国20世纪90年代末生产率飙升的一个重要因素,而英国的情况也是如此:这些领域差不多在同一时期发展起来,成了向以债务为支撑、由消费来驱动的经济转型这一过程中的组成部分。

结论

自1987年股市崩盘以来的20年里,英国生产率的年均增幅为2.0%左右❷。我们可以保守地估计,金融化的直接贡献与间接贡献各占0.4%和0.5%,总计占0.9%。减去这种贡献率就可以估算出,该国生产率的年均增幅接近于1.1%。

人们曾经认为,金融危机之前英国的经济与生产率处在一个颇具活力的时期;可上面这一点,却与他们的任何观点都相矛盾❸。我们估算出来的这种年均增幅,也比不上"长萧条"早期(即1975年至1987年间)2.5%的生产率增速,自然更是远远低于第二次世界大战后经济繁荣时期那种3%的平均增长率了。

2008年金融危机之后,随着债务和金融化两种机制丧失了提高生产率的大部分作用,英国经济当中那种根本性的缺陷,就在该国的生产率统计中暴露无遗了。随着金融化经济在政府的扶持之下恢复元气,英国的生产率统计数据或许会有所上升;可实际生产率增长乏力的根本局面,却将持续下去。

---

❶ 斯里尼瓦桑(Srinivasan),2012年,第2页。
❷ 美国经济咨商局(The Conference Board)"经济总量数据库"(Total Economy Database),2016年5月。网址:www.conference-board.org/data/economydatabase/。
❸ 参见克拉夫茨(Crafts),2011b;科里、巴莱罗、范·雷南,2011年。

第3章
创新谜题

　　大国不可能仅仅由于擅长贸易，或者由于拥有丰富的大米、小麦、煤炭、石油或货币储备，就称其为大国，更不用说仅凭这些就能保持其大国地位了。大国必须能够促进和利用持续不断的技术创新。

——乔治·马格鲁斯

第3章 创新谜题

1973年4月4日,担任科技巨头"摩托罗拉"公司(Motorola)通信系统部门总经理一职的马丁·库帕(Martin Cooper),正站在位于曼哈顿中城区的"纽约希尔顿"酒店(New York Hilton)外面。当时,他的心中忐忑不安。他的手里拿着一个白砖似的东西,里面的电子元件正是由他发明的;他打开这台设备,然后拨打了世界上第一个通过手机进行沟通的公用电话。有些人说,他起初还拨错了电话号码呢。

又过了10年的光阴,"摩托罗拉"公司才开始销售根据库帕设计的原型机开发而成的"DynaTAC"手机。当时,那台商用模型机的重量达到了将近1公斤;此外,甚至不算上那根长达20厘米的天线,模型机的长度也有近20厘米。那部手机的售价为4000美元,差不多相当于如今的21000美元。同样是在1973年,美国私营行业里工人的时薪,只相当于如今22美元左右[1]。

40多年过后,有些方面已经改变了,但有些方面并未改变。2014年9月,"苹果"公司推出了"iPhone 6"手机。这部手机不到14厘米长,机身很薄,重量只有1983年那台"DynaTAC"手机的六分之一,并且产自中国,售价为649美元,只到第一台手机售价的十三分之一。这部手机,几乎可以做到您合理地要求它去做的任何事情,甚至能够自动向正确的号码拨打电话;而其运行速度,比操纵"阿波罗11号"飞船(Apollo 11)往返月球的那台舰载计算机,还要快上1亿2000万倍[2]。

那么,美国生产工人在2014年9月的平均时薪又是多少呢?每小时20.68美元,实

---

[1] 美国劳工统计局(BLS)当前就业统计数据0500000008系列。1973年的工资与电话价格相对于2014年的价值,计算结果在下述网址:www.measuringworth.com/uscompare/relativevalue.php。

[2] 保罗·莱达克(Paul Ledak),《iPhone 6的计算能力强过"阿波罗11号"多少?》(How much more computing power does an iPhone 6 have than Apollo 11?),见于《果壳问答》(Quora),2014年12月29日。网址:www.quora.com/How-much-more-computing-power-does-an-iPhone-6-have-than-Apollo-11-What-is-another-modern-object-I-can-relate-the-same-computing-power-to。

创新性变革
开启一场经济复兴

际还略低于库帕第一次用手机拨打那通著名电话时美国工人的平均时薪。虽说现在许多的美国工人可能都拥有了智能手机，但正如我们在第二章里提到的那样，他们如今的时薪在扣除物价因素之后，比40多年前美国工人的时薪还要低呢❶。

美国的"硅谷"一直都在鼓吹它在创新方面取得的种种成就。然而，人们在想出提薪办法这个方面表现出来的聪明才智，却与他们在消费品领域里表现出来的聪明才智并不匹配。美国这个实力最强的西方经济体中，财富生产在40多年的时间里并未出现巨大的增益，仍不足以让美国工人的薪资出现增长。引人注目的创新领域与增长停滞的领域古怪地共存着；这种奇特现象表明，创新与生产率之间的关系并不简单。

在上一章里，我们探究了西方国家生产率增长幅度下降的情况，说明了增幅下降的根源就在于体现了创新的转型投资不足。然而，许多的人士（且不止是接受了"硅谷"那种论调的人士），却仍像我们在"引言"中业已讨论过的那样，非但相信我们交上了好运，相信我们生活在人类历史上一个最具科技活力的时期，而且认为这是一场创新的盛宴，认为其中"创新的步伐达到了前所未有的高度"❷。

未来学家雷·库兹韦尔（Ray Kurzweil）认为，我们都生活在一个变革异常迅速的时代里。根据他提出的"加速回报定律"，在各种不同的系统（包括技术）内部，变革的速度往往都会"以指数方式"增加❸。他的这种观点，其实是利用了另一种"指数"观点；后者是英特尔公司（Intel）的创始人戈登·摩尔（Gordon Moore）提出的，后来被描述成了一条定律。这一定律提出，可以安装在一块集成电路上的晶体管数量，大约每两年就会翻上一番。埃里克·布林约尔松（Erik Brynjolfsson）和安德鲁·麦卡菲（Andrew McAfee）两人在2011年出版的《与机器赛跑》（*Race Against the Machine*）一书中，也声称"如今创新的速度前所未有地快"；他们认为，数字革命正在加快创新的速度，正在推动生产率增长，正在不可逆转地改变就业和经济形

---

❶ 德鲁·德西尔弗（Drew Desilver），《大多数工人的实际工资几十年来几乎没有变化》（For most workers, real wages have barely budged for decades），皮尤研究中心事实库（Pew Research Center Fact Tank），2014年10月9日，网址：www.pewresearch.org/fact-tank/2014/10/09/for-most-workers-real-wages-have-barely-budged-for-decades/。

❷ 山姆·弗莱明（Sam Fleming）引用马丁·贝利所说的话，《美国生产率放缓加剧了政策制定者的担忧》（US productivity slowdown adds to concerns among policy makers），见于《金融时报》，2015年5月7日。

❸ 库兹维尔，2001年。

势❶。

尽管如此，还是有许多的人士，其中还包括技术专家和科学家，对发达工业经济体内的创新速度持有一种不那么乐观的态度。大本营位于旧金山的风险投资家兼"贝宝支付"（Paypal）创始人之一的彼得·泰尔（Peter Thiel），与加里·卡斯帕罗夫（Garry Kasparov）两人都认为创新速度正在放缓，并将"20世纪70年代后整个时代的经济泡沫、萧条与薪资增长停滞"，全都归咎于"自20世纪70年代以来技术发展速度的不景气"。

虽然承认我们有了真正的进步，可这两人认为，当代社会对信息与通信技术（ICT）的痴迷，"导致出现了一种具有误导性的、认为技术进步正在加速的感觉"，从而掩盖了其他许多行业相对停滞不前的真相，比如能源、交通、空间、材料、农业和医学。他们还将20世纪70年代之后经济增速的放缓，与第二次世界大战后经济繁荣时期的经济增长进行了对比，认为当时"多亏了那一代科学家，他们不仅相信我们拥有一个更加美好的未来，而且创造出了这种未来，所以我们在二十世纪五六十年代才大步向前迈进。"❷此外，就连信息与通信技术（ICT）的发展速度，如今也不再像以前那样迅速了。泰尔曾经抱怨说，如今"硅谷"的企业家似乎都更喜欢"循序渐进式"的改良，而不喜欢在较长的时间里，努力去解决那些需要彻底的新科学技术的社会问题❸。

物理学家安德烈·海姆（Andre Geim）是纳米材料"复合石墨烯"的共同发明者，他也对技术进步方面的相对衰落感到担忧，并且认为我们正深陷于一种"技术危机"当中。如今，具有颠覆性的新技术出现的频率，已经达不到经济平稳增长的要求了。在过去的20年间，"除了社交媒体，具有颠覆性的技术创新较少，更多的却是对相同产品进行打磨完善。"❹

---

❶ 埃里克·布林约尔森，《为第二个机器时代建言》（Advice for the second machine age），见于《金融时报》，2015年3月31日。

❷ 加里·卡斯帕罗夫、彼得·泰尔，《我们对技术进步的危险幻想》（Our dangerous illusion of technological progress），见于《金融时报》，2012年11月9日。

❸ 詹姆士·贝森（James Bessen）也认为，硅谷数十亿美元的估值，掩盖了美国开发和采用技术的方式上存在的一些根本问题。贝森，2015年。

❹ 安德烈·海姆，《应该当心且非常当心世界的技术危机》（Be afraid, very afraid, of the world's tech crisis），见于《金融时报》，2013年2月6日。

因此，对于创新领域的现状，人们都觉得琢磨不透。在本章中，我们将探究创新的种种复杂性，以及与这个主题相关的一些争议，以便将现实与神话区分开来。这样做的目的，就是说明创新为何对经济如此重要，说明创新的衰退又为何会给社会带来具有破坏性的影响。面对发达经济体中缺乏富有成效的创新这个问题时，一个根本性的难题就在于，对这个问题是否存在，人们还没有形成一致的意见。

衡量创新的作用也很困难；我们会想到各种各样的办法，利用像引用、研发（R&D）支出和专利这样的替代性手段，来量化这一过程。这些指标全都具有不尽如人意的特点，使得我们都是按照它们的定性影响来评估创新的贡献的。这是一个关键因素，最终会在较高的生产率中表现出来。在本章的最后，我们还简要概括了研究相对于生产的重要性，以及国家在促进和忽视有效创新这一基础的过程中所起的作用。

何谓创新

> 大国不可能仅仅由于擅长贸易，或者由于拥有丰富的大米、小麦、煤炭、石油或货币储备，就称其为大国，更不用说仅凭这些就能保持其大国地位了。大国必须能够促进和利用持续不断的技术创新。
> ——乔治·马格鲁斯（George Magnus），2011年，第41页

或许是由于人们无意识地承认了"长萧条"时期缺乏真正的创新这一点，所以如今"创新"这个概念才获得了一种近乎神圣的地位。经济学家和政界人士都在不断宣称，他们会致力于创新。他们差不多都相信，"创新"一词具有魔力，会像变戏法一样对生产发挥出变革性的作用。他们通常都会在没有出现真正技术变革的地方看到创新，并将这一概念应用到那些与生产领域八竿子打不着的现象上。

据谷歌公司（Google）的"书籍词频统计器"（Ngram Viewer）显示，与"长萧条"初期出版的书籍相比，最近几年出版的许多著作当中，"创新"一词的出现频率翻了一番。通过一些真人秀电视节目，比如美国的"鲨鱼坦克"（Shark Tank）和英国的"龙之穴"（Dragon's Den），这个词已经变成了流行文化的一个组成部分；这种节

目呈现的,都是一些雄心勃勃的创业者向潜在的投资者推销他们的"创新产品"。

这一概念的无孔不入,就反映出了人们不加区别地使用"创新"一词的趋势;至于使用该词的范围,则涉及到了商业模式、组织形式、市场营销方式,以及金融工具种类、金融平台类型,不一而足。英国政府对这些范围"更加广泛"的非技术性创新持赞同态度,并且解释说,这一概念既不应当局限于技术发展或者技术应用领域,也不应当局限在产品与工艺变革的其他形式上。

在如今英国业已更名的"商业、创新和技能部"（Department for Business, Innovation and Skills）看来,购买了新的电脑软件或者硬件,就足以让一家企业有资格称为一家"积极"的创新型公司了❶。这样一来,仅仅将软件升级或者置换掉个人电脑的做法,如今也已正式归入了创新的范畴。英国国家科技艺术基金会（NESTA）这家智库,也在宣传所谓的"社会创新",将其定义为开发新的思想来解决社会问题,或者通过改良公共服务来满足社会需求❷。有些人甚至声称,"顾客导向"本身就是一种创新形式❸。如此滥用"创新"一词的做法,就掩盖了现代工业化国家经济不景气这个真正的问题。

考虑到人们对"创新"的大肆炒作,以及围绕着这一术语出现的困惑,我们就需要对这个词进行某些界定才行。此处所用的"创新"一词,其含义与生产过程及产出直接相关。"发明"与"创新"不同,并且"发明"所处的阶段要早于后者:做出一项新发现、开发一种新技术,就为"创新"的出现创造了可能性。接下来就是资本投入,并在生产中实现这种创新性。正如吉姆·柯林斯（Jim Collins）简明扼要地阐述的那样,创意加上实现,就等于创新❹。

有两种类型的生产创新:一是生产工艺创新,其结果就是出现更有效率的生产方式;二是产品本身的创新,其结果就是生产出新的商品,从而满足范围更加广泛的人类需求。这两个方面,对促进经济繁荣都很重要,但前者还是经济发展和社会进步

---

❶ 胡克（Hooker）、艾舒尔（Achur）,2014年,第6页。

❷ 英国国家科技艺术基金会,2008年。

❸ 设计师迈克尔·布雷特（Michael Bierut）曾在一次创新会议上说,他保持创新的原则之一就是"闭嘴并且倾听"顾客的声音。拉维·马图（Ravi Mattu）,《创新在于顾客》（Innovation is all about the customer）,见于《金融时报》,2011年11月15日。

❹ 柯林斯、汉森（Hansen）,2011年。

的根本动力。工艺创新介乎发明与生产率之间。我们不妨更加仔细地来看一看它们的区别。

工艺创新要求我们将新的技术应用到商品的生产方式中去，从而提高生产率、促使商品价格降低并且提高人们的生活水平。在约瑟夫·熊彼特（Joseph Schumpeter）看来，创新就意味着生产方式上出现一种历史性的、不可逆转的变化，出现一种不可能分解为一系列的渐进式阶段的质变。他还以交通运输为例，进行了说明：就算将所有的邮递马车加起来，也永远无法像实现蒸汽动力之后那样，导致铁路问世。

这种观点，与一些新的所谓"创新型"商业模式形成了鲜明的对比；后者虽说有可能提出一些更加廉价的办法来提供现有的服务，比如零售、地产租赁、出租车，却不会提高生产增长率。"共享经济"模型主要依赖的，就是将现有的资产物尽其用。同样，重组生产工艺来让人们工作更加努力或者更加迅捷，虽然可以暂时性地提高生产率统计数据，但正如前文已经说过的那样，这种方法会受到工人生理和心理能力的制约。只有在事实上不存在这种制约因素的情况下，才有可能出现历史性的工艺创新。

工艺创新，还会通过提高生产率与工资水平而促进个人消费：一代人眼中的奢侈品，到了下一代人那里就成了普通之物。产品创新，即生产出新的东西，也可以给我们的生活带来质的改善。新的商品，比如电灯、汽车和飞机、收音机与电视、抗生素，全都改善了人们的生活质量与休闲质量。

工艺创新与产品创新之间，可能会相互影响。新的产品，比如3D打印机，可以被行业所利用，从而推动工艺创新。一些既能用于个人、又能用于生产的产品，对社会产生的影响最为广泛。从广义的社会角度来看，最重要的创新，就是那些能够直接（如工艺创新）或者间接（如用于生产领域内部的产品）改进制造商品、提供服务的效率，以及能够产生附加价值的创新。

因此，倘若一种经济以牺牲工艺创新为代价，变得过于狭窄地集中于产品创新之上，就会带来一种危险；而这一点，却正是西方各大经济体在"长萧条"期间的一个特点。各国的技术创新，一直都集中在通信和娱乐设备上，旨在使这些设备变得更小、更加智能与功能更加强大。尽管这些方面丰富了我们的生活方式，可它们对工艺与生产率方面的影响，却相对较小。

如今过多的消费型电子产品和"玩具"虽然给我们带来了乐趣，可它们通常都无助于节省我们在生产社会基本必需品时所用的资源。一些前景非常不错的新技术，比如虚拟现实，如今却更有可能被人们用于休闲领域，而不是用于工业产业。金融行业里的技术应用虽说可能具有颠覆性，并且有助于筹集资金或者减少开支，可它们本身却不会直接产生价值，也不会给生产率带来益处。

对于迅猛的创新速度与创新对生产率的有限影响，罗伯特·戈登曾做出过一种很有益处的区分❶。倘若创新主要局限于能够改变生活的消费品上，而不是集中在能够提高生产率的生产技术上，那么二者之间就不存在什么确定不变的关系❷。在整个"长萧条"期间，创新的范围都非常狭窄；这就表明，创新一直受到了生产停滞不前的严重制约。正是通过这些定性的缺陷，当代的创新才表达出了生产力经济的衰退之势。无论怎样去衡量当代创新的贡献，我们都可以看出，它们在提高生产力方面没有发挥出太大的作用。

衡量创新

> 并非所有算得清楚的东西都很重要，也并非所有重要的东西都算得清楚。
> ——威廉·金马伦（William Cameron），
> 亦被认为是阿尔伯特·爱因斯坦（Albert Einstein）所说

缺乏任何一种公认的衡量标准这一点，并没有减少人们面对创新形势时产生的种种困惑。为了填补这一空白，人们提出了各种替代性的衡量标准，只是这些标准全都具有重大的局限性。这些指标，更多地与创新所用的"原材料"（即思想与发明）相关，而不是与思想、发明对随之而来的创新发挥的作用相关。因此，它们自然无法公

---

❶ 戈登，2016年，第567页。
❷ 艾伦·布林德（Alan Blinder）曾经如此评价"脸书"和苹果手表：尽管其创新性可能没有降低，但这种创新性对促进生产率的作用却减弱了。艾伦·布林德，《生产率增长下滑之谜》（The mystery of declining productivity growth），见于《华尔街日报》（The Wall Street Journal），2015年5月14日。

正地看待创新的应用。此外，这些替代性标准可能会受到一些因素的影响，而这些因素既与发明没有多少关联，也与创新关系不大。所以，即便是定向的趋势也可能具有欺骗性，甚至暗示出一种与实际情况完全相反的趋势。

引用

有一种常见的替代性标准，那就是在同行评审期刊中被提及或者被引用为一种特定突破的次数。近来引用次数的增长之势，导致人们都说创新正在以一种健康的速度前进❶。然而，科学发现和发明的数量，并不会说明它们作为创新在商业开发方面的任何情况。我们虽然拥有更多的科学知识，可做出的创新却更少，这种情况是有可能出现的❷。其次，被科学界引用的次数，并不是衡量作品重要性的一种可靠指标，因为数量不一定会反映出质量。除了引用量的增加，数字出版技术的进步已经让出版变得更加容易，而学术界人士和大学院系为了达到各种评估标准，也面临着更大的出版压力了。

研发

创新的出现，通常都依赖于系统性的、以科学为基础的研究。随着企业向其所在行业中特定的技术应用前沿靠拢，研发（R&D）的重要性也会增加❸。这些企业，无法通过适应竞争对手已有的技术来向前发展，而只有通过在实验室里为生产过程中碰到的问题寻找解决办法，才能获得发展。因此，研发（R&D）支出很可能已经变成我们在衡量创新时最常用的一种替代标准。

有两幅显示相对于经济规模而言的公共和私营研发（R&D）总支出（图3.1）以及商业研发（R&D）支出（图3.2）的图表，就呈现出了一系列的趋势：日本增长，美国持平，德国波动，英国下降。英国独树一帜，是发达经济体中支出最低的国家之一。

---

❶ 英国皇家学会（Royal Society），2011年，第17页和第24—25页。
❷ 阿拉斯（Atlas），2014年。
❸ 阿吉翁（Aghion），2006年，第3页。

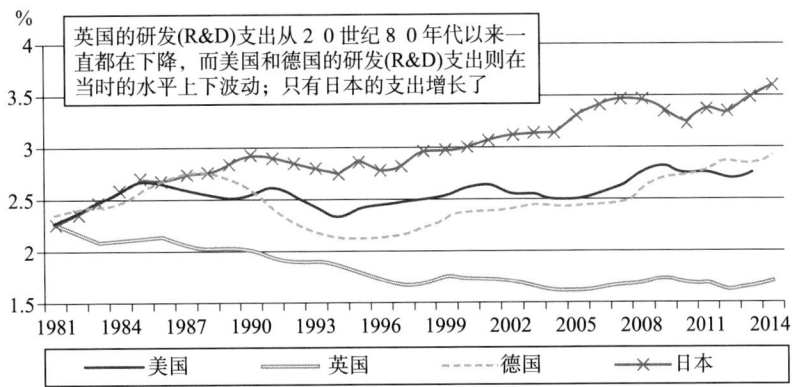

图3.1 总研发（R&D）支出在国内生产总值（GDP）中所占的比重

来源：经济合作与发展组织（OECD）统计网，"科学、技术与专利：主要的科学技术指标数据库"。网址：http://stats.oecd.org。

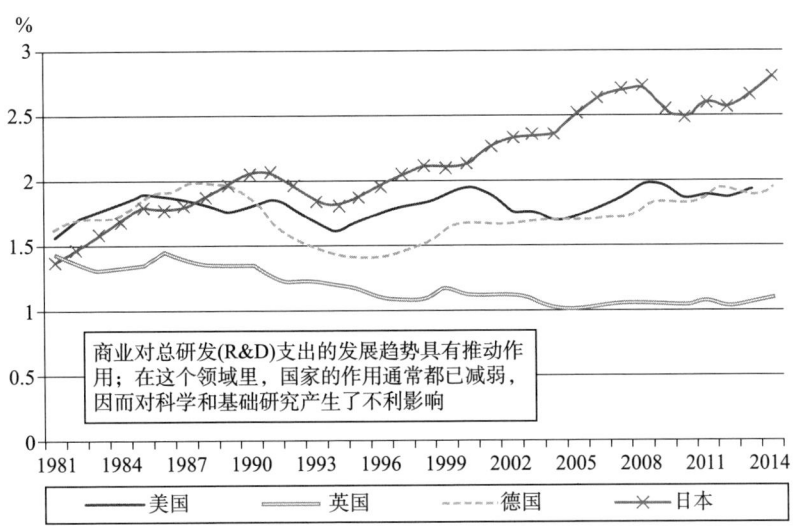

图3.2 商业研发（R&D）支出在国内生产总值（GDP）中所占的比重

来源：经济合作与发展组织（OECD）统计网。"科学、技术与专利：主要的科学技术指标数据库"。网址：http://stats.oecd.org。

然而，用支出来衡量研发（R&D），无论是用货币还是用支出在国内生产总值（GDP）中所占的比重来衡量，都没有说明创新结果方面的任何情况："关键就在于，对生产率非常重要的是落实创新，而不仅仅是创新方面的投入。"❶投入［即研发（R&D）支出］与产出（即创新）之间，并不存在一种确定不变的关系。研究可能以走入一条死胡同而告终；实验也有可能导致失败。因此，研发（R&D）支出并不能说明研究的有效性。而且，尽管许多创新确实源自研发（R&D），但有些创新可能只是由现有的生产性活动发展而来，或者源自正式的研发（R&D）功能以外❷。

此外，研发（R&D）支出总额当中，并没有把研发内部的、各种特殊的定量趋势或者定性趋势考虑进去❸。属于研发（R&D）一部分的"R"即研究，在私营和公共部门里一直都呈下降趋势，而开发方面的支出则相对较多❹。这种转变，虽说有可能在短期内带来创新，可随着时间的推移，带来的创新却会日益减少❺。如果优先目标是短期内获得商业收益，那么企业就有可能削减更具长期性发展潜力的研究。

研究方法的改变，也有可能在对创新而言不具任何作用的情况下，影响到总体支出。一些规模较大的公司，比如说制药企业，都在将研发（R&D）业务外包给一些规模较小的公司，或者与政府部门进行合作。这些具有补充性的外包和并购模式就意味着，有些大型企业虽说以前经营过一些最成功的实验室，可如今它们都减少了实验室的数量，或者完全关闭了自己的实验室❻。

从此种角度来看，"开放型创新"这个时髦的概念，可能就是大型企业的一种逃避之法，使之用不着去解决自身研发（R&D）方面碰到的各种挑战了。亨利·切萨布鲁夫（Henry Chesbrough）就认为，大型企业不应当去做无谓的重复性工作，而应当依赖于其他企业的自主创新；这种自主创新，也就是人们有时所谓的"孵化"❼。这

---

❶ 巴内特（Barnett）、巴滕（Batten）等，2014年，第122页。
❷ 马尼卡（Manyika）等，2012年，第34页。
❸ 马祖卡托，2013年，第25页。
❹ 阿罗拉（Arora）、比伦佐（Belenzon）、巴塔科尼（Patacconi），2015年。
❺ 马祖卡托，2013年，第24-25页。
❻ 约翰·卡罗尔（John Carroll），《辉瑞制药（Pfizer）打算把研发（R&D）预算削减至65亿美元至70亿美元》（Pfizer on track to chop R&D budget back to $6.5B-$7B range），见于《热门生物技术》（Fierce Biotech），2013年1月29日。
❼ 切萨布鲁夫，2003年。

种做法会在一定程度上反映出，企业提高了风险规避的力度；也就是说，假如自身没有研发（R&D）支出，企业就不需要承担亏损的风险了❶。而且，这种做法还会在一定程度上反映出企业将短期利润最大化的目标，比如并购成本被计入资产负债表中，而等效的内部研究支出呢，却会对利润产生影响。从创新的程度源于一种特定支出水平这个意义来看，所用方法中的变化对总研发（R&D）支出的影响以及对研发生产率的影响，我们还不得而知。反正，它们不太可能属于积极的影响就是了。

阐释支出水平时还有一重障碍，那就是：支出水平的变化，可能只是反映出创新领域的重心在不断地发生变化，或者是国家的产业结构在不断地发生变化，因为不同的领域或者行业，具有不同的研发（R&D）需求。总的结论就是，研发（R&D）支出可能只是衡量创新趋势的一种很不可靠的指标。

专利

从国际专利申请的数量来看，我们如今似乎可以说，自己是生活在一个高度创新的时代里（参见图3.3）。然而，专利统计数据却是一种比引用或者研发（R&D）支出甚至更不可靠的创新趋势指标。在这个方面，我们还是没有任何根据，可以证明专利数量与创新速度之间具有一种确定的关系。创新之前获得的专利，并不能保证这些专利具有商业开发的机会；而要是最终表明新产品无法应用于市场的话，像研究这样的专利活动就有可能变成白费力气。

研发（R&D）与专利之间一种重大的区别就在于，研发（R&D）中出现的科学技术，对生产方面取得的绝大多数进步来说都是必不可少的，而专利申请的过程，却体现出了对经济发展构成了内在制约的一种因素。为某种特定的发现或者发明申请专利，就是对利用此种发现或发明的其他人施加限制，因而往往会阻碍到范围更加广泛的创新过程。某个领域里未获使用的专利，可能阻止或者妨碍到不相关领域里的研究和开发工作。

---

❶ 沃德海森（Woudhuysen）、卡普林斯基（Kaplinsky），第438–441页。

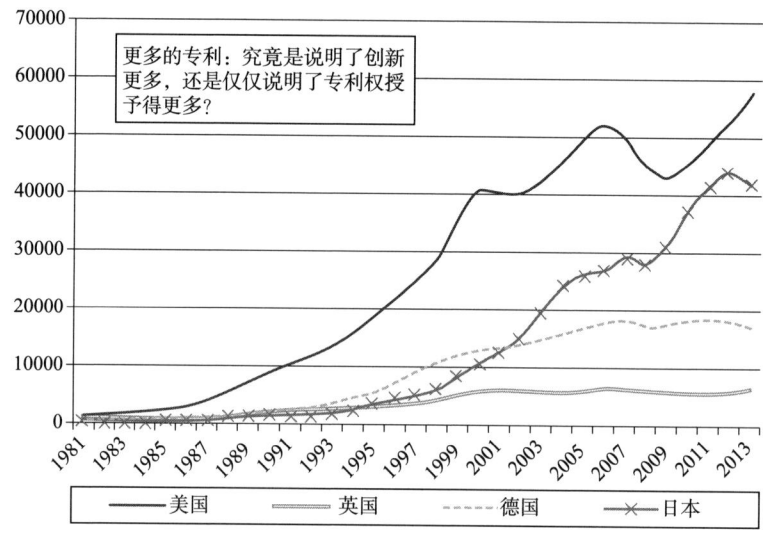

图3.3 《国际专利合作条约》下的专利申请

来源：经济合作与发展组织（OECD）统计网。"科学、技术与专利：主要的科学技术指标数据库"。网址：http://stats.oecd.org。

近来专利活动的激增，尤其是在知识发展早期阶段专利活动剧增的现象，已经强化了这种反创新的趋势。如今，专利非但可以扩展到所谓的"上游"研究工具当中去，甚至可以延伸到对现有研究对象（比如基因）的各种"发现"中去❶。这种扩展，对研究造成了一种过度有害的影响，因为这些"早期阶段"的专利，原本是具有更多潜在性的用途与应用的❷。在过去，我们通常都是某种有用之物获得成功之后才授予其专利，而不是远远早于那个阶段就授予其专利。

专利数量的不断增加，也在一定程度上反映出专利法律发生了变化，反映出机构与企业利用专利去赚钱的方式发生了改变。与19世纪及20世纪初那个较早的"发明时代"不同，如今专利出现的频率已经变成了这样一种指标：它们反映出来的，更多的是它们对企业具有的诉讼价值，而不是专利的创新性和商业效用❸。软件行业的经验

---

❶ 马祖卡托，2013年，第50–51页。

❷ 马佐莱尼（Mazzoleni）和纳尔逊（Nelson），1998年，第273页；纳尔逊，2000年，第12页和第15页；美国国家科学研究院（National Research Council），2007年，第168页。

❸ 斯马特（Smart），2005年。

尤其说明，从创新方面来看，专利诉讼的增加起到了适得其反的作用❶。

还有证据表明，专利数量增加、开放体系中转向交叉许可、旨在购买其他企业创新的技术（以及相关专利）等方面，都体现出了企业研究支出下降的趋势❷。专利越多，说明研发（R&D）越少，创新自然也就越少了。

我们对衡量创新的替代性标准进行的简要审视，就证实了这些替代性标准的作用都很有限。众多奇闻轶事式的模式，并不会让我们的理解变得更加深入。创新得到采用的速度，是人们经常引用来说明创新正在加速的一种指标❸。因此，据说美国有四分之一的人口都是在电力首次获得商业应用之后，又过了46年才开始使用电力的；至于应用电话、电视和手机，则分别滞后了35年、26年和13年，而网络的应用却只过了7年。

这种递减的现象确实令人惊讶，但它并不一定就是一种有效的指标，不一定能够说明我们拥有了一种创新的驱动力度更大的经济。随着我们距当前越来越近，人们在新技术方面的交流日益广泛，从而加速了我们的认识；不断提升的购买力（近来在一定程度上是靠债务来提供资金的），也让更多的人在这些技术推向市场之后立即购买到它们。还有一种方法，则是确定创新伊始的时间，并且将1973年之前长达40年的创新热潮，与1973年"长萧条"开始之后这40年的情况进行对比（参见表3.1）。

表3.1 "两个40年"的情况对比

1933年至1973年	1973年至2013年
合成橡胶	基因（DNA）测序
商用塑料聚合物	石墨烯
合成纤维	3D打印，亦称为"增材制造"
核能	商业互联网
抗生素	网站
脊髓灰质炎疫苗	网上零售
化学疗法	智能手机

---

❶ 贝森、莫伊雷尔（Meurer），2007年；贝森，2015年。

❷ 马祖卡托，2013年，第50页。

❸ 这种说法，通常引自库兹韦尔的《奇点临近》（The Singularity is Near）一书的配套网站singularity.com。

续表

1933年至1973年	1973年至2013年
DNA结构	社交媒体
避孕药	比特币与区块链
心脏移植	
计算机断层扫描（CT）与核磁共振成像（MRI）扫描	
黑白电视节目	
彩色电视	
家用空调	
微波炉	
雷达	
电算化：大型主机与微型计算机	
阿帕网（ARPANET）通信网络	
文字处理器与内存打印机	
手持电子计算器	
个人电脑	
遥控技术	
涡扇发动机与喷气式飞机	
超音速客机	
宽体（巨型）喷气式飞机	
火箭技术与卫星	
载人航天，包括登陆月球	
信用卡	
条形码	
移动电话	

而且，自1973年以来……哦，是的，人类在过去的40年里没有再次登陆月球，因为最后一次登陆还是在1972年，而前往下一个距地球最近的天体即火星的计划，也仍处于萌芽阶段。2003年，超音速商业航空旅行画上了句号，而此后的商用航空领域里，也没有出现其他的很多进步。如今我们的飞行速度更慢了：20世纪60年代的主力

是载重量大的"波音707"型飞机,其巡航速度比波音公司(Boeing)和空中客车公司(Airbus)当前生产的一代飞机还要快。1958年,"波音707"从洛杉矶飞到纽约的时间是4.8小时;相比而言,如今我们乘坐喷气式客机却需要5.6小时,其中还不包括旅客必须在机场里面停留的那段额外时间❶。而且,距1970年"波音747"首次载人飞行过去了49年之后,如今我们依然在乘坐这种飞机出行。

这种历史对比的方法似乎很有说服力,表明创新的速度正在放缓。其实这是一种主观做法,因此不可能做到确凿无疑;大力支持创新的人,可以在1973年之后的清单里增添更多的创新项目。还有许多人则声称,从智能机器人到无人驾驶汽车的另一波技术大潮,即将轰轰烈烈地爆发❷。因此,我们还需要另一种评估创新的办法才行。

创新与生产率

由于创新是一个连续的过程,而不是一种离散的实体,因此我们只能通过研究创新对经济的影响,来判断其相对的优缺点;创新对经济的影响,既是定性的,又是定量的。将任何一种特定的技术引进生产过程之后,导致的变革程度究竟有多大呢?这种判断,还会因为下面这个事实而变得更加复杂起来:一种新工艺的直接应用或者最初设计的应用,最终可能不会是最具变革性的应用。例如,电力最深远的影响就不像人们最初预计的那样,并非是其取代家中燃气照明的功能,而是对工厂生产组织方面的影响。

在承认创新具有这个定性的方面时,评论人士还引入了一些定性的术语,比如"演变"和"革命""连续"和"不连续""渐进"和"激进"。不过,这些相互对立的二元性术语都不精确,并且把难题变成了如何去区分它们。而且,这样的区分还有可能产生误导性,因为所有的创新性变革,都是建立在以前各种进步的基础之上。从完全属于原创这个意义来看,如今没有哪种创新可以称之为"新的"。爱因斯坦曾言道:"所谓的创造性,就是懂得如何将自己的创造源头隐藏起来。"创新常常都会

---

❶ 戈登,2016年,第398页。

❷ 西维尔森(Syverson),2016年。

同时呈现出不同的二元性，这一事实还会引发更多的问题，比如："渐进式"的变革要达到什么样的规模，才会变成一种真正的"激进式"变革呢？

克莱顿·克里斯滕森（Clayton Christensen）试图通过研究创新带来的影响，而不是研究创新的内在特征来解决这些难题，从而提出了"持续性的"创新和"颠覆性的"创新之间的定性区别❶。前者是指对一件产品或一种服务进行改良，从而让现有的生产商或供应商维持下去。后者则会破坏一个现有的市场，并且开辟出一个新的市场，用新的生产商取代旧的生产商。于是，移动电话的出现才预示着一些固定电话运营商的末日到来，而数码摄影技术才会让相机胶卷的销量直线下降，导致柯达公司（Kodak）破了产。

由于很少有哪种创新在本质上具有颠覆性或者持续性，因此即便是这种区别，也并不能说毫无含糊之处。亨利·福特（Henry Ford）应用流水线技术来生产"福特T型"汽车的做法，既颠覆了马车市场，还开创了一个大众汽车市场。而从另一个角度来看，这种创新却又维持了一个新兴的汽车市场。

克里斯滕森所用的方法可以加以扩展，从评估创新对一种特定生产工艺的影响，延伸到评估创新对整个国民经济生产率的影响这个方面。假如一个特定国家的生产率在一个特定的时期里正在系统而持续地增长，那我们就可以说，这个国家的创新获得了成功。但是，倘若生产率增长乏力，那么创新的范围就会很狭窄，创新的持续时间就会很短暂，或者在其他方面存在局限性。

创新与生产

说明最发达资本主义国家当中的创新速度正在放缓的最强证据，就是我们在第二章里讨论过的生产率衰退数据❷。尽管在过去的40年里，信息与通信技术（ICT）领域里取得了可观的技术进步，可这一点并不是说，我们经常大肆炒作创新的做法就有了

---

❶ 克里斯滕森是《创新者的困境》（Innovator's Dilemma）一书的作者，此书是1997年以来一部影响广泛、论述创新的作品。

❷ 乔根森、孟浩、塞缪尔，2010年，第2页。

正当的理由。其他行业里一些具有互补性的技术进步得非常缓慢，从而削弱了信息与通信技术（ICT）对社会发挥出更广泛影响的潜力。

创新的范围，在两个方面与生产活力紧密相连。一种充满活力的经济，会确保研究获得充足的资源投入，而研究活动则会带来属于创新之源的种种发现与发明。这种经济，还能确保有充足的资源为新技术提供资本投入，从而给创新带来生机和活力。

相比之下，在一种增长停滞的经济中，创新之源以及实现创新的资本投资两个方面都会受到制约，从而导致生产创新也慢慢地停滞下来。到2013年时，发达经济体中全要素生产率增长的趋势增长率竟然全都降到了零，因而连美国经济咨商局里的高级经济学家都得出结论说，创新正在停滞下来❶。

结果，整个经济机器都受到了影响，因为只有通过一个由持续的技术创新、产业升级和经济转型结合而成的过程，才能确保经济增长❷。在生产领域活力不足的情况下，抽象的"创新"是不可能凭空带来繁荣的。

生产活动也会促进发明。许多的工艺创新，都是由生产过程中出现的种种挑战推动的，比如：怎样才能制造出一个质量更好的小部件，或者提供一种更佳的服务？怎样才能让产品和服务变得更廉价？正如艾瑟·戴森（Esther Dyson）所说："我可不会为了创新而去鼓励创新。"她还进一步解释说："相反，我要鼓励的是针对现实问题，想出具有创造性的解决办法来。唯有有用，创新才好。"❸

认为构成创新"原材料"的新思想可以独立于生产而发展起来的观点，也是错误的。这种观点，会导致人们形成一种沾沾自喜的看法，以为发达经济体不用再担心制造业和其他行业的衰退，以为它们依然能够凭借各国在科学和文化上的霸权而繁荣下去。实际上，西方国家的经济衰退，既在创造力的下降当中，也在创新与生产率的下滑当中反映了出来。被人问到他对美国是一个"思想经济体"这一观点的看法时，未来学家马克·安德森（Mark Anderson）曾经如此回答道："我可根本不信。我认为这

---

❶ 美国经济咨商局，《2013年全球生产率增长放缓趋势减轻》（Global productivity slowdown moderated in 2013），见于《2014年生产率简报通稿》（2014 Productivity Brief Press Release），美通社（PRNewswire），2014年1月14日。网址：www.prnewswire.com/news-releases/global-productivity-slowdown-moderated-in-2013-240097261.html。

❷ 斯蒂格利茨（Stiglitz）、林毅夫（Lin）、孟加（Monga），2013年，第7页。

❸ 哈佛商业评论（Harvard Business Review），2002年。

纯属胡说。能够成为最了不起的创新者的人，都会住在车间上方的办公室里。我们可不要那些只会讲故事的人。"❶

为了给生产中碰到的问题开发出具有创造性的解决方案，研究人员和开发过程都必须近距离接触到生产工艺才行。正是因为如此，"通用电气"公司（General Electric）的首席执行官（CEO）杰弗里·伊梅尔特（Jeffrey Immelt）才得出结论说，将设计与开发从制造业中分离出去的做法，并不具有什么经济意义❷。随着东方国家的工业生产规模不断扩大，创造与创新已经在东方各国蓬勃发展起来，就是不足为奇的一件事情了。如今，中国在一些领域里已经处于世界领先的地位，比如预制建筑技术（万科）、电信技术（华为），以及纳米技术的应用和新能源❸。中国在经济上取得的成就，也让该国能够将研发（R&D）行业从美国吸引过来了❹。到2020年时，中国就有望变成一个科学和创新的超级大国❺。

国家在研发（R&D）中的作用及其疏忽

尽管西方国家在创新方面的主要障碍是生产性资本投资匮乏，但西方国家生产的衰退，也表现在对产生新一波技术进步所需的基础研究这个方面，各国都没有大力重视。由于专注于盈利的企业都不愿意参与那些长期利润尚有不确定性的研发项目，因此政府在这个要害领域里，通常都会通过一系列的措施，发挥出主要的作用。

---

❶ 引自《商业周刊报告》（BusinessWeek）的报道：《首席执行官技术指南，"技术'缺乏创新'"》（The CEO guide to technology, 'Tech's "dearth of innovation"'），见于《商业周刊》（BusinessWeek），2005年7月26日。

❷ 杰弗里·伊梅尔特，《通用电气首席执行官论点燃美国制造业复兴之火》（The CEO of General Electric on sparking an American manufacturing renewal），见于《哈佛商业评论》，2012年3月。

❸ 乔治·伊普（George Yip）、布鲁斯·马科恩（Bruce McKern），《中国的多种创新类型》（China's many types of innovation），见于《福布斯亚洲版》（Forbes Asia），2014年9月19日。

❹ 爱德华·卢斯（Edward Luce），《美国重组产业政策》（America reassembles industrial policy），见于《金融时报》，2012年4月9日。

❺ 詹姆斯·威尔斯顿（James Wilsdon）认为，在绝大多数研究和创新措施方面，中国已经超过了众人的预料。克莱夫·库克森（Clive Cookson），《政府有扼杀创意的危险》（Government in danger of stifling bright ideas），见于《金融时报》，2013年10月17日。

这些措施中，就包括了政府提供资金，在大学和非营利性机构里设立实验室，让它们开展研究项目。各国政府会为企业提供税收优惠政策，有时还会直接为商业研究提供资金。与长期性的研究项目关联起来之后，这些由国家提供的资金来源，就会在某种程度上抵消私营企业目光短浅带来的不利影响。

公共研发（R&D）支出的统计数据（参见图3.4），也呈现出了我们都很熟悉的一些局限性。例如，在政府的开发支出始终都相对地多于研究支出的一些国家里，综合数据可能低估了基础研究支出方面的削减幅度。尽管如此，近年来支出水平没有变化或者下降，尤其是美、英两国支出持平或者下降的情况，并不是一个良好的兆头，没有预示着发达国家经济复兴所必需的科学进步即将出现。

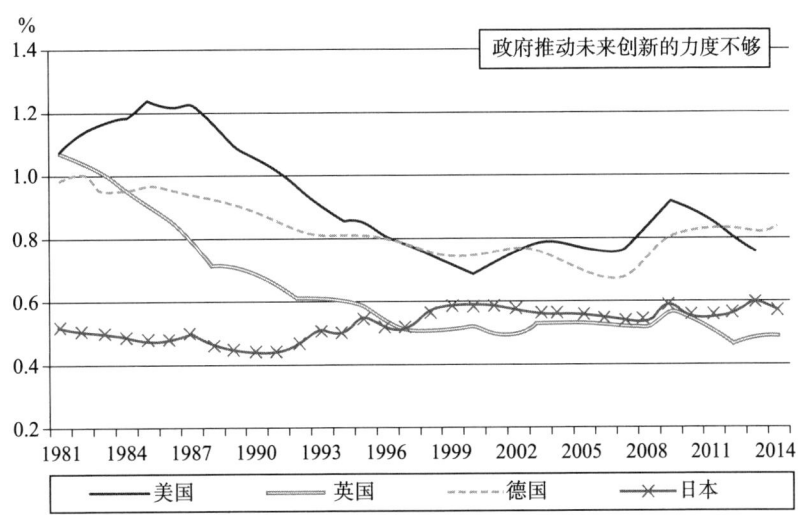

图3.4　政府提供资金的研发（R&D）在国内生产总值（GDP）中所占的比重

来源：经济合作与发展组织（OECD）统计网。"科学、技术与专利：主要的科学技术指标数据库"。网址：http://stats.oecd.org。

政府从科学研究中退出，是一种存在已久的现象了。在过去的40年里，政府支出的削减已经给了基础科学方面的研究以重击，而由此带来的后果，如今已经达到了非常关键的程度。安德烈·海姆也曾如此写道：尽管仍有新的发现，但做出新发现的速度，却已稳定地缓慢下去了。

结果，就出现了一种对无法维持行业动态增长的衍生技术产生了依赖性的现象❶。2007年，美国国家科学研究院（NRC）回顾了"浓缩物质和材料"物理学的发展情况；这是20世纪政府支持的一个关键研究领域，曾经推动了像晶体管、集成电路和激光这样的创新。该研究院指出，过去10年间政府为这一领域提供的研究资金并没有增加；同时，该研究院还提出了警告，说未来的创新不可避免地会受到影响❷。

公共资金相对削减带来的一种后果就是，如今私营行业的研发（R&D）支出，已经远远超过了公共研发（R&D）资金；不过，正如我们在本章前面指出过的那样，这并不意味着企业已经开始从事基础性的研究工作了。企业研发（R&D）这一部分，自20世纪90年代以来一直都呈相对下滑的趋势❸。美国国家科学研究院（NRC）发现，绝大部分企业的研发（R&D）支出都被用于对已有产品进行渐进式的改良，而较为长期的研究支出则已减少，如今在企业研发（R&D）中所占的比重已不足10%了。政府投资的减少发挥了一种决定性的作用，全面地削弱了各行各业进行科学研究的动力。

在安德烈·海姆看来，对基础性科学研究的忽视，造成了至关重要的影响。尽管"在外行看来，'蓝天研究'（blue-sky research）❹可能像是在浪费金钱，因为这种研究不会马上为我们带来相当于面包和马戏这样的现代之物"，但从长远来看，世间其实根本就不存在"无用的基础知识"这种东西。如果没有量子物理学，半导体革命就不可能出现。爱因斯坦的相对论看似可能与我们的日常生活毫不相关，可要是没有这一理论的话，卫星导航系统就无法运转。

安德烈·海姆还警告说，"从基础性的科学发现到消费品之间，是一条漫长、模糊而缓慢的链条，可若是破坏了基础科学，整个链条就会瓦解。"❺倘若政府偏离了以前在经济中发挥出的积极作用，不再投资于基础研究或者不再组织进行基础研究，就会让整个经济受到影响，就会给经济增长、收入和就业等方面带来严重的后果❻。

❶ 安德烈·海姆，《应当当心且非常当心世界的技术危机》（Be afraid, very afraid, of the world's tech crisis），见于《金融时报》，2013年2月6日。
❷ 美国国家科学研究院，2007年。
❸ 阿罗拉、比伦佐、巴塔科尼，2015年。
❹ 指既没有明确目标、也没有直接而明确的实用价值的基础研究。——译者
❺ 安德烈·海姆，《应当当心且非常当心世界的技术危机》（Be afraid, very afraid, of the world's tech crisis），见于《金融时报》，2013年2月6日。
❻ 詹韦，2012年，第10页和第274页。

第 4 章
投资为何重要

研究与科学会产生出新的思想,却不足以自行进步。只有通过投资,利用具有创新性的方式,实现它们为人类增添快乐或者让经济更加繁荣的作用,研究与科学才会产生社会价值。

长期的资本投资乏力，就是这场"长萧条"之所以会旷日持久地存在的主要原因。如果没有体现了技术进步的转型投资，创新就会继续深陷于投资不足的状态，持续的生产率增长就不会出现，而经济停滞的局面也将继续保持下去。研究与科学虽说能够产生出新的思想，却不足以自行进步。只有通过投资，利用具有创新性的方式，实现它们为人类增添快乐或者让经济更加繁荣的作用，研究与科学才会产生社会价值。

回顾一下过去40年间英国生产率的情况就会证实，投资削减与生产率下降之间具有本质上的关联（参见图4.1）。在每个工时资本存量的趋势增长率（即资本投入产生的资本深化）从20世纪70年代初期的2%下降到了接近于零的同时，年均生产率的趋势增长率也从3%左右下降到了1%。据研究来看，这段时间里劳动生产率增长中的降幅，"基本上都"可以通过资本深化率的下降来加以说明[1]。

对于单个企业里投资不足所导致的后果，我们都很熟悉：这种企业在经营能力与竞争力方面，都会落后于其他企业。它们获得的利润将会缩水，产生现金的能力也会下降，连维持企业的生存都不够，更不用说去扩大了。整个经济领域内投资不足的局面带来的种种社会后果，也已得到人们的广泛认同。一个世纪以前，弗兰克·奈特（Frank Knight）就曾说过，各种形式的社会经济进步，都代表着"通过当前消费的贡献或者'投资'来提高社会生产力的不同模式"[2]。

---

[1] 康纳斯、富兰克林，2015年，第7页。
[2] 奈特，1921年，第三部分，第12章，第41节。

创新性变革
开启一场经济复兴

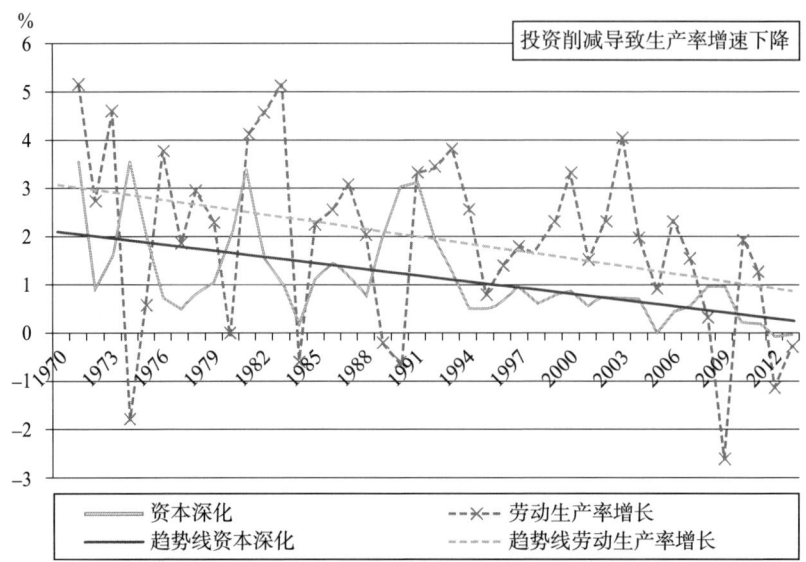

图4.1 英国的生产率与每个工时的资本存量趋势

来源：英国国家统计局，康纳斯（Connors）和富兰克林（Franklin）所用的数据，2015，图3，第7页

发展中国家需要的，是能够明确地提高生产率的创新投资，而不是仅仅能够在现有技术水平上维持生产的投资。这些国家需要的，是能够导致"集约型"增长，而非导致那种仅仅由复制当前生产工艺所带来的"粗放型"增长的转型性创新投资。西方经济体当前的缺陷，正好就反映在"粗放型"投资大行其道这个方面：在1960年至2007年间，美国经济增长方面的所谓"巨大优势"，其实都可归因于对利用现有技术方面进行的重复投资❶。同一研究还证实，相比于以前的第二次世界大战后的经济繁荣时期，在"长萧条"期间，创新驱动型增长对经济的重要性相对降低了；这两个时期之间的降幅达到了五分之一，从而为20世纪60年代以来的生产率增速放缓奠定了基础。

体现了创新的投资增速放缓，也对创造就业机会产生了影响。创新能够促进新兴生产领域的发展；相比于被技术替代的领域来说，新兴的生产领域能够创造出更多的就业岗位。埃德蒙·费尔普斯曾经对美国19世纪和20世纪的经济发展趋势进行过总

❶ 乔根森、孟浩、塞缪尔，2010年，第15页。

96

体研究；他已表明，创新投资正是提高就业率和促进生产率增长的决定因素。相比之下，自1973年以来的创新衰退，却与失业率上升、工资水平日益恶化两个方面紧密相关❶。

在这一章里，我们一开始时会从两个不同的角度，利用两种不同的指标，即资本投资总额和商业投资净额，对"长萧条"期间投资不足的情况进行研究。"总额"是衡量总投资额的指标。"净额"中则减去了用于替代生产过程中所耗资本存量的那一部分投资。

投资萧条这一点，并非只是对解释生产性衰退的原因极为重要。创新投资的复兴，也对解决这一问题至关重要。因此，本章接下来还会对一种日益普遍的反对意见进行研究；此种反对意见认为，如今的资本投资对将来的经济繁荣已不再那么重要。

投资总额

官方发布的统计数据，并没有将导致创新的投资与只是重复现有生产的投资区分开来。不过，由于它们发生变化的方向通常都是相同的，故我们可以从研究资本投资总额的历史开始。如此一来，我们就可以看出，公私投资总额即固定资本形成总值（GFCF）的下降，就是西方国家过去40年经济史上一种处于支配地位的趋势。相对于产出而言的投资总额下降，说明西方国家将新开发的资源投入未来增长方面的力度减小了，而不管各国经济属于集约型增长还是粗放型增长（参见图4.2）。

在"长萧条"之初，日本和德国都位于发达国家内部最大的投资国之列。在20世纪60年代和70年代初，两国继续从第二次世界大战后的商业基础设施现代化中获益，而商业基础设施现代化产生出来的利润，则为投资提供了手段与动力。随着20世纪70年代国际经济开始全面衰退，两国在投资方面先是经历了降幅最大的下滑，然后又从20世纪90年代初开始，变成了一种较为适度的下降。

---

❶ 费尔普斯，2013年，第225页。

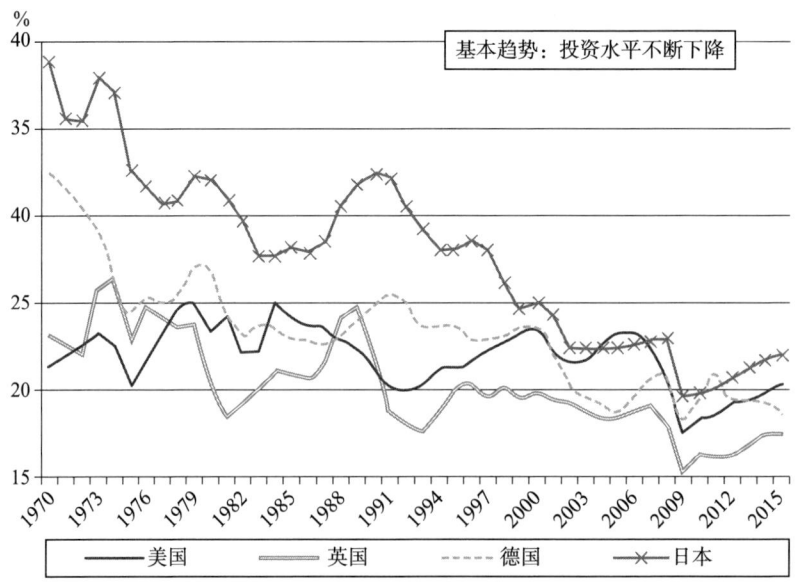

图4.2　固定资本形成总值（GFCF）在国内生产总值（GDP）中所占的比重

来源：世界银行数据库。网址：http://databank.worldbank.org/data/reports.aspx?source=2&series=NE.GDITOTL.ZS&country=。

英国是上述4国中最老牌的一个经济体，并且名副其实，在整个"长萧条"期间始终都是4个国家中的垫底者。自20世纪70年代以来，英国在技术领域、资本设备和基础设施方面的投资一直都不足。虽说20世纪80年代末，在"金融大爆炸"（Big Bang）❶之后，金融服务领域里投资有所增长❷以及北海能源投资剧增❸这两个方面的促进下，该国出现过一次短暂的缓解，可这次缓解仅仅持续到了20世纪90年代初。

尽管美国的投资模式介乎这两个极端之间，但"七国集团"（G7）各大经济体集体所走的路线（参见图4.3），也是一条从猛增到暴降的下坡路；然后，这些国家的投资在20世纪80年代曾相对稳定下来，而从21世纪初起，却又进一步开始急剧下降了。在这7大工业化国家中，新千年第一个十年末期的绝对投资总额，都要低于那个

---

❶ 指英国在1986年由撒切尔政府实施的、旨在大幅减少监管的金融业政策改革。——译者
❷ 波因特（Poynter），2000年，第47–48页。
❸ 英国财政部（HM Treasury）统计图表2A，2014年。

十年初期的水平；这种下降趋势，还因受到了金融危机的影响而变得更加严重了。这种严峻的状况，为我们提供了切实的证据，说明西方社会对未来丧失了信心。

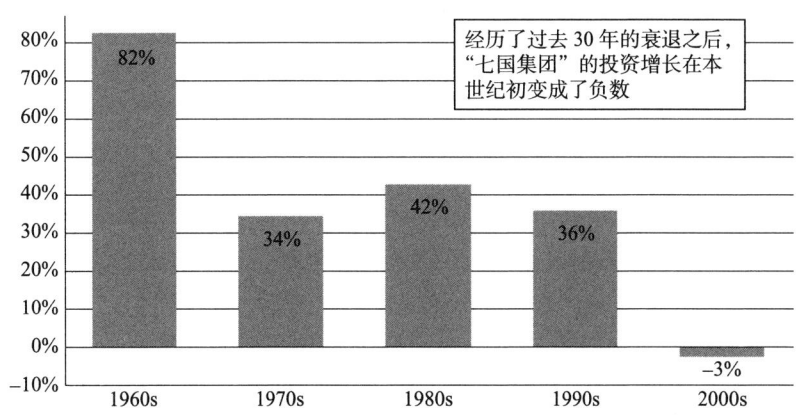

图4.3 "七国集团"实际投资总额的增长

来源：经济合作与发展组织（OECD），"'七国集团'（G7）按照不变价格支出计算的国内生产总值（GDP），主要经济指标"。

尽管固定资本形成总值（GFCF）中的各种趋势都是说明经济衰退的有用指标，但投资总额的统计数据对评估生产率的精确动态来说，却没有那么大的重要性。作为一种总的衡量指标，投资总额中没有考虑到损耗，或者说"折旧"，即固定设备与设施转移到它们协助生产的商品当中去的那一部分现有价值。投资总额中这种置换或者维持的部分，通常都不会增加生产率。

损耗量很难精确地去加以衡量，通常是根据收取折旧费来进行估算的；折旧费各不相同，取决于资本资产的类型，以及资本资产的预期持续使用时间。例如，我们会假定一台计算机的折旧速度快于组装这台计算机的工厂厂房。净投资额则会将这种折旧考虑进去，是一个衡量资本存量价值长期变化的更好指标，因而也是衡量资本累积速度变化的一种更好指标。

显示经营实力的固定资本形成总值（GFCF）还有一种局限，并且这种局限源于下面一个事实：固定资本形成总值（GFCF）中，包括了居民住宅和公共领域在基础设施方面的资本投资，可其中能够提高企业生产率的投资，却是少之又少。尽管住宅、学校和医院、公路和铁路对发达国家来说确实必不可少，可对于其直接业务领域以外的生产性潜力，它们通常却不会做出贡献。

例如，一个重大的住宅建设项目除了改善许多人的生活质量之外，可能还会促进先进建筑技术的应用，从而提高建筑行业的生产率。再如，交通运输环节得到改善之后，除了降低人们的通勤压力、缓解交通拥堵之外，可能还会提高交通运输行业内部的生产率。然而，基础设施方面的这些渐进式发展，通常都不会导致其他企业的生产率出现增长。高质量的公共投资可能会带来许多的社会效益，可这些效益当中，通常却不会包括提高整个经济的生产率和提高经济增长的速度两个方面。

没有公共基础设施，则是另外一回事了；这一点，会通过破坏产业经济运转所需的基础，对整体的生产率造成损害。由于政府的开支在很大程度上依赖于税收，因此生产领域创造新价值的速度放缓，也会导致公共领域里资本投资的下滑。这种情况导致的最明显后果，就是道路坑坑洼洼、桥梁破损断裂、医院和学校破旧不堪❶。绝大多数国家基础设施方面的公共支出，都是在20世纪70年代，也就是进入"长萧条"之后不久开始下滑的；而且，自那时以来，这种局面始终都没有实质性地得到恢复，只有德国重新统一之后的部分地区除外。

然而，连德国的那种恢复也属于昙花一现，没有持续很久。德国的情况在主要发达国家中显得非常独特，因为自2002年以来，该国的公共投资净额在大多数年份里竟然都呈负增长❷。十多年来，德国政府一直都在削减学校、交通运输和其他基础设施领域里的公共资本存量，而西部一些地区受到的影响最为严重，因为它们错过了该国统一时的投资规划。

在所有国家中，"长萧条"这种旷日持久的特点都意味着，公路、铁路和航空设施长久缺乏维修、翻新和更换的状况，如今正在让范围更加广泛的经济运行付出代价。总部位于巴塞尔的国际清算银行（BIS）认为，基础设施老化已经变成有可能拖累美国、英国以及其他发达国家经济增长的一种因素了❸。

---

❶ 国际货币基金组织（IMF），2014b，第79—81页。
❷ 欧盟委员会AMECO数据库，网址：http://ec.europa.eu/economy_finance/db_indicators/index_en.htm。
❸ 国际清算银行（BIS），2014年，第56页。

商业投资净额下降

商业投资净额的统计数据,提供了一种更加严密的替代性指标,来衡量提高生产率和创造优质就业岗位所需的创新投资。虽然我们无法持久一致地获得所有经济体内的全国性数据,但它们还是暴露出了"长萧条"期间商业投资净额的下滑趋势。

美国

美国相对于经济规模而言的商业投资净额,已经从第二次世界大战之后经济繁荣期结束时的近6%,下降到了如今的2.5%左右(参见图4.4)。过去40年间商业投资的这种萎缩提供了一个鲜明的例证,说明了美国生产机器活力的下降情况。2008年金融危机过后的那段经济衰退期里,该国的商业投资净额增幅下降到了接近于零的水平,这一点显得尤其突出。

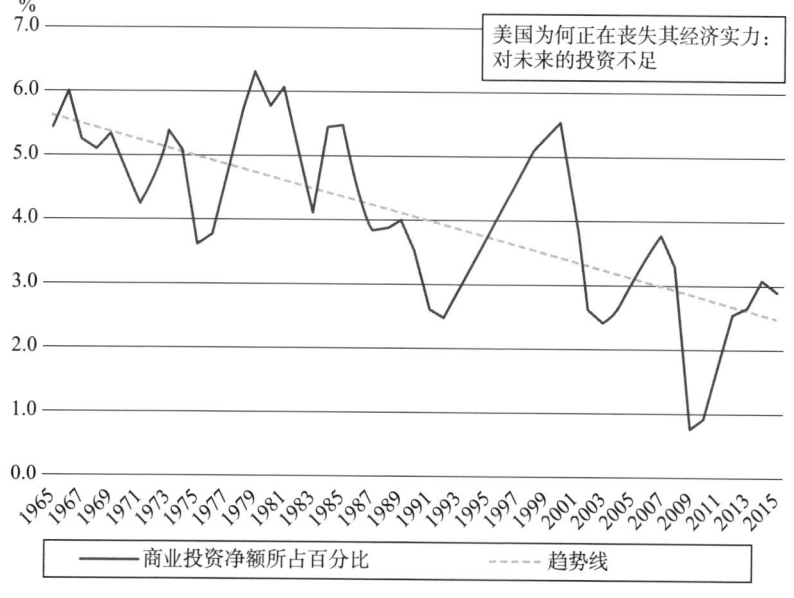

图4.4 美国的商业投资净额在国内净产值中所占的比重

来源:美国经济分析局,"国民收入和生产账户(NIPA)"表1.17.5和表5.2.5。网址:http://www.bea.gov/iTable/index_nipa.cfm。

结果就是,该国商业资本存量的水平几乎没有提高:季度统计数据表明,商业资本存量水平实际上在2009年还有所下降。从第二次世界大战结束以来,美国的投资净额破天荒地首次变成了负数❶。尽管有些人对这一点不屑一顾,认为这是金融危机引发的焦虑心态导致的一种异常现象,可长期的趋势却不容我们抱有这种沾沾自喜的心态。从20世纪70年代末以来,每一次经济衰退过后商业投资净额达到的峰值,都要低于以前的峰值。2000年出现的情况,稍微偏离了这一模式;当时,投资额只是重新达到了20世纪80年代中期的峰值,然后就再次急剧下滑了。这种昙花一现式的增长表现,就标志着信息与通信技术(ICT)繁荣在当时达到了高潮。

投资下降的趋势,还在资本积累速度放缓这一点中凸显了出来。商业资本存量增长的速度,在一个十年接一个十年地放缓(参见图4.5),从而削弱了美国为本国民众提供服务或者保持其全球霸权的能力,就说明了这一点。我们可以料想到,近期商业资本存量增速的大幅放缓,必将导致美国生产率增长的潜在速度进一步下降。

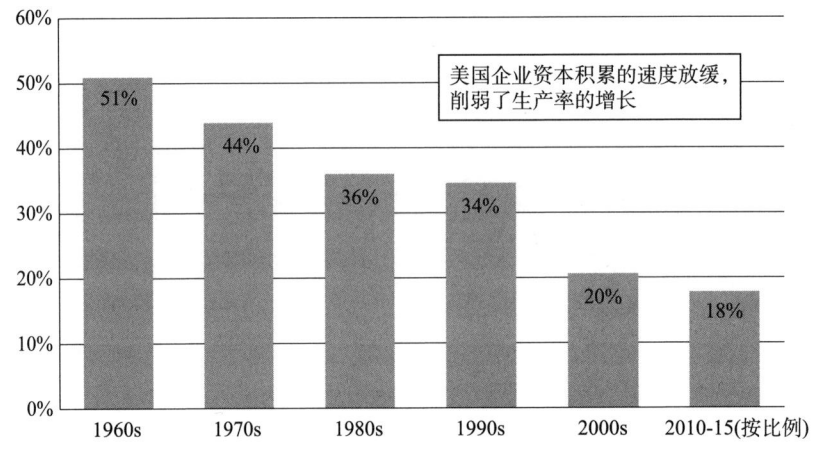

图4.5 美国净商业资本存量的增长

来源:美国经济分析局,"固定资产账户"表4.2,私营非住宅固定资产净存量增长。网址:http://www.bea.gov/iTable/index_FA.cfm。

---

❶ 美国经济分析局(BEA),"国民收入与产品账户(NIPA)"表5.1,第51行。网址:www.bea.gov/iTable/index_nipa.cfm。

生产性衰退还有一种迹象，那就是资本资产的日益老化。投资下降，意味着企业运作资产的时间要比理想状态下的资产运作时间更久，因而无法将这些资产进行置换。美国资本存量的平均年限正在日益增加，并且自2000年前后以来表现得最为显著；从那时起，资本存量的平均年限从14年增加到了16年，增幅高达15%❶。尽管当时美国在昙花一现式的信息与通信技术（ICT）设备上的投资猛增❷，尽管自21世纪头十年中期页岩热潮开始后，该国对新油气井的投资猛增，情况也仍是如此。页岩投资在所有商业结构性投资中所占的份额翻了一番多，从1990年至2004年间的平均9%，在接下来的那段时间里增长到了25%（直到2014年至2015年间因为油价下跌，其增速才开始急剧放缓）。倘若没有商业设备和结构的这些抵消性恢复作用，美国商业资本存量的老化速度极有可能还会变得更快。

英国

英国的商业投资净额也呈现出了一种不断下降的趋势（参见图4.6）。正如投资总额中的情况一样，20世纪80年代出现了一种暂时性的上升，正是金融服务业扩张与开发北海油田导致的结果。

尽管英国官方关于商业资本存量净额的数据只有过去15年的记录，但把这一时期分成三个阶段，就可以非常充分地说明变化的方向。在1998年至2007年间，商业资本积累的年均增长率是2.3%。在2008年至2009年间的那段经济衰退期里，增长率降到了0.6%。而且，在随后经济缓慢复苏、直到2016年的那段时间里，增长率又攀升到了0.9%❸。与美国的情况一样，2009年净资本存量的下降标志着第二次世界大战后的一个最低点。在2013年和2014年，每名员工的净资本存量实际上都下降了❹。

---

❶ 美国经济分析局（BEA），"固定资产"表1.9，固定资产和耐用消费品的现时年平均成本。网址：www.bea.gov/iTable/iTable.cfm?ReqID=10&step=1#reqid=10&step=3&isuri=1&1003=125。

❷ 向寿命较短的信息与通信技术（ICT）资产方面转移，是一种国际现象。乔根森，2011年，第282页和第288–289页；经济合作与发展组织（OECD），2015a。由于这些资产必须较为频繁地更新，因此随着信息与通信技术（ICT）在投资中所占的比重增加，总投资额也会变得很醒目。

❸ 英国国家统计局（ONS），2015c。

❹ 英国国家统计局（ONS），2015c，第21页。

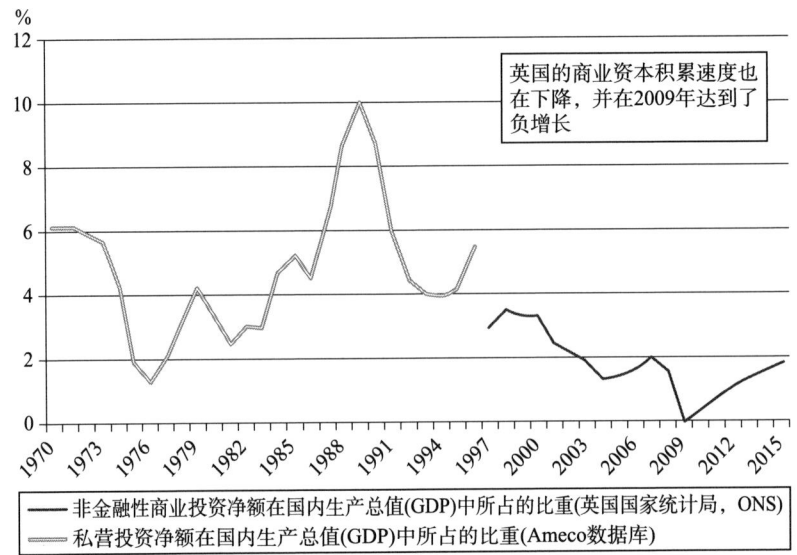

图4.6 英国私营/非金融性商业投资净额在国内生产总值（GDP）中所占的比重

注：自1997年以来，英国国家统计局（ONS）才发布关于商业投资的持续性数据。

来源：英国国家统计局，YBHA、FDBM和DBGF时间序列；欧盟委员会AMECO数据库。网址：http://www.ons.gov.uk/economy/grossdomesticproductgdp/，http://ec.europa.eu/economy_finance/ameco/user/serie/SelectSerie.cfm。

德国和日本

德、日两国的第二次世界大战后经济更具活力；与此一致的是，两国的商业投资净额与资本积累速度虽说也放慢了，可降幅却比美国和英国更和缓。1990年重新统一后，德国的投资急剧增加，因而暂时性地抬升了净投资水平；但接下来，在德国加入欧元区的那些年里，其净投资水平却出现了急剧下滑，并在2009年陷入了低谷，达到了接近于零的最低水平（参见图4.7）。

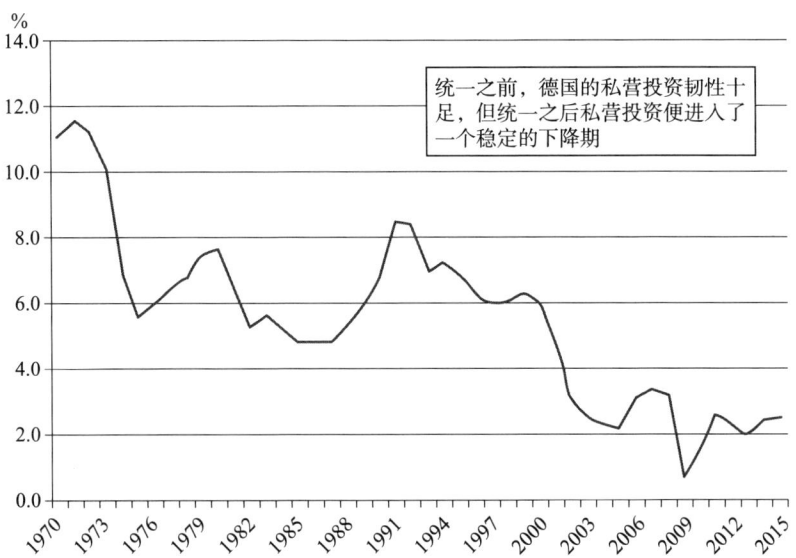

图4.7　德国私营投资净额在国内生产总值（GDP）中所占的比重

注：1970年至1990年间为前西德的数据，1991年之后则为整个德国的数据。
来源：欧盟委员会AMECO数据库，表3.4和表6.1。网址：http://ec.europa.eu/economy_finance/ameco/user/serie/SelectSerie.cfm。

日本的资本投资开始放缓的时间虽说晚于其他发达国家，但随后的下降速度却与其他国家的模式保持着一致（参见图4.8）。2008年的金融危机过后，该国的投资净额变成了赤字，而从2008年至2012年间，日本每年的净资本存量也在减少。因此，尽管日本在"长萧条"的前20年里经济表现最佳，可在"长萧条"的后20年里，该国受到的冲击却最严重。

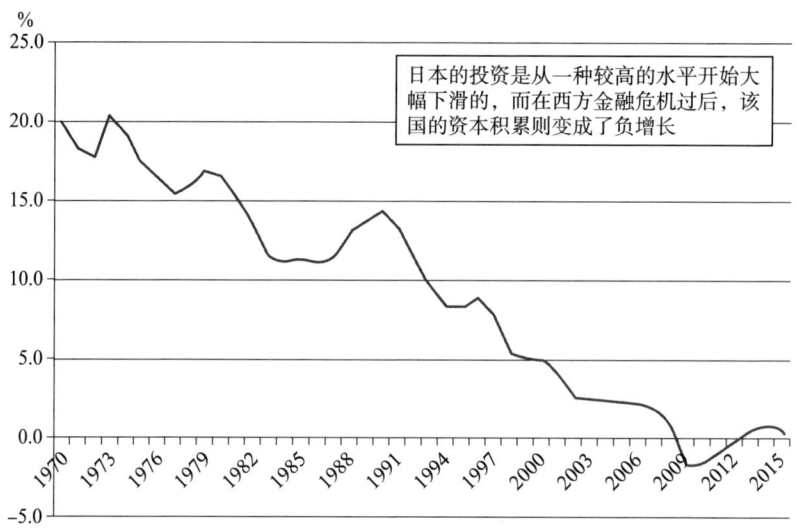

图4.8　日本的经济总投资净额在国内生产总值（GDP）中所占的比重

来源：欧盟委员会AMECO数据库，表3.4和表6.1。网址：http://ec.europa.eu/economy_finance/ameco/user/serie/SelectSerie.cfm。

综上所述，发达国家商业投资水平停滞不前的趋势是非常明显的。投资放缓的情况，甚至比国内生产总值（GDP）增速放缓的趋势更加显著，从而拉低了产出的增长率。转型投资的匮乏，为经济衰退的其他所有特征提供了动力，如生产率增长水平处于低位，优质就业岗位减少，还有对外部资本流动与债务的日益依赖。

为什么投资依然很重要

尽管越来越多的经济学家与政界人士都承认，商业投资减少已经变成了一种新常态，可他们同时宣称，这一点不会再像过去那样，不会预示着诸多的问题了。资本投资的减少，仅仅反映了西方资本主义的变革方式。我们不妨来回顾一下这些观点；它们都是试图为"长萧条"期间投资水平下降的现象进行辩护。

这是一个低增长的时代?

2008年金融危机过后,由于经济未能实现复苏,因此信奉西方国家已经进入了一个经济增长处于低位的时代(可能还是一个长期的、旷日持久的经济增长停滞时期)这种观点的人士,每年都在增加。正如我们在"引言"当中已经讨论过的那样,持有此种观点的人认为,这种情况是金融危机的一个或多个后果导致的,比如生产率增速出现永久性下降、人口增速放缓及人口老龄化带来的影响等等,不一而足。结果就是,这种观点认为,随着经济增长保持在低水平上,投资必然也会跟风而进,处在低水平上。

这种看法,彻底推翻了"投资推动经济增长"的标准观点,反而认为决定投资水平的主要因素是经济增长速度,或者是对人们对未来经济增长的种种预期❶。增长乏力,就意味着没有投资缺口需要去弥补。低水平投资被人们看成了经济怠惰的一种症状,而不是导致经济怠惰的原因。于是,试图提高投资率就成了制定经济政策时的一种错误目标,很可能会导致更多的浪费和更高的不良贷款❷。

这种观点,与其说解释了投资处于低位的原因,还不如说是对经济增长停滞的一种迁就态度。这种观点认为生产衰退是一种既定的事实,因此排除了制定计划来扭转这一局面的可能性。这种观点,不是考虑我们可以采取什么样的措施,来促进能够支撑经济增长的技术进步,而是一种自我应验的观点。这是一种宿命论式地忍受创新投资不足,对实现经济较快增长的种种重要手段不再抱有希望的观点。

这是第二次世界大战后例外论的终结?

人们对经济增长降低了预期的另一种表现,就是将第二次世界大战后的经济繁荣重新解读成一种异常现象,认为那种繁荣不是资本主义的典型现象。人们已经开始将二十世纪五六十年代每年4%至5%的经济增长率,看成是一种不太可能再次出现的例外情况。这样,自20世纪70年代以来的投资增速降低,就被认为是恢复到了正常状

---

❶ 国际货币基金组织(IMF),2015年,第4章,"私营投资:停滞原因是什么?"(Private Investment: What's the holdup?),第114–118页。

❷ 格罗斯(Gros),2014年。

态，而不是导致人们担忧的原因了。这种观点还有一种变化形式，那就是认为第二次世界大战后重建结束之后，资本投资水平必然会下降，并且在日本和欧洲遭受战争蹂躏后重建本国经济的时候，逆转投资猛增的势头。

然而，一种视角更加广阔的历史观点，却会削弱人们在解释如今生产性投资水平处于低位时所用的那种"有升必有降"的理由。首先，第二次世界大战后的资本投资水平并非极其异常，不能成为我们说随后的投资水平降低只是回复到了正常状态的理由。例如，美国在第二次世界大战后经济繁荣时期的投资与国内生产总值（GDP）之间的比率，甚至还低于该国在第一次世界大战之前的水平❶。其次，在遭受战争蹂躏的国家里，早在第二次世界大战后重建导致投资出现增长之前的20世纪30年代末，投资就已增长到高于如今的水平。

这些国家，在炸弹与大炮摧毁其很大一部分产业之前，早已开始重建各国的经济，来摆脱衰退了。并不是必须有战争造成的破坏，才能导致整个社会的投资水平比如今高得多。此外，这种例外论的解释，并不能说明下述现象出现的原因：自20世纪70年代以来，投资水平虽说持续下滑，却没能在第二次世界大战后重建促成的那段繁荣时期里，稳定在较低的"正常"水平上。

资本货物贬值？

还有一种说法，认为资本货物变得更为廉价的趋势，就说明了近来投资水平处于低位的原因。减少投资支出，不一定会因为它代表了一种更大的投资额，而对经济增长造成不利的影响。在这种资本贬值的观点中，人们经常会强调信息与通信技术（ICT）投资产品的价格：由于"摩尔定律"（Moore's Law），计算机硬件的"质量调整价格"下降得尤其迅速，从而说明了企业减少投资支出的原因❷。

这种观点，背后所用的算法是正确的：每名工人资本存量的增加，可以用资本货物价值的小幅增长来代表，因为随着时间的推移，资本货物的生产成本会降低；即便生产力的增长水平适度，也是如此。根据价值来看，工人可用资本货物的增幅，将低

---

❶ 美国在1890年至1913年间的投资总额与国内生产总值（GDP）之比平均为15.8%，而在1950年至1973年间平均为13.2%。麦迪森，1991年。

❷ 多布斯等，2010年，第14页。

于根据技术来衡量的增幅。

然而，倘若我们看一看相对于经济规模而言的、经过通胀调整之后的投资水平，而不是看绝对支出的话，这种观点就行不通了。生产率增长，会降低整个经济领域内所有商品和服务的价格，而并非只是降低资本货物的价格。因此，投资与国内生产总值（GDP）之间的比率不会受到太大的影响；但是，我们已经看到，这种比率一直都在稳步地下降。因此，我们无法把资本货物贬值当成理由，来解释相对于国内生产总值（GDP）而言，投资水平出现下降的原因。

是因为去工业化与向服务业转型？

最常见的一种不严格地解释投资下降的观点，利用了经济部门从制造业向服务业的转型，以及服务业的资本密集程度不如制造业这种推断。大家一致认为，在所有的发达经济体中，过去40年间，制造业在经济产出中所占的比重已经大幅下降❶。制造业在人们心目中的传统形象，就是需要大量有形投资的工厂和大型机器设备，与许多服务性行业资本密集度低、劳动密集度高的情况形成了鲜明的对比。因此，倘若一个经济体如今通过提供服务带来的收入大于通过制造产品带来的收入，那么这个经济体需要的有形投资就较少，这一点似乎就是一件不言自明的事情了。

认为服务行业资本密集度较低的这种设想，其实并不恰当。在过去的20年里，服务行业的资本密集程度其实已经大幅增长，而许多正在发展的服务性产业，比如通信、教育、公用事业、卫生和交通，它们的资本密集程度都与制造业不相上下，甚至更高❷。而且，有些服务业，比如零售与餐饮业，虽然确实不需要许多的重型机械和其他设备，但在地产、固定设备和配件方面，却依然需要大量的投资。

评估投资需求时，还有一种更具意义的经济比例性；它着重的，并不是制造业与服务业之比，而在于低附加值与高附加值部门之比。一般而言，资本密集度很低的经

---

❶ 美国的制造业在国内生产总值（GDP）中所占的比重下降了一半，从1970年的24%降到了2008年的12%。英国的降幅更大，从32%同样下降到了12%。日本和德国制造业所占的比重则分别从34%降到了20%、从36%降到了23%。经济合作与发展组织统计网（OECD.Stat）。网址：www.oecd-ilibrary.org/economics/data/oecd-stat_data-00285-en。

❷ 通信行业的资本—产出比约为345%，教育行业约为290%，而制造业的资本—产出比只有大约150%。多布斯等，2010年，第14页。

济活动，都属于低附加值行业；不管这种经济活动是制造商品还是提供服务，都无二致。这一点，既适用于简单的制造装配企业，也适用于饮食业、清洗业、个人护理业和货物仓储业。

相比之下，高附加值的产业不管是制造业、冶炼业还是服务业，都更有可能需要资本投资，才能增强它们利用高生产率水平进行生产的能力。这一点，既适用于先进的制造业，同样也适用于现代化的交通运输体系或者通信网络。甚至是人们传统上认为属于低技术和劳动密集型的农业生产活动，比如奶制品生产，也正在变得更加自动化和资本密集度更高了：比方说，如今机器人可以给奶牛挤奶❶。要想恢复持久的经济增长，我们需要对附加值较高的行业（即以服务或者商品为基础的行业）进行持续的投资，来扩大、维护和更新其中的资本资产。

最近有一种结构性理论，重点关注的是生产向以信息为基础的商品和服务转型这个方面；自金融危机以来，随着人们购买智能手机和在手机上安装应用程序的现象变得日益普遍，这种转型的速度似乎还越来越快了。据称，相对于过去的种种转型性技术而言，潜在的数码技术中资本密集的程度要低得多，因而不需要多少新投资❷。

然而，自金融危机以来，发达经济体内几乎没有出现过什么深入的结构性改革，能够支持这一观点。服务性行业，其中也包括信息与通信技术（ICT）部门，所占的比重在金融危机过后一直都相当稳定，从而使得我们用这种观点来解释自那时以来投资尤其匮乏的做法站不住脚❸。产业结构转型，不能说明工业化经济体内投资下降的真正原因。

以知识为基础的新型虚拟经济？

将原因归咎于服务型经济的观点中，还有一种普遍的看法，认为就算投资有所下降，下降的幅度其实也不大，而是因为投资在以知识为基础的现代经济中采取了一种

---

❶ 汤姆·海顿（Tom Heyden），《排起队来自己挤奶的奶牛》（The cows that queue up to milk themselves），见于英国广播公司新闻网（BBC News），2005年5月7日。

❷ 弗雷（Frey）声称，2000年以来形成的绝大多数行业，比如电子拍卖、互联网新闻出版商、社交网站、音视频流媒体服务，全都在2010年首次出现在官方发布的行业分类当中；这些行业中雇用的人员，远远少于以前那些以计算机为基础的行业，而且几乎不需要资金投入就能开业。弗雷，2015年。

❸ 联合国（UN），2016年，第23页。

不同的形式。实物资产方面的有形投资，已经被像研究、人力资本和市场营销等领域里进行的无形投资所取代。这就意味着，我们面对的与其说是一个关于投资的问题，还不如说是一个关于衡量标准的问题。这种观点，将以前占主导地位的有形投资中剩余下来的部分，与新的无形投资搅和到了一起，因而声称各国仍在实施充足的投资。所以，我们就不应当再那么重视老式的固定投资措施处于低水平这个问题。

这种贬低有形实物投资的观点并不新鲜。我们在第二章探究过的那些现代增长理论中，就隐含有这种观点。那些理论模型都认为，其中的资本投资只是一个输入的数字；它们都是建立在排除了有形资本投资具有活力，因而有可能导致技术进步这一基础之上。在对经济增长理论进行一次全面研究的过程中，莫里斯·菲茨杰拉德·斯科特（Maurice Fitzgerald Scott）曾称，人们得出的一个主要而务实的推论就是，从长远来看，技术进步正是导致生产率增长一个非常重要的原因，而资本支出却是一个相对次要的因素。因此，那些理论模型都认为，从长远的角度来看，投资相对于国内生产总值（GDP）的比重是"极不重要的"❶。

信奉内生增长理论的人，还将这种对有形投资"去优先化"的做法更进了一步，认为像研发（R&D）和培训等方面的无形投资对生产率来说，要比不动产、厂房和设备等方面的有形投资更加重要。难怪，那些将一系列"知识资本"项目当成投资中的组成部分而计入的理论模型会发现，这些无形投资就是经济增长的重要驱动因素了❷。可经过了调整并且将无形投资当成有效输入涵括进去的生产率模型却会发现，无形投资对生产性产出具有显著的影响。因此，模型的结果其实就反映出了模型所用的前提。

这些经过修正的模型，都将美、英两国劳动生产率增长中约30%的比重归因于无形投资；这一比例，可以说与有形投资的贡献率不相上下。有些模型甚至表明，技术进步与无形资本深化的贡献之间具有一种正向的相关性，并且这种相关性比技术进步与有形资本之间的关联性更加牢固❸。

不断变化的商业支出模式，似乎让人们更加重视无形投资的做法有了正当的理

---

❶ 斯科特，1989年，第69页。

❷ 科拉多（Corrado）、胡尔顿（Hulten）、西切尔（Sichel），2009年，第683页。

❸ 科拉多等，2012年，第35-37页。

由。自20世纪90年代以来，整个经济合作与发展组织（OECD）中，各国在无形投资支出方面的势头一直都比有形投资支出的力度更加强劲。在1995年至2007年间，即金融危机的前夕，有形投资在国内生产总值（GDP）中所占的百分比，普遍都是持平或者都在下降；这一点，与我们在前文中所做的分析是一致的。与此同时，无形支出所占的百分比却在普遍上升；在有些国家中，这种增幅还相当巨大。如在美国，这一百分比就增长了差不多三分之一。

这就说明了美国为何会像英国一样❶，为何会位居无形投资支出最多、无形资产"投资"超过了有形资产投资的国家之列。平均来看，从1995年至2009年，美国在有形投资方面的支出占到了国内生产总值（GDP）的9%，而无形投资方面的支出则占到了将近11%。卡罗尔·科拉多（Carol Corrado）、乔纳森·哈斯克尔（Jonathan Haskel）、塞西莉亚·约娜–拉西尼奥（Cecilia Jona-Lasinio）和马西米利亚诺·伊奥米（Massimiliano Iommi）等人曾得出结论说，这种转变对美国和欧洲来说，都是一种"显著的趋势"。他们认为，若是重新将无形支出归入投资一类，那么所有发达经济体的总投资率，就会上升5至10个百分点❷。

夸大无形投资对生产率的积极作用，依赖的是对"投资"的定义进行扩展，将以前人们认为属于运营费用的大量企业支出也包括进去；如今，这些支出中的大部分却仍然被企业按照惯例进行核算❸。不过，经济学方面的研究已经大大拓宽了"投资"的范畴。这种做法，歪曲了投资趋势的真实情况，分散了整个社会的注意力，使之偏离了原本应当专注于提高生产力的正确道路，导致人们不再那么关注具有变革性的技术方面的核心投资了。

这种讨论当中，人们通常都会用到科拉多、查尔斯·胡尔顿（Charles Hulten）和丹尼尔·西塞尔（Daniel Sichel）三人在2005年首次提出的那三大类无形资产。其中，一是"计算机化信息"，通常都用软件来衡量；这类无形资产代表了一种核心的现代投资，人们对这一点几乎都没有什么异议。二是"创新型资产"，其中首先就是研发（R&D）；不过，人们对这一点还存有较大的争议。三是"经济技能"，比如市场营

---

❶ 古德里奇、哈斯克尔、沃利斯，2014年，第10页。

❷ 科拉多等，2012年，第4页和第32–34页。

❸ 古德里奇、哈斯克尔、沃利斯，2014年，第9页和第11–22页。

销、培训和组织流程；这个方面，将衡量投资的标准扩展到了一些更具争议的领域当中❶。人们通常都认为，后面这种"经济技能"对无形支出的贡献，等于其他两类无形资产的贡献之和。

在过去的20年里，官方统计人员的态度已经变得较为开明，能够接受将无形支出当成国民账户固定资本形成总值的一部分加以纳入的做法了。1993年版的《国民经济核算体系》（System of National Accounts）在联合国获得了一致的认可；其中提出了一个聪明的建议，就是将计算机软件纳入投资的范畴，并且较为模棱两可地将"原创艺术品"的生产成本也包括了进去。在这一体系的指导下，自21世纪头十年中期以来，绝大多数国家如今进行统计的时候，都会把计算机软件纳入其投资数据当中。

联合国将"原创艺术品"，即电影、电视节目和广播节目、音乐以及图书之类的媒体制作纳入投资统计数据的建议，各国都过了较长的时间才去实行。这种延期实施的现象就反映出，人们用了较长的时间，才消除掉那种认为在生产它们时的支出属于运营支出，而不属于固定资产投资的常识性观念。

例如，究竟哪些电视节目才符合"影响时间持续超过12个月"这一标准的统计判据，才能将其纳入投资的范畴，人们在确定起来的时候似乎都相当武断。美国经济分析局（BEA）的回答，是将"长期存在的电视节目，（包括）情景喜剧和戏剧节目"与"其他形式的电视节目，包括新闻节目、体育赛事、游戏类节目、肥皂剧和真人秀节目等上映时间要短得多且不会被资本化的节目"区分开来❷。根据这种分类，《唐顿庄园》（Downtown Abbey）❸就是一种投资，而"美国好声音"（The Voice）❹则不属于投资。

从2008年开始❺，研发（R&D）也被正式地重新定义为一种资本投资，而不再被

---

❶ 科拉多、胡尔顿、西切尔，2009年，第662页。

❷ 彼得·科伊，《无形经济的崛起：美国将研发（R&D）和艺术创造计入GDP》（The rise of the intangible economy: U.S. GDP counts R&D, artistic creation），见于《彭博商业周刊》（Bloomberg Businessweek），2013年7月18日。

❸ 英国于2010年首播的一部时代迷你剧，背景设定于英王乔治五世在位时约克郡一座虚构"唐顿庄园"里，呈现了英国上层贵族与仆人阶层在等级制度森严之下的生活百态。2015年，该剧在拍完第六季后宣布终结。——译者

❹ 美国的一档音乐类电视选秀节目，曾获第29届美国制片人工会最佳电视竞赛节目奖。——译者

❺ 为联合国制定的《国民账户核算体系》（System of National Accounts）2008年版所认可。

看成一种中间性的支出了❶。这是一种具有误导性的变化，因为正如我们在前一章里讨论过的那样，研发（R&D）通常都是出现在生产之前的一种活动，所以不是最终的生产支出❷。尽管阐明研发（R&D）、发明、创新和投资之间的重要关系很有必要，但这并不能证明研发（R&D）在生产中扮演的角色与资本投资一样重要。研究是通过实验和反复尝试来发挥作用的，有时还带有一点儿意外的成分。研究不会直接生产出产品或者提供服务。把这种至关重要的支出与投资混为一谈，就会让一种生产工艺为什么必须做出有形的改变，必须通过转型投资将创新纳入进来的问题变得模糊不清。投资是任何一种创新的必备工具；更多的研发（R&D）支出，并不能替代投资。

为英国政府的知识产权局（Intellectual Property Office）进行的一项研究，也用例子充分说明了关于无形投资的这种观点❸。据计算，联合国重新归入投资的那些项目，即软件、研发（R&D）和原创艺术品，在2011年英国高达1,270亿英镑的无形投资当中，所占比重不到一半。其余大约60%的无形投资，则是由迄今还未被联合国定义为投资的支出所构成。

例如，其余的部分当中还包括设计工作；这个方面，在所有的无形投资当中占到了十分之一左右的比重。设计工作代表了建筑设计师、非软件工程师以及图案、产品和服装设计师的部分劳动时间。因此，设计一台新智能手机的外观，甚至是设计手机广告以及手机外包装的劳动，也与创造手机内部结构的工程活动一样，被纳入了投资当中。这种无形投资里面，还包括用于开发"新的金融产品"（即新型债务工具）、总额相对较小的投资，以及用于社会科学、人文科学学者进行"非科学"研究活动的投资。至于学术研究为"波尔卡舞"❹"亲吻习俗"与"仪式面具"这样的领域究竟带来了多大的投资价值，就只能留给我们去想象了❺。

无形投资中余下的50%，则源自"经济技能"这一类；将此类投资与实物投资同

---

❶ 这种方法如今已为绝大多数国家所采用，其中就包括美、英两国，前者于2013年采用，后者于2014年采用。

❷ 詹姆士·沃德海森，《研发（R&D）：为何需要失败》，见于《尖顶》（Spiked）杂志，2013年10月1日。

❸ 古德里奇、哈斯克尔、沃利斯，2014年。

❹ 波尔卡舞（polka），一种活泼轻快的音乐类型与双人圆舞，起源于19世纪中欧的民间舞蹈，后来逐渐流行到了整个欧洲和全世界。——译者

❺ 这是从下述网页提出的学术研究主题中随机选择出来的：http://libguides.umflint.edu/topics。

等对待的做法，甚至更让人摸不着头脑。其中，有些投资以前常称为品牌化（即广告与市场研究成本，达到了140亿英镑）和培训（250亿英镑）。此类投资当中，还包括一笔用于"组织结构与流程"的、数量可观的255亿英镑，它占到了无形投资总额的五分之一；这笔投资，包括管理顾问支出，以及在职管理人员工资中的一部分❶。（我们可能还会说，这里存在重复计算的危险，因为据称，管理顾问在听取管理人员意见，然后把这些意见复述一遍，再当成自己的建议提出来的过程中，也会收取费用；不过，这样说对有些顾问可能并不公平。）

这种分析得出的结论就是，尽管资本投资一直都呈下降趋势，可我们无须担心。与一种知识经济关系更大的无形投资已经占据了领先地位，并且在维持总体投资水平方面的作用更加充分（参见图4.9）。20世纪90年代初，无形支出还只达到了有形投资支出的三分之二左右；然后，经过信息时代由互联网导致的繁荣之后，直到金融危机爆发之前，无形投资才比有形投资高了五分之一。

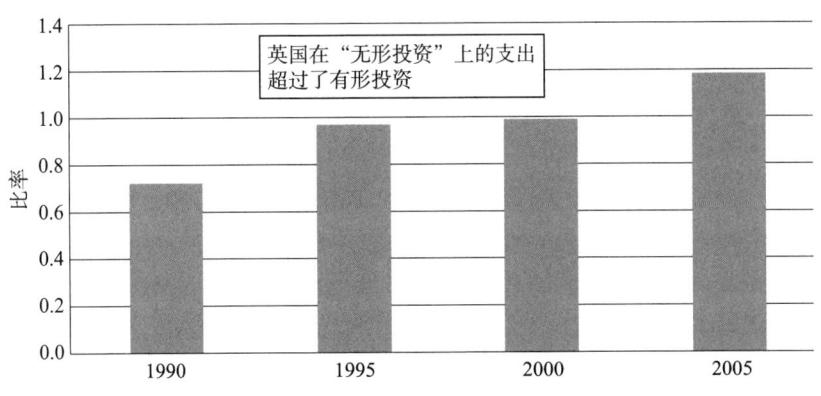

图4.9 英国无形支出与有形投资的比率

来源：英国国家统计局，引自古德里奇、哈斯克尔、沃利斯，2014年，第9页

结果就是，尽管1990年至2005年间有形投资在国内生产总值（GDP）中所占的比

---

❶ 美国的无形资产研究中，包括了尚未被官方正式视为投资的三大主要投资领域。美国使用的下述术语虽与英国稍有不同，但它们涉及的内容却是相似的：品牌建设、职工培训，以及组织实践与组织过程的发展。科拉多、胡尔顿和西切尔，2009年。

重下降了差不多三分之一,可无形投资的增长却意味着,它们加起来的比重在国内生产总值(GDP)中的降幅却没有那么大,不过是十分之一罢了(参见图4.10)。

这种无形投资模式,无助于我们去切实解决"长萧条"的根源问题。将日常支出重新定义为投资,掩盖了有形投资衰退的真相。这种做法,在一定程度上是由一种衡量标准错觉造成的:尽管无形投资的界定范围极其宽泛,可若是表示为在国内生产总值(GDP)中所占的比重,而不是按名义价值来计算的话,连这种支出也可以说没有增长多少。按名义价值来计算,从1990年的479亿英镑增长至2005年的1,181亿英镑看似增幅巨大,可其实只相当于国内生产总值(GDP)的增长率从8%左右提升到了9%左右,增幅就完全没那么可观了。

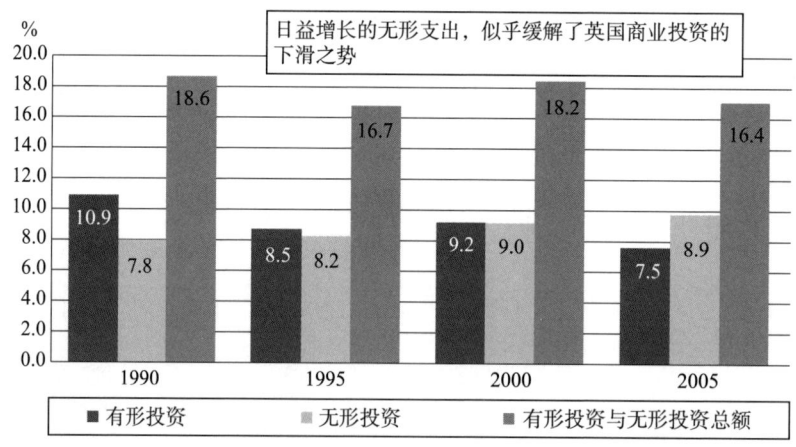

图4.10　英国有形投资与无形支出在国内生产总值(GDP)中所占的比重

来源:英国国家统计局,引自古德里奇、哈斯克尔、沃利斯,2014年,第9页

更加重要的是,即便是这种增长,也主要是由距生产过程最远的支出增加导致的。其中有超过三分之二的增长源自无形投资,而不是软件与研发(R&D)支出[1]。软件支出可能与生产活动直接相关;研发(R&D)与生产活动之间,也具有我们业已阐述过的间接关系。然而,品牌化、管理咨询与员工培训这些领域里的支出,即便是在最坚定地支持这些领域的人看来,也会对他们准备可信的投资回报理由时构成

---

[1] 古德里奇、哈斯克尔、沃利斯,2014年,第9页。

考验。

在"经济技能"方面增加支出,并不会因为找到了新途径来提高企业的生产效率而取代资本投资。相反,我们最好将这种支出的增长看成是生产衰退的一种症状。以顾问咨询支出的增长为例。在二十世纪八九十年代,管理咨询行业通过为企业提供服务,尤其是为战略、信息技术、组织和并购领域里的企业提供服务,得到了长足的发展。这种情况,满足了企业对管理咨询服务的新需求。在经济不景气的形势下,管理层日益不知道自己如何确保企业获得成功,甚至不知道在经济形势更加严峻的情况下如何确保企业生存下去。于是,管理人员开始转而向外人求助;这一点,就反映出了他们自身的不安全感,也反映出他们抛弃了自己想出办法来解决困难的直接义务。

尽管在削减成本和企业重组方面的专业能力是这些咨询公司获得丰厚收入的根源,可其客户的潜在生产业绩,却没有提升多少。削减支出可以提高短期的盈利能力,并且可能会因为企业裁员而导致生产率出现一次性的猛增。可企业和国民经济却无法将自身裁掉,来实现一种较高的生产增长率。

品牌建设,也随着生产困境和创新相对匮乏的局面发展起来了。向"长萧条"演变的那个过渡期,为消费品营销、广告和品牌化的作用增添了动力。当产品和服务不能再凭价格竞争力脱颖而出之后,企业就会把目光投向别的地方,拼命地想要促进销售、保持利润;这种价格竞争力,就是因为企业具有优越的生产技术或者提供了独特的产品特性导致的。在那些害怕自身的产品失去销量、注意保护自身市场份额的企业看来,营销和品牌建设方面的支出更加重要。

不过,品牌支出产生的作用却是极其短暂的。一种品牌的实力,归根结底是由用户眼中一种成功的产品或者服务带来的。一种产品或者服务倘若质量低劣,那么不管企业花费多少资金去宣传其品牌特点,也不可能长久地畅销下去。广告宣传虽然可以强化人们对企业产品和服务的看法,可它很少能够仅凭自身就改变人们长期的购买习惯。

此外,我们也难以深入理解,这种"经济技能"究竟是如何一路进入国内生产总值(GDP)的增长当中的,更不用说如何在生产率的增长当中体现出来了。就算一家公司所占的市场份额成功地出现了改观,这种改变通常也是以牺牲国内竞争对手的利益为代价而获得的,全国的经济产出丝毫都不会受到影响。

创新性变革
开启一场经济复兴

然而,市场营销行业却一直都毫无羞愧之心地宣称自己肩负着企业销售的重任,并且认为自己对企业的经营业绩做出了巨大的贡献。日益上涨的股票市值,似乎证明它们说得很正确。在一种金融化的经济中,股价上涨的速度常常既比产出快,也会快过企业资产负债表上净资产价值的增长速度。

倡导市场营销的人正是抓住了这一差距,因而宣称:股票市值高于一家公司账面估值的现象,可以归因于无形资产的价值,并且尤其应当归因于品牌的价值[1]。但是,我们不应当将相关性与因果关系混为一谈。金融投资者在一种金融化经济的支持下购买股票,并且推高股票估值的时候,这种做法通常都是由他们对股价和股票分红抱有的种种期望所导致,而不是由他们对品牌所做的分析所驱动的。

第三种主要的经济技能即人员培训的作用,与其他两种经济技能的作用不太一样。很多的人员培训项目,都对社会有益。有些技术性的技能非但有用,而且对员工胜任其工作至关重要。关于培训对生产率的作用这个方面,人们产生的种种错误看法都源自"人力资本理论"中那些范围更加宽泛的假设;此外,这些假设往往还会导致人们重视培训而轻视有形投资。

这种观点始于20世纪60年代,而加里·贝克尔(Gary Becker)就是其中一位主要的倡导者[2];如今,这种观点已经纳入了无形资本理论当中。将提高员工技能的支出称为"无形投资",同时淡化资本投资这一角色的做法,再次让生产过程变得令人困惑了。生产其实是将员工与有形资本结合了起来;其中的任何一方,仅凭自身都是毫无作用的。倘若没有人类去开动,一台机器不过是一件无用的设备罢了。虽说一个人可以在没有任何有形资本的情况下,仅凭自己的双手劳动,可那样一来,人类的活动就会停留在原始的水平上;比如手工采摘玉米或者上门服务的按摩师,就是如此。倘若没有某些工具、生产经营场所或者加工所用的原材料,人类能够做到的其他事情,就不会太多。

将人力资本这一角色置于优先地位的做法,可能会转移人们的注意力,使之忽视了需要更多具有创新性的有形资本投资这一需求。这种有形资本投资,极少对有效的

---

[1] 劳伦·亨德森(Lauren Henderson),《价值几何》(For what it's worth),见于《金融时报创意企业版》(FT Creative Business),2004年2月3日,第6页。

[2] 贝克尔,1994年。

生产构成破坏，因而不会对构成人力资本的员工的生产率构成阻碍。那些没有机会利用现代化的技术来工作的人，都不是生产效率很高的员工，而其中的绝大多数人，也不会有能够实现人生抱负的工作经历。

单独来看，培训和技能并不能让一家企业或者一种经济获得成功。玛丽·奥马霍尼（Mary O'Mahony）和威廉·德·波尔（Willem de Boer）两人曾经阐述说，各国之间的相对人力资本水平，可能与各国的相对经济表现背道而驰。两人说明，到20世纪90年代末，英国已经弥合了该国以前与美国在劳动力技能方面原本就不大的那种差距；不过，就在同一时期，即20世纪90年代的后半期，两国在劳动生产率方面的差距却扩大了：英国进一步落在了美国的后面❶。

如果没有资本投资、技术和就业岗位来利用劳动力的技能，那么提高劳动力的技能在经济上就会毫无意义。如果为劳动力提供的高技能、高生产率工作岗位不足，那么将额外的资源投入到培训中去，就不会产生经济效益。提供技术人才的做法，并不会创造出对技术人才的需求，而未加利用的技能，也会很快丧失。要想提高效率，技能必须与生产当中的其他因素结合起来，尤其是必须与那些由投入充足的创新资本投资导致的因素结合起来❷。

结论

一些精明的个人投资顾问会提醒说，在考虑是否投资于最新的新型经济范式时，"这次不同"可以说是四个最危险的字眼。这种经济范式，最终通常都会证明是一个泡沫。同样，那些担忧西方国家能否恢复经济繁荣局面的人，在低估有形投资对生产率与经济增长的作用时，也应当警惕"这次不同"几个字。

我们完全有可能让无形投资的数值显得很高，但这样做，实际上是将投资的定义扩展到了不确定的生产价值和可比性领域。要是我们把为早餐麦片进行广告宣传所花的1美元，与花在药物研究上的1美元相提并论的话，那么，就算是将知识生产视为所

---

❶ 奥马霍尼、德·波尔，2002年，第9–12页。
❷ 阿斯顿（Aston）、贝克拉迪尼亚（Bekhradnia），2003年，第34–45页。

谓的创新之源，这也是一种似是而非的做法。

我们不妨用一个比喻，来结束这一章：将鸡蛋重新命名为橙子，并不会改变橙子的实际数量。生产更多的鸡蛋，既不可能掩盖橙子短缺的情况，也无法发挥出橙子对那些想吃橙子或者想从橙子当中获取维生素C的人所起的作用。同样，将一些商业支出领域（比如品牌建设或者咨询）重新命名为商业投资的做法，根本就不会改变生产性资本投资不足的状况。

无论这些领域发挥的是一种非常重要的作用还是微不足道的作用，在这些领域加大投资的做法，都无法代替我们在更好的技术工艺领域进行投资时抱有的那种独特目的。从根本来看，投资依然很重要。很久以前，弗兰克·奈特就指出过投资的历史意义了：如果没有创新投资，人类社会就将面临回到中世纪那种状态的危险；到了那时，"生产方法会变成一种固定模式……人们也不会想到进步"❶。投资匮乏，就代表着放弃进步。在过去的40年里，投资都未能得到持久的复苏；这就表明，西方社会的经济问题是系统性和结构性的，而不是周期性和暂时性的。

---

❶ 奈特，1921年，第三部分，第11章，第36节。

第二部分

长萧条

> 金融体系的崩溃,在一定程度上是深层问题导致的结果……实体经济的危机,就是导致"长萧条"的根源,一如它也是导致"大萧条"的根源。
>
> ——约瑟夫·斯蒂格利茨

第5章
利润率的问题

  利润率的升降与经济、投资密切相关。经济学家对利润率的衡量,差不多准确地反映出了20世纪经济发展史上的盛衰兴废。

第5章 利润率的问题

除了这种贬低当前资本投资作用的态度，我们还经常听到，人们会对投资进行明确的批判。有些"激进的"股东更喜欢企业将他们投入的资金返还，而不喜欢在投资项目上"一点一点地浪费掉"；还有一些环境保护主义者认为，有形投资导致的物质发展是有百害而无一利的。

股东活动家们常常瞄准那些价值被低估的公司，试图通过给公司的董事会施加压力，使之以不同的方式行事，从而抬高公司的股价❶。他们常常会反对投资支出，希望公司转变做法，通过更高的分红或者股份回购，来将更多的现金返还给股东。这些做法，都会增加每股的收益，并且推高股价❷。其中的典型人物，就是亿万富翁卡尔·伊坎（Carl Icahn）；此人认为，绝大多数公司的董事会都是由一些对公司的首席执行官言听计从的马屁精组成的，都是一些通常做不出优秀投资决策的人，因而不能将闲钱委托给他们。

有些环保主义者与短期的金融投资者形成了种种奇怪的同盟关系，都对经济增长和刺激经济增长的投资持批判态度。他们认为，西方社会已经生产出了足够多的商品；因此，发达经济体增加生产，非但对保持体面的生活标准来说毫无必要，还会导致环境恶化❸。

尽管对投资持此种批判态度的人如今显得更加突出和畅所欲言了，可这种观点并不能说明近期投资一直处于低水平的原因。如果因此而得出结论说，资本投资已经没有了理性的理由，那我们就错了。虽说支持投资的理由通常不会像反对投资的理由那

---

❶ "激进投资人洞察"机构（Activist Insight），2014年，第4页。
❷ 娜拉·弗洛哈尔（Rana Foroohar），《股东"活动家"究竟是好是坏？》（Shareholder "activists"—are they good or bad？），见于《时代杂志》（Time），2014年3月26日。
❸ 杰克逊（Jackson），2011年。

样充满激情地表达出来❶，但拉古拉姆·拉扬（Raghuram Rajan）称"有形资本的收入之所以会增加，是因为它让每个人的生产率都提高了"的说法，仍然是占有主导地位的观点❷。

就连许多经常由于短期行为而集体遭到诟病的金融投资者，也认识到了资本投资的好处❸。一些人提出，在利率处于历史低位的情况下，此时就是企业和政府做出重大资本投资的最佳时机。连国际货币基金组织（IMF）也彻底转变了以前那种极端吝啬的态度，并且开始提出，廉价的融资为加大基础设施投资提供了正当的理由❹。不过，尽管人们普遍认为，投资对经济增长而言仍是一种理想的选择，可投资却依然乏力。我们在本章中，就来探究一下其中的原因。

投资下降之谜

主流经济学家一直都在预测说，企业资本支出的情况将有所好转。倘若我们希望经济问题是周期性的，或者希望它们是由一些随着时间推移而会消失的特定不确定因素导致的，那么期待经济形势恢复到一种以投资为主导的资本主义常态，似乎就是一种合情合理的心态了。然而，这些人反复期待的那种投资持续增长的局面，却没有出现。

"标准普尔"（Standard & Poor's）评级机构的加雷斯·威廉斯（Gareth Williams），就深刻地捕捉到了人们期待投资恢复的心态，与投资增长乏力的现实并存的现象。在介绍该机构发布的2014年年度投资调查报告时，他不但说明了企业资本支出的复苏仍是世界经济中"最受人们热切期待的趋势"之一的原因，而且得出结论：投资复苏似

---

❶ 经济合作与发展组织（OECD）于2011年举行的商业和公共部门讨论。韦辛格（Wehinger），2011年。

❷ 拉扬，2010年，第48页。

❸ 据美银美林（Bank of America Merrill Lynch）所做的调查研究，绝大多数基金经理（即那些替客户管理大量金融投资组合产品的人）都希望企业将投资用于企业发展，而不是用企业的现金去回购股票、分红或者用于修复资产负债表。网址：http://newsroom.bankofamerica.com/press-releases/economic-and-industry-outlooks/bofa-merrill-lynch-fund-manager-survey-finds-investo-3。

❹ 国际国货基金组织（IMF），2014b，第3章，"推动基础设施建设的时机到了吗？公共投资的宏观经济效应"（Is it time for an infrastructure push? The macroeconomic effects of public investment）。

乎还"有一段路要走"。商业投资"陷入了一种不上不下的停滞状态。"❶

在支持投资的人看来，投资的持续乏力相当于提出了一个难题，且这一难题还因为许多的因素而变得更加严重了；可这些因素的存在，却是为企业进行投资提供了充足的理由。瑞士信贷（Credit Suisse）是如此描述投资的有利环境的：

> 美国企业支出的基本面似乎非常不错。自由现金流处于历史高位，杠杆率接近历史最低纪录，有一种异常老化的资本存量，投资在国内生产总值（GDP）中所占的比重只是略微高于经济衰退时的典型低位，而资产回报率与债务成本之间的差额也创下了历史纪录❷。

因此，导致投资激增的许多教科书式的条件，都已就位❸。企业享受着巨额的现金盈余、宽松的信贷措施和低成本借贷带来的诸多好处。由于投资已在很长一段时间内处于低位，因此需要置换的老化资本资产有很多，从而进一步为企业利用较先进的技术进行设备更新提供了动力。还有政府的鼓励，使得企业税收一直处于很低的水平，同时总体利率降低，加之在政策上做出了无数让步，或者政策上存在诸多的漏洞，都减少了国家从企业取走的那一部分利润。最重要的问题其实就是，在有如此之多的金融因素和经济因素提供有力支持的时候，企业为什么一直都没有进行更多的投资。

现金储备增长

这一点，其实不是一个"64000美元的问题"❹，而是一个3.5万亿美元（和核算）的问题。这3.5万亿美元，就是2013年年底全球最大的1000家非金融企业持有的现金储备，其中主要都是西方企业❺。这就证明，现金储备并不是进行投资的一个充分

---

❶ 标准普尔评级机构（Standard & Poor's Ratings Services），2014年，第4-5页。
❷ 《企业支出：前进两步，后退一步》（Corporate spending: two steps forward, one step back），见于《全球股票策略》（Global Equity Strategy），瑞士信贷，2012年10月12日。
❸ 科勒（Koller）、洛瓦洛（Lovallo）、威廉姆斯（Williams），2011年。
❹ 原为美国的一个电视和广播问答节目，节目中的最终胜利者将获得64,000美元奖励。后引申为"最难回答的问题""最重要的问题""最具决定性意义的问题"等。——译者
❺ 麦克米伦（Macmillan）、普拉卡什（Prakash）、休尔特（Shoult），2014年。"现金储备"指的是现金、准现金以及很容易变成现金的短期金融资产。

条件。这种储备没有为投资提供资金,反而形成了一种恰好相反的关系:投资处于低位时,现金储备就会不断积累。

高位现金余额,并不是近来才出现的一种现象;自20世纪80年代以来,这种现金余额就一直呈增长态势❶。因此,它们是无法用企业在金融危机过后的谨慎态度,以及企业希望拥有更大的安全保障这种防备心态来解释的。2008年,就在金融危机爆发之前,这些企业就已经持有超过2万亿美元的现金储备了。尽管美国的税法鼓励该国企业在海外持有大量现金,但这种解释也不充分,因为所有发达经济体中都存在企业持有高额现金储备的现象。这3.5万亿美元的现金储备中,美国企业占有差不多一半的比重,日本企业持有14%,法国企业持有7%,英国企业占6%,德国企业则占5%。

企业存款处于较高水位这一现象的存在,也不是一个充分的理由。企业存款增长的一个主要原因,就在于许多的公司(尤其是英、美两国的公司),一直都在通过(利用公司的存款)购买股票而不是通过分红(在权衡存款数额之前就支付)的方式,绝对和相对地将更多的收益分配给股东❷。无论利润以何种方式分配给股东,用现金形式积累起来的,其实都是除去了所有的支出(包括资本投资)之后,利润中剩余下来的那一部分❸。

现金盈余不断增长这一现象的背后,有一个共同的因素,那就是生产萧条。现金都来自投资少、存款多的公司,使得这些企业成了其他经济领域里的净资本供应商。这种情况,与以前的模式截然相反;以前,是企业向银行或者资本市场贷款,来提供超出了企业自我生成的那一部分投资资金。就在金融危机爆发之前,"七国集团"(G7)中的企业都从庞大的净借款方,变成了净贷款方❹。

在2000年之后的那4年里,主要发达经济体中企业的财政盈余(即总存款减去总投资)增长了1万多亿美元。在这段时间里,西方企业对全球储蓄的贡献,达到了中国和其他新兴经济体贡献总量的5倍❺。尽管如此,在对"全球储蓄过剩"这一问题进

---

❶ 贝茨(Bates)、卡勒(Kahle)、斯图尔兹(Stulz),2009年,第1985页。

❷ 现金储备来自于储蓄:企业储蓄总值,就是指企业向股东支付分红之后的留存收益(扣除折旧之后)。多布斯等,2010年,第20页。

❸ 企业储蓄也被用于其他金融活动,其中包括收购其他企业和偿还债务。余留下来的,就会以库存现金的形式积累起来。

❹ 国际货币基金组织(IMF),2006年,第136页。

❺ 洛伊斯(Loeys)等,2005年。

行的主流讨论中，人们强调的常常却是中国所起的作用❶。

虽然西方企业一直都在持续盈利（持续盈利就是企业储蓄的起点），它们却没有把很多的利润重新投入到生产中去。到2013年年底，西方国家前1000家企业的现金持有量，大约达到了它们在前一年1.77万亿美元资本支出的两倍❷。因此，这些企业原本完全无须额外贷款，就可以将其投资翻上差不多三番。《金融时报》（Financial Times）的"伦巴第"专栏曾指出，现金储备表达了企业态度上出现的一种长期而谨慎的转变："许多公司已经把勇敢抛到九霄云外去了。"❸

这种高位现金和低位投资并存的现象，促使当代资本主义的真实面貌变成了一种以金融为主的事业。为了维持企业的经营，金融债务已经增长；而企业自身的存款，则变成了额外可贷资金的一种来源。在缺乏由投资和创新驱动的有机增长这种情况下，西方国家的企业日益开始为了短期的现金生成而经营了。

变成"现金为王"之后，经营成功、能够产生现金的企业就会把其中的一部分现金返还给股东，还有一部分则用于并购和实施其他的金融收购活动，然后留下其余的那一大部分。许多现金充裕、减少了投资的公司，都在用一种古怪的金融手段来增加自身的债务，以便积累现金并向股东支付分红。就连位居全球最赚钱、现金最充裕企业之一的苹果公司，也加入了这种潮流当中❹。

结果就是，在人们就当代的企业行为展开讨论时，金融活动问题通常都占据了中心位置❺。我们最好把金融活动看成是商业生活中最重要的一种特征，即生产性投资萎缩导致的结果。资本投资下滑，现金储备增加，金融活动增多，以及金融资产方面的支出增长：这几种现象同生共存，都是"长萧条"的相关特点。

---

❶ 2005年举行了一场关于"全球储蓄过剩"的讨论；这个术语，就是由伯南克普及开来的。伯南克，2005年。有许多的人，其中也包括伯南克本人，都把储蓄过剩的责任归咎于中国，从而导致西方经济体（尤其是美国）由于面临种种困难而发起了一场对中国的抨击。

❷ 麦克米伦、普拉卡什、休尔特，2014年。

❸ 艾莉森·史密斯（Alison Smith），《现金储备已成企业形势的一大特征》（Cash mountains have become a feature of the corporate landscape），见于《金融时报》，2015年3月19日。

❹ 迈克·切尼（Mike Cherney），《苹果公司再次投身债券市场》（Apple dives again into bond market），见于《华尔街日报》，2015年5月6日。

❺ 弗洛哈尔，2016年。

廉价借贷的可得性

这些巨额的现金盈余,都相对比较集中;许多企业都短缺现金,仍需通过借贷来进行投资。除了一些现金生成能力较弱的老牌公司,其中还包括刚刚创业的和新成立的公司,因为它们都还没有来得及从利润中积累起足够的现金盈余。对于这些公司来说,资本的廉价和可得性,更是凸显出了投资低迷这个难题。资本成本降低与企业借贷更加容易的局面,可以追溯到20世纪80年代。

自那时以来,西方经济体日益金融化的趋势,已经促进了廉价借贷的可得性。金融业的监管放宽,让企业有了更多不同的资金筹措形式,比如银行贷款、发行股票或者债券,以及像风险资本投资这样较新的资金来源。最近,各国又以个人对个人借贷、集资贷款和股票质押贷款的形式,放开了一些融资来源,尤其是放开了小型企业的融资来源。

在20世纪90年代和21世纪的头十年里,西方非金融类企业持有的债务绝对额及其相对于国内产出的债务额,都已经稳步增长了。2008年金融危机过后,债务增长的速度按照货币来算的话有所放缓,相对于国内生产总值(GDP)的未偿债务则在数年里一直下降,但自2013年左右以来,绝大多数国家的企业债务增速却再一次加快了。

英国的企业部门表现突出,降幅最高,从2007年年底占国内生产总值(GDP)的86%,下降到了2015年年中的70%。其他国家的企业债务基本持平。美国的企业借款在2015年年中时占国内生产总值(GDP)的71%,比2007年年底时增长了1%,代表了规模高达2.3万亿美元的债务增长。日本企业在同一时期内的债务增长幅度,也达到了国内生产总值(GDP)的1%,而德国却下降了1%❶。

因此,尽管人们预测金融危机过后非金融类企业会出现去杠杆化,也就是偿还企业背负的债务,可按绝对货币来计算的话,所有发达国家里的借贷规模却仍在继续增长。这种债务规模,在2000年至2007年间增加了8.5万亿美元,而在随后从2007年到2014年的那7年里,增速有所放缓,只增加了4.9万亿美元❷。在这段较长的时间里,企业债务规模在整个企业界里都稳步增加,期间只出现过两大例外情况:一是在直接

---

❶ 国际清算银行(BIS)统计数据资源管理器:非金融部门信贷,更新至2015年12月1日。网址:http://stats.bis.org/statx/toc/CRE.html。

❷ 多布斯等,2015年,第21页。

受到金融危机影响的那几年里,二是自2008年以来经济增长一直停滞不前的英国。

绝大多数国家里企业债务持续增长的局面,否定了解释投资处于低位的另一个原因,即人们认为企业的确一直在"去杠杆化",一直在用它们的利润去偿还债务而不是进行投资的观点。恰恰相反,相对宽松的贷款可得性,已经让企业债务出现了持续的绝对增长,却没有扭转企业投资水平低迷的状况。

债务也变得廉价了,自20世纪80年代初以来,债务成本就已下降。银行向贷款方收取的实际利率,在过去的30年里一直都在下降(参见图5.1)。自20世纪80年代初开始的那种不稳定性高通胀逐渐消失之后,实际利率稳定了下来,然后便开始不断下降,一直降到了最近的超低水平❶。美国的情况,就清楚地说明了这一点:由于美元扮演着世界货币的角色,因此该国的利率仍然是对所有发达经济体都具有影响力的一种主导因素。美国商业银行的实际利率,在20世纪80年代平均约为7%,90年代为5.5%,在21世纪头十年直到金融危机之前的那段时间里为4%,而自那时以来,已经降到不足2%了。

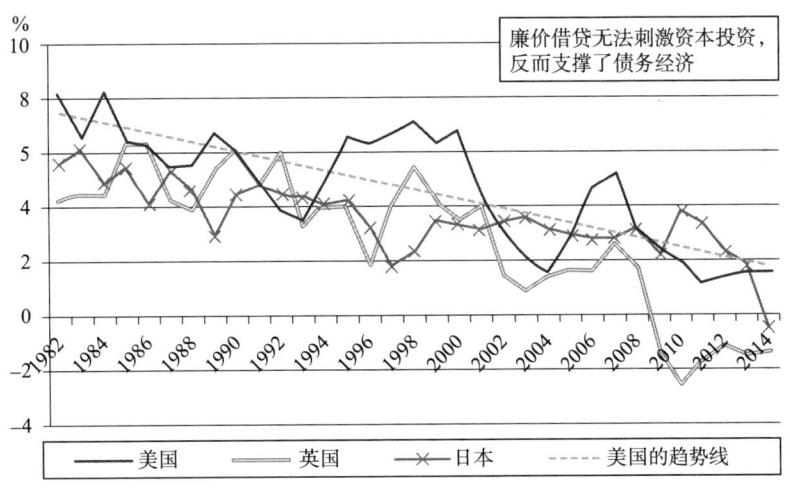

图5.1　实际长期利率

注:无法获得德国的完整数据。
来源:世界银行数据库。网址:http://data.worldbank.org/indicator/FR.INR.RINR。

---

❶ 国际货币基金组织(IMF),2015a,第1页。

所以，绝大多数企业在很长的一个时期内，都可以既廉价又轻松地进行借贷，却始终没有进行很多的投资。有人提出，廉价而容易的资本这一主题当中有一种例外情况，即较新和较小的企业也对企业投资不足的形势起到了推波助澜的作用，而自金融危机爆发以来，尤其如此。据说由于自身也有债务负担，并且面临着危机过后更加严厉的金融监管措施，各大银行一直都在捂紧口袋，导致企业得不到投资所需的资金。例如，有些代表了英国小型企业的组织曾称，一些实力脆弱、不愿承担风险且受到了监管的银行，一直都在有意地收紧商业贷款❶，从而阻碍了一些成立不久、前途光明且信誉良好的公司的发展。

自金融危机之后经济出现衰退以来，商业银行的贷款额都下滑了。银行声称，贷款额降低意味着企业对贷款缺乏兴趣，所以这是一个需求的问题，而不是一个供应的问题。它们还认为，企业的谨慎态度以及其他一些商业驱动因素，一直都在抑制企业对新贷款的需求。

争论的双方都举出了真实的例子，来支持各自的观点。可全面的情况，却更加微妙。官方提供的整体数据，掩盖了企业在偿还贷款的同时也在借贷的情况。尽管银行继续向大型企业和小型企业提供贷款，可企业一直都在以一种更快的速度偿还贷款。因此，英国未偿还的银行贷款数额才在2009年经济衰退结束到2014年间，下降了差不多四分之一❷。

关于银行借贷的这种论争，是不可能凭借经验，利用总借贷数额或者净借贷数额来解决的。正如英格兰银行指出的那样，我们是很难分清信贷供应与信贷需求领域里各种变化带来的不同影响的❸。然而，即便是在英国有"贷款融资计划"（Funding for Lending Scheme）这种国家制度为银行贷款提供补贴的情况下，小型企业所获资金也依然不足；这一事实表明，主要的问题还在于需求。

英格兰银行对企业和银行进行的定期调查中得出的那种评价，似乎是全面而公正的：自经济衰退以来，小型、中型和大型企业的贷款供应一直都在稳步增长，可企

---

❶ 例如英国小型企业联合会（British Federation of Small Businesses），见于英格兰银行，2014年，第10页。

❷ 英格兰银行，2014年，第14页。

❸ 英格兰银行，2014年，第10页。

业的贷款需求却依然很不稳定。英格兰银行由此得出结论说，大型企业的信贷环境依然"宽松"，而许多中小型企业的信贷供应也仍然保持在"合理的"范围之内。这一点，说明麦肯锡咨询公司得出的下述结论，对整个欧洲都是适用的：金融危机过后的融资成本和融资供应，在投资下降的局面中发挥出了次要的作用❶。

在解释总体投资水平低迷之源的时候，我们无论如何都不能高估小型企业的作用。从历史来看，小型企业加起来，在资本投资中也只占有很小的比重。大型企业才是投资的主导力量，所占比重高达五分之四左右❷。大型企业也能更好地利用资本市场，把资本市场当成取代商业银行的另一种选择。理解投资表现，需要我们把目光投向小型企业以外的领域，并且不要过分重视小型企业向银行借贷的过程中面临的任何具体问题。

"长萧条"期间的经验说明，成本低廉的借贷并不能保证投资。从历史来看，发达经济体的所有商业资本投资当中，超过80%的投资都来自企业的留存收益，而不是来自外部融资。因此，即便是在经济形势正常的时代，我们也不应当夸大用于投资的信贷成本和信贷供应的作用。查尔斯·古德哈特（Charles Goodhart）曾经一针见血地指出：经验证据表明，资本支出不易受到利率的影响❸，从而削弱了现代货币政策理念中一个重要组成部分的基础。除了信贷成本和信贷可得性，还有一些障碍正在遏制投资和创新。

解决投资乏力的难题

事实上，宽松的现金供应（不管是企业自身产生的现金还是借贷得来的现金），并不是投资水平的一个决定性因素，而是投资不足导致的结果。对美国企业进行的分析证实，现金储备的增加，在一定程度上就是资本投资减少的一种作用❹。

❶ 罗克斯博格等，2012年，第21页。
❷ 布罗德班特（Broadbent），2012b，第12页。
❸ 查尔斯·古德哈特，《住房金融错失良机，未能实现改革》（Failure to reform housing finance is a missed opportunity），见于《金融时报》，2014年9月30日。
❹ 贝茨、卡勒、斯图尔兹，2009年，第2018页。三位作者还称，这个因素因为一种高度的风险认知而得到了强化，从而鼓励企业保持更多的现金储备。

创新性变革
开启一场经济复兴

低利率会因为投资匮乏而受到抑制。有人认为，21世纪头十年中期市场利率受到抑制的原因在于"全球储蓄过剩"；这种观点，通常都是忽视了投资。人们的传统解释，强调的都是储蓄过剩这一点，而不是强调投资需求❶。正如我们在前面已经提到的那样，绝大多数解释非但漏掉了额外储蓄主要都来自西方企业，而非来自人们经常强调的中国企业这一点，还低估了另一种基本力量，即商业投资衰退发挥的作用。近代最典型的一个特征，始终都是资本投资异常疲软，而非自主储蓄异常强劲的势头。

麦肯锡咨询公司的经济学家属于少数派；他们解释说，我们所谓的储蓄过剩，实际上是投资率下降导致的。他们表明，事实上，与人们对储蓄过剩问题可能抱有的种种期望恰好相反，1970年至2002年间，全球的储蓄率并没有上升：储蓄率在全球国内生产总值（GDP）内的占比，反而从23%下降到了19.6%。之所以出现"过剩"，完全是因为在同一时期内，全球的投资率几乎再次下滑了一半，从25.5%降到了20.8%❷。

自20世纪80年代以来，利率一直处于低位且不断下降的趋势，与投资需求下降的速度快于储蓄供应的速度这一点保持着一致。经济萧条降低了企业利用资本来进行有效投资的需求，而生产出来的价值也足以维持可贷资金的充足供应，因为企业不再那么需要将自身的利润用于资本支出了。于是，资本便变得廉价起来，并且会保持在廉价的水平上。

利率的持续下降也表明，投资疲软的根本原因在于企业的盈利能力下降。这种趋势，一直都是拖累利率下降的主要因素❸。市场利率，就是以货币形式支付的资本价格。基础利率水平由盈利能力决定，因为利息就是用生产中获得的利润支付给资本借出方的。市场的平均利率会受到一般利润率的限制，并且往往会随着一般利润率变动。低水平的利润率会为利率打下一种较低的基础，接下来供需因素就会围绕着这个基础发挥作用，而最近这种作用的主要表现就是投资低迷。

---

❶ 伯南克，2005年。

❷ 多布斯等，2010年，第10页和第17页。

❸ 尽管各国央行可以在一段时间内将某些利率降低至零利率这一极端（并且更低），但这种能力还是取决于市场利率的水平和走向。国家的干预措施虽然会调整官方利率，但无法长久地回避或者扭转市场的发展趋势。

利率下降不会导致资本投资增长的原因，就在于业已很低的市场利率，终归是抑制资本投资的低盈利能力的产物。既然说廉价资本是经济增速放缓的结果，而不是说高价资本是导致经济增速放缓的原因，那么，连中央银行采取干预措施而人为地推动的更低利率，也没有让企业再次开始投资，就是不足为奇的一件事情了。

利润率下降，正是导致企业投资减少的根本原因。从表面来看，公司的利润率具有这种影响，并不会令人觉得意外。一项针对美国第二次世界大战后投资情况进行的调查发现，借贷成本对企业投资的影响似乎不是很大，这与我们在前文中的分析是一致的[1]。科塔里（S.P. Kothari）、乔纳森·莱维伦（Jonathan Lewellen）和杰罗尔德·沃纳（Jerold Warner）这三位研究人员反而发现，金融危机过后企业投资下滑中的绝大部分现象，都并非金融危机或者金融市场独有的特征。他们认为，2008年末至2009年末高达四分之一的投资降幅当中，有三分之二都是以前的利润下降导致的[2]。

他们对1952年至2010年这个较长时期所做的分析，确立了利润率与投资之间的相关性：美国的企业投资，随着高额利润而迅速增长了。他们推断说，这种情况，要么可能是由于企业可以从以前的利润中获得"廉价"的内部融资导致的，要么是因为企业在当前具有良好盈利能力的基础上，获得了良好的投资机会，要么就是这两个方面结合起来导致的[3]。他们接着表明，在第二次世界大战后那段经济繁荣时期，利润率和企业投资双双出现了下降的趋势，然后才进入了经济增速放缓的时代。

国际清算银行（BIS）针对"七国集团"（G7）企业投资乏力情况进行的一项研究，也凸显出了利润率的重要性，并且得出结论说，人们对未来经济形势和利润率的预期，在推动投资的过程中发挥着关键的作用[4]。不过，利润率不断下降的趋势，作用却要比它对企业态度的影响重要得多。它会通过某种不确定的时刻引发经济危机的方式，对整个经济领域的投资产生一种更加深刻的影响。

---

[1] 科塔里、莱维伦、沃纳，2014年，第15页。
[2] 科塔里、莱维伦、沃纳，2014年，第27–30页。
[3] 科塔里、莱维伦、沃纳，2014年，第5页。
[4] 班纳吉（Banerjee）、卡恩斯（Kearns）、隆巴迪（Lombardi），2015年，第76页。

创新性变革
开启一场经济复兴

从繁荣到衰退：一场利润率的危机

长达40多年的资本投资下滑，就说明了我们这场旷日持久的经济萧条的起因。在此之前，投资也在引发萧条的过程中发挥出了决定性的作用。荒谬的是，在第二次世界大战后的经济繁荣时期里，为世界经济重新陷入萧条创造了条件的，正是投资的强度。

经济萧条的根源，并非是金融泡沫破裂（例如1929年的股市崩盘），或者由政治动机导致的油价上涨 [比如1973年石油输出国组织（OPEC）的涨价] 这样的外部因素。相反，发达经济体的扩张，会耗尽其自身的资源。它们会碰到一种由自己造成的障碍。在经济繁荣时期积聚起来的种种压力会变得不可阻挡，从而导致经济危机，带来一段经济萎缩与发展停滞的时期。

在第二次世界大战后的经济繁荣时期里，由于受到了发达国家技术和价值迅速扩张的推动，因此全球经济的年均增长率达到了4%至5%。戴安娜·科伊尔（Diane Coyle）曾经说明，生产率的提高，就是那段"黄金时代"的一种核心贡献因素。一大批相继出现的新技术和创新之举（其中有许多都属于军事投资与以军事为目标的研究带来的成果），都获得了广泛的应用❶。在发达的工业化国家里，失业率持续走低，商业周期的波动性受到了抑制，而金融体系通常也在幕后平稳地运行着。经济衰退都为时甚短，并且强度不大。没有出现过什么严重的金融混乱局面。

通过强制实施战时重组，国家开创了经济繁荣的局面，并且自始至终都保持着经济活力。在支出水平以及经济活动的范围内（其中还包括福利服务的扩张），国家的干预力度比以往任何时候都要大。尽管经济繁荣并不是"自由市场"具有活力的表现，可在经历了上个世纪初的巨大动荡之后，上层人士还是产生了一种如释重负的感觉。当时的英国首相哈罗德·麦克米伦（Harold Macmillan）在1957年对自己所属的保守党称"我们的大多数民众从来都没有这么惬意过"的时候，正是感染了这种情

---

❶ 科伊尔，2014年，第44页。

绪❶。

发达资本主义固有的一大特点，使得第二次世界大战后的经济发展非但不可能无限期地延续下去，还开始显出其局限性了。英国的情况最为严重，在二十世纪五六十年代经历了一系列的"膨胀与紧缩交替"危机，从而导致了1967年的英镑大幅贬值。从20世纪60年代开始，各国企业的利润率都急剧下降，从而证明繁荣时期的那种经济活力已经枯竭。生产性投资下降，生产率增速放缓，而创造新产业和新就业岗位的能力也出现了衰退。

虽然将利润率降低与经济衰退、投资乏力联系在一起是一种常见的现象，可人们对其中因果关系的方向却仍然存有争议。标准的观点就是，低利润是一种症状，是经济增速放缓的结果，即销售低迷导致了收入减少和利润率下降。尽管在20世纪70年代，人们就广泛认识到了企业利润率下降这一点，可它通常都被认为是那个十年中期的经济衰退导致的，即认为疲软的经济导致了利润率低下。

可这种因果关系的起始方向却正好相反：利润率低下会导致投资乏力，以及经济增长速度放缓。"反馈回路"解释了那种标准的观点，但在这种现实的表象之下，利润率的下降却是投资乏力导致经济萧条持久不去的一个深层原因。

利润在市场经济中扮演着一个核心的角色；它既是经济增长的动力，也会通过提供金融手段而发挥出关键作用。单个企业的驱动因素，就是追求利润和确保获得更多的价值。企业的投资标准则是，无论是使用贷款还是内部资金，都能获得充足的回报，并且这种回报应当足以超过投入的资本成本。对于现有企业而言，利润是留存收益的直接来源，而留存收益则为企业提供了投资和发展的金融手段。利润率下降，会通过削弱企业投资，变成经济衰退的最终根源。

一些经济学家已经看穿了这种公认观点本末倒置的表象，提出经济疲软是利润率下降并处于低位的结果。早在20世纪80年代初，美国堪萨斯城联邦储备银行的戴尔·奥尔曼（Dale Allman），就对美国整个经济从第二次世界大战后繁荣时期直到20世纪80年代初的利润率进行过分析。他指出，税前利润作为一种资本回报，自20世纪

---

❶ 他是在贝德福德（Bedford）举行的一次党代会上说这番话的。

创新性变革
开启一场经济复兴

50年代初就陷入了一种长期性的下滑状态❶。

利润率的这种衡量标准,从20世纪50年代15%的平均水平,下降到了70年代时的11%。此外,他还表明,所有主要商业部门的利润率都有所下降(只有金融服务业显著例外;金融"利润"的这种欺骗性特征,很可能说明了奥尔曼做出此种反常发现的原因❷)。考虑到这种全面的下滑,所以奥尔曼摒弃了利润率下降有可能是由商业周期放缓导致的观点,或者说利润率有可能只在20世纪80年代随着经济复苏而恢复的观点。从那以后,利润率一直保持在低水平上的这一发展演变过程,就证明了此人具有非凡的洞察力。

后来的实证调查,也与人们认为利润率下降是经济衰退之根源的这种判断有关。有些人还提出了资本投资具有媒介作用的观点。奥利维尔·布兰查德[后为国际货币基金组织(IMF)的首席经济学家]、李昌镛(Changyong Rhee)[后为亚洲开发银行(Asian Development Bank)的首席经济师]以及劳伦斯·萨默斯(Lawrence Summers)(后来担任过克林顿总统时的财政部部长一职)等人进行的一项研究,曾对美国从第一次世界大战到1988年间的投资情况进行过评估。他们一致认为,投资决策通常都是在他们所谓的利润率"基本面"的驱动下做出的。当前和前几年的利润率,就是决定企业投资年均增长率的主要变量。

他们对利润率的衡量,差不多准确地反映出了20世纪经济发展史的盛衰兴废。利润率在第一次世界大战那几年里一直下滑,到20世纪20年代出现了恢复,然后又在"大萧条"前夕急剧下滑。1932年之后,利润率再度增长,并在第二次世界大战后的资本重组驱动下达到了新高。当前的利润率周期始于战后繁荣时期,从20世纪40年代的高位稳步下降,直到60年代末达到了低点;这个低点,既标志着经济繁荣时期结束,也标志着向经济危机和"长萧条"时代的过渡。

接下来,在1973年至1975年间的经济衰退之后,由于随之而来的局部重建,因此

---

❶ 奥尔曼,1983年,第24-25页。

❷ 金融服务业是经济活动中的一个非生产性领域。这一行业的利润,并非由创造出来的新价值所导致,而是因为金融服务业有收取其他领域生产出的部分价值与利润带来的收益和利息差的能力。奥尔曼还提醒我们,要注意那些"与衡量金融部门利润率的标准相关的严重问题"。奥尔曼,1983年,第25页的脚注。

出现了一段短暂的复苏与稳定期；此后，利润率便从20世纪70年代末开始再次下降，并在80年代达到了更低的水平❶。他们的分析表明，企业投资率通常都会随着利润率的这种振荡而起伏，有的时候是立即随之波动，有的时候则会短暂地滞后。

我们有许多的办法，利用官方数据来计算利润率，并以它与净资本存量价值之间的比率来衡量❷。安德鲁·克里曼（Andrew Kliman）已经对美国的利润率进行了长久的分析研究；此人非常中肯地认为，没有哪一种计算利润率的特定方法，能够发挥出真正衡量利润率的通用指标这一作用。他还得出结论说，这一点其实关系不大，因为绝大多数变量都会呈现出类似的趋势。由于其中重要的是利润率的变化趋势，因此我们无须纠缠于衡量标准的问题。根据所有的指标来看，利润率在第二次世界大战后的经济繁荣期间都是有所下降，并在二十世纪七八十年代达到了新的低位。自那以后，期间虽然也有一些小幅的上下波动，可利润率的整体走势却不甚明了❸。

布宜诺斯艾利斯大学的经济学家艾斯特班·埃兹奎尔·麦托（Esteban Ezequiel Maito），利用一系列主要工业化国家的官方统计数据，对利润率的长期走向进行了估计，在这方面做出了可贵的贡献。回顾19世纪下半叶的情况，我们就会发现，发达国家的利润率呈现出了一种清晰的下降趋势❹。这一点，在麦托计算过的6个主要国家的平均指标中，表现得非常明显；这些国家就是：美国、英国、德国、日本、荷兰与瑞典，且按各国的经济规模进行了加权（参见图5.2）。

尽管这种趋势很强劲，但下滑的过程中也有断续。20世纪30年代的经济衰退之后，出现过几段走势平稳的时期和一次实质性的复苏，一直持续到了第二次世界大战期间。而在"长萧条"期间，利润率走势则变得更加平稳，偶尔还会稍有增长。繁荣时期利润率的下滑趋势，并没有出现可与20世纪30年代末和40年代相提并论的那种逆转。

---

❶ 布兰查德、李昌镛、萨默斯，1990年，第15页。
❷ 我们可以利用当前的名义价格或者扣除了物价上涨因素之后的价格、资本资产的历史成本或者其重置成本、税收前后的利润，以及其他的诸多变化形式。
❸ 克里曼，2012年，第5章。
❹ 麦托，2014年，第9–10页。

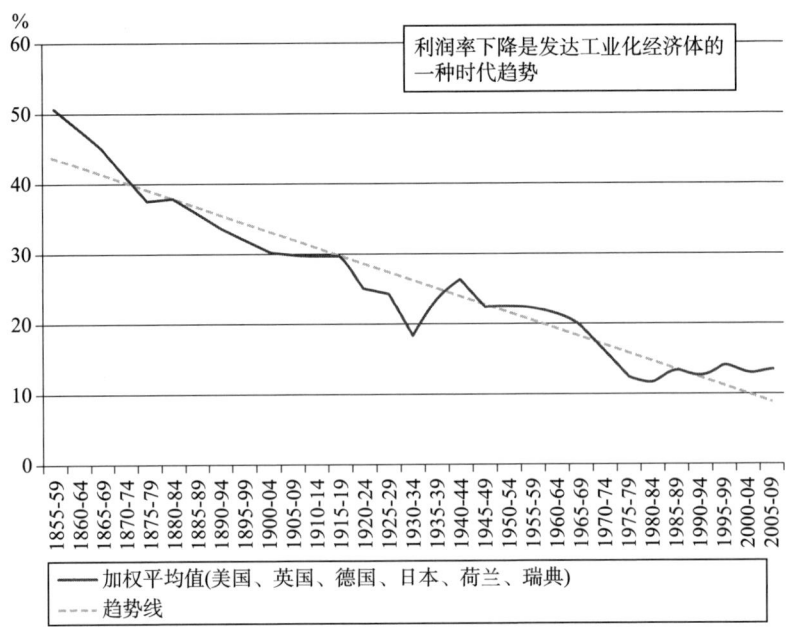

图5.2　核心工业化国家的平均利润率

来源：麦托，2014年，第18页至第19页

　　这一点，就说明了此次萧条要比以前那场"大萧条"的持续时间长久得多的特点。如今，"长萧条"已经进入了第五个10年，而20世纪30年代那场"大萧条"的情况也得到了恰如其分的说明；当时只用了10年左右的时间，就解决了经济衰退的问题，利润率也恢复到了能够进行另一波资本投资的水平。持续时间上的差异，就说明了目前这场经济萧条与"大萧条"的主要区别，那就是它的抑制性。这次萧条，既不像前一场经济萧条那样具有破坏性，也没有前一场经济萧条那么来势汹汹。

　　值得注意的是，自20世纪80年代以来，人们经常讨论到经济发展中的一些情况，据说正是它们导致了资本存量的减少；可从算术上来看，它们却没有下滑到通过降低标准来产生提高利润率这种影响的水平。或者说，它们的影响并不足以抵消基线利润率下滑带来的影响。

　　首先，人们可能会认为，向以服务为基础的经济转型，需要的有形资产较少、资本存量较低，从而会带来较高的利润率。然而，我们在本书第4章里早已解释过，服务业并非千篇一律,有些服务业的资本密集程度是很高的。其次,普遍将制造业这样的资产密集型业务外包给世界其他国家的做法,往往也会降低产出与国内所需资产之间的比率。倘若没有行业方面和地域方面的这些变化,那么在过去的30年里,按照利润比率这种标准来看,国内资本存量的水平将会更高,而利润率甚至也会低于各国的历史水平了。

深入研究一下图5.3当中所列4个国家的利润率,我们就可以看出,还有两个特征也很突出。第一,利润率的下降趋势在英国这个最老牌的工业化国家中表现得最为一贯。一个国家经济发展的时间越久,其利润率下滑的时间也就越长。第二,利润率出现最大降幅的时间,通常都与经济持续和强劲增长的时期保持着一致。19世纪末德、美两国的快速工业化显得非常突出,而1945年以后,这4个国家出现的经济繁荣也是如此。

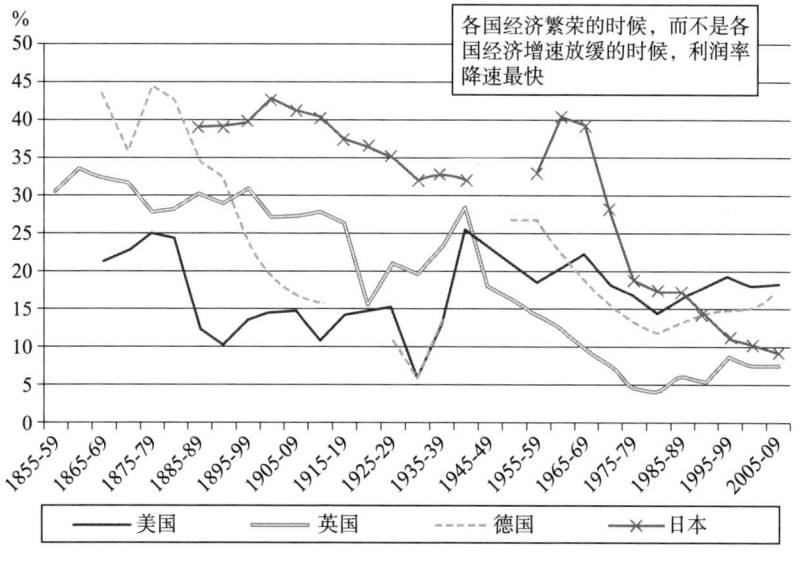

图5.3 各国的利润率

来源:麦托,2014年,第18页至第19页

上述利润率图表当中说明的所有特征,即长期性的持续下滑、期间有所断续以及偶尔出现逆转等方面,都与卡尔·马克思(Karl Marx)在《资本论》(Capital)各卷

创新性变革
开启一场经济复兴

中所做的分析保持着一致。在马克思之前，古典政治经济学其实已经认识到，利润率存在一种下降的趋势。尤其是亚当·斯密与大卫·李嘉图，他们还试图解释过导致这种现象的原因。然而，两人的解释要么是过于笼统（亚当·斯密），要么就是太过具体（大卫·李嘉图），都没法令人信服。亚当·斯密把利润率下降看成是市场竞争加剧的结果；大卫·李嘉图则将其归因于农业用地的肥力下降，从而推高了食品价格，使得企业必须以牺牲利润为代价来提高员工工资。

马克思却从一个不同的层面对此做出了解释，指出利润率下降是资本主义生产扩张过程中的固有现象。利润率下降既与市场竞争无关，也与工业生产的外部因素无关。他的解释独具一格，认为利润率的这些倾向都存在于一般资本的层面上，先于市场竞争对单个企业产生的影响。而且，尽管在生产过程之外，总会有其他的因素可能给市场经济带来不利的影响，可它们都属于次要的影响。他指出，利润率下降的趋势是资本主义特有的一条系统性法则，并将其描述为"在每一个方面……都是现代政治经济学中最重要的法则，也是理解最复杂之关系的一条最基本的法则。从历史的角度来看，它还是最重要的一条法则。"❶

马克思发现，利润率的下降，源自提高生产率所必需的附加资本投资。只有每个工人都有更多和更好的生产性资本可用，劳动生产率才会持续增长。从技术上来看，这一点通常都是采用工作机械化的形式，只是它通常表达为每位员工拥有更多的资本存量罢了。能够提高生产率的投资，往往会让投入资本的价值相对于工资的支出额来说有所增长。结果就是，厂房和设备投资的累计成本加上原材料和半成品方面的支出，相对于劳动力成本而言就必然会上升。

所谓的营业利润，是指扣除了投入的所有成本，其中包括工资、资本折旧以及其他经营性支出之后，这种劳动力产生的净价值❷。相对于固定资产和原材料方面的资本投资额增加而言，由生产过程中劳动力创造的新价值所带来的利润往往会下降。这就说明，根据雇用员工、固定资产以及其他成本当中投入的所有资本来衡量的利润率，往往也会下降。一般利润率的这种下降趋势，就是劳动的社会生产力发展导致的

---

❶ 马克思，1973年，第748页。

❷ 通常用于利润率比率的净利润额，是指扣除了包括利息和税收在内的其他所有费用之后，剩余下来的那一部分利润。净利润往往会随着营业利润的升降而升降。

直接结果，因为这种趋势取决于资本投资额的增长。

马克思还非常敏锐地指出，实际利润率可能也会因为其他各种各样的原因而下降❶。也就是说，并非利润率的每一种下降都是投资增加的结果。然而，这些所谓的其他原因往往都很特殊，也不会持久存在。它们可能源自生产成本的暂时性上涨（能源成本尤其具有波动性），或者一个重要市场瓦解所带来的连锁反应（可能由一场金融危机造成），从而导致销售额、收入与利润都减少了。

这种类型的不稳定性，任何时候都有可能出现。利润率的长期性下降，则完全不同：这是资本主义终将导致经济危机的正常动力机制中一种永远存在的趋势。对于现代经济而言，这不是一种失常，而是自身的一种报应。正如利润率图表中说明的那样，利润率往往会在经济繁荣期间下滑，而不是在经济繁荣期结束之后下滑。利润率下降是经济扩张的结果，而不是经济收缩的结果；只是接下来，利润率的下降最终又会导致经济收缩。

经济增长与利润率下降之间的这种关系，与科塔里、莱维伦和沃纳三人进行的研究当中的另一种发现保持着一致，那就是：高投资水平的下滑，会先于随后而来的利润率降低。尽管这一研究的三位作者不承认其中存在一种因果关系，因为他们"想不出理由"来证实这样一种因果关系，可他们发现的相关性，却与这里的论点相一致❷。

利润率的趋势性下降，是生产率提高的一种必然伴生物；生产率的提高，与投资和经济增长时期具有明确的相关性。利润率之所以呈现下降趋势，不是因为生产率下降，而是由于创新资本投资导致生产率提高了。这样，利润率下降就会变成制约未来投资的一种因素，从而降低生产率的增长。

这一分析，也符合近来利润率呈现出的另一个特征，即自20世纪70年代以来，利润率相对处于稳定的状态。考虑到生产率增长会导致利润率下降，因此在一种较为疲软的经济中，利润率很可能也会增长乏力。正如常规的经济繁荣时期，资本的积累和增长会导致利润率下降一样，经济危机爆发之后，随着资本积累势头减弱，压力也会逐渐消退。由于利润率的下降趋势是劳动的社会生产率提高的一种表达形式，因此生

---

❶ 马克思，1974年，第213页。
❷ 科塔里、莱维伦、沃纳，2014年，第18–19页。

产率停滞之后，这种下降趋势也会得到缓解。

由于利润率的下降是资本主义发展过程中一个几乎恒定不变的特征，因此它不可能仅凭自身就导致一场经济危机。这种理解，导致马克思明确拒绝接受任何一种机械地或者宿命论式地解释这条"最重要"法则之影响的观点。利润率下降现象的存在，本身并不是衡量当前经济健康状况的一个指标❶。虽说在现代资本主义发展历程的绝大部分时间里，利润率都在下降，但只是在极少数情况下，经历了一段段漫长的岁月之后，这种下降才会在一种退行性生产崩溃中显露出来❷。

从经济繁荣到经济危机的这种转变，并不是因为利润率达到了某种特定的水平导致的。相反，利润率下降之所以对经济危机的爆发很重要，是因为它会反映出，相对于下一阶段进行投资来再次提高生产率所需的资本额而言，产生的总利润额下降了。利润总额通常总是在增长，因此在理解导致经济危机的条件出现这个方面，利润总额发挥的作用比利润率更大❸。

倘若产生的利润额、现有资本投资的规模以及进行另一轮转型投资所需的更多资本之间产生了冲突，危急时刻就会到来。提高整个商业领域内的社会生产率，需要日益庞大的资本投资才能进行下去。在某个时刻，产生出来且可用于下一轮投资的利润总额，并不足以让下一阶段的技术获得规模更大的投资。利润总额可能会继续绝对地增长，但相对于下一阶段的资本积累需求而言，这种利润总额可能还是不足。可用的利润虽说总额庞大，但还没有庞大到足够的程度。于是，资本便会达到一种过度积累的状态。

波兰的马克思主义者保罗·马蒂克（Paul Mattick），出色地说明了利润率的制约作用从根本上来说属于一种相关性制约的原因：

> 从利润率的角度来看，生产过剩导致的危机，代表了现有资本规模太小，同时却又太大的状况：相对于现有剩余价值而言，资本规模太大，可

---

❶ 许多信奉马克思主义的后来者都忽视了这一条件，笼统地将利润率下降等同于经济危机。

❷ 马克思，1974年，第239页。

❸ 要想更好地说明利润率与利润总额之间的关系，以及澄清这一点有时会给我们带来的困惑，请参见格罗斯曼（Grossmann），1992年，尤其是其中的第101–103页。

又没有大到足以克服剩余价值匮乏的问题。因此，资本积累既是导致经济危机的原因，也是用于克服这种危机的工具。❶

也就是说，现有资本投资产生的利润额，并不足以为推动经济发展到更高水平所需的较大规模投资提供资金。

戴尔·乔根森、孟浩（Mun Ho）和乔恩·塞缪尔（Jon Samuels）三人在解释促进生产率的创新投资水平为何一直如此令人失望的过程中，也论及了这种左右为难的困境。他们提出，与简单的置换或者增加使用现有技术的投资相比，体现了创新的投资"显然更具挑战性，并且存在更大的风险"。他们指出，成功的创新若想传播开来，需要"巨额资金保障"来为置换过时的产品和工艺提供投资资金，并且确立新的结构与体系来利用这些投资❷。

已经产生的利润和下一轮投资所需的较多资金之间存在的差距，导致的结果就是生产率增长过程会被中断。从单个企业的层面来看，信贷可以帮助企业克服任何融资制约。然而，这样做不可能让资本无限地积累下去。在实践当中，债务偿付开支必须从未来产生的利润总额中支付。剩余下来的利润将会再次变得相对较少，从而加剧了未来可用投资不足的局面。信贷本身是一种非常重要的暂时性缓解手段，可它在系统地提高利润率和克服利润率的制约因素方面，却不会起到任何作用。

在一种不可预测的情况下，利润率降低会削弱我们推动社会前进的能力。从经济繁荣末期直到20世纪70年代再次出现经济衰退的过程中，情况就是如此。某种特定的突发性因素，会导致潜在的经济危机变成现实。20世纪70年代初的主要因素，就是作为世界货币的美元贬值。美国国内面临的经济困难日益增加，这些问题还因美国在越南战争中付出了巨大的代价而变得更加严重，从而瓦解了一直支撑国际经济增长的"布雷顿森林国际货币体系"。

1971年至1973年间，美元贬值以及由此导致的"布雷顿森林体系"瓦解，期间还包括石油输出国组织（OPEC）强行提高用美元计算的油价，使得油价出现补偿性的大幅抬升，这些具有破坏性的影响，便引发了生产停滞。在1973年至1975年间所有发

---

❶ 马蒂克，1974年，第68页。
❷ 乔根森、孟浩、塞缪尔，2010年，第15页。

创新性变革
开启一场经济复兴

达国家的经济同时出现了衰退的过程中,就表现出了这一点。

1973年1月,西方国家的股市都开始下跌。到了1976年12月份,美国的主要基准指数"道琼斯工业平均指数"(Dow Jones Industrial Average)的市值已经下跌超过了45%。再次陷入经济萧条有一种层次更深的征兆,那就是生产率增长形势出现了逆转。由于投资率下降,技术进步的势头开始减速,因此生产率增速逐渐放缓。失业率也大幅上升,而收入增长则有所减弱了。

一些经济学家以及其他人士,都充分认识到了生产率增速放缓这一点。此外,他们还认为这是一个具有社会意义的问题❶。最近人们对经济基本面的这种关注变得不那么普遍了,而西方各国的政治领导人尤其如此,从而对经济出现一场意义深远的复兴构成了阻碍。

---

❶ 诺德豪斯(Nordhaus)等,1972年。

第 6 章

增长终结

　　20世纪70年代中期出现的经济萧条,不仅仅是一场严重的周期性经济衰退,还标志着发达经济体创造新的产业部门、提供充足而体面的就业岗位的本领进入了一个下降的时代。

20世纪70年代中期出现的经济萧条,并非像许多人认为的那样,仅仅是一场严重的周期性经济衰退。这次衰退,还标志着发达经济体创造新的产业部门、提供充足而体面的就业岗位的本领进入了一个下降的时代。西方各国都步入了一个持久性的经济萎缩时期。埃德蒙·费尔普斯曾经说明了这种情况对美国造成的影响:

> 如今(的情况)已与19世纪和20世纪绝大部分时间里都显得光彩夺目的那种现代经济大不相同。经济表现中的一些核心方面,如就业满意度、失业率和相对生产率,都非常清楚地呈现出了这一点。数据表明,早在20世纪70年代中期,这三个方面的形势就开始了恶化,只是在互联网热潮最后令人头晕目眩的那几年里,就业满意度方面出现过短暂的提升。其他的西方国家,也或迟或早地出现了类似的恶化趋势:……这种恶化一直都在持续,表明经济结构的基础正在发生改变,正在发生一种系统性的质变❶。

可惜的是,对经济衰退实质具有如此深刻见解的人如凤毛麟角。费尔普斯确是不同凡响,认为这一时期是"名副其实的'第二次大萧条'"❷。

从危机转入经济全面萧条的过程,就反映了各国都未能恢复实现有利投资和资本积累所需的种种条件。经济下行的压力得到了充分缓解,以避免出现永久性的经济衰退,可引发经济衰退卷土重来的利润率下降问题,却依然没有得到解决。危机从单一的经济衰退变成了全面的经济萧条。经济萧条,既意味着它的某些方面超过了经济危

---

❶ 费尔普斯,2013年,第219页。
❷ 费尔普斯,2013年,第175页。

机,也意味着有些方面没有经济危机那样严重。

之所以说萧条超过了危机,是因为萧条意味着经济活动进入了一种旷日持久的停滞状态。生产能力开始受到削弱。这种削弱,既无法自行恢复,而且修复起来也不容易。低利润率始终都对投资与创新构成了一种主要的经济障碍。

萧条还意味着其程度没有永久性的经济危机那样严重。萧条并非意味着每一种经济指标都陷入了长期性的停滞状态。就算是20世纪30年代那场较为严重的经济萧条,期间也有过经济恢复和增长的时候。这种不均衡的模式,在破坏性不那么强的"长萧条"期间表现得更加明显。经历了早期几次急剧的经济衰退与复苏之后,接下来,20世纪80年代中期就进入了一段长久的适度增长期。在这段适度增长期里,还时不时地出现过经济增速较快的阶段,其中就包括20世纪90年代末的互联网繁荣。

马克思曾经通过确定一些能够抵消利润率下降所代表的力量的因素,预见到了经济危机时期资本主义的复苏力。他强调说,有一些抵消性的因素会影响到利润率下降的规律,并且改变它表达出来的下降趋势。这些反作用力会"阻碍、减缓和在一定程度上麻痹这种下降"。它们虽然不会否定这一规律,却会削弱这一规律带来的效果。如若不然,"我们无法理解的就不会是总利润率的下降,而是总利润率增速相对缓慢的局面了"❶。

这条规律的作用之所以导致了一种趋势,原因就在于此。马克思从来都没有预测说资本主义会崩溃。他指出的那些抵消性因素,已经变成了资本主义具有抵消种种衰退力量的韧性之源。这些因素会在危机时期出现,并且发挥出应对机制的作用,从而遏制住经济走向崩溃的各种趋势。

在实际情况下,生产率衰退的程度并不均衡。抵消性措施虽然无法让利润率恢复到能够维持生产率增长的水平,但它们对萧条期间的众多波动阶段具有决定性的作用。因此,我们对"长萧条"演变过程的分析,将更多地利用各种应对机制,利用这些应对机制产生的积极作用及其局限性,而不是利用利润率下降这个方面。

起初,这些抵消性力量的作用,就是直接让资本资产贬价,或者直接降低劳动力成本,或者直接提高其他方面的经营利润。随着这些方面对利润率的影响变得不那么有效,一些替代因素就会出现,来弥补经营利润的不足,并且让经济继续保持活力。

---

❶ 马克思,1974年,第239页。

待那些自发性的抵消因素失去作用后，日益增多的国家制度便会发挥出作用，形成种种支持机制。这种情况通常都是偶然出现，而非有意为之。其中最值得我们注意的，就是向一种依赖于债务扩张的金融化经济的转型。

利润率危机如何遏制商业投资

我们正在探讨的利润率，是利润与资本资产之间一种广泛的社会关系。相对于以前投入的总资本存量而言的利润率不足，就是经济萧条的基础。利润率下降具有的抑制作用，是在整个经济中一种高度抽象的水平上发挥出来的。经济衰退的局面，通常都不会被单个的商界人士看成是一场"利润率危机"。

利润率与一家企业的收益率不是一回事。企业不会把当前的利润看成企业资产负债表内产的一种比率，来对投资建议做出判断。收益率着眼的则是与特定投资项目支出相对的预期利润。尽管有很多的例子，其中的企业管理层会认为预期收益并不足以去推进项目，但这种情况通常都不是社会资本的过度积累自行造成的。

对利润率受到遏制这一点更加重要的，就是资产负债表上源自过去几轮投资的老旧资本资产中占用的价值。资产负债表衡量的，是企业的持续生存能力；至于资产，则是企业持续经营下去的物质基础。若是没有实施新的重大投资项目，那么这种正资产负债表中的一部分就会变成一道障碍。现有资本存量中包括了过时的技术，会遏制全面的转型投资。

用最新技术和创新来更新业务能力的举措，会把老旧资本置换掉，导致老旧资本变成价值有限或者价值为零。这种价值冲销，会削弱企业资产负债表的作用。这就是马蒂克抽象地描述说资本同时"规模太小与规模太大"现象在单个企业层面上产生影响的方式❶。虽说企业可能有现金来对一个重大的创新项目进行投资，但若是涉及从企业的固定资产中冲销价值这一点，企业就会变得更加不愿投资了。

萧条对整个经济的影响，强化了现有企业对转型性投资的这种限制。萧条会变成一个自我复制的过程，变成一个永久存在下去的恶性循环。投资处于低位，就意味着

---

❶ 马蒂克，1974年，第68页。

创新性变革
开启一场经济复兴

增长乏力。而经济增速放缓，又会对企业进行投资的动机构成制约。"低投资→创新有限→生产率呆滞→生产疲软"这一过程，就会自行强化。即便是在经济形势最好的时期，投资回报也无法得到保障，因此主动做出投资决策，就绝非易事。在经济萧条的时期里，企业就更加难以找到扩大收入的合适机会，来说明做出重大投资决策具有正当的理由。

这一点，既适用于新创企业，也适用于老牌企业。新创企业虽然没有以前投资带来的沉重负担，故不会受到遏制，可与现存企业一样，它们的机会同样有限。而且，刚刚开业就意味着，它们还须应对从零开始创立新企业这一过程中的诸多额外挑战。许多初创企业之所以倒闭，原因就在于此；约有一半的企业，都撑不过成立后的第五个年头。有的时候，初创企业之所以倒闭，是因为它们的新产品若是没有或者只有一个非常有限的市场，那么它们可能需要在数年的时间里投入巨额开支，才能打开其产品市场。在那时以前，企业持有的现金可能早就枯竭了。或者，在此期间市场上会出现一种更好的产品，有时出现的仅仅是人们以为更好的一种产品罢了。

就算初创企业让一种现有产品变得更廉价，由于面对着许多树大根深、具有金融影响力的现有企业，初创企业也仍有可能需要耗费时间并且因而需要投入大量的开支，才能获得成功。现有企业通常都具有实力和规模来保持其市场地位，不会给新创企业留下机会。新创企业即便是拥有生产技术更好的优势，也很难打破这种局面。在经济萧条时期里，新创企业面临的所有具体困难，还会变得更加严峻。市场的成长会变得更加有限，而竞争也会变得更加激烈。

因此，经济萧条的局面会阻碍到现有企业和新兴企业的发展与投资。一些经济分析人士之所以会注意到，经济萧条时期的投资并不像经济繁荣时期的投资那样是经济增长的主要指标，原因就在于此。"标准普尔"曾经指出，投资支出会滞后于收入与利润率的提高，或者充其量也只会跟收入与利润率的提高同步。该机构还得出结论说，较为强劲的投资势头，取决于一种更好的商业环境，因此资本支出不太可能导致经济复苏❶。这种实事求是的深刻见解，就证明我们很难摆脱经济萧条。

虽说在萧条期内投资并不会完全止步，但投资重点却会放在维持和复制产品类型之上，因为企业若想继续经营下去，就必须如此。在经济萧条期内，创新方面也会获

---

❶ 标准普尔评级机构，2013年，第27–28页，以及第33页。

得一定的投资，只是这种投资的范围会非常狭窄。转型性的经营活动在经济繁荣时期也难以获得成功，故在经济萧条时期更会变得难上加难。而创新呢，则更有可能属于渐进式，而非激进的创新：即更有可能是在现有工艺的基础上添砖加瓦，而不是彻底替换掉现有工艺。因此，创新给生产率带来的效益，也会较为有限。

在实践当中，较大规模的技术变革性投资尤其会受到抑制；不过，这种投资却正是推动经济和社会进步所需的关键投资。企业工艺或者产品方面出现的突破性创新，需要大量投资来重新规划或者塑造企业的经营方式。想一想20世纪初的制造企业围绕着将电力作为一种分配式电源来取代中央蒸汽动力进行重组时投入的巨大开支，我们就会明白这一点。

经济萧条期间，企业虽然仍会做出发明，可这些发明的全面应用却会因利润率不足而受到制约。获取商业性盈利的前景过于不可靠和不均衡，无法吸引企业实施最大限度地发挥出这些发明的创新潜力所需的一波波投资。不妨以石墨烯为例：这是一层只有原子那样厚的碳，强度却高于钢铁，且能有效地导热和导电。这种材料是安德烈·海姆和康斯坦丁·诺沃肖洛夫（Kostya Novoselov）在2004年首次分离出来的，也是最早获得开发的一种纳米技术。

石墨烯在制造业中的应用潜力非常巨大，可用于制造轻型飞机、生产质量更好的电池和可弯曲的显示屏。然而，现有的生产型企业却发现这种材料很难应用到制造业，部分原因就在于，企业这样做需要冲销掉那些体现了传统生产方法的现有资产。诺沃肖洛夫曾经描述过这些困难，说它们正在拖累这种令人激动的新化合物迅速得到广泛应用的速度。

他还称，在改造生产方面进行的投资，对那些在这一技术可能发展起来的领域内占有主导地位的现有企业来说，带来的回报可能不足。将石墨烯这样的新型材料商业化是非常困难的，因此他曾怀疑，一些大型公司究竟有没有考虑过做出这样的"重大改变"❶。其实，情况并非始终如此：回想一下像通用电气（General Electric）、施乐（Xerox）、美国国际商用机器公司（IBM）和美国电话电报公司（AT&T）这些大型企业在第二次世界大战后经济繁荣时期发挥出的创新作用，就能说明这一点。

---

❶ 安德鲁·邦兹（Andrew Bounds），《石墨烯巨头推出大众市场灯泡》（Graphene's leading lights unveil mass market bulb），见于《金融时报》，2015年3月28日。

创新性变革
开启一场经济复兴

比尔·拉佐尼克（Bill Lazonick）和玛丽·奥苏丽文（Mary O'Sullivan）两人，曾经描述了进入20世纪70年代时企业做法出现的一种转变，从而说明了经济繁荣时期与萧条时期投资环境方面的这些差异。他们还详细地描述了自第二次世界大战以来，曾在美国大型企业中盛行的"保留和再投资"这一原则的消亡过程。所谓的"保留和再投资"原则，就是企业会将它们从销售中获得的资金保留下来，然后再将这部分资金投入附加资本中去，以及用于雇用和培训员工的做法。自20世纪60年代以来，由于大型企业限制投资的程度变得极其严重，变成了走向资本过度积累的一种征兆，因此"保留和再投资"这种做法也遇到了诸多的困难。❶

随着大型企业在经济萧条时期不再做出很多的创新，对于发明的创新性应用来说，新兴企业就变得较为重要了。我们不妨继续以石墨烯为例，新兴企业利用这种材料，在节能灯泡、假牙以及重量更轻的网球拍等领域内都取得了进展。至于不利条件，就在于这些企业没有充足的规模和资源，来让整个经济领域里的技术和生产实现转型。

整个经济领域内一般资本水平与诸多单一资本单元所处水平之间存在的差距，意味着在经济萧条时期内，仍有一些企业似乎丝毫不会受到利润率危机的影响。在一场利润率危机当中，绝大多数企业仍然会盈利，并且拥有充足的现金经营下去。这些企业仍然会生产、推销和出售它们的服务与商品。个别企业甚至还会蓬勃发展起来。

一些特定企业能够超越竞争对手，赚取超额利润。以前积累了雄厚的现金储备的企业，不会受到低利润率的直接制约。其他企业则会通过借贷，来缓解其自身现金短缺的局面。不过，这些办法全都无法让整体的投资水平出现复苏。一些特定公司进行的投资，规模不会大到让整个行业恢复到充足的总体投资水平之上的程度。

整个社会可能很幸运，因为将来有可能出现石墨烯或纳米技术世界这样一个"苹果"。不过，由于经济萧条对投资产生的遏制作用，这种可能性如今要低于1976年"苹果"公司刚刚成立的时候了。彻底的经济重组，包括冲销掉大量的非生产性资本资产，必须在转型投资恢复充足的活力之前进行。

---

❶ 拉佐尼克、奥苏丽文，2000年，第15页。

尽管单个企业利润增长，投资依然乏力

最近人们对金融与经济问题展开的讨论，重心大多集中在表明企业利润势头强劲的一些数据之上。企业收益强劲增长这种情况，似乎与目前存在一场利润率危机的现实相矛盾，因而给投资低迷这个公认的难题增添了另一个维度。在人们认为利润正在增长❶，有时还一致认为增长势头非常坚挺，或者达到了"创纪录"的高度之时❷，企业投资乏力这一点就显得很古怪了。

一些评论人士指出，在过去的25年里，许多发达国家中的利润在国内生产总值（GDP）中所占的比重，已经上升到了异乎寻常的高水平。在21世纪头十年末的金融危机之前，以及从那以后，美国企业的税后利润在国内生产总值（GDP）中所占的比重，创下了整个第二次世界大战后时期的历史纪录（参见图6.1）。

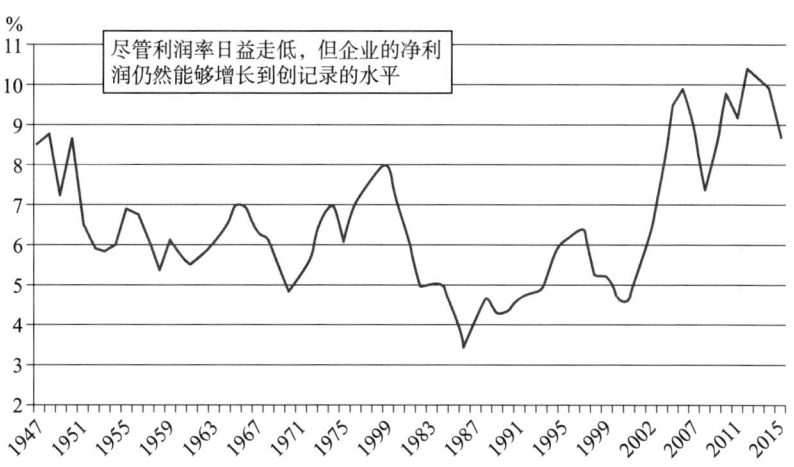

图6.1 美国的企业税后总利润在国内生产总值（GDP）中所占的比重

来源：美国经济分析局，"国民收入和生产账户（NIPA）"表1.1.5和表6.19。网址：http://www.bea.gov/iTable/index_nipa.cfm。

---

❶ 史密瑟斯（Smithers），2013年，第15-16页。
❷ 经济学上的"纪录"，需要从正确的角度来看待。即便是在经济增长缓慢、低通胀或者零通胀的情况下，许多经济指标经常也会达到名义上的创纪录水平，比如消费、可支配收入、出口，甚至是商业投资和利润。与国内生产总值（GDP）这种指标相关的纪录，可能意义更大。

创新性变革
开启一场经济复兴

有些激进的经济学家和主流经济学家，都强调过自20世纪80年代中期以来企业利润异常回升的情况。与人们更普遍地对投资低迷这一现象感到困惑类似的是，这种利润复苏的现象，也在左翼群体中引发了一定程度的混乱和争议❶。

然而，利润增长（有时还是急剧增长）的情况始终都有可能发生，因而不该让如此之多的知识分子感到困惑。在资本主义发展历史的绝大多数时间里，利润总额的增长始终都与利润率的下降共生共存着。这两个方面，都属于正常资本积累的特点。随着经济增长，即便是以萧条时期那种适度的速度增长，私营企业产生与获得的营业额与利润，也会大体上与经济规模保持一致。尽管在经济萧条的形势下，利润率一直稳定在较低水平上并围绕着这一水平波动，可在绝大多数时候，利润额却会继续增长。

利润额的上下波动也是一种常见现象，因为哪怕是在经济形势最好的时候，资本主义的作用也是不均衡的。利润绝对水平的上升趋势具有波动性是一件正常的事情，只是在经济萧条期间会变得更加显著罢了。有的时候，利润额的反复振荡也会在利润率中体现出来；这一点，就说明了20世纪80年代绝大多数人在计算利润率的时候都认为情况有所好转，从而让激进的左翼人士当中一部分人感到极其不安的原因。

有多种因素，会对企业利润的绝对水平产生影响，其中就包括经济恢复力具有抵消作用的一些因素带来的实际影响。在经济萧条时期，收入与利润都有可能逐渐减少；可只要经济恢复力开始起效，企业就会重新获得收入与利润。短期性的成本削减措施，包括裁撤员工或者工资冻结，会对营业盈余产生影响。海外收入的增加，会提高企业的总收益。利润额也可能受到核心业务之外的一些因素影响。除了产品销售带来的收入，金融活动、出售资产或者业务单元也有可能给企业带来部分非经营性收入。对库存、企业养老基金或者金融资产持有量进行的核算重估，也有可能影响到利润指标。由于一些反作用力已经证明，它们在"长萧条"期间都异乎寻常地有效，表现出了比20世纪30年代更大的韧性，因此利润额的波动幅度就更大了。

税后净收入是衡量企业收益的一个指标，其走势尤其趋高。所谓的税后净收入，是指扣除了所有支出，其中包括运营成本、折旧和债务利息等费用之后，剩余下来

---

❶ 克里曼，2012年，第5-10页，以及全书。左翼各派围绕企业利润率在20世纪80年代是否略有上升这个问题展开的激烈争论，其实是在分散我们的注意力。

的那一部分收入。税后净收入的发展轨迹，说明了两种抵消性因素从生产过程以外对利润率的影响。这两种抵消性因素，都反映出了国家的政策：降低税收水平（财政政策）和降低利率（货币政策）。倘若经营利润率没有提高，那么企业净收益就会通过减少纳税、减少利息支出来提高。

在整个经济合作与发展组织（OECD）里，过去30年间各国的企业税率一直都呈下降趋势。法定企业所得税的平均税率下降了一半，从1981年的48%下降到了2014年的25%❶。金融危机过后，英国的企业所得税已经下降到了"七国集团"（G7）内迄今为止的最低水平。这给英国的企业提供了一种实际上相当于政府补贴的巨大优势，而相比之下，其他国家与之竞争的企业却没有这样的优势❷。

美国独树一帜，一直保持着39%这样一种相当稳定的企业所得税率，从而反映出了美国反而更喜欢强调降将个人所得税率保持在低位的传统做法。尽管如此，美国税收漏洞的扩散却意味着，该国的实际税率也从20世纪80年代中期的35%左右，下降到了如今的不足20%❸。这种税收支出的减少说明，美国的企业也能够留下更高的利润份额，从20世纪60年代末税前低于60%的水平，一路增长到了如今的近70%❹。

结果，尽管税前利润相对于国内生产总值（GDP）的比例已经从9%一路下降到了7.5%，反映出社会利润率下降，可税后利润的走向却更具弹性，而且略有上升（参见图6.2）。就像整体税率都已削减的其他发达国家一样，美国的企业也已从税收降低中受益。

---

❶ 竞争性税收联盟（Alliance for Competitive Taxation），2014年。
❷ 凯文·法恩斯沃思（Kevin Farnsworth），《英国的企业福利业已失控，增加福利毫无意义》（Britain's corporate welfare is out of control—increasing it makes no sense），见于《卫报》（The Guardian），2015年7月10日。
❸ 美国经济分析局（BEA），联邦税收在企业利润中所占比重，数据系从圣路易斯联邦储备银行联储经济数据库（FRED）中检索得来。网址：https://fred.stlouisfed.org/graph/?g=aWA
❹ 从美国经济分析局（BEA）"国民收入与生产账户（NIPA）"表1.1.5、表6.17和表6.19计算而得。网址：www.bea.gov/iTable/index_nipa.cfm。

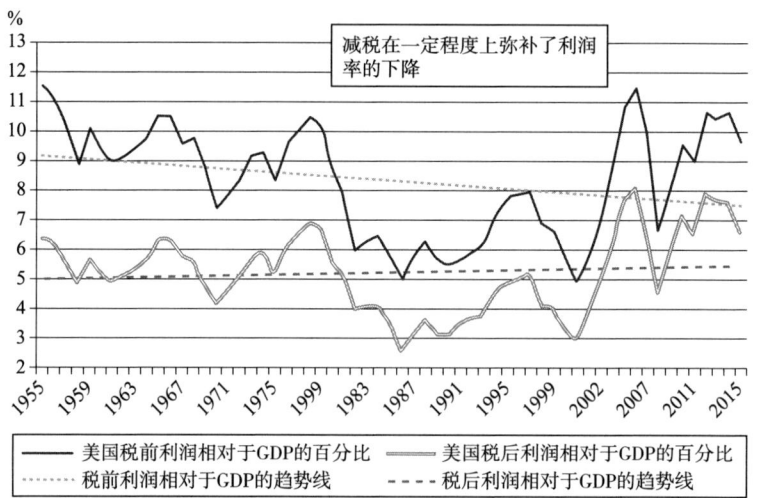

图6.2 美国税前和税后国内企业利润相对于国内生产总值（GDP）的百分比

来源：美国经济分析局，"国民收入和生产账户（NIPA）"表1.1.5、表6.17和表6.19。网址：http://www.bea.gov/iTable/index_nipa.cfm。

下调利率，也已通过降低债务服务成本而提高了实际利润率。在美国，工业企业的债务利息，从20世纪80年代占国内生产总值（GDP）的8%左右，下降到了90年代的6%，而到了21世纪第一个十年中期，又降到了4%的低位（参见图6.3）。随着金融危机以来采取的超低利率，税收再次回到了这种创历史纪录的低水平上。

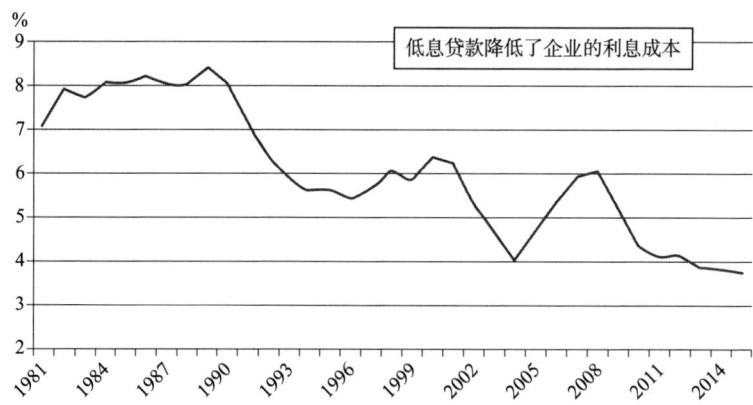

图6.3 美国国内工业企业利息支出相对于国内生产总值（GDP）的百分比

注：1980年至1989年间美国工业的平均利息支出在国内生产总值（GDP）中的占比为7.8%。

来源：美国经济分析局，"国民收入和生产账户（NIPA）"表1.1.5、表6.15和表6.19。网址：http://www.bea.gov/iTable/index_nipa.cfm。

利率降低带来的效果，让税后收益也出现了同样的增幅：与20世纪80年代相比，90年代，税后收益在国内生产总值（GDP）中所占的比重增长了2%，而最近更是增长了4%。这就意味着，假如美国的企业继续以相当于20世纪80年代的水平承担利息支出的话，则从那时以来，企业的税后利润原本会大幅下降：自2008年开始实施超低利率政策以来，平均净利润会达到约占国内生产总值（GDP）的3.5%，而不是我们所知的7%了（参见图6.4）。

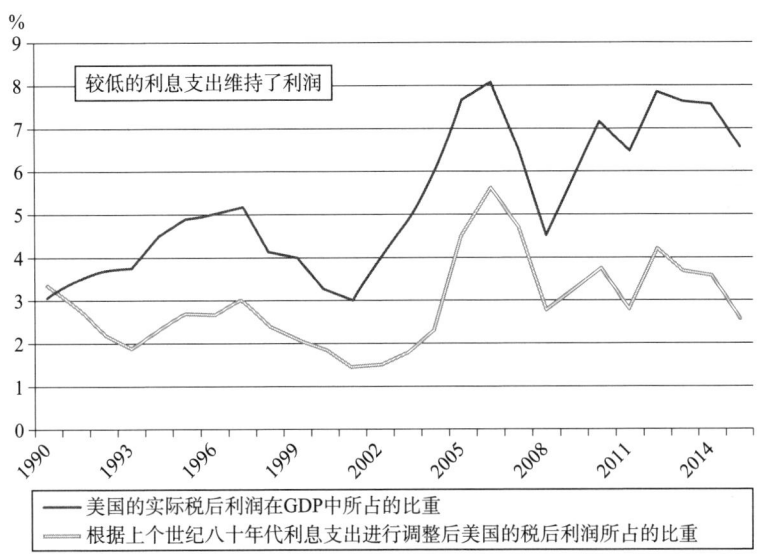

图6.4 美国的实际税后利润与扣除利息因素之后的税后利润相对于国内生产总值（GDP）的百分比

注：1980年至1989年间美国工业的平均利息支出在国内生产总值（GDP）中的占比为7.8%。
来源：美国经济分析局，"国民收入和生产账户（NIPA）"表1.1.5、表6.15和表6.19。网址：http://www.bea.gov/iTable/index_nipa.cfm。

在"长萧条"期间，利润恢复还有另一个重要的原因，那就是能够降低劳动力成本。我们在第二章里曾经看到，生产率增速放缓与持平如何危及到了工资的持续增长。随着所有发达国家中有组织产业激进主义的消亡，这些国家的企业控制其工资支出就变得更加容易了。许多新增就业岗位的起薪都比较低，而工资涨幅很小或者可以忽略不计，已经变成了一种常态。

利润率方面的这种福音，表现为国民收入在工资与利润之间转移方面出了问题，导致近几十年来工人所得工资部分所占的比重日益缩水。在经济合作与发展组织（OECD）里，劳动力在国内生产总值（GDP）中所占的比重，从20世纪70年代末的58%左右，平均下降到了21世纪头十年中期的53%左右❶。

这种趋势，在英国表现得最为显著，因为该国工资所占的比重，从1975年的64%这一高位，下降到了2013年的54%。美国也是朝着相同的方向发展，工资所占的比重从59%下降到了55%❷。两国劳动力在国内生产总值（GDP）中所占比重的最大降幅，都出现在20世纪80年代中期，也就是里根主政的美国政府与撒彻尔夫人主政的英国政府分别对工会进行了镇压之后。这种下降，在德国出现得较晚，是从20世纪90年代初、差不多就是德国统一的时候开始的；日本则更晚，到21世纪初才开始下降。

这种控制工资的做法导致的结果，就是据经济合作与发展组织（OECD）计算，美、英、德三国的总利润在国内生产总值（GDP）中所占的比重，都分别增长了大约5个百分点（参见图6.5）。在日本，总利润的占比直到这个世纪之交时才开始增长，并且迄今为止增幅都只达到了前述三国的一半左右。

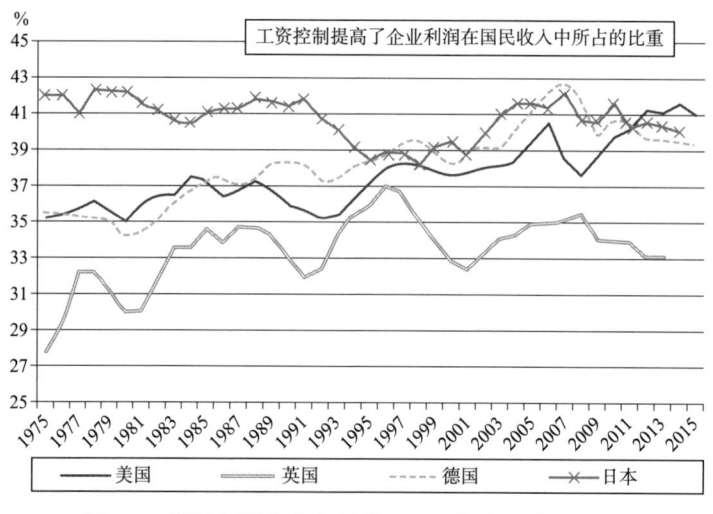

图6.5 利润在国内生产总值（GDP）中所占的比重

来源：经济合作与发展组织（OECD）统计网，GDP（收入法），SNA93表。网址：http://stats.oecd.org/Index.aspx?DatasetCode=SNA_TABLE1。

❶ 普伦基特，2011年，第22页。

❷ 经济合作与发展组织统计网，GDP（收入法），SNA93表。网址：http://stats.oecd.org/Index.aspx?DatasetCode=SNA_TABLE1。

对英国经济进行的研究，还让人们注意到了另一种变化，它往往为利润增长提供了支撑，那就是经济从工业（涵盖的基本上是制造业中的就业岗位）向金融与企业服务领域的转型。在工业领域，传统的做法是将占比相对较高的价值分配给工人，而在金融与企业服务领域，企业通常却会把更多的价值留下来作为企业的收益，而不是分配给员工❶。

因此，金融化就是导致利润率复苏的另一个因素。金融服务企业报告的高额利润，对国内企业的利润率形成了刺激，20世纪90年代以及直到西方金融危机爆发之前，尤其如此。金融业的利润率在金融危机过后都大幅下降，而自那时以来，这一行业的利润率再也未能恢复到以前它们相对于国内生产总值（GDP）的峰值水平；这就说明，该行业报告的利润率中，含有大量的水分。在金融危机爆发前的那段时间里，金融服务业报告的利润，远远高于那些完全源自整个经济中生产性部门所获利润扣除额的利润，从而人为地提高了整个国家的利润率。

因此，国内企业的利润总额（其中也包括金融服务业的贡献）便让人们形成了一种夸张的观点，来看待相对于经济中非金融性的生产领域情况的那种利润率。在美国，金融业收益所占的比重一直都呈上升趋势，从第二次世界大战后经济繁荣期末的15%左右，增长到了金融危机爆发之前那15年里的22%左右❷。这种7%的增幅，就说明金融业的扩张对总利润发挥出了有益的补充作用。

对报告利润进行的这种分析当中，没有哪项分析表明企业提供的利润率指标是不真实的，或者是有意歪曲事实。恰恰相反，利润率表现强劲这一点是实实在在的，尽管它仍然与整个社会处于利润率危机的形势保持着一致。从算术上来看，美国税后利润在国内生产总值（GDP）中所占的比重，在1945年之后的这段时间里真正达到了历史高位；即便如今全国的利润率仍然增长乏力，仍然低于第二次世界大战后经济繁荣时期那种不断下滑的水平，也是如此。

让许多企业能够获得可观利润并且留存大量现金的，正是资本主义的弹性，而不是具有误导性地操控数据的做法。这一现实，既不会否定、也不会夸大资本过度积累

---

❶ 惠泰克、萨维奇（Savage），2011年，第23页。

❷ 美国经济分析局，"国民收入与生产账户（NIPA）"表6.17。网址：www.bea.gov/iTable/index_nipa.cfm。

给企业投资带来的不利影响，以及利润率的下降趋势。事实上，利润总额中的波动有时会导致利润率产生波动这种作用，就说明利润率下降法则只是一种趋势，而不是一种不间断地发挥作用的铁律。

利润率下降问题的棘手性

周期性的经济衰退会通过采取一系列密集的反制措施，给利润率的局部复苏留下余地。这种再生能力，一直都是资本主义的一大特色，并在市场经济的周期性中表达了出来。经济会在复苏期与衰退期间之间摆动，而传统的经济衰退常常会通过破产与企业并购，摧毁充分的原有资本存量价值，为投资与经济增长的有限复苏开辟道路。

科塔里、莱维伦和沃纳三人曾经阐述了投资的这种商业周期模式，尤其是说明了利润率的商业周期模式，并且说明，这种模式自第二次世界大战后经济繁荣伊始以来一直都很稳定，直到进入"长萧条"时期。每次经济衰退过后，利润率都稍有增长，导致投资得到了一定程度的恢复，然后在复苏中期利润率再次达到高位，并且通常都是低于以前的峰值。由于经济增长了数年之后利润率重新出现下滑，因此投资增速也会放缓、持平，有时甚至还会下降，并且走向下一场经济衰退❶。

利润率下降趋势中出现最关键性的逆转，是在现有资本价值普遍遭到破坏的程度超过了一场正常的经济衰退中的情形时。一种范围更加广泛的破坏性资本贬值，为利润率设定了新的基础。这种情况只出现过一次，就是第二次世界大战前后。这场战争，采取了全球性冲突的暴虐做法，以及随之而来对资本价值进行强制破坏的方式，才使得生产能够重新焕发出生机，并且为随后的经济增长期提供了条件。

这一经验证明，利润率受到了制约的发达经济体，是可以进行重组和更新的。第二次世界大战后的经济繁荣既非幻象，也非异常。这场经济繁荣在超过25年的时间里，让成千上百万民众的生活水平得到了大幅提升。除非能够想出一种当代相当于这种经验的非军事化办法来，否则的话，我们就无法指望这种积极的经济表现能够重现。

---

❶ 科塔里、莱维伦、沃纳，2014年，第7页。

有许多短期性的缓解措施，抵消了利润率降低带来的影响，并且导致政界人士对经济形势产生了自满的心态。不过，世间没有什么循序渐进式的解决办法，能够取代生产结构重组这个方面。提供更多的债务、刺激国内的需求、降低汇率以鼓励出口、降低企业所得税，这些措施虽说全都能够暂时性地激发经济活力，可它们并不能克服利润率降低带来的沉重负担。

即便是那些看似更为实质的复苏迹象，比如商业投资猛增，以及随之出现的一些重大创新，也都不是摆脱经济萧条的举措。相反，这些方面的作用可能会弄巧成拙，因为它们越是具有实质性，就越可能导致利润率进入另一个下降的阶段。20世纪90年代末，在新经济政策（New Economy）下信息与通信技术（ICT）领域的投资情况好转之后，美国企业的利润率再次出现了下降，这种情况并非巧合（参见图6.1）。在经济萧条的大背景下，短期的好转只会强化而不会扭转利润率降低带来的萎缩效应。

智识挑战

20世纪30年代的"大萧条"，曾经激发人们对资本主义的未来进行辩论和思考，其水平比迄今我们对此进行的辩论与思考要高得多；这一点，就是如今知性气氛减弱的一种标志。20世纪经济学领域里的绝大多数重要人物，比如约翰·梅纳德·凯恩斯（John Maynard Keynes）、欧文·费希尔（Irving Fisher）、阿尔文·汉森（Alvin Hansen）和弗雷德里希·哈耶克（Friedrich Hayek），都在那场经济萧条中赢得了赫赫威名。其中的每一个人，都对搞清楚究竟是哪个方面出了问题做出了具体的贡献。凯恩斯论述了流动性陷阱的问题❶。费希尔论述了债务通缩陷阱的问题❷。汉森论述了长期性经济停滞这个方面❸。哈耶克则指出，经济萧条之所以旷日持久，是政府推动的人为信贷政策导致的；也正是这种相同的政策，首先导致了经济萧条的出现❹。

---

❶ 凯恩斯，1936年。
❷ 费希尔，1933年。
❸ 汉森，1938年。
❹ 哈耶克，1931年。

创新性变革
开启一场经济复兴

尽管论述的观点各不相同，可他们每一个人都注意到了经济形势中的某个区别性特征。当代许多反经济危机的政策措施之所以能够制定，正是他们这些深刻见解导致的结果。不过，由于他们的分析全都没有深入触及生产领域内的根源，因此他们提出的解决办法也都是功亏一篑。这些解决办法之所以无效，是因为它们只是解决了经济萧条的一些具体症状。由此采取的措施，虽说有时可以提供短期性的刺激，可它们都没能解决造成经济危机的深层原因。

两次世界大战之间的这种经验，应当成为如今的一种智识优势。我们可以从上述那些人提出的各种政策建议的最终失败中吸取教训，转而寻求其他的解决方案。然而，这种教训迄今却还没有被我们吸取。如今一些经济学家的观点，很大程度上都是在重复80年前的那些说法。许多经济学家仍然认为，充分地扩大需求刺激（这是凯恩斯的观点），就足以摆脱经济增速放缓带来的影响。这些人士当中，最突出的有保罗·克鲁格曼、劳伦斯·萨默斯、马丁·沃尔夫以及约瑟夫·斯蒂格利茨❶。"自由市场"派或者"奥地利学派"中有少数人士认为，让市场全面摆脱僵化的条条框框与监管，就会重振经济形势。这些人士并不是家喻户晓，但其中绝大多数人遵循的都是哈耶克或者米尔顿·弗里德曼（Milton Friedman）的老路❷。

呼吁更多地采取这些传统的经济政策，既是徒劳之举，而且会适得其反。投资和生产面临的根本问题，既非源自需求不足，亦非源自商业受到了一种繁重的税收和监管体系所制约。解决这一问题的办法必须更加彻底，必须触及到生产领域内部的基本条件才行。

---

❶ 斯蒂格利茨，2012b；克鲁格曼，2013年；萨默斯，2014年；沃尔夫，2014年。
❷ 哈耶克，1991年；弗里德曼，2002年。

第三部分
我们为何会陷入困境

对于危机过后的经济低迷形势，人们有三种普遍的说法。那些"痛恨银行家的人"带着程度不一的老练世故，将整体经济持续面临的种种困难，全都归咎于金融业的膨胀。他们认为，资本转向投机活动、货币市场的波动性和债务负担三个方面，都对生产性投资产生了持久的制约作用。

第7章
抑制型萧条

  在这场缓慢发展的经济萧条中,各大工业化国家在深陷生产衰退的困境的同时能够合理、有效地抑制经济衰退带来的不稳定影响,证明如今的资本主义与20世纪30年代的资本主义相比,具有了更大的韧性。

第7章 抑制型萧条

迄今为止,这场"长萧条"中有一个可喜的特点,那就是经济萧条并没有导致发达的工业化国家之间形成一种危险的竞争关系。这一点,与"大萧条"形成了鲜明的对比;当时,1929年"华尔街崩盘"之后不到10年,欧洲便爆发了有史以来最血腥的一场战争,即第二次世界大战。

借用据称是马克·吐温(Mark Twain)杜撰的一句话来说就是:历史虽然不会重演,但总会惊人地相似。经济危机与萧条在20世纪70年代卷土重来之后,倘若按照20世纪30年代的贸易保护主义原则来看,那么预测各国之间的紧张关系会加剧,这一点是不足为怪的。可40多年过去了,发达国家在经济和其他领域里却还是以继续合作为主。对此感到沾沾自喜的做法并不明智,因为贸易保护主义有可能会披着其他的外衣,在贸易、货币、网络安全或其他的问题上死灰复燃;但我们应当感到欣慰的是,到目前为止,各国间的紧张局面还是得到了遏制。

这种约束竞争的做法,不只体现出了西方国家领导人不愿重蹈前任覆辙的愿望。有一些实实在在的因素,也发挥出了作用。经济危机在国内和国外呈现出来的种种疲软特征,会彼此强化。国内外两个领域都没有遭到严重的破坏,使得我们处理其中另一个领域里的各种关系来变得更加容易了。

经济萧条对国内的影响,并没有20世纪30年代时那样具有破坏性和毁灭性;当时的那场经济危机,导致了经济大幅萎缩、普遍失业、贫困蔓延,以及社会矛盾的爆发。在1929年至1932年间,美国的工业生产下滑了46%,英国下降了23%,德国下降了41%[1]。到了1933年,美国有25万家企业倒闭[2]。该国的失业率,从20世纪20年代末

---

[1] 布卢姆(Blum)、卡梅伦(Cameron)、巴恩斯(Barnes),1970年,第885页。
[2] 格拉纳多斯(Granados),2010年,第110页。

创新性变革
开启一场经济复兴

的3%左右上升到了25%，有些国家的失业率甚至高达33%。美国家庭的平均收入，在1929年至1932年间下降了40%，而到了1933年，美国还有11000家银行倒闭，几乎是每两家银行中就有一家倒闭了。

从全球来看，1929年之后的那3年里，经济产出下降了15%。相比之下，在"长萧条"期间，全球的产出每一年都有所增长，只有2009年例外；当年是由于20世纪30年代以来最严重的一场金融危机刚刚过去，因此全球的经济产出下降了2%❶。

"长萧条"的第一个十年里，的确出现过早期资本主义危机一些较为严重的共同特征。20世纪70年代，人们开始对大范围的企业倒闭、大规模的裁员以及长期失业率、青年失业率高居不下等现象变得见怪不怪，这可是第二次世界大战以来的头一遭。1973年至1975年、1980年至1981年间的两场经济衰退都很严重，足以发挥出它们的传统作用，淘汰了经济活动中实力最弱的一些组成部分。就业形势与企业都受到了重创。

不过，到了20世纪80年代中期，经济形势在绝大多数工业化国家中，且在绝大多数时候都已明显地稳定了下来。当时的经济仍在衰退，并且偶尔会出现剧烈的金融动荡局面。然而，最终结果表明，这些经济衰退的程度都没有以前那样严重，而金融动荡的局面也很快稳定了下来。

即便是21世纪头十年末那场金融危机导致各国经济出现了严重衰退所带来的影响，也无法与20世纪30年代的经济崩溃相比。2008年的金融危机带来了巨大的冲击，西方世界似乎也走到了灾难的深渊边缘。不过，就在作者撰写本书的时候，也就是差不多10年过后，尽管经济复苏的速度异常缓慢，可形势却要比许多评论人士早期做出的可怕预测好得多。

当然，情况并非始终如此，也并非任何地方都是如此，因为资本主义在经济萧条期间会变得更不均衡。希腊以及欧元区里的其他一些外围国家，受到2009年金融危机余波打击的程度都较为严重。不过，相比于其他国家受到的有限影响而言，这些国家的情况都属例外。

在整个"长萧条"期间，危机的破坏性趋势都受到了抑制。这是一场缓慢发展的

---

❶ 国际货币基金组织（IMF）"世界经济展望数据库"（World Economic Outlook Database），2015年10月。网址：https://www.imf.org/external/pubs/ft/weo/2015/02/weodata/index.aspx。

经济萧条，与20世纪30年代的严重衰退形成了鲜明的对照。各大工业化国家虽说仍然深陷在生产衰退的困境当中，但绝大多数国家都能够合理、有效地抑制经济衰退带来的不稳定影响了。这场旷日持久的经济萧条就是一个鲜明的例子，证明如今的资本主义与20世纪30年代的资本主义相比，具有了更大的韧性。

商业周期放缓

商业周期波动性的下降，凸显出这场萧条的潜在破坏力受到了抑制。从20世纪80年代中期开始，直到21世纪头十年末，国内生产总值（GDP）的变化程度都不再那么极端了。这一点，在美、英两国表现得最为明显，但在德国和日本也很突出（参见图7.1至图7.4）。下述各图中的虚线，表示的是20世纪80年代以前的经济产出在上限与下限间的变化情况，短划线则标志着随后波动性下降的情况。由于20世纪90年代初国家统一带来的市场波动，因此这种速度趋缓的周期在德国出现得晚一些。在日本，商业周期则与20世纪80年代末该国金融泡沫破裂后经济增长转而趋缓的变化保持着一致。

在日本以外，许多人都对这种趋缓的商业周期表示欢迎，认为它标志着一个稳定的、更加良性的时代即将到来。美国的詹姆士·斯托克（James Stock）和马克·沃特森（Mark Watson）两人还在21世纪头十年初创造了一个广为流传的词"大稳健"（Great Moderation），来描述这一现象❶。他们把这种变化主要归功于"运气好"，避开了一些尤其严重的打击。波动性下降的情况，既体现在国内生产总值（GDP）当中，而投资、消费、就业、通胀和利率等方面也是如此。

---

❶ 斯托克、沃特森，2003年。最近他们的方法进行了更新，将1960年至1983年期间2.7%的增长率与1984年至2006年间几乎只有一半的1.5%之间的标准偏差进行了对比。福斯勒（Fosler），2011年。

创新性变革
开启一场经济复兴

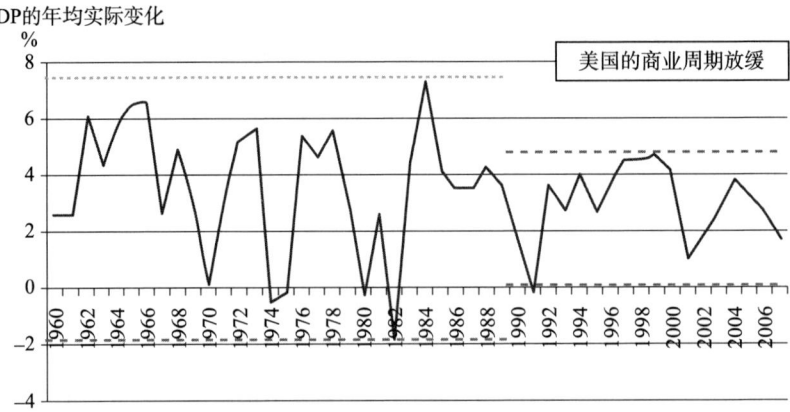

图7.1　美国国内生产总值（GDP）的变化情况及波动幅度

来源：美国经济分析局，"国民收入和生产账户（NIPA）"表1.1.1。网址：http://www.bea.gov/iTable/index_nipa.cfm。

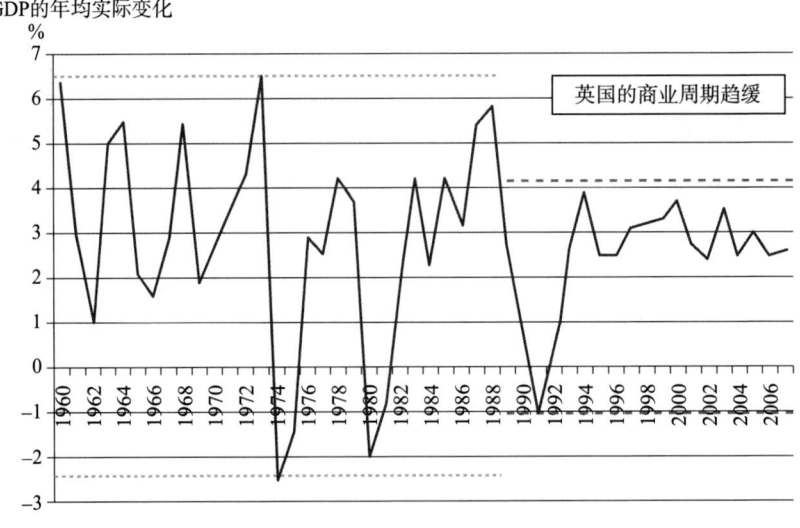

图7.2　英国国内生产总值（GDP）的变化情况及波动幅度

来源：英国国家统计局，IHYP时间序列。网址：http://www.ons.gov.uk/economy/grossdomesticproductgdp/timeseries/ihyp/qna。

172

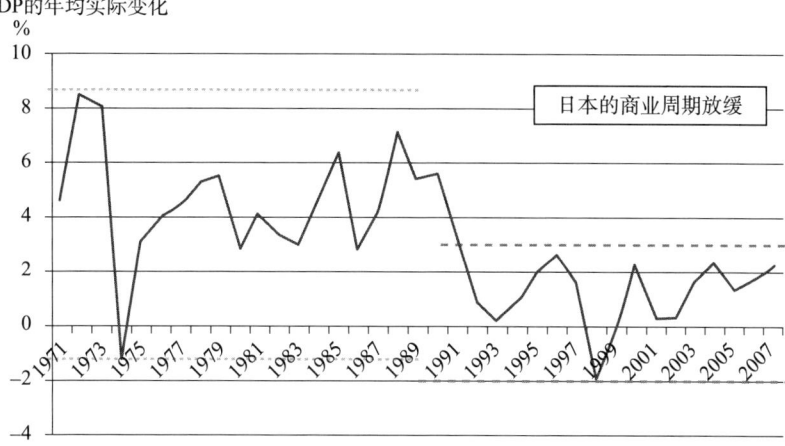

图7.3　日本国内生产总值（GDP）的变化情况及波动幅度

来源：经济合作与发展组织（OECD）统计网，GDP（产出法），SNA93表。网址：http://stats.oecd.org/Index.aspx?DatasetCode=SNA_TABLE1。

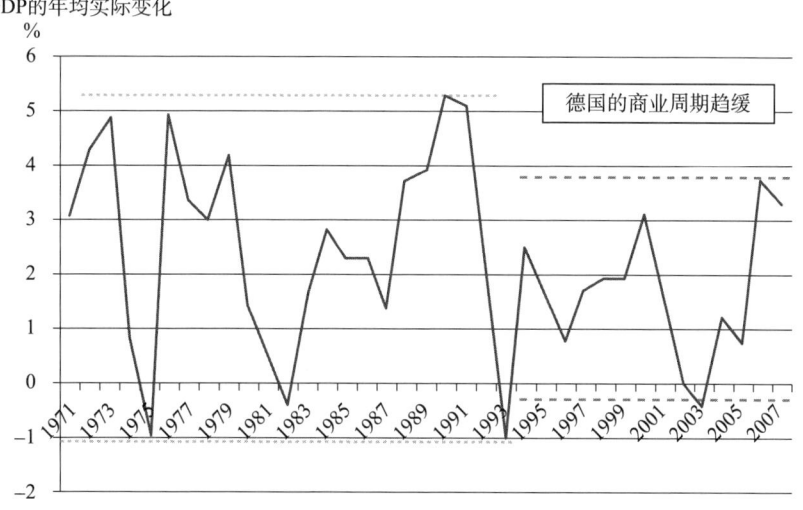

图7.4　德国国内生产总值（GDP）的变化情况及波动幅度

来源：经济合作与发展组织（OECD）统计网，GDP（产出法），SNA93表。网址：http://stats.oecd.org/Index.aspx?DatasetCode=SNA_TABLE1。

创新性变革
开启一场经济复兴

不久之后，就在担任美联储主席一职的两年之前，本·伯南克还将这个术语普及开来了❶。此人认识到，人们对形势出现变化的原因尚未达成共识，因此他认为，"大稳健"并非全然属于运气很好，而更多的是我们采取了好的政策，尤其是采取了好的货币政策的证据，同时标志着各国央行行长在应对经济形势时都干得非常出色。伯南克称，各国央行自20世纪80年代以来实现的低通货膨胀率非但导致了波动性降低，还对经济增长及生产率好转产生了意义深远的影响。

这种看法反映出，货币政策制定者已从采取措施来巩固商业周期的惯常做法，转向了努力放缓商业周期这个方面。在以前，一旦经济需要进行刺激，各国的央行行长就会放宽货币政策；这种做法，有时还对通货膨胀产生了激励作用。接下来，他们又会提高利率来遏制通货膨胀；可这样做，经常却会导致经济活力出现衰退性的紧缩。于是，商业周期便得到了强化。

美联储前任主席保罗·沃尔克（Paul Volcker），据说因为在20世纪80年代初曾经积极主动地运用货币政策，打破了这种方法而为人们所称颂。这种做法，结束了美国的高通货膨胀率，并且使通货膨胀率降到了很低的个位数水平上。这种理解，淡化了沃尔克采取的措施实际上让1980年至1981年间那次经济衰退的程度变得更加严重了的事实。随后的历任央行行长，都纷纷效法他在协助稳定通货膨胀率与国内生产总值（GDP）增长率方面的成功经验。尽管伯南克的观点广为流传，人们也对这个方面进行过大量的研究，可在导致"大稳健"的原因这一点上达成的主流共识，却依然令人觉得难以捉摸❷。

2008年的金融危机，再次导致了更加严重的经济动荡局面，可人们却认为这种动荡是暂时性的。不久之后，波动性便回落到了金融危机之前的水平上❸。尽管世界各国都开始将速度缓慢的经济复苏说成是一种"新常态"，后来又说成是一种"新平庸"，可这些复苏期实际上都属于"大稳健"中的不同阶段，只是增长速度更加缓慢罢了。

---

❶ 伯南克，2004年。

❷ 克拉克（Clark），2009年，第16页。

❸ 克拉克，2009年，第25页；克雷格·黑克沃（Craig Hakkio），《大稳健》（The Great Moderation），美联储历史网。网址：www.federalreservehistory.org/Events/DetailView/65。

经济活力萎缩

　　一段速度更加平稳、适度的长期性经济增长，可能听上去是一件好事。谁又想生活在一辆颠簸不断的经济过山车里呢？但"大稳健"带有一种巨大的负面影响，那就是经济缺乏活力。一种波动性不那么强大的资本主义，也是一种更加静态的资本主义，商业周期中具有创造性和破坏性的两个方面都会受到抑制。一个日益缺乏活力的生产领域已经伴随着抑制性的经济萧条而来，给我们的生活水平带来了不利的后果。

　　传统商业周期的放缓，并不是"大稳健"理论想当然地认为出现了一种复苏和更加强大的资本主义的标志。恰恰相反，创造性破坏降低还逐渐削弱了经济增长恢复的潜力。20世纪90年代初和21世纪初两场轻度的经济衰退，就说明了这种趋势。那两场衰退的破坏性都不大，因此产生的净化作用也不大。商业周期领域里的专家里卡多·卡巴雷罗（Ricardo Caballero）和穆罕默德·汉穆尔（Mohamad Hammour）一开始的时候曾对这种转变"大感惊讶"❶，可一种破坏性较小的资本主义类型的到来，如今却已是板上钉钉的事情了。

　　创造性破坏的减弱，并非只限于程度更加温和的经济衰退；在企业营业额增速下降、特别是企业新创速度的下降中，这一点也表现得很明显。20世纪中叶，熊彼特曾经借用马克思的概念，提出了一种有益的观点，认为日益扩张的资本主义是通过创造性破坏来发挥作用的❷。近来创造性破坏过程的萎缩，正是这场经济萧条的鲜明特色，说明了这场萧条的抑制性特点，尤其是当中还包括了企业流失率降低这个特点。

　　在《政治经济学批判大纲》（Grundrisse）中，马克思曾经写道，"资本的暴力破坏并非由其外部关系所导致，而是它进行自我保护的一个条件"，以及如何通过"消灭资本中的一大部分，使之猛烈减少到资本主义可以继续发展的程度"❸；此书是由马克思撰写《资本论》（Capital）时的笔记整理而成。现有财富的贬值，为创新

---

❶ 卡巴雷罗、汉穆尔，2000年，第8页。

❷ 熊彼特，1975年。

❸ 马克思，1973年，第749–750页。

创新性变革
开启一场经济复兴

新的财富扫清了道路。马克思还强调说，企业破产时遭到破坏的，通常只有老旧资本资产的价值，而不是这些资产遭到了物理破坏。有些资产，将被其他实力较强的企业以低价购买，并更好地加以利用❶。

熊彼特正是利用了《资本论》中的这些主题，形成了自己的观点❷。在20世纪40年代初，熊彼特曾如此写道：

> 发动让资本主义这台引擎并让其保持运行的根本动力，源自新的消费品、新的生产和交通运输方式、新的市场……（这一过程）不断地从内部进行变革，不断地摧毁旧的，不断地创造出新的。这种"创造性破坏"的过程，就是资本主义的基本事实❸。

资本主义必须持续地改变和创新，才能获得成功并且确保社会进步。采用了经过改良的新工艺、新产品和新服务的企业和组织，将会成长起来，取代那些没有采用新工艺、新产品和新服务的企业。

进步会把我们的注意力直接吸引到新奇事物之上。但新生事物若想繁荣发展起来，旧的事物必须被取代才行。玛丽安娜·马祖卡托（Mariana Mazzucato）已经解释过，每一项重大的新技术，都会涉及创造性破坏。蒸汽机、铁路、电力、汽车、互联网，这些技术创造出来的东西，都与它们破坏掉的东西不相上下；可在这一过程中，它们都造成了财富的总体增长❹。这一点，正是具有创造性思维的熊彼特，以及他之前的马克思两人都在强调的观点。小说家约翰·斯坦贝克（John Steinbeck）也揭示过这一根本真理，他曾如此沉思道："我想知道，为什么进步看上去如此与破坏相似。"❺

在两次世界大战之间的经济萧条带来价值破坏之后和第二次世界大战造成物理

---

❶ 马克思，1975年，第496页。
❷ 《政治经济学批判大纲》（Grundrisse）一书撰写于1857年至1858年间，只在1939年和1941年出版过两次。
❸ 熊彼特，1975年，第82–85页。
❹ 马祖卡托，2011年，第49页。
❺ 斯坦贝克，1962年，第181页。

破坏之前，20世纪30年代经历了一波资本主义的创新大潮。与人们的直觉相反，亚历山大·菲尔德（Alexander Field）曾经把这一时期描述成"20世纪技术进步最大的10年"。在企业纷纷倒闭和大规模失业这一背景之下，美国的整个经济领域都出现了技术创新和组织创新。化学工程（包括石化产品和合成橡胶）、航空工程、电力机械和设备、发电和配电、交通运输、通信、土木和结构工程等领域都取得了长足的进步❶。

罗伯特·戈登将20世纪中叶生产率飞速发展的原因，归于"大萧条"以及第二次世界大战带来的毁灭性效果。由此导致的经济重组规模，确保了第二次工业革命中出现的种种发明（尤其是电动马达和流水线装配方法）与原本可能出现的情况相比，提早数年促进了生产率的增长❷。

创造性破坏推动社会生产力

生产力的提高，取决于经济转型与技术创新这两个方面。正如我们在前面第2章里讨论过的那样，生产力的提高既是企业内部的变革导致的，也是企业之间的资源流动造成的。技术方面的进步，要么是通过企业内部的结构重组，要么是通过企业流失、新领域和行业的消失和创造导致的外部重组来推出的。生产方面的因素，即就业岗位与资本，会从附加值较低的生产活动转向附加值较高的生产活动❸。这样，推动生产力增长的创新就会在整个经济领域内扩散开来。

资源的重新分配，就是创造性破坏赖以促进生产力的主要机制。伊恩·海瑟威（Ian Hathaway）和罗伯特·利坦（Robert Litan）两人认为，新老企业更新换代过程中出现的正常的非衰退性流转，必然会是一个毁灭性和破坏性的过程❹。卡巴雷罗和汉穆尔两人也解释过，我们为什么必须持续创立体现了最新技术和需求的生产单位，

---

❶ 菲尔德，2003年，第7页。
❷ 戈登，2016年，第528页。
❸ 霍尔蒂万格，2012年。
❹ 海瑟威、利坦，2014a，第1页。

而过时的生产单位又为什么必须加以毁灭❶。

数项研究表明，以前生产率增长中的很大一部分（差不多占到了一半的比重❷），都是由资源的再分配带来的，而不是由企业内部的创新导致的。在美国的一些行业里，比如零售业中，企业间资源流动的作用，一直都比现有企业或机构内部生产率的增长重要得多❸。在其他行业，比如制造业中，下述三大因素对生产率增长所做的贡献却一直较为均衡：企业内部的生产率；出现一些生产率较高的新企业；资源向现有企业新开设的工厂进行再分配❹。

英格兰银行进行的研究分析表明，生产率增长当中的"企业之间"和"企业内部"这两大组成部分的相对贡献率，在英国的情况也是类似的。企业内部提高的生产率，在生产率总增长中的贡献率只达40%多。与此同时，现有企业之间人员流动的贡献率为25%左右，而净新增企业则贡献了余下的三分之一❺。因此，企业之间的资源再分配（这是创造性破坏的一种表现）对以前英国生产率增长的贡献率，就超过了一半❻。

考虑到这种重大的贡献率，因此创立新的企业就对生产率增长发挥着重要的作用；这一点，正是劳工市场经济学家约翰·霍尔蒂万格（John Haltiwanger）强调过的观点❼。尽管规模较大的企业的生产率平均要比规模较小的企业更高，但霍尔蒂万格称，有些成立时间不长的企业却有可能比现有企业更具生产率，发展速度也更快，因而有可能对整个经济领域的总生产率做出重大的贡献。由于这种企业不受现有资本中占有的种种既定技术所制约，因此它们采用生产率更高的新型创新技术时，速度往往要比成立时间较久的企业快。

新创企业也会刺激其他领域里的转型性创新，促使现有企业内部进行变革，以便

---

❶ 卡巴雷罗、汉穆尔，2000年，第19页。

❷ 迪士尼（Disney）、哈斯克尔、赫顿（Heden），2003年；霍尔蒂万格、加敏（Jarmin）、米兰达（Miranda），2008年，第2页；巴内特、邱（Chiu）等，2014年，第7页。

❸ 一个"机构"或者"工厂"，是指经济活动发生的一个单一物理地点，因此一家"公司"可以由一个或者多个机构或工厂组成。

❹ 福斯特、霍尔蒂万格、克里桑（Krizan），2001年。

❺ 巴内特、邱（Chiu）等，2014年，第22页。

❻ 迪士尼（Disney）、哈斯克尔、赫顿（Heden），2003年；英格兰银行，2013年，第27页。

❼ 霍尔蒂万格，2012年。

赶上这些新兴的竞争对手。藤田志（Shigeru Fujita）曾经指出，新创企业发明的一种先进技术，可以鼓励现有企业改进自身的技术，从而为现有企业的员工创造出不同的就业岗位❶。

新创企业在企业新旧更替中直接发挥的作用，结合现有企业受到激励之后在内部进行的这种重组，对经济复兴来说是不可或缺的。新创企业发挥出了最纯粹的创造性破坏工具的作用。霍尔蒂万格曾经得出结论说，新创企业"对我们的生产率增长至关重要"❷。因此，未来的经济繁荣主要建立在新创企业和新增就业岗位的基础之上，而不那么依赖于现有企业和现存的就业岗位。

一种有效地调动稀缺资源的过程，对这些企业的发展尤为重要。新创企业必须尽快达到规模，以便支付创业时的固定成本并开始产生盈余。一种健康的创造性破坏过程，会促进夯实成功之基础的实验与发展，并让企业在失败之后退出市场❸。

如今最重要的经济问题，就是这一过程已经有所缓和了：创造性破坏种种倾向的速度，已经趋缓。正如经济合作与发展组织（OECD）的研究人员曾经解释的那样，若是没有创造性破坏，现有的资源分配方式永久维持下去的局面，就会通过削弱创新的扩散力度，对生产力水平产生不利的影响❹。倘若太多的老旧企业能够生存下去，社会生产力就会受到损害。企业新旧更替速度的放缓，已经加剧了低利润率导致投资受到的制约程度。一种更加静态的商业局面，已经让投资乏力的问题变得根深蒂固。

企业与岗位流动性下降

尽管老旧企业倒闭、原有工作岗位消失会给个人带来不安全感和种种困难，但整个社会的注意力，应当更多地集中在能够取代它们的企业创业与就业岗位创造的形势这个方面。企业开设与创造就业岗位，既可以带来适当的就业率，还可以提高生产

---

❶ 藤田志，2008年，第14页。
❷ 霍尔蒂万格，2012年，第25–27页。
❸ 阿达莱特·麦高文等，2015年，第12页、第32页和第45页。
❹ 阿达莱特·麦高文等，2015年，第12页。

率。在美国，自20世纪70年代以来，企业新旧更替率一直都在稳步下滑；这种趋势，在行业准入水平的降低中表现得极其明显。按照成立不足一年的企业在全部企业中所占的比例来看，美国的行业准入率在1978年至2011年间几乎下降了一半，从15%降到了8%❶。海瑟威和利坦之所以担忧这种形势对经济增长造成的影响，是因为他们已经深刻地认识到，过去这些新创企业在具有破坏性且有力地促进了生产率增长的创新当中，所占的比重很不相称❷。

经济合作与发展组织（OECD）对整个西方世界企业新旧更替情况所做的分析表明，企业活力也出现了一种类似的下降趋势，并在企业的创业率这个方面表现了出来。绝大多数国家的新创企业在全部企业中所占的比重，一直都在稳步下降，连金融危机造成破坏之前也是如此。不出所料的是，这一研究发现，金融危机过后的经济衰退还给创业率带来了一种额外的不利影响❸。

从20世纪80年代初到金融危机爆发之前的那几年里，英国企业的倒闭率与创业率都下降了四分之一。企业的倒闭率，从占开业企业中的约13%下降到了10%左右，而创业率则从16%左右下降到了12%❹。即便是在经济衰退期间，企业的倒闭率与创业率也仍处在很低的水平上❺。这就为我们提供了一幅更加清晰的图景，说明了英国的商业活力正在衰退，而不是人们经常颂扬的所谓"创业英国"具有强大的实力❻。

自金融危机爆发以来，这些趋势都得到了强化。爱丽娜·巴内特（Alina Barnett）、艾德里安·丘（Adrian Chiu）、杰里米·富兰克林（Jeremy Franklin）和玛丽亚·塞巴斯蒂安-巴列尔（María Sebastiá-Barriel）等人为英格兰银行所做的结论就是，与金融危机之前的那5年相比，英国在2008年至2011年间的生产率降幅当中，约有三分之一是由企业间资源再分配的速度放缓导致的。这种放缓，涵盖了企业之间劳

---

❶ 海瑟威、利坦，2014a，第1—2页。
❷ 海瑟威、利坦，2014b，第9页。
❸ 克里斯库奥洛（Criscuolo）、盖尔（Gal）、梅农（Menon），2014年，第30页。
❹ 巴内特、邱（Chiu）等，2014年，第19—20页，根据英国国家统计局（ONS）工商人口数据计算。
❺ 布罗德班特，2012b，第11—12页。
❻ 例如，迈克尔·海曼（Michael Hayman），《如果企业为资本主义说话，英国就能天下无敌》（Britain can produce world-beaters – if business speaks up for capitalism），见于《城市早报》（City A.M.），2015年4月29日。这种称颂英国具有强大创业精神的说法，凭借的往往是将自营职业的增长与雇佣员工的企业扩张混为一谈。

动力流动的下降，以及公司创业率与倒闭率的下降❶。平行研究也已注意到，英国所有企业与部门中生产率的变化或者扩散方面出现了大幅增长；这种增长始于21世纪头十年中期，并且随着金融危机爆发而在加快速度。有更多生产率低下的公司仍在经营这一事实，就是创造性破坏与资源配置的速度出现了下滑的另一种征兆❷。

发达国家经济活力的衰退，也在就业流动率的下降当中表现了出来。随着倒闭与创业的企业数量都在减少，人们从现有岗位上离职（不管是主动辞职还是在裁员中被迫离职）之后，找到新工作的机会也减少了。企业新增速度放缓，意味着有更多的人在成立时间较长的企业里工作。成立不满5年的企业提供的就业率，在1982年占整个就业率中的五分之一，在2000年占七分之一，而到了2011年呢，却只占十分之一了❸。

体现了创新的转型投资，既是破坏现有企业就业岗位的一种因素，也是导致新创企业创造就业岗位的一个原因。投资削减，意味着就业流动率下降。尽管信息与通信技术（ICT）行业提供的就业岗位多于半个世纪之前人们的预期，可其他绝大多数行业中的就业形势，看起来却会让人们觉得相当熟悉。还有一些可能会令人觉得惊讶的方面，那就是非但与金融相关的就业岗位数量增加了，而低技能与低薪水岗位所占的比例也上升了，后面这种情况更是令人觉得沮丧。

表明一种经济丧失了活力的，并非只是与以前相比，当前有多少就业岗位或者目前有多少类型的就业岗位。两个时期之间那段时间里发生的情况，期间出现了多大的变化和什么类型的变化，同样能说明问题。劳动力市场内部进行调整的速度，揭示出资本主义正在更新其创造性破坏的倾向，揭示出这些倾向最近带来的抑制作用。就业转型的相对匮乏，会与破坏就业岗位以及创造就业机会两种速度的下降趋势同步出现❹。图7.5就说明，美国这两个领域内都呈现出了一种放缓的趋势。

不出所料，失业率在21世纪初的经济衰退之后达到了最高水平，只是这次的失业率相当轻微，以至于美国并未达到"经济衰退"传统定义的标准；接下来，在2008年

---

❶ 巴内特、邱（Chiu）等，2014年，第22页。
❷ 巴内特、巴滕等，2014年，第123页。
❸ 戴维斯、霍尔蒂万格，2014年，第14页。
❹ 霍尔蒂万格，2012年，第29页。

创新性变革
开启一场经济复兴

金融危机过后,失业率再次达到了峰值。而更加引人注目的是,失业率的周期性峰值与谷值一直都呈下降趋势。考虑到这两次经济衰退的相对严重程度,那么自20世纪30年代以来最大一场金融危机过后的失业率,比互联网泡沫破裂后那段温和衰退期间的失业率更低,就说明了资本主义向破坏性下降发展的趋势。

霍尔蒂万格与露西娅·福斯特(Lucia Foster)、谢丽尔·格里姆(Cheryl Grim)两人合作,对美国2007年之后那段经济衰退带来的影响所做的分析证实,与以前的历次经济衰退相比,美国就业再分配的力度有所下降。尽管经济危机造成了破坏,但行业清理的力度并不大。特别是,2008年之后的就业率净降幅当中,有很大一部分是由新增就业岗位尤其乏力造成的,而不是由以前经常属于经济衰退期间的常态即就业破坏急剧增长造成的。在新创企业中就业岗位大幅减少的情况下,现有就业岗位就更有可能保留下来。他们还发现,期间的确出现过就业再分配提高生产率的现象,只是效果也不如以前历次经济衰退期间的就业再分配了❶。

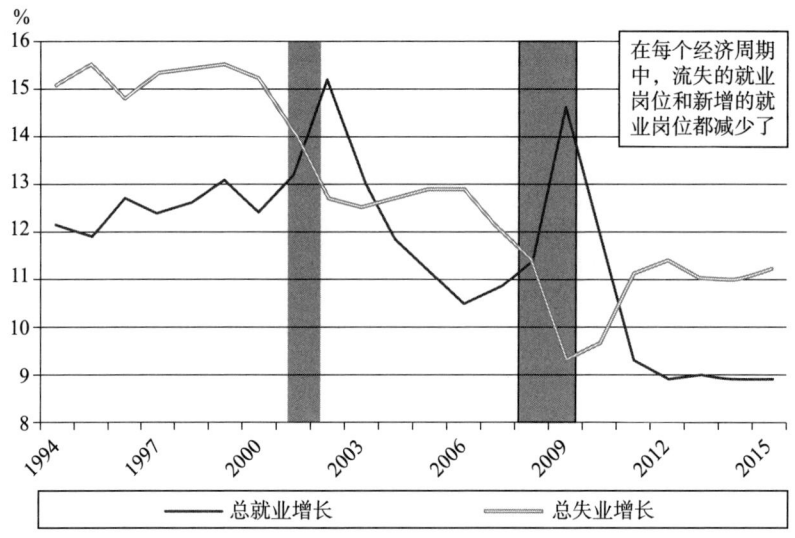

图7.5 美国私营部门总就业增长与总失业增长在就业率中所占的比重

注:阴影部分代表美国国家经济研究局界定的两段衰退期(2001年3月至2001年11月;2007年12月至2009年6月)。数据点属于从头一年的3月到第二年3月的年度数据。

来源:劳工统计局,行业就业动态(BED)数据库。网址:http://www.bls.gov/web/cewbd/anntab2_1.txt。

---

❶ 福斯特、格里姆、霍尔蒂万格,2013年,第30–31页。

暴露出创造性破坏具有抑制作用的是,在经济相对增长的时期内,失业率的增速正在放缓。失业率的增长速度,从20世纪90年代末的年均失业率高于12%,降到了21世纪头十年中期时的低于11%,并且在2011年后进一步下降到了9%。在两次经济衰退期间以及它们之间的那个时期里,整个商业周期中的就业破坏率和劳动力流失率都减少了。

失业率的增速一直都在放缓,与绝大多数用于衡量经济衰退的其他标准形成了鲜明的对比;后者表明,整个经济陷入了一种长期性的恶化状态。倘若生产机器活力不足,那么我们可以料想到,企业裁撤的就业岗位将会更多,而不是更少。可结果却很不合常理,从而凸显出资本主义最近这场经济衰退的情况极其异常:破坏性受到了抑制,且正在日益表现为一种流动性降低的经济。

实际结果就是,保留现有就业岗位的做法日益增加,尽管这些岗位可能达不到标准的生产率水平。这种情况,既出现在那些继续营业却正在日益收缩的企业中,而因倒闭企业数量减少导致的失业率下降,也是如此❶。在企业收缩,尤其是在企业倒闭过程中消失的就业岗位数量减少了,因为即便是在经济衰退的形势下,也有更多低附加值的企业在想方设法地继续经营下去。这种情况,与一种"僵尸化"经济的崛起保持着一致,因为在僵尸经济中,那些实力较弱、原本早该倒闭的企业仍会生存下来。

这种趋势的另一面,就是新增就业岗位的速度正在放缓。在20世纪90年代,就业岗位的年均增长率约占整个劳动力的15%,21世纪初这一比例却下降到了13%,而自金融危机爆发以来,还下降到了11%左右。这就意味着,20世纪90年代约有六分之一的就业岗位都是新增岗位,而到最近,这一比例却下降到了九分之一。自2000年以来,新创企业中创造的就业岗位尤其少得可怜。

在整个经济领域内就业再分配力度都在下降、从而证明了这条规律的特点当中,还有一种例外情况。与20世纪90年代的信息与通信技术(ICT)热潮同步,当时某些高科技行业里的就业流动率出现过异常增长,然后这种增长势头在21世纪头十年里出现了逆转:就业流动率大幅下降,再次与其他行业的就业再分配趋势保持了一致❷。

---

❶ 美国劳工统计局(BLS)行业就业动态(BED)数据库。网址:http://www.bls.gov/bdm/home.htm。

❷ 霍尔蒂万格、海瑟威和米兰达,2014年,第4–5页。

创新性变革
开启一场经济复兴

与霍尔蒂万格一起进行研究的史蒂芬·戴维斯（Steven Davis）曾称，2000年以后，高科技行业中新增企业数量和新增企业快速成长的速度出现了大幅下降，逆转了以前的发展模式❶。

每个10年的就业增长率，也呈现出了整个经济朝着萧条发展的趋势。美国的就业率在20世纪70年代增长了26%，80年代的增速下降到了20%，90年代下降到了15%，而从2000年至2010年间，就业率增速竟然只有2%了。麦肯锡咨询机构由此得出结论：如今美国的新增就业岗位机制，运行得不如过去那样有效了。

他们强调：从1945年起，直到20世纪80年代，经济产出的复苏都与就业形势的复苏之间具有密切的关联。原本来说，国内生产总值（GDP）恢复到萧条前水平的6个月左右之后，就业率也会随之复苏。可那种模式，在1991年以后就结束了；当时，是国内生产总值（GDP）达到峰值之后，又过了15个月，就业率才恢复到萧条之前的水平。2001年的经济衰退过后，就业率还用了39个月的时间才得以恢复过来❸。金融危机之后，直到2014年9月，就业率才回到衰退之前的水平上；此时，距国内生产总值（GDP）在2010年恢复到萧条前的水平已经过去了45个月。这段时间，比21世纪初就业率恢复所用的时间长了半年，而比20世纪90年代之前复苏所用的时间更是长了3年多❹。

随着20世纪90年代以来的每一次经济复苏，那些阻碍新增就业岗位的结构性因素变得越来越明显了❺。就业率复苏的速度，也相应地变得日益缓慢起来，从而导致20世纪90年代以来的经济复苏呈现出一种常见的特点，即成了失业率高居不下的经济复苏。

美国人口普查局（US Census Bureau）则用不同的方法，汇集了美国从这场经济萧条刚出现时起，直到如今的数据；这些数据，也呈现出了就业再分配率下降的相同趋势（参见图7.6）。尽管新增就业岗位的趋势与就业岗位破坏的趋势都有所下降，可前者的降速更快。新增就业岗位的衰退，就是解释1977年至2005年间就业率增速放

---

❶ 戴维斯和霍尔蒂万格，2014年，第14页。
❸ 马尼卡等，2011年，第12页。
❹ 美国劳工统计局（BLS）。网址：http://www.bls.gov/data/#employment。
❺ 马尼卡等，2011年，第19页。

缓的主要因素；在这段时间里，就业增长率的降幅达到了差不多三分之一❶。

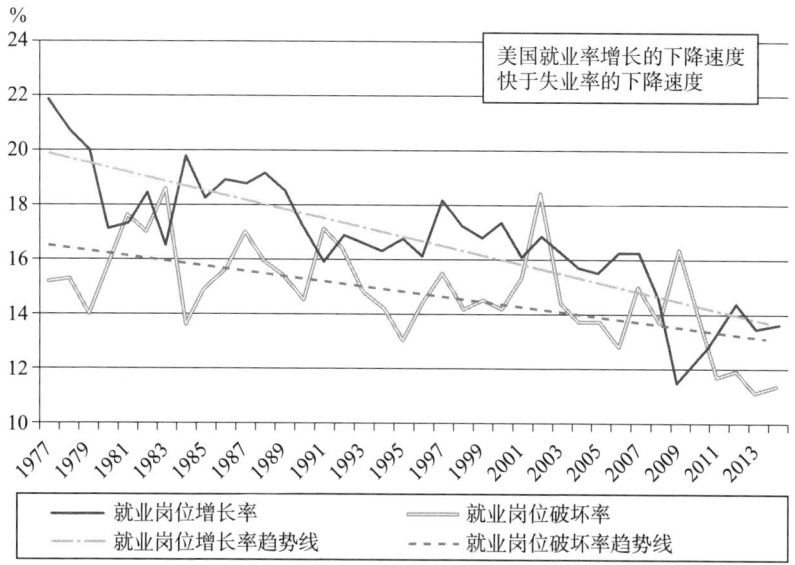

图7.6　美国就业岗位破坏与新增岗位在就业中所占的比重

来源：美国人口普查局，行业动态统计。网址：http://www.census.gov/ces/dataproducts/bds/data_estab.html。

在2000年之后的那段时间里，与20世纪80年代相比，就业岗位破坏率几乎下降了十分之一。与此同时，新增企业创造的就业岗位也下降了四分之一，而就业净增长率竟然下降了一半多。在相对较多的原有岗位保留下来的同时，新增就业岗位却少了许多❷。

就业再分配中的这种衰退，也有可能在它对个人造成影响的方式当中体现出来。员工流失的总体水平有时也称为员工再分配，以区别于就业再分配；它加入了自愿或非自愿的雇用、辞职与解雇这一日常的人员流动过程，而与工作单位是否扩张或者收

---

❶ 霍尔蒂万格、加敏、米兰达，2008年，第18页。
❷ 霍尔蒂万格、加敏、米兰达，2008年，第3页。

缩无关。美国工人的流失率，从1999年在每个季度的就业率中占有33.5%，大幅下降到了2010年的24.1%，之后才稍有回升❶。

对于失业者而言，这种发展趋势增加了他们长期失业的风险。而在已经就业的人看来，这种形势也对他们通过跳槽来获得职位晋升、变换职业或者满足新的职位需求的能力构成了妨碍❷。经济活力越是不足、经济增长越是受阻，人们找到像样工作的机会也就越少；对正在努力第一次进入职场的年轻人来说，则尤其如此。

与美国可以获得的数据资料相比，英国在就业岗位创造与破坏方面的资料仍然非常有限❸。然而需要提醒大家的是，这个方面只是涵盖了很短的一段时间，因此亚历山大·海曾（Alexander Hijzen）、理查德·阿普沃德（Richard Upward）和彼得·莱特三人进行的分析，才揭示出了一种与美国相同、就业岗位破坏与创造的增速都在放缓的趋势❹（参见图7.7）。

从20世纪90年代末到21世纪头十年中期，英国新增就业岗位的趋势率下降了大约十分之一，就业率从16%下降到了14.5%。令人惊讶的是，这一时期内新增就业岗位的趋势竟然一直下行，因为这一时期的后一阶段据说属于一个经济增长时期。与美国的情况一样，新增就业岗位趋势的下滑速度，要比就业岗位破坏趋势的下降速度稍快一点儿。在英国，新增就业岗位方面的衰退对削弱净就业率趋势来说，也是一种更大的影响力。与美国的情况一样，英国新增企业创造就业岗位的趋势下降幅度，也要比现有企业创造就业岗位的趋势下降幅度更明显。

---

❶ 戴维斯、霍尔蒂万格，2014年，第3-4页。这是用同样来自美国劳工统计局的"就业机会和劳动力流动"（JOLT）系列数据，对"行业就业动态"（BED）数据进行了补充；前者是在个体员工的层面来衡量人员的流失率。

❷ 戴维斯、霍尔蒂万格，2014年，第11页。

❸ 布彻、伯斯诺尔，2013年，第F9页。

❹ 海曾、阿普沃德、莱特，2010年，第628页。

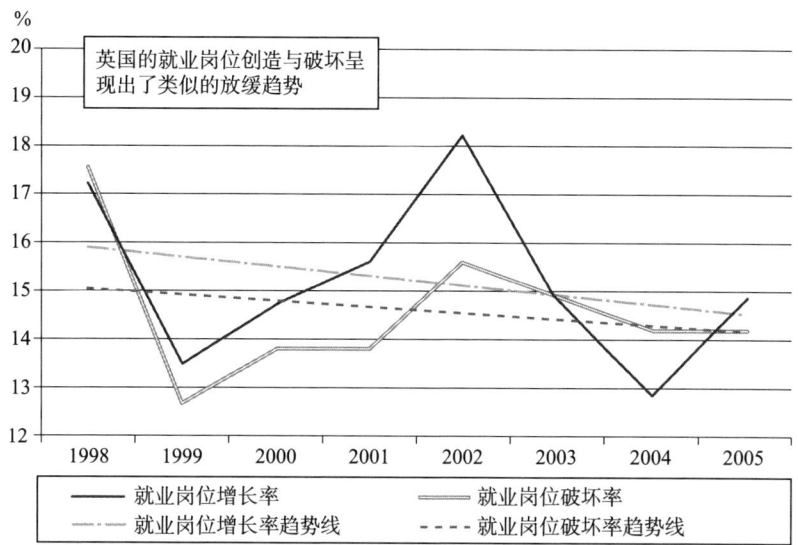

图7.7 英国就业岗位破坏与新增岗位在就业中所占的比重
来源：英国国家统计局跨部门行业登记处，行业结构数据库，引自海曾、阿普沃德与莱特，2010

在金融危机导致的、显著具有非破坏性的后果方面，英国的情况也与美国类似。鲍勃·布彻（Bob Butcher）与马特·伯斯诺尔（Matt Bursnall）这两位研究人员一反常理地发现，尽管金融危机过后，一场尤其严重而漫长的经济衰退刚刚开始，可在他们研究的那段时间的前半部分（即从2004年至2007年经济开始增长）和后半部分（即从2008年至2011年经济增速开始放缓）之间，总失业人数却没有增长。在为期都是4年的这两段时间里，倒闭企业中的年均失业人数都没有变化，都是220万；而正在收缩的企业中的失业人数也只是稍有增长，从150万增长到了160万。考虑到金融危机过后经济活力的萎缩，那么这种相对稳定的就业岗位破坏水平，就具有重大的意义了。

事实上，他们还得出结论：与2008年的情况相比，劳动力市场出现的主要差异并不是失业人数增加，而是新增企业创造的就业岗位减少了：从每年的220万个下降到了180万个，年均减少了40万个❶。因此，金融危机过后就业率下降的主要原因，并非是有更多的人失业，而是新增就业岗位数量减少，尤其是新创企业创造的就业岗位数

---

❶ 布彻、伯斯诺尔，2013年，第F8页。

量减少导致的。所以，就业问题并不在于衰退性破坏的规模，而在于私营行业丧失了活力。

在英、美两国，新增就业岗位方面的这种衰退，都有助于我们解释"长萧条"期间劳动力市场呈现出下面这一显著特征的原因：年轻人失业率的增长速度，始终都比总失业率的增速要快得多。可获新增就业岗位不足，势必会给那些进入劳动力市场的人带来严重的影响。这一点，是所有发达国家中一种更普遍现象的组成部分。从2007年至2013年，发达国家的总体失业率从5.8%上升到了8.6%，可年轻人的失业率增幅却要高得多，从12.5%猛增到了18.3%❶。

而且，那些的确找到了工作的年轻人，从事的也更有可能是一些"非标准性的"工作，其中包括短工与兼职工作。有证据表明，这种就业率增长中，很大一部分都属于非自主就业，而不属于自主择业❷。西方国家无力为正在进入劳动力市场的年轻一代创造出任何就业机会或者有意义的就业机会，这一点就预示着它们的未来堪忧。那些仍处于失业状态，或者进入了一些不可靠、"不稳定"和低技能的工作岗位上，把这当成第一次工作经验的年轻人，就很有可能陷入这些困境当中。这种代际因素，就尖锐地说明了经济衰退的趋势给人类带来了严重的影响。

---

❶ 国际劳工组织统计网（ILOSTAT）数据库。网址：www.ilo.org/ilostat/faces/oracle/webcenter/portalapp/pagehierarchy/Page137.jspx?_afrLoop=109873536189758&clean=true&_adf.ctrl-state=rmohmu4tp_9。

❷ 国际劳工组织（ILO），2013年，第4页。

第 8 章
僵尸经济

单个企业和其中的劳动力，可能会因经济形势保持稳定和具有持续性而直接受益，但长此以往的话，整个经济和依靠这种经济来维持生计、获取收入的人都会受到不利的影响。僵尸经济会变成一个黑洞，吸走并遏制所有的活力，并且打击人们的创新冲动。

尽管经济创造力始终都伴随着对现有生产机制的淘汰与破坏而来，可资本主义的种种破坏性倾向，却不会自发地改进现有的生产机制。不论倡导自由市场制度的人怎么说，就算摆脱了过去的各种制约，市场体系也并非必然会带来创新与优质的就业岗位。若是没有人力和人们之间的诸多关系，"市场"作为一种力量就会变得毫无意义。创造出一种生产率更高、更加健全的经济，始终都是一个由人类主导的、积极和协作的过程。

　　20世纪80年代初出现的破坏性经济衰退说明，在经济复兴这个方面，我们不能想当然。许多行业内企业倒闭的现象正在加速，尤其是像炼钢和造船这样的重工业，以及像汽车生产与家用电器这样的制造业领域里。人们把这种情况称为"去工业化"；其实，用"镂空化"一词来描述会更加准确：经济萧条时期的资本主义，暴露出了它创造力不足的一面。很少出现高生产率的企业和就业岗位，来取代那些已经倒闭的企业和已经失去的就业岗位，从而证明经济遭到破坏之后，并没有自然而然地出现什么创造力。人们绝对不会喜欢被迫去改换工作；不过，若是可以选择的工作比原有工作更差，或者根本没有其他工作可以选择的话，情况从性质上来看就更加糟糕了。

　　淘汰性就业，既有可能源自现存行业内部，也有可能源自新创部门与新创行业；而最理想的状态，就是源自上述两种情况的结合。缺少这种再工业化，其实是一个比"去工业化"更大的问题。那样就说明，"市场"最终无法为经济萧条找出有效的解决办法来。

　　即便是经济遭受破坏的阶段，也并非是在所难免的。虽说破坏原有行业与就业岗位并非是创造更新、更好的行业与就业岗位的充分条件，可它是一个必要条件。假如破坏性较弱，过多生产率较低的经济活动就会阻碍到社会的发展。生产率最低下的企业会继续经营下去，从而束缚了资源与人力。过时的资本资产仍在运作，既没有把它们的价值核销掉，也没有将其中最好的部分由其他企业加以收购和吸纳。

资源向新生产领域的流动，会受到制约。这种情况，有些经济学家称之为一个"分配不当的问题"；但是，这个问题其实要比再分配这种技术性问题严重得多。流向生产率可能更高的企业的资源会减少。资源没能到达可以更好地利用它们的领域，会削弱一种经济的生产潜力❶。总体的生产率增长会受到不利影响，因为生产率很低的企业长期存在，不但会抑制平均增长率，还会阻碍到新创企业的发展，阻碍到现有企业的重组❷。此外，转型性的投资也会下降。

创造性破坏减少

资本主义创造性破坏倾向的力度减弱，在一定程度上是这场异常持久的经济萧条中各种停滞特征的一种自发表达。这一点，强调了萧条期并不是经济出现永久性衰退且具有连续破坏性的一个时期。指望经济衰退会变得更加频繁、更加严重和更具破坏性，从而为经济复兴扫清道路，是一种片面的观点。在实践当中，投资活力减弱也会对经济复苏以及行业变革的速度构成阻碍。

经济萧条中还有一种次要因素，会对这种直接影响起到推波助澜的作用。如果没有一种由投资拉动的强劲复苏，促成下一场经济衰退的压力聚积也会较为有限。随着时间的推移，这种情况就会让商业周期的振荡变得较为平缓。结果，从繁荣到萧条这个周期的净化作用就会受到削弱。经济萧条不仅可以抑制波动性，同时还会抑制就业岗位的创造。

投资乏力和经济周期趋缓之间的这种自我强化关系，引出了一个关键的问题：为什么这次经济萧条更具抑制性，并且持续时间要比两次世界大战之间那场萧条久得多呢？两次萧条之间的主要区别就在于，国家机器在此次萧条中扮演了一个更加具有干预性的角色，并且带有一种特定的方向性。国家关注重心的这种变化，也解释了此次

---

❶ 布罗德班特，2012b，第9页。

❷ 雷斯图西亚（Restuccia）、罗杰森（Rogerson），2012年。

"长萧条"的情况之所以导致破坏性而非只有创造性一直异常和缓的原因。

所谓的正常的资源分配有一个基本的前提,那就是认为市场因素会促使效率较低的企业重组业务或者退出市场,从而让效率最高的企业可以获得较多的资源❶。资本主义的这种典型功能,在很多方面始终都受到了制约,其中包括劳动和产品法规、破产法律、政府补贴以及其他的国家政策。倘若这些支持现状的做法激增,就像近几十年的情况一样,就会有太多效率较低的企业继续经营下去,从而阻碍到投资和生产率的增长。

"长萧条"期间破坏性和创造性两个方面都较为受抑的特点,会发展成为一种时代趋势。在提出创造性破坏是"基本事实"的过程中,熊彼特指的实际上是资本主义一种更加纯粹的早期形式。随着主要的资本主义国家都在19世纪晚期至21世纪初走向成熟,这些国家的基本作用也开始变得僵化起来。日渐老化的资本主义既失去了让进步实现普遍化的作用,也丧失了其自主之道。创造性破坏开始失去自发性,必须更多地依赖于国家行为,才能有效地发挥出作用了。

二十世纪三四十年代,国家进行了经济干预并发挥出作用,导致了那段创造性破坏程度极其引人注目的经济复兴期,就证明了这一点。这种做法的重点,与人们对当时国家所起作用的标准看法不同。事后,人们还将20世纪30年代早期的经济衰退,与以美国总统富兰克林·德拉诺·罗斯福(Franklin Delano Roosevelt)制定的"新政"(New Deal)为标志的一项具有决定性的经济复苏计划联系起来;这种观点,其实具有误导性。

巴里·艾肯格林(Barry Eichengreen)教授已经恰当地驳斥了当今许多凯恩斯主义者提出的一种观点;后者认为,富兰克林·德拉诺·罗斯福总统通过不遗余力地实行大规模的财政刺激政策,在经济危机中挽救了美国的资本主义。艾肯格林的阐释,与这种神话截然相反;他认为,这位总统在1933年首次当选之后的目标就是"立即、彻底地平衡预算,并且在必要的情况下,依靠其支持者的帮助"❷。当时正处在经济萧条的早期阶段,应对经济危机的种种机制都还处于萌芽状态,人们实行起来既不

---

❶ 国际清算银行(BIS),2014年,第49页。

❷ 斐迪南多·朱利亚诺(Ferdinando Giugliano),《危机当中不该采取的措施》(What not to do in a crisis),见于《金融时报》,2015年1月10日至11日,引自艾肯格林,2014年。

创新性变革
开启一场经济复兴

情愿，又很随意。我们不妨也回想一下，约翰·梅纳德·凯恩斯对国家经济干预进行理论化的经典作品《就业、利息与货币通论》（The General Theory of Employment, Interest and Money），到1936年才出版。

20世纪30年代国家支出激增的这种实用主义做法，在刺激经济活力方面只起到了有限的作用。这些措施虽然导致产出获得了一定程度的增长，也创造出了一些临时性的就业岗位，但它们明显既没能恢复生产率，也没有导致经济出现复兴❶。恢复生产率和重振经济，需要某种更具改革性的措施才行。

政府的经济政策从20世纪30年代后期开始，就具有了连贯性。第二次世界大战期间和之后，凯恩斯的观点的确开始在经济学家当中引起了更大的共鸣，并与主要交战国的政府机构纷纷采取更加一贯的国家经济干预主义齐头并进。由此带来的经济后果（通常都属于意料之外的结果，因为它们主要源自各国对军事目标的殷切追求），就加速了创造性破坏的进程，从而淘汰掉了老旧资本，并为战后的经济繁荣铺平了道路。

20世纪70年代和80年代初期，经济领域内出现的局部淘汰，也体现出了创造性破坏更加依赖于国家的能动性这一点。国家协助推动了这些商业周期，尤其是提高了利率，从而促成了1980年至1981年间的经济衰退；提高利率，正是时任美国央行行长一职的沃尔克采取的措施。

相比之下，这种调整式国家干预的日渐式微以及因为各国政府反其道而行之的做法（因为它们主要都是想要稳定经济形势而非恢复经济活力），则巩固了如今这种抑制性的经济萧条。国家通过采取一系列的反危机机制，就成功地减轻了经济萧条带来的各种严重的影响。

绝大多数时候，我们甚至一直可以维持一种经济繁荣的氛围，从而导致了一种"大稳健"的表象。有了国家的直接或间接支持，企业就能够更好地维持下去，而不少企业还发展壮大了。企业都不太需要冒着风险，去开始一轮轮具有破坏性的重组；对它们而言，维持现状也要比做出改变更加容易。企业能够更多地依赖于市场对其产品或者服务的需求，而这种需求又是通过消费者或其他企业用债务融资购买的方式来维持的，或者是直接由政府支出和采购活动来维持的。

---

❶ 克拉夫茨，2011a，第24页。

企业的现金流动保持在稳定的水平上。尽管生产率和营业利润率的经济基本面处于乏善可陈的低迷状态，但企业的生存却不那么算是一种迫在眉睫的挑战了。这种良性表象的另一面，就是经济逐渐开始僵化。

僵尸经济的崛起

在整个"长萧条"期间，西方各国的政府机构应对经济问题时的一贯性与范围，都超过了20世纪30年代。不过，非但国家的活跃程度比以前更高，而且自20世纪80年代以来，它开始偏向于一种与以前的做法具有质的不同的新颖形式。虽然各国政府做出的反应未能解决导致生产力衰退的根本原因，可它们还是在不同程度上对改变这场经济萧条的性质发挥了重要的作用，使得这次经济萧条能够以其异常具有抑制性的形式长久地保持下去。

现代国家过去通常都要在其扮演的两种经济角色之间保持平衡，即一方面要促进增长，另一方面又要维持稳定。在以前，人们认为有些促进经济增长的政策与保持稳定是一致的，因为这些政策旨在让实际增长与潜在增长保持一致。然而，许多促进增长的政策，尤其是自第二次世界大战爆发以来，情况却不止如此。这些政策旨在通过促进劳动生产率，来加速潜在产出的增长。就算最终表明，提高生产率在一段时间里具有一点儿破坏性和不稳定性，那也不妨顺其自然。早期这些促进经济增长速度的政策，都把未来置于优先于当下的地位❶。经济增长这一目标，通常都优先于短期的经济稳定。

自经济繁荣期结束以来，尤其是自20世纪80年代下半叶以来，各国的政府机构日益开始喜欢这种二元性的另一面，即维持资本主义的稳定了。20世纪70年代初经济危机的卷土重来，使得各国政府都采取了措施，想要减轻经济增速放缓带来的不利影响。由于根本性的弱点仍然存在，因此反制危机的措施便在危机的遏制性和稳定经济的目标前屈服了。

这种稳定优先的倾向，与一种担忧与焦虑的文化广为扩散的形势是一致的。整个

---

❶ 诺德豪斯、托宾（Tobin），1972年，第3—4页。

创新性变革
开启一场经济复兴

社会对安全与稳定的关注，反映出了人们期望值有所降低的态度❶。倘若人们认为变革更有可能让形势变得糟糕而不是好转，那么让形势保持现状的目标就会产生出吸引力。政府在反映这些焦虑心态的同时，就变成了一个保护者国家，一心只想着保留和保护目前的经济形势，而在促进经济长期增长方面付出的努力和投入的资金，就会较少了。

虽说政治精英阶层仍会谈论经济增长的问题，但这种说法已经变成了一种越来越空洞的承诺。事实上，旨在维持稳定而采取的措施，已经对经济增长造成了危害；即便这种危害通常都属于无心之失，也是如此。戈登·布朗曾经信誓旦旦地宣称，他的经济政策并不是为了促进经济增长，而是为了阻止英国再次回到过去那种繁荣与萧条交替的大起大落之局面。他曾在2000年对英国商会（British Chamber of Commerce）的全国会议称，他的"愿景就是出现一个没有通胀与紧缩、繁荣与萧条交替且经济稳定的英国"❷。自他说过这话以来，英国以及其他的发达国家都经历了一段漫长的、属于现代史无前例的经济增长停滞时期；期间，只出现过一次相当不稳定的金融危机，中断了这种不景气的局面。

象征着经济政策的优先事项出现了这种转变的，就是英国女王在每届议会召开之初发表的演讲。女王的演讲稿，其实都是当时的英国政府撰写的，而不是由女王自己所写；因此，它们是用语言，表达出了英国官方对经济形势的思考。1995年女王的演讲中关于经济政策的那一部分，一开头就是保证"支持经济增长并且提高就业率"❸。在开篇的承诺当中，女王并没有提到稳定。事实上，在女王的这次演讲中，"经济稳定"完全就不是重点。

10年之后，到2005年发表演讲时，女王开篇的承诺就变成了"稳定"，尽管这场演讲同样强调了经济增长的重要性；当时女王做出的承诺，是要"推行巩固稳定和促进长期增长的经济政策"❹。又过了10年，到2015年时，女王演讲的开头语里就不再

---

❶ 富里迪（Furedi），1997年。

❷ 黛波拉·萨默斯（Deborah Summers），《不会再有繁荣与萧条交替：布朗担任首相时如是说》（No return to boom and bust: what Brown said when he was chancellor），见于《卫报》，2008年9月11日。

❸ 女王的演说，英国内阁办公室和女王陛下，1995年11月15日。网址：www.publications.parliament.uk/pa/ld199596/ldhansrd/vo951115/text/51115-01.htm。

❹ 女王的演说，英国内阁办公室和女王陛下，2005年5月17日。网址：www.publications.parliament.uk/pa/ld200506/ldhansrd/vo050517/text/50517-01.htm。

有"经济增长"一词了。女王的承诺，也变成了"提供经济稳定与经济安全"❶。演讲中没有强调经济增长，尽管其中也提到了一些提高生产潜力的含糊措施。在这20年的时间里，经济增长已经从一个中心议题变成了一个附带性的问题，而"经济稳定"的目标呢，则从一种没有明说的假设变成了主角。

发达国家的政府已经演化出了一系列的机制，通过支持整体经济及其当前的企业，来实现稳定这一目标。其中最突出的，就是更加宽松的货币政策；这些货币政策，巩固了金融化的稳定作用。较低的实际利率，为金融和经济领域中生产部门的运作提供了支撑，发挥出了润滑剂的作用。这些方面，都为私人债务（其中既有企业债务，也有个人债务）的增长提供了经济保障；而在20世纪90年代和21世纪头十年中，私人债务对维持经济稳定起到了极其重要的作用。

政府对提供上述所有贷款的金融部门的发展壮大也进行了支持。这个方面，包括了英国从1986年实行的"金融大爆炸"（Big Bang）改革和一系列监管改革措施，还包括1999年美国最终对"格拉斯-斯蒂格尔法案"的全面废止；这一法案，是1933年美国"银行法"（Banking Act）中的组成部分，它将投资银行与商业银行区分开来了。正如科斯塔斯·拉帕维查斯（Costas Lapavitsas）总结的那样：倘若没有政府对经济的系统性干预，金融化将是不可想象的。他认为，在资本主义金融化的形势下，中央银行一直都是政府干预的中枢，这一点是毫无疑问的❷。

在金融化的一些不稳定性特点偶尔发作之时，放宽货币政策也发挥出了一种反危机措施的作用。待金融市场受到重击、金融产品价格大幅跳水之后，政府就会下调利率，并且增加货币的流动性，以努力让经济形势恢复稳定。其中第一个重要的例子，就出现在艾伦·格林斯潘（Alan Greenspan）担任美联储主席一职之后不久；在1987年10月股市崩盘之后，他便下调了利率。

调低利率这种缓解措施后来继续实行，并且很快就被其他西方国家的央行普遍采用。首先，随着美国在20世纪90年代初再次出现储贷危机，接下来就出现了1994年的墨西哥比索危机、1997年至1998年间的亚洲金融危机、1998年夏季俄罗斯政府的债务

---

❶ 女王的演说，英国内阁办公室和女王陛下，2015年5月27日。网址：www.gov.uk/government/speeches/queens-speech-2015。

❷ 拉帕维查斯，2013年，第172页和第198页。

违约、随后具有讽刺意味地称为"长期资本管理"（Long-Term Capital Management）对冲基金的崩盘、2000年的互联网泡沫破裂，以及"9·11"恐怖袭击。从21世纪头十年末那场金融危机的早期阶段起，我们的利率便旷日持久地处于历史低位了。美、英、日三国以及欧元区各国采取的"非常规"量化宽松（QE）政策，通过将资金直接注入经济领域，补充了借贷成本低廉所带来的稳定效应。

除了这些货币机制，政府还推广了其他许多支持商业的措施。其中包括公私合营、对产业私有化进行监管和提供其他援助，以及政府采购的政策。政府采购的政策，提供了可靠的商品与服务需求；对经济领域里那些明显更具活力的行业，比如信息与通信技术（ICT）、制药以及航空航天来说，尤其如此。立法改革常常也有利于公司的生存，例如遏制了企业破产的局面。即便是政府具有其他主要目标的举措，有时也会在无意中帮助到企业，比如在岗工人福利津贴就通过降低工资成本，对雇主进行了补贴。

间或，政府也会鼓励商业银行将不可靠贷款延期，并为陷入困境的企业客户提供其他的金融支持。在政府部门的支持下，日本各大银行曾在20世纪90年代之后所谓"失去的二十年"里，将这种做法大力提升到了新的高度[1]。

国家的政策措施，通常都是有利于现有企业，而代价则是牺牲了可能有助于提高生产率的新创企业的利益[2]。法律法规通常也是偏向于当前的企业，而不是新创企业。产品市场的法规往往也会帮助现有企业，阻碍新创企业进入市场[3]。环保法规常常也是站在老牌企业一边[4]。具有讽刺意味的是，连一些支持创新的政策，可能也会带来对新创企业不利的影响。由于许多成立不久的创新型企业在起初几年里通常都会亏损，因此它们并没有从研发（R&D）领域实行的税收激励政策中获益；这种税收激励政策，其实帮助的是那些有利润来抵消的老牌企业[5]。

各国政府已经让企业产生了一种依赖性；这种依赖性削弱经济的作用，不亚于各

---

[1] 卡巴雷罗、星岳雄（Takeo Hoshi）、卡什亚普（Kashyap），2008年，第1943-1944页，第1947页。
[2] 经济合作与发展组织（OECD），2015b，第4页。
[3] 阿达莱特·麦高文等，2015年，第59-60页。
[4] 经济合作与发展组织（OECD），2015b，第4页。
[5] 阿达莱特·麦高文等，2015年，第54页。

国政府导致个人对社会福利产生的那种依赖性❶。政府与市场经济如今已经彻底融为了一体，不可能再将它们分离开来。政府的经济干预中这种再定位导致的结果，就是形成了一种僵尸经济；这种经济的生产率已经丧失了活力，却被勉强支撑着，以确保维持一种经济具有活力的表象。这种情况，干扰了创造性破坏的进程，最终结果就是扼杀了新的经济增长点，而总生产率也受到了抑制。提高企业生产率的内部资源和居间资源，也都会减少。于是，政府其实已经变成一道障碍，而不再是推动经济朝着必需的生产重组方向前进的因素了。

当代国家干预的种种形式，都对业已受到经济萧条所抑制、能够促使企业变革的压力构成了阻碍。维持稳定的政策，也对生产率落后的企业中释放出来的价值构成了又一重障碍。正如"朗维经济"咨询公司（Longview Economics）的首席市场策略顾问克里斯·沃特林（Chris Watling）所说，量化宽松（QE）政策已经"阻碍了经济的长期健康发展，因为我们没有看到属于创造性破坏过程一部分的那种正常的企业倒闭模式。"❷这些官方保护措施带来的影响，就是进一步削弱了种种朝着创造性破坏发展的、业已无力的倾向。

这种情况，会导致僵尸企业日益增多；它们本已丧失了创造价值的能力，却在政府的直接或者间接扶持下，人为地继续经营着。若是处在正常的环境中，只凭自身的独立经营手段生存，那么这些企业可能很快就破产了；僵尸企业却并非如此，它们会继续经营着，雇用人员并且生产商品。让生产率较低的企业继续生存意味着，尽管市场价格带来的利润低于平均水平或者还会带来亏损，它们却能够以市场价格出售其商品和服务。这些方面，都妨碍到了生产率较高的企业的发展。

在英国，2008年的金融危机过后，虽说无利可盈或者亏损的企业所占比例高于平时，可破产企业的数量反而减少了。正如英格兰银行的本·布罗德班特所说，尽管收益相对较低，可企业仍在继续经营，并且保留其员工❸。在金融危机过后的经济衰退中，破产清算企业的总量仍然低于20世纪90年代初那次经济衰退期间的水平，但国内

---

❶ 法恩斯沃思，2015年。

❷《现实的曙光在美联储激进主义创造的虚拟世界初现》（Reality dawns for artificial world created by Fed activism），见于《金融时报》，2013年12月19日。

❸ 布罗德班特，2012b，第13页。

生产总值（GDP）高达6%的降幅带来的严重后果，却达到了后者的3倍左右。

从2009年到2012年，每年破产清算的企业数为17,000家，低于1991年至1994年间的年均21,000家。与20世纪90年代中期至21世纪头十年中期的年均14,000家相比，这种增幅并不算大，因此与任何一种认为这是一场尤其具有破坏性的经济衰退的观点都相矛盾❶。尽管金融危机过后，亏损企业的数量从20世纪90年代占全部企业的四分之一左右，跃升到了自金融危机以来的三分之一以上，可企业倒闭的数量，却没有出现大幅的增长❷。也就是说，亏损的企业多了，可倒闭的企业反而少了。

金融危机过后亏损企业的生存率之所以较高，主要是因为利率处于历史低位，并且在政府其他支持性政策扩展的辅助之下，降低了企业的借贷成本。此外，银行对企业债务的"宽容"态度，也对减少企业倒闭发挥出了作用❸。所谓的宽容，就是向那些正在艰难地清偿债务的企业客户提供物质支持，而不是任由这些企业破产的做法❹。若昂·佩索阿（Joao Pessoa）和范·里宁（Van Reenen）两人认为，这是有人对银行施加了政治压力，并且推测说，是英国政府为了避免小型企业倒闭和失业率上升，而提倡了这种宽容的态度❺。

英国还有一种明显的官方支持措施，来自税务部门的延时收缴方案。英国税务部门允许延时支付增值税（VAT）这种主要营业税的企业数量，在2009年达到了峰值，达118000家，占到了增值税（VAT）注册企业中的5%左右❻。经济萧条时期实行的这种缓解措施，往往都会大受欢迎，因为这样一来的话，企业就能够继续经营，员工也能够继续工作了。然而，倘若这些措施变成了国家制定的一揽子权宜之计中的组成部分之后，最终生产率和就业率都会受到不利的影响，因为这一揽子权宜之计的范围更广，持久存在，旨在维持一种僵尸化的经济。

据英格兰银行对银行宽容做法进行的一项回顾估计，受到这一措施扶持的中小型

---

❶ 英国破产服务局（The Insolvency Service），破产统计数据。网址：https://www.gov.uk/government/collections/insolvency-service-official-statistics。

❷ 巴内特、巴滕等，2014年，第124–125页。

❸ 凯特·伯吉斯（Kate Burgess），《破产从业者感受到了压力》（Insolvencies practitioners feel the squeeze），见于《金融时报》，2016年6月7日。

❹ 阿罗史密斯（Arrowsmith）等，2013年，第297页。

❺ 佩索阿、范·里宁，2013年，第12页。

❻ 阿罗史密斯等，2013年，第300页。

企业的生产率，比正常水平低了40%。此种宽容之举，对这些生产率较低的企业的长期前景其实既没有好处，还不利于整体经济。对生产率水平的抑制，巩固了经济增长缓慢的环境；而这种环境，又会进一步对新创企业和现有企业的创新投资构成障碍。在英国，企业准入率下降幅度最大的行业，正是银行在以最高水平的宽容度帮助无利企业生存下去的那些行业，就说明了这一点❶。

僵尸化带来的后果，要比僵尸企业数量激增带来的后果更严重。它会催生出一种影响范围更加广泛的僵尸经济，对经济重组构成了障碍。政府为了人为地提高经济产出和维持较高的就业水平而采取的措施，既掩盖了结构重组的紧迫性，还会阻碍我们将资源配置到生产率更高的目标上去的可能性。借布罗德班特描述英国商业环境时所用的那个术语来说就是，资本已经变得不那么"具有流动性"了❷。

利润率居于中等的企业也获得了扶持，来应对自身的困难。这些企业虽然从商业上来看在继续经营着，可创新投资对它们仍然没有吸引力，连置换投资也会被它们尽可能地推迟。而对未来的经济前景来说最重要的一点则是，实力较强、能够获得资金（从企业内部或者通过借贷）的企业，也受到了僵尸化的遏制。尽管这些企业承担重大转型投资带来账面亏损的能力较强，可低迷的经济状况却无法提供让它们的投资能够获得充足回报所必需的收入增长。

承认自身更加倚赖国家干预来应对经济状况低迷的形势，已经变成了单个企业的默认立场。这种态度，会取代企业勇于承担风险与损失、勇于进行技术革命的态度。

单个企业和其中的劳动力，可能会因经济形势保持稳定和具有持续性而直接受益，但长此以往的话，整个经济和依靠这种经济来维持生计、获取收入的人都会受到不利的影响。僵尸经济会变成一个黑洞，吸走并遏制所有的活力，并且打击人们的创新冲动。用史蒂芬·金（Stephen King）的话来说，它代表着一种"陷阱"，会减少效率更高的公司的"利润率和收入"，从而使得经济增速不可避免地萎缩下去❸。

常常有人说，现代社会的政府在不遗余力地让企业的日子不好过，尤其是采取了过多的控制性监管措施。监管制度不断调整，永远都让企业的生存变得更加复杂，

---

❶ 阿罗史密斯等，2013年，第301-302页。

❷ 布罗德班特，2012a，第11页。

❸ 金，2013年，第82-83页。

创新性变革
开启一场经济复兴

并且变成了企业长期前景的额外一重障碍,从而导致情况变得更加糟糕。然而,"保护者国家"的活动中不那么显眼的"反面",其实却更加重要。让一些特定企业以及整个经济应对萧条带来的影响时更加容易,会给经济复兴带来阻碍。具有讽刺意味的是,经济复兴面对的更大障碍并不是国家干预的反市场导向,而是国家干预的亲企业导向。通过采取措施来挽救现有企业,当代的国家干预措施已经日益导致了保护本质上停滞不前的经济这样一种后果。

日本在其"失去的二十年"里的情况,就说明了僵尸企业的崛起与经济重组水平下降有关。随着僵尸企业在各自产业领域中所占的比例上升,健康的"非僵尸"企业的投资与就业增长率都下降了。僵尸化让商业投资每年下降了4%至36%,具体取决于所处行业。在僵尸企业最多的行业中,新增就业岗位的形势尤其乏力,而在僵尸企业变得较为重要的一些行业里,生产率增长情况也最糟糕❶。

日本出现的种种畸形现象,包括压低产品的市场价格、通过保留目前生产率业已下降的企业中的员工而抬高市场工资水平,以及更普遍地"壅塞"这些企业经营所在的市场。卡巴雷罗与星岳雄(Takeo Hoshi)、阿尼尔·卡什亚普(Anil Kashyap)两人协作,解释了正常的竞争成果是如何会因为僵尸企业裁员和失去市场份额而无法获得的。由此导致的人为供应过剩,既压低了价格、抬高了工资,还会减少那些生产率更高的新创企业可能获得的利润与附带收益,从而遏制了这些企业进入市场和它们的投资。

僵尸企业造成的壅塞,延误了一些生产率较高之项目的实施,推迟了一些生产率较高之企业的进入❷。人们业已感受到的商业投资风险与扩张风险被加剧了。人为地维持供应过剩的局面,让实力较强的现有企业以及新创企业都更加难以采用更加先进的生产方式。充斥着僵尸企业的市场,会限制其他企业通过出售充足的产品与服务来积累资金的余地;正是这种资金来源,才能够让企业在未来进行创新和成长起来。

国家干预强调稳定的新形式,已经给社会恢复进步的前景造成了一种两重的困境。首先,保护者国家的做法,在敷衍了事地解决源自生产衰退的许多日常难题的过程中一直都有效。不过,只要导致经济衰退的根源没有得到解决,衰退形势就会旷日

---

❶ 卡巴雷罗、星岳雄、卡什亚普,2008年,第1946页和第1965页。
❷ 卡巴雷罗、星岳雄、卡什亚普,2008年,第1944–1945页

持久且日益严重下去。将一些根本性的问题搁置起来，并不会让这些问题消失。它们会卷土重来，在日常生活中重新现身，并且极有可能带来更大的动荡与困难。

其次，保护者国家正在逃避一种可能需要它去扮演的角色，那就是促成经济重组所必需的集体参与者这一角色。恢复经济繁荣的物质基础所面临的客观障碍，是无法仅靠市场力量就可以克服的。只有凭借一种协作性的社会活动，才能克服这些障碍；个人所做的零星努力，很快就会烟消云散。市场力量并没有自由市场这种意识形态赋予它们的那种自愈能力。某种类型的共同制度，将不得不通过允许、甚至是鼓励经济中的老旧行业前进，同时支持开发生产率更高的新型替代行业，来促进重组。

不过，执政的精英阶层非但没有实行这样一种转型性的经济政策，反而在面对经济萧条时，表现出了一种沾沾自喜和逃避的态度。尽管采取此种立场看似更加容易，可这是一种会给经济和社会进步带来巨大负面影响的立场。正是因为政府机构采取了一种与经济复兴目标截然相反的干预方式，才使得"长萧条"久拖不去。

意外成果

国家维持稳定的做法，虽说并不是有意为之和经过精心设计、旨在巩固一种僵尸经济的政策，可它们产生的效果却正是如此。各国政府通常都只想保持经济形势的稳定。这些措施，经常都是为了应对一种迫在眉睫的挑战而偶然想出来的，然后才保持了下来，或者变成了永久性的实施方式。这样，就在无意当中助长了僵尸化。

我们不妨以作为一种例外措施而采取的超低利率为例。正如时任英格兰银行首席经济学家的安德鲁·霍尔丹（Andrew Haldane）所言，利率在超低水平上的黏性，让政策制定者和金融市场都大感意外。在利率对金融危机做出响应而探底之后，市场数据表明，美国的官方利率有望在6个月内出现松动，英国是10个月，日本是13个月，欧元区则要14个月。可到了2015年年中，这些国家和地区的官方利率却仍然没有松动：此时，日本采取超低利率已经超过了20年，而在美国、英国和欧元区也超过了6年。❶

---

❶ 霍尔丹，2015年，第1页。

同样，金融危机过后采取的量化宽松（QE）政策，原本也是一种应急措施，可它的持续实施时间，却大大超过了人们的预计。差不多7年过后，这种政策要么是仍在扩大（日本和欧元区），要么就是还没有开始得到逆转（美、英两国就是如此）。出现紧急情况的时候，打电话叫消防队是一种恰当的做法。不过，假如几年之后这支消防队仍然留在紧急事件的现场，那就是一种徒劳而绝望的心态的标志了。在所有的经济型企业全都如此依赖人为造成的流动性时，关于经济复苏的任何说法都是假的。

总体来看，各种支持经济稳定的措施带来的影响，已经加剧了生产的萎缩。卡巴雷罗、星岳雄和卡什亚普三人针对日本僵尸经济的研究，得出了一个恰如其分的结论，那就是在该国经济萧条期间，发挥了推波助澜作用的并非只是信贷紧缩一种因素那么简单❶。其余发达国家的情况，也是如此。把导致2009年以来经济前所未有地复苏乏力的原因归咎于金融市场混乱，就忽略了其中的深层原因。

自金融危机以来各种明显的经济停滞特征，比以前更加直接地体现出了资本主义垂死的本质。更加严重的悲剧就是，经济危机导致政府采取了更加密集的干预措施，巩固了僵尸经济。由以前进行的、如今业已老旧的资本投资带来的种种客观制约因素，被长期保存了下来。经济不景气的局面，清晰地呈现了出来。因此，越来越多的人正在认识到，如今发达工业化国家的经济生活，比金融危机爆发之前的样子要艰难得多了。

抑制性萧条比上一次萧条好不到哪里去

起初，抑制性萧条听起来似乎比两次世界大战之间出现的那次经济萧条要好。就在此时此地，听上去也是如此。绝大多数发达国家都没有像在"大萧条"时期那样，没有因产出大幅下滑、失业率飙升而经历种种更加严重的困难。当然，如今也并非没有出现过此种艰难的时局；比如，在欧元区危机期间，西班牙与希腊两国的失业率就超过了25%。但是，发达的工业化国家中的绝大多数民众还是逃过了一劫，没有经历像20世纪30年代那么多的艰难困苦。

---

❶ 卡巴雷罗、星岳雄、卡什亚普，2008年，第1970页。

然而，从更长远的角度来看，抑制性萧条其实与以前的那次经济萧条没什么两样，都导致经济和社会两个方面出现了倒退。只不过这一次是经济缓慢地趋于退化，而20世纪30年代经济衰退得更加急剧罢了。最近，战前那种"长期性经济停滞"观点的再度流行，既凸显出了这两个时期经济衰退的相同现实，也凸显出了它们之间的差异。

这次萧条花了更久的时间，才让各种经济条件用这种方式自行呈现了出来。在"大萧条"期间，汉森于1938年提出了"长期性经济停滞"这一术语，此时距萧条伊始还不到10年。可到了"长萧条"期间呢，却是过了40年之后，劳伦斯·萨默斯才在2013年重新提到了这个术语。这一次，虽然经济形势发展到明显衰退所用的时间更久，过程也更不均衡，可最终结局却是与"大萧条"殊途同归。

尽管在起初看来，一种不那么具有破坏性的资本主义似乎更为有利，可这种资本主义付出的代价，却是导致了一种更加停滞不前的经济，既无法达到一种足够像样的高生产率，也无法充足地创造出待遇优厚的就业岗位。虽说扶持原有企业的政策对相关企业的员工来说可能是个好消息，但这实际上不过是一种让他们延缓失业的做法罢了。

待企业最终倒闭之后，工人们便会委曲求全，去从事薪酬较低和不那么稳固的工作。尽管在人们看来，僵尸经济提供的任何一个就业岗位似乎都较好，因为起码来说他们都有工作可干，但这些工作其实却是朝不保夕❶。在一家亏损企业里工作，的确可以获得工资。可是，包括如今许多的盈利企业在内，这种工资通常都不会很高，我们也无法指望这种工作能够长久地干下去。由于发展壮大的企业和有所增长的行业不足，无法提供稳定可靠、有用高薪的就业岗位，因此员工及其家人都会深受其苦。

让僵尸经济长久存在下去，其实是为了让人们如今待在薪酬较差、不那么稳定的就业岗位上，而以牺牲未来体面的、薪酬更高的工作为代价。这是将一种形式的痛苦，包括日益增长的经济不安全感和工作中日益增多的困难（它们因周期性的、严重的经济衰退而凸显了出来），置于另一种痛苦之上；后一种痛苦，则是因经济重组而失去这些就业岗位，却有机会获得更好的新就业岗位带来的。对于经济复兴中具有破坏性的部分，我们并没有别的选择；但是，通过帮助人们找到更好的就业岗位，我们

---

❶ 国际劳工组织（ILO），2012年；夸克（Quak）和范·德·维塞尔（van de Vijsel），2014年。

还是有办法来共同减轻人力方面所付出的代价。不过，前提就是，新的部门与行业中创造出了那些优质的就业岗位。

在防止经济衰退周而复始的过程中，政府和中央银行制定的政策都不是在巩固经济，而是让经济形势变得更加低迷。容忍抑制性萧条的存在，实际上就是忍受一种抑制性经济带来的痛苦。这种做法，就是容忍一种困苦的生活长久地存在下去，而从技术上来说，社会能够提供的生活原本却不会那么困苦。这样做，既没有解决如今的种种困难，还逐渐为将来的经济崩溃埋下了隐患。我们更是经历了一场严重的金融危机带来的种种破坏效应。抑制性萧条不会终结这样一种具有双重性的局面：一方面是持续的经济紧缩；另一方面则是，尽管如今没有出现灾难性的时期，可将来具有破坏性的事件却会更多。

在另一个至关重要的方面，抑制性萧条也已变得更加稳固，那就是在政治领域。虽然近期的一些普选结果表明，民众对技术官僚统治的价值观并不认可，比如英国的脱欧公投和特朗普的当选，但情况仍是如此。民众的这些反应，虽说可能性依旧存在，迄今却还没有转化成一种积极而全面的政治抉择。

尽管存在去工业化，可生产力衰退的程度基本上被掩盖了。长期以来，在许多人的眼中，经济形势似乎都运行得相当不错。由于此次萧条具有抑制性，因此无论是从政治上来看还是从经济上来看，我们都变得更加难以摆脱这场萧条了。

解决生产力衰退与合理的社会凝聚力共存这个难题的办法，就在为了触发资本主义的种种韧性并将它们最大化而形成的那些非凡条件当中。在接下来的三章里，我们将描述一下自20世纪80年代以来，导致这些条件可能形成的独特政治环境与文化环境。在此过程中，这几章还会说明这次经济危机从较为传统的早期阶段开始变迁的情况。

第 9 章
资本主义的智识危机

本章描述了在与经济发展、社会进步息息相关的传统价值观中,智识日渐衰退并使得各国的领导阶层如今都缺乏长远使命感的过程。

政府机构从强调增长转为强调稳定，基本上是一种含蓄的转向。各国政府继续在口头上支持经济增长这一目标。无疑，许多当权的政界人士是想鱼和熊掌兼得，既希望经济形势保持稳定，又希望经济有所增长。然而，内心对增长的迷恋之情，与接受实现增长所需的社会混乱程度之间，却存在着巨大的差距。在实践当中，实行向稳定倾斜的政策需要付出代价，那就是牺牲经济的持续增长。除非通过具有颠覆性的不稳定，其中包括大规模破坏老旧资本的价值，否则的话，经济就无法恢复活力。

摆脱"长萧条"的前提条件，就是对国家这个保护者的做法提出质疑，并且逆转这些做法。秉承《孙子兵法》（Sun Tzu Art of War）中"知己知彼，百战不殆"的精神，我们在接下来的三章里，将探讨国家如何来转换这种角色的问题。说明保护者国家这一角色出现的新条件中，有三大相互关联的因素，就是智识因素、政治因素和经济因素。这三大因素结合起来，共同导致了这种国家干预形式的兴起，同时说明了这种干预采用敷衍了事的方法获得了成功的原因。

变革中的智识衰退

本章探究的，就是整个20世纪的智识发展，为何最终导致了一种愿意调整国家行为并朝着稳定的方向发展的态度。对于以前曾被人们自豪地与资本主义联系在一起的那些主题，比如实利主义、财富与获利，精英阶层如今都不再抱有幻想了。

这种转变，反映出了一种自我强化式地降低了期望的现象。降低抱负之后，取得的成就也会缩水。获得适度的成果，会巩固一开始就降低眼界带来的那种良好感觉。

于是，期望不断降低、成就不断缩水这种循环，就会继续下去。对人为干预有可能带来进步这一点丧失信心的态度，还会在其阻碍进步的过程中自我应验。在这种环境下，国家干预以保护者这一角色为中心，似乎就是一种恰当的做法，而其结果呢，似乎也证明降低抱负完全合理。

早期人们对勇于尝试和敢于冒险等"启蒙"（Enlightenment）价值观的热情，已经被一种对做出变革持感到较悲观的态度所取代。整个社会在看待变革时，都是小心翼翼。国家采取一种强调保护的做法，既体现出了它对人类主导的改革感到不安的心态，也让这种不安心态变得深入人心了。

精英阶层对变革普遍感到不安的情况，还强化了他们不愿进行结构调整来支持旨在稳定资本主义的国家活动的态度。日本首相安倍晋三（Shinzō Abe）在2013年开始实行所谓的"三支箭"（three arrows）❶经济政策之后，该国的经历就说明了这一点。显而易见的是，第三支"箭"，即结构性改革这支具有破坏性的"箭"，取得的进展最小。这种情况，与其他两支"箭"即货币和财政刺激政策形成了鲜明的对比；后面这两种措施虽说无法让经济恢复活力，却较好地实现了稳定经济形势的使命。

商业领域普遍存在不确定性

如今，整个社会都对变革感到困惑不安的状况，在人们对经济和商业领域内的不确定性持有的看法都发生了逆转这个方面表现得很明显。人们如今普遍认为，不确定性是一种制约经济发展的因素。实际上，不确定性这种感觉对于智识氛围来说，具有比对经济环境更加重要的意义。

将不确定性视为一种不利因素，代表着整个社会的态度发生了转变。在资本主义发展历史上的大部分时间里，不确定性都被人们看成是中性的或者是积极的；有的时

---

❶ 日本首相安倍晋三为了促使通货再膨胀和实行经济改革而在2012年底推出了所谓的"安倍经济学"，其中主要包括三个方面，即货币刺激政策、灵活的财政政策和结构性改革，俗称"三支箭"。——译者

候，人们还会把不确定性当成是一种从中获利与取得进步的机遇而欣然接受。过去的企业并没有被未来的不确定性所吓退，而是不断地积累资本，以确保企业拥有越来越多的手段去掌控未来。"血流成河之时，便是买入之际"这条经典的金融投资建议，就曾在政治形势严重不明朗的时期大行其道❶。

相比之下，如今再说企业和市场"讨厌不确定性"，却已变成一种老生常谈。这种观点，不知不觉地融入了几乎任何一则令人失望的经济新闻评论当中。人们总是把经济萎缩的一部分责任，都归咎于下述方面的不确定性；至于具体是哪个方面，则随便挑选好了：美国的预算谈判、欧元区危机、石油价格波动、中国的发展前景、气候变化带来的影响，或者是下次选举或下次公投的结果。

不确定性这一因素，也开始被人们当成原因，来解释前文业已提到过的大量现金储备这一现象了。据说焦虑不安的企业会积累现金储备，把现金储备当成一种安慰性的缓冲措施，来应对不确定性更大的未来。托马斯·贝茨（Thomas Bates）、凯思琳·卡勒（Kathleen Kahle）和伦纳·斯图尔兹（René Stulz）三人就曾声称，企业中现金与资产之间的比率增大，与企业各种防患于未然的动机密切相关。在那些对自身的现金流比较没有把握的企业里，现金与资产之间的比率也较高❷。

商界领袖以及许多的权威人士，都把不确定性看成是企业推迟投资决策的原因。一项定期调查发现，企业之所以不打算投资，是因为它们在面对一种不确定的未来时，都缺乏信心❸。总部位于柏林的智库"德国经济研究所"（DIW）的所长马塞尔·弗拉茨舍（Marcel Fratzscher）曾称，德国的管理人员长期以来都认为，商业环境中的高度不确定性就是投资水平处于低位的主要原因❹。同样，"标准普尔"这家评级机构对资本投资处于低位的解释，也强调了"对未来回报的期望及信心（即所谓的'魄力'）"的作用。不确定性，尤其是关于需求水平的不确定性，正在对投资构成

---

❶ 这条建议据称是由银行家内森·梅耶·罗斯柴尔德（Nathan Mayer Rothschild）提出来的，此人曾在"拿破仑战争"（Napoleonic Wars）的动荡期间大赚了一笔；不过，这种说法有可能是杜撰出来的。

❷ 贝茨、卡勒、斯图尔兹，2009年。

❸ 罗克斯博格等，2012年，第19页。

❹ 马塞尔·弗拉茨舍，《德国这台机车已经变成欧洲的负担》（The German locomotive has become Europe's liability），见于《金融时报》，2014年8月28日。

创新性变革
开启一场经济复兴

阻碍❶。

威廉·怀特（William White）是经济合作与发展组织（OECD）下设的"经济发展审查委员会"（Economic and Development Review Committee）的主席，此人常有独到而深刻的见解，曾经集中研究了为何西方国家尽管金融形势有利、但投资却始终不足这一谜局。他把一些关键问题中"环境的不确定性日益增大"这个因素放在首位。这些问题有：由就业前景不明朗导致的未来国内需求；汇率与贸易保护主义形势不确定而导致的未来国外需求；以及财政紧缩、可能实行的公共债务削减措施或许会给企业部门造成影响这个方面存在的不确定性❷。还有一些人，则强调信贷风险提高（即贷方无法按照要求偿付债务）和流动性风险（即无法出售资产来获得现金）带来的制约性影响。约翰·凯伊（John Kay）教授还用一种颇具玄学意味的口吻称，我们都生活在一个以"根本的不确定性"为特点的世界；在这个世界里，非但未来取得成就的可能性不得而知，连未来所获结果的性质也是如此❸。

据说，像乌克兰和叙利亚等地出现的那种地缘政治危机，就是说明我们已经进入一个系统性混乱无序的新时代的例子。人们常常都饱含怀念之情地说，"冷战"时期虽然危险重重，但起码来说，社会还算稳定。维持"冷战"局面的那些前提条件的消亡，反倒"创造出了一个危险而又不可预知的世界"❹。与此同时，商业运作国际化的扩大，则提高了"国家风险"的重要性，即商业跨国界运作时，有可能出问题的那些不确定之事。国家风险方面的专家米娜·托克索斯曾经撰文，为解决这一现象提供了一剂具有启发性的良方❺。

除了国际化导致的政治不确定性，国内政治也是一个原因。尤其是自2008年以来，人们经常提出，国内的政治风险已经加剧，从而对商业决策造成了干扰。英国领先的行业组织英国工业联合会（CBI）曾经发表报告称，一项调查研究发现，有96%

---

❶ 标准普尔评级机构，2013年，第27页和第34页。

❷ 怀特，2012年，第13页。

❸ 凯伊，2012年，第36页。

❹ 菲利普·斯蒂芬斯（Philip Stephens），《风险业务为何蓬勃发展》（Why the business of risk is booming），见于《金融时报》，2015年3月13日。

❺ 托克索斯，2014年。

的企业都一边倒,说政治不确定性阻碍到了企业的投资❶。

"监管不确定性"也已变成人们经常抱怨的一个方面。比如说,美国参议员苏珊·柯林斯(Susan Collins)就提出过一项法案,要求暂停实施所有的新规。她声称,企业不但将就业增长乏力的主要原因归咎于一种具有不确定性的大环境,而最显著的就是,它们还将原因归咎于新的联邦法规造成的不确定性❷。

当代人们对不确定性的关注,实际上就是以前的评论人士在说明经济增速放缓的原因时所用"缺乏商业信心"这种解释的延伸。"支出处于低位,就是因为信心不足。"对未来怀有一种更大的不确定感,就是信心不足的另一种表达形式。

凯恩斯在解释企业投资容易受到"魄力"影响的原因时,就强调了信心在经济领域中发挥的作用。他曾声称,投资的波动性是随着企业的想法产生波动之后出现的❸。倘若企业的"魄力"降低,倘若企业对未来感到悲观,就像20世纪30年代的许多企业一样,那么企业就会减少投资。从那以后,人们就把经济衰退中企业的悲观情绪与"魄力"不足关联起来了❹。

不确定性对投资产生影响的机制,非常简单、直观。从表面来看,这一点似乎合情合理:如果企业对未来的情况没有把握,那么企业就会搞不清楚,自己下一个系列的产品或者服务的销售情况会不会好,因此最好还是不再扩大生产。要是将来的情况尚不清楚,那为什么还要支付巨额的投资支出呢?一些学术研究也支持了这种观点,认为不确定性和投资之间具有不利的关联❺。

建立在不确定性这一基础之上的种种与经济增长乏力之间的相互关系之所以能够找到经验证据,是因为它们真正说明了商业领域的看法。但是,这一点并不能说明问

---

❶ 《政治不确定性阻碍了基础设施的转型性进步》(Political uncertainty holding back transformational progress on infrastructure),CBI/URS,2014年11月3日。网址:www.cbi.org.uk/media-centre/press-releases/2014/11/political-uncertainty-holding-back-transformational-progress-on-infrastructure-cbi-urs/。

❷ 劳伦斯·米舍尔(Lawrence Mishel),《监管不确定性:对我们就业问题的虚假解释》(Regulatory uncertainty: a phony explanation for our jobs problem),见于《经济政策研究所》(Economic Policy Institute),2011年9月27日。

❸ 凯恩斯,1936年。

❹ 例如,安吉列托斯(Angeletos)、科拉德(Collard)、德拉斯(Dellas),2015年。

❺ 例如,鲍姆(Baum)、卡格拉扬(Caglayan)、塔拉韦拉(Talavera),2008年。

题。企业不投资的时候，企业的领导人常常并不会觉得很自信，也会表现出对其产品的市场需求拿不准的情况。不过，这一点却没有对我们说明，人们觉得"拿不准"或者"没有信心"在经济环境中的根源。它并没有说明，更严峻的经济形势一开始为何会出现，以及是怎样出现的。

那些根据"魄力"来说明投资水平处于低位之原因的理论，则是搞错了其中的因果关系。没有投资的企业领导人有可能表达出不确定感，而投资的企业却不会那么关注不确定性，而是更关注如何让企业的投资发挥出作用。经济衰退，可能会让企业的领导人失去信心。但是，这一点并不说明反向的关系也成立：企业界人士感觉不好，既不会导致经济停滞的条件出现，也不会让经济停滞的条件长久保持下去。

相关性并不等同于因果关系。一些为期较长的研究（甚至是近来发表的一些研究报告）之所以会对不确定性因素表示怀疑，原因就在于此。科塔里、莱维伦和沃纳三人对美国1945年后的投资趋势所做的研究分析，并没有找出证据，说明不确定性增加会导致企业投资总量减少❶。

问题并不在于不确定性对企业决策的直接影响，而在于人们对不确定性存在一种普遍的看法，说明当代之人对未来怀有种种焦虑的心态。商界领袖们并非不食人间烟火，并非生存于社会之外，他们身上也会反映出那些更加普遍的观念。企业经理人员也并不是生活在自己那种与世隔绝的泡泡里。他们的观念，会受到如今将不确定性视为不利因素的那种更广泛的社会文化情绪的塑造。

改变对不确定性、未来与变革的看法

未来具有不确定性，总是充满了变数，因为未来的历史还有待人们去创造。未来会根据我们现在的做法而呈现出来。企业、家庭和政策制定者，一向都是在不确定的情况下做出决策，毫无例外。因此，不确定性并无什么具有决定性的经济影响，而是与经济衰退时期和经济繁荣时期共生共存。在过去，缺乏确定性并没有对随着经济和技术进步而来的企业投资构成阻碍。在以前，尽管不确定性这种现实始终存在，但创

---

❶ 科塔里、莱维伦、沃纳，2014年，第15页。

新性的行业变革和生产率方面的后续增长，却依然保持着强劲的势头。

经常有人说，我们生活在一个尤其没有把握的时代。不过，历史实例却表明，如今的情况与过去没有太大的不同。从某些方面来看，如今的不确定性甚至降低了，因为社会已经在技术上获得了更大的本领，可以更好地掌控像风暴、洪水和饥荒这些自然因素的影响了。

18世纪第一次工业革命取得的种种划时代进步，都是在因为革命、战争和战争威胁而具有极大不确定性的背景之下出现的。尽管存在这些不确定性，可随着蒸汽机、"珍妮"纺纱机和轧棉机的发明，机器设备和工厂方面还是获得了大量的投资。这些时代，还包括了英国1688年"光荣革命"（Glorious Revolution）❶之后那段动荡时期。英、法两国之间有可能继续进行战争。美国打了一场独立战争。法国的1789年革命，则让整个欧洲都大感震惊。

19世纪出现的第二次工业革命，则发生在一个同样具有不确定性、国内斗争渐增和国际动荡日益严重的时代，可由此导致的企业投资甚至更多。铁路方面进行了成本高昂的扩张，工厂机械方面的投资日益增加，电力和电话技术的发展带来了第一批投资；这一切，都是随着那个快速变化的时代具有的种种不确定性出现的。1848年，在资本主义出现第一次系统性危机的余波当中，从西西里岛（Sicily）开始了一连串的共和革命，然后蔓延到了法国、德国、意大利和奥地利帝国❷。

自19世纪30年代出现"托尔普德尔蒙难者"❸组织（Tolpuddle Martyrs）以来，这一时期见证了工人阶级对资本主义给民众生活带来的影响做出了回应，出现了阶级斗争的萌芽。美国在19世纪60年代的血腥内战中饱受了折磨。几年过后，就在19世纪70年代初，"普法战争"（Franco-Prussian War）又彻底改变了欧洲：法国战败，非但促成了德国的统一，还导致了1871年的"巴黎公社"（Paris Commune）革命。在世界的另一边，日本也开始了本国的经济发展进程，进一步动摇了全球的霸权关系。对于商业推动工业资本主义崛起的艰巨事业而言，这些情况都远非一种稳定和"确定"的

---

❶ 指1688年至1689年间英王詹姆斯二世被废黜，威廉三世和玛丽二世被授予联合君主统治权的一系列事件，亦称"不流血革命"（Bloodless Revolution）。——译者

❷ 西姆斯（Simms），2014年，第211—221页。

❸ 指英国于1834年被控非法成立并宣誓加入"农业劳动者互济会"（the Friendly Society of Agricultural Labourers）而被判处流放澳大利亚的6名农场工人。——译者

创新性变革
开启一场经济复兴

环境。

接下来的那一波产业发展和商业投资大潮,所处的背景也不是一个具有确定性的时代。我们在前文中提到过,亚历山大·菲尔德认为,20世纪30年代是20世纪技术进步最大的10年。他提出了一个强有力的观点,认为美国历史上创新速度最快的时代既非20世纪20年代的经济繁荣,也不是20世纪90年代的互联网泡沫。更准确地说,是从1929年"华尔街崩盘"(Wall Street Crash)到1941年日本偷袭珍珠港(Pearl Harbor)之间的那个时期❶。尽管这一时期具有各种令人沮丧的不确定性,可商业投资还是发挥出了巨大的作用,让科学技术出现了划时代的巨大变革。

二十世纪三四十年代出现的第三次工业革命,在化学和制药产业、航空旅行、核能、电子计算机化及太空火箭技术的发端等方面,都带来了巨大的工业进步。这场革命,就是随着"大萧条"以及随后的世界大战发生的。那个时代,并不是一个不确定性较低的时代。受经济不景气所拖累的国家中,都存在大规模的社会动荡,还有帝国主义内部的紧张局势,以及满洲(Manchuria)、埃塞俄比亚(Ethiopia)和西班牙等地的一系列局部战争。这一切,都以第二次世界大战而告终,在民主与法西斯主义进行殊死搏斗的过程中达到了高潮。然而,各行各业并没有任由这些微不足道、导致不确定性的原因,长久地阻碍到它们的投资。

接下来,不待第二次世界大战尘埃落定,"冷战"就爆发了,从而带来了核毁灭的可能性。然而,这个具有关乎人类存亡的不确定性的漫长时代,却成了人类历史上最令人瞩目的一场经济繁荣的背景。战后经济增长时期商业投资的活力,达到了自资本主义诞生以来最强劲的程度。所有的新增资本存量只短短4分钟的预警时间就会蒸发一空的风险,并没有让那些魄力非凡的商业领袖望而却步。

因此,以前的不确定性与投资完全不是相互排斥的。100年以前,弗兰克·奈特就用一种与如今的讨论大相径庭的方式,探究过两者之间的关系。他在1921年出版的经典作品《风险、不确定性与利润》(Risk, Uncertainty, and Profit)一书中,就反映出了当时人们普遍认为不确定性总是存在且无所不在的观点。

如今,奈特最为人们所知的贡献,就是他将"不确定性"和"风险"精确地区分开来了。他定义的"不确定性",是指一种概率不得而知的事件,与我们可以确定

---
❶ 菲尔德,2003年,2006年。

概率、因此有可能加以防患的"风险"不同。换言之就是说,"风险"可以量化,而"不确定性"却是无法量化的。这种区别,并不是只有保险业或者概率统计学家才感兴趣的语义差异。在奈特看来,这一点正是资本主义运作方式的基础。他曾解释说,不确定性是资本主义社会正常运作的一个基本特征。它代表了一种从投资中获利的机会。

他认为,企业家赚取的利润,就是接受不确定性给他们带来的回报。奈特无法想象,要是没有不确定性的话,市场该如何运转。马祖卡托后来的阐述,也反映出了奈特的观点:"没有不确定性的话,就算努力制定出竞争策略,也不会有任何意义。"❶假如一切都可以预测,那么获得竞争优势的可能性就会非常有限。倘若单个企业敢于让自身的资本承担风险,通过利用最新的创新成果并且降低产品价格来超过竞争对手,那么,不确定性就为它们提供了获得超额利润的空间。

人们早已认识到,不确定性是市场正常运作的基础。这一点,就驳斥了那种认为市场"不喜欢不确定性"的说法,因为市场需要不确定性。或者更准确一点来说,是因为"市场"本身并不具有独立自主的力量:人们经由市场来进行经营的种种动机,都是由竞争与价格波动中隐含的种种不确定性决定的。尽管如今人们对不确定性往往持消极的态度,可资本主义的运作方式却意味着,一些当代评论家仍会发现,他们很难完全贬低这种经济角色的作用❷。

奈特还将不确定性与创业精神明确地联系起来了。商业领域里,明智决策的作用在具有冒险精神的典型企业家身上体现得最为直观。这种企业家,就是那种别无选择,只能在"无知这个事实"中经营,因此必然会"根据观点而非知识"采取行动的人。

如今,人们非但对不确定性持有一种不利的看法,而且对创业精神,尤其是对与创业精神密切相关的风险承担持有一种更加矛盾的观点。尽管自主创业者常常受到恭维,被称为"企业家",而"社会"企业家也大受欢迎,可冒着巨大的风险,将身家性命全都押到一种有可能彻底改变生产的商业理念上,通常却被人们认为是一种鲁莽

---

❶ 马祖卡托,2011年,第97个脚注,第128页。

❷ 博伊尔(Boyle)、古特里(Guthrie),2003年,第2143页、第2160页;鲍姆、卡格拉扬、塔拉韦拉,2008年,第18页。

的做法，甚至是一种危险的行为。

　　传统的商业冒险，如今会被人们指责为鲁莽的行为，说这种行为可能导致我们付出不可接受的经济或者社会成本。一些攻讦商业的人会用"冒险"一词来进行诋毁，因为其中含有轻率鲁莽、有勇无谋甚至是不道德的意味。人们对西方金融危机的标准说法，都称这是银行家和其他金融机构不负责任的过度冒险行为导致的，从而说明人们对风险和风险承担行为持有消极的态度。

　　就连奈特对不确定性和风险之间做出的关键区别也变成了牺牲品，因为整个社会都极度轻视这两个方面。企业不但将传统不确定性中的更多领域重新归入风险的范畴，比如政治、市场、信用等等，而且投入越来越多的资源，试图将它们都作为可量化的风险来加以管控。结果就是，在不断扩大的风险管理实践重压之下进一步僵化了经济活动；这种趋势，我们将在下一章中再来探讨。

　　那么，让社会对不确定性和风险的态度发生了如此巨大的变化，从而导致企业对它们的态度也发生了剧变的，究竟是什么呢？其实，这反映出人们对过去的进步成果产生了更多的消极看法。从根本来看，是因为人们对人类能动性的范围，即人们独立自主地行动并且为自己做出自由选择的能力产生了怀疑，并且对将来形成了更加严重的焦虑心态。如今人们对不确定性感到高度担忧的现象，反映的并不是不确定性的程度更高，而是整个社会都对未来形成了更加模棱两可的看法。这种认为世界已经变得更加不确定的观点背后，其实就是一种觉得我们的掌控能力降低了，因而做出积极改变的能力也降低了的感觉。未来之所以被人们觉得更加不确定和更具不可预测性，就是因为整个社会都觉得我们的能力不再那么足以应对未来的形势了。

　　除了竞争和创业精神这两个问题，奈特还称，"如果没有不确定性，智慧本身是否存在，也成了一件值得怀疑的事情"❶。他的意思是，一个没有不确定性的社会将是一个什么都可以预测出来的保守之地；在这种社会里，思考并且根据这些思想来行事，可能不会有什么效果。为了做到"有把握"，我们的生活就会遵循一种预先确定好了的脚本去发展。一种有把握的生活，将是一种丧失了人类利用能动性来改善事物之前景的生活。

　　在现代早期，正如奈特著作里反映出来的那样，人类渴望获得对世界的更大掌

---

❶ 奈特，1921年，第三部分，第9章，第7节。

控力，把它当作应对不确定性的最佳办法。计算机科学家艾伦·凯（Alan Kay）曾经开发出了"图形用户界面"（Graphical User Interface），后来苹果公司的"麦金塔"（Macintosh）电脑就是受到了这一技术的启发；1971年，他对人类行为与掌控力方面的这种观点进行了简明扼要的总结："预测未来的最佳之道，就是创造未来。"❶ 如今，我们对人类创造未来这种能力的信心已经大不如前了。人类早期对进步的那种热情，如今已经大幅冷却了下来。这是一种具有深远影响的巨大转变，而从整个社会对"长萧条"的反应来看，尤其如此。

奈特认为，"变革"在根本上属于一种人类活动；他曾写道，变革通常都不是自然发生的，相反，它在很大程度上是人类活动的结果❷。他把不确定性和社会进步这一人类事业之间的内在联系结合起来了。"（进步）与高度的不确定性有关"❸，他还强调说，不确定性实际上是"进步的必然产物"❹。奈特得出结论说，"不确定性取决于变革，事实上主要取决于起步的变革"❺。进步本身就会带来不可预知性，以发明和创新为基础的进步尤其如此。"商业生活中出现不确定性的主要原因之一，就在于技术过程、组织方式以及其他方面的改进，这是一个普遍的事实。"❻

尽管具有人类活动方面的这些假设，奈特的作品仍然反映出了"启蒙时期"关于进步和不确定性之间关系的那种典型观点的影响。自18世纪以来，合理的变革受到了人们的欢迎，因为人们认为这些命运改善了人类的命运。社会进步既给我们提供了掌控不确定性的手段，也为我们带来了成功地应对不确定性的成果。

同样地，做出变革既会减少未来的不确定性，又会加剧未来的不确定性。变革都是社会和企业做出的，目标就是掌控或者限制某些不确定性。与此同时，做出这些变革的行为本身也必然会改变未来。这就强调了一点，即我们是不可能确切地预知的。在未来的不确定性永远都无法消除的同时，人类掌控不确定性的目标，则变成了进步的动力之一。

---

❶ 网址：http://quoteinvestigator.com/2012/09/27/invent-the-future。
❷ 奈特，1921年，第一部分，第2章，第27节。
❸ 奈特，1921年，第三部分，第10章，第36节。
❹ 奈特，1921年，第二部分，第5章，第39节。
❺ 奈特，1921年，第三部分，第11章，第5节；第三部分，第12章，第39节。
❻ 奈特，1921年，第三部分，第11章，第43节。

如今，"启蒙时代"关于变革的这种观点已经发生了逆转。人们不再认为是不确定性推动了变革，而是开始逐渐认为，人类主导的变革，尤其是那些旨在促进经济发展与增长的变革，会带来不必要的不确定性。因此，我们应当限制这种变革。这就反映出，以对变革感到不安为时代特点的社会文化思潮已经发生了转变。如今人们都认为，人类最好是追求保守，而不去追求变革。

启蒙价值观的衰落

如今，人们之所以对不确定性更感焦虑，是因为大家都丧失了进步有益的信念，丧失了人类有能力创造出一个更加美好的世界这种信念。自2008年金融危机以来，越来越多的评论人士都强调说，当权阶层已经丧失了信心[1]；然而，这是一段更为漫长之旅程的终点。在过去的那个世纪里，人们日益开始对"启蒙时期"那种认为人类进步有益于社会的基本理念产生了怀疑。相反，人们正在逐渐认为，人类的干预措施还让生活变得日益糟糕了。政治评论家贾南·加内什（Janan Ganesh）曾称，"现状优于许多貌似合理的替代方案。善意的政界人士，有可能让形势变得更糟糕，而不是更好"[2]；他的这种观点，实际上就代表了当代的思潮。

如今，政治领域里的许多人士都认为，人类对进步的追求会带来诸多的问题，并且认为有的时候，这种追求还对社会、环境、物质和道德具有彻底的破坏性。当然，在实践当中，进步常常都伴随着灾难。实际上，人类准备采取的后续措施，常常都是脱胎于我们从以前的不幸与挫折中吸取的教训。情况有可能是前进三步，倒退一步。进步既不是可以完全预测出来的，也不是井然有序的。尽管如此，对于人类来说，这仍然是一件大大的"好事"。

相比而言，20世纪末期，整个社会都开始日益反对进步的不确定性与破坏性两个

---

[1] 贾南·加内什，《英国脱欧运动核心中的致命缺陷》（The fatal flaw at the heart of the campaign for Brexit），见于《金融时报》，2015年12月15日。

[2] 贾南·加内什，《林顿·克罗斯比对"恐惧政治"的看法是正确的》（Lynton Crosby is right about the "politics of fear"），见于《金融时报》，2015年12月29日。

方面了。大家认为，由人类推动的进步，同时还有其他一些核心的启蒙思想，比如人本精神、个人主义和自由，就算不该全然负责，也在西方国家陷入一种道德和政治困境的过程中发挥出了一定的作用。而且，它们还把自然环境搞成了一团糟。

百年倒退

这种思维轨迹，延续了整个20世纪，起码也是从以第二次世界大战爆发为代表的那场可怕智识危机以来，一直都在延续着。那场战争极端残酷，其影响远远超出了直接参战人员的范围。战争带来的灾难和惨状，对西方精英阶层的自信不啻为一记重击。19世纪末和20世纪初，人们丧失使命感，尤其是英国国内民众丧失了使命感的情况已现端倪。但是，战争的影响却催化出了一种程度更加深刻、范围更加广泛的智识危机。

"冷战"结束的时候，政治科学家弗朗西斯·福山（Francis Fukuyama）曾经强调过，第一次世界大战为何是欧洲的自信心逐渐动摇的过程中一件至关重要的大事❶。社会学家弗兰克·富里迪也曾中肯地认为，这场战争带来的，并非只是与军事冲突相关的那些令人不安的常见结果。此人还说明了这场战争是如何引发人们对西方社会中政治精英和文化精英的自信提出了质疑的："它破坏和瓦解了西方社会赖以理解其世界的那张普遍的意义网络。"❷

这场"大战争"（Great War）❸中的经历，导致人们对进步丧失了信心；而在20世纪余下的时间里，这种情况还继续加剧了。奥斯瓦尔德·斯宾格勒（Oswald Spengler）出版于1918年的《西方的没落》（The Decline of the West）一书，就捕捉到了人们对西方文明的价值观日益感到不安的这种情绪，以及他们对现代性产生的那种令人痛苦的幻灭感。社会正在见证文明的最后一季，也就是文明的"冬季"。

随后两次大战之间的社会动荡，即市场和银行业崩溃、20世纪30年代经济衰退

---

❶ 福山，1992年，第4页。

❷ 富里迪，2014年，第14页。

❸ 即第一次世界大战。——译者

带来的艰难困苦，加上第二次世界大战以及从"纳粹大屠杀"（Holocaust）到广岛（Hiroshima）原子弹爆炸等相关的恐怖场景，进一步打击了精英阶层的信心。第一次世界大战后，欧洲各国的经济未能再次向前发展，也没给人们信奉的资本主义价值观带来什么好处。正如富里迪尖锐地指出的那样，我们很难对一种看起来具有内在的不稳定性且容易陷入经济困境的生产体制感到欢欣鼓舞❶。

熊彼特的研究，充分表达出了20世纪30年代末人们对资本主义模式丧失了信心的情况。此人是市场经济的支持者，曾经强调过人们普遍"对资本主义心怀敌意的氛围"，以及反资本主义是当时一种常态的情况❷。他那部出版于1942年的皇皇巨著《资本主义、社会主义和民主》（Capitalism, Socialism and Democracy），表达出了他对资本主义的未来持悲观态度的主题。他先问自己："资本主义能够生存下去吗？"然后又直言不讳地回答道："不，我认为它无法生存下去。"❸他预计，一个社会主义社会必定会从资本主义社会同样不可避免的解体中崛起。资本主义正在走向自我灭亡。

熊彼特描述了这样的一个资产阶级：他们不但在经济危机中损失了财富，而且丧失了使命感。他让人们注意到，这个资产阶级已经丧失了前进的"意愿"❹。在这样评价的时候，他既是在描述他本人的种种自我怀疑，也是在描述身边其他人的自我怀疑心理。他重新阐释了19世纪晚期马克思主义的崛起，认为这是由于人们对资本主义丧失了信心造成的，从而体现出了这些疑虑与不安。他认为，马克思主义能够更好地取悦理性主义者和实证主义者的心境。

到第二次世界大战结束的时候，人们甚至对科学技术带来的益处也产生了争议。科学具有破坏性的一面竟然被用于原子弹这样的军事目的，极大地增添了人们的不安感。这种情况，强化了人们的种种反现代情绪。到这个长达30年的经济动荡和政治不稳定、首尾都是人类进行的大规模屠杀的时期结束时，资本主义精英阶层已经陷入了戒心重重的状态。他们开始对资本主义制度的优点和潜力表示怀疑，并且开始对迄今

---

❶ 富里迪，2014年，第56页。
❷ 熊彼特，1975年，第63页。
❸ 熊彼特，1975年，第61页。
❹ 熊彼特，1975年，第142页。

第9章 资本主义的智识危机

为止资本主义取得的进步提出质疑了。

这种绝望的心态,并非只是当权的精英阶层才有。右翼群体的智识危机,也在对他们持批评态度的左翼人士身上体现了出来。随着出现激进式社会变革的前景逐渐消失,左翼人士也丧失了其进步的信念。苏联的倒退式发展带来的累积效应,在许多人看来都是毁灭性的。苏联(USSR)未能达到1917年"俄国革命"(Russian Revolution)中呈现出来的那种解放潜力。相反,苏联还陷入了工人阶级镇压和经济无序的混乱局面当中。

随着法西斯主义在意大利与德国兴起,以及苏联出现的斯大林主义,左翼知识分子有时就成了最公开地对启蒙理性主义提出质疑的人。他们认为,在一个大众社会中,理性已经丧失了它的积极潜力,因为在这种社会里,人们似乎都很容易从情感上来加以说服。民主也变得可疑起来了❶。在第二次世界大战末期,"法兰克福学派"(Frankfurt School)的两位哲学家西奥多·阿多诺(Theodor Adorno)与马克斯·霍克海默(Max Horkheimer)撰写了《启蒙辩证法》(Dialectic of Enlightenment)一书,对一部分左翼人士产生了重要的影响。法西斯主义和斯大林主义的残暴和专制经历,就标志着"启蒙运动"的失败;两人在书中如此写道:"神话已是启蒙,而启蒙运动则已回归神话。"❷

两人的失败主义观点对人类获得解放和自由的可能性提出了质疑,后来又影响到了许多左派人士的思维。到了20世纪50年代,1956年苏联入侵匈牙利这一事件说明,苏联政府超越资本主义的实验,已经变成了试图创造出一个更美好的世界这种狂妄自大心态的象征。随后,20世纪60年代的社会变革以及第二次世界大战后经济繁荣时期即将结束时出现的社会动荡,才使得左翼重新振作了起来。然而,此时的左翼不过是在苍白无力地效仿他们在20世纪早期发挥的进步影响罢了。

20世纪末,作家迈克尔·伊格纳季耶夫(Michael Ignatieff)曾经有效地总结了人们对于进步的智识态度在20世纪发生突变的情况。尽管此时人们都在"经历"进步带来的种种益处,他还描述了进步让人们感到极其不安的局面:"自1945年以来的50年

---

❶ 这是英国人民于2016年投公投决定退出欧盟(EU)之后,许多左翼人士再次争论的一种观点。
❷ 阿多诺、霍克海默,1997年,第xvi页。

里，我们对进步都怀有一种深切的矛盾心理。"❶

暂时的缓解

第二次世界大战过后，有两个因素暂时性地缓解了精英阶层的信心危机。其一就是意想不到地出现的"冷战"。它给西方精英阶层带来了意外收获，让他们获得了一种新的使命感。他们已经熬过了令人沮丧和令人不安的半个世纪。此时，他们终于可以再次证明资本主义制度的合理性了：他们的制度，比新的对手斯大林主义实行的高压体制更好。

有了苏联的生活方式这么一个反面典型，让西方各国的政治家都回避了一个问题，那就是他们真正主张的是什么。苏联可能拥有一台庞大的军事机器和许多强大有力的导弹，但说到个人自由和生活水平，西方国家却不费吹灰之力地赢了对手。这一主题，在1959年苏联领导人尼基塔·赫鲁晓夫（Nikita Khrushchev）和时任美国副总统一职的理查德·尼克松（Richard Nixon）之间的"厨房辩论"（kitchen debate）中，被提出来了。

当时，两位领导人正在莫斯科参观一个美国展台。尼克松向赫鲁晓夫炫耀美国的彩色电视机，由此引发了两人之间一场关于两国生活方式的口水仗。不管是谁赢得了接下来的这场嘴仗，新闻图片的背景中都体现出了西方国家的优越感。在新闻图片中，这场辩论出现在一间"典型的"美国厨房前；厨房的特色，就是俄罗斯人只能在梦中见到的那种现代化家用电器和小玩意儿。❷

第二个缓解性的因素，就是西方各国的经济同样出人意料地恢复了元气。20世纪30年代末之前，许多评论人士一直都在预测，说经济低迷的局面会持续下去。汉森关于长期性呆滞的观点，就描绘了一幅未来的生活水平长久地停滞不前的悲观前景。因此，第二次世界大战后的经济繁荣并非仅仅是无危机时代的一种回归。可以说，这是

---

❶ 伊格纳季耶夫，1999年。

❷ 威廉·萨菲尔（William Safire），《"冷战"中的热门厨房》（The Cold War's hot kitchen），见于《纽约时报》（The New York Times），2009年7月23日。

一种令人惊讶和可喜的缓解。

这一时期，从1950年一直持续到了20世纪70年代初，常常被人们称为"资本主义的黄金时代"（Golden Age of Capitalism）。发达国家的经济增长速度，在一段较长的时间里比以往任何时候都要快。从1950年到1973年间，美国的人均产出每年的增长率超过了2%，一直都快于前一个世纪的增速。在大西洋的彼岸，英国也放下了心，经济增长的速度与美国差不多，只是较不均衡，并且为时较短，仅仅持续到了20世纪60年代初。尽管如此，此时英国的经济增长也达到了20世纪初的两倍。德国、日本以及其他一些发达国家的绝对增长率和相对增长率，甚至更是令人瞩目❶。法国的年度人均增长率达到了4%，只是在称之为"Les Trente Glorieuses"，即"辉煌三十年"的时候，法国人稍稍夸大了这次经济繁荣的持续时间。

在那些对1945年前各国情况业已感到极其不安的西方精英阶层看来，这种真正的物质进步给他们带来了巨大的安慰。资本主义似乎又恢复了正常运转的状态。或许，以前所有的可怕记忆，都可以当成一场不幸的噩梦而抛到一边去了。

然而，到了20世纪80年代末，随着两个方面的支持性发展土崩瓦解，一切都变了。首先，经济形势再次陷入了困境：英国是从20世纪60年代开始的，而到了70年代初，所有的工业国家全都如此了。繁荣时期的结束，既动摇了人们对资本主义的信心，也削弱了国家干预带来的进步性影响。又过了二十年后，"冷战"带来的"暂缓期"也出乎意料地结束了，甚至比"冷战"爆发时更加出人意料。

到了20世纪90年代初，西方国家不得不再次依赖于自身的资源了。经济形势一片惨淡。那个十年期的头几年里，又出现了一场经济衰退，随后则是一段增幅较小、失业率居高不下的复苏期。精英阶层以前对资本主义和人类进步的种种疑虑，开始死灰复燃。随后，这些疑虑又演变成了一场更加严重的信心危机、意义危机和使命危机。

敌人消失

讽刺之处在于，最终让精英阶层的智识危机明确表现出来的，并不是取代资本主

---

❶ 克拉夫茨，2000年，第14页。

创新性变革
开启一场经济复兴

义的其他制度的实力,而是它们的消亡。经济低迷的形势卷土重来,原本已经将当权者置于守势。不过,资本主义的自信承受的下一次重击,却不是反资本主义思潮的猛烈抨击,而是恰好相反。敌对势力日渐消失,不仅苏联这样一个国际敌人解体了,而国内来自左翼和有组织劳工运动的挑战也是如此。

在那次经济萧条之初,应对来自激进左派的抗议和工会、劳工运动的抵制,就是精英阶层日常任务的重中之重。在大西洋两岸,即便是这一点,美、英两国的精英阶层也是带着一定的犹豫不决心态进行的❶。比如,1981年初,在面对该国矿工有可能爆发全国性罢工时,撒切尔夫人领导下的英国政府就曾屈服和让步。

然而,通过20世纪80年代初的那场经济衰退,政治精英阶层却巩固了一种较为强硬的对抗性立场。原有产业被淘汰掉了。西方国家中有成百上千万的工人被迫失业。基础设施投资和福利支出方面实行了限制,以限制增税对支出和利润率产生不利影响。与工会之间的冲突也发挥了作用,使得精英阶层的这种转变凝聚成了一种更具斗志的姿态。

直到如今,人们都认为,20世纪80年代里根和撒切尔夫人领导下的两国政府获得的威名,主要在于它们与那些被视为资本主义之敌的势力进行了较量。两人领导下的政府之所以声名赫赫,被人们认为是高效的政府,甚至是改变了历史的政府,是因为两国政府都对国内的劳工运动采取了强有力的手段,同时在国际舞台上与苏联进行了对抗❷。在整个"长萧条"期间,20世纪80年代仍是资本主义自信高涨的一个时期。右翼似乎已经赢得了这场有利于资本主义和市场的"经济战争"。

这种胜利,实际上是言过其实了,因为它在很大程度上来说是一场没有对手的胜利。敌对势力与其说是被打败了,还不如说是主动投了降。尽管危机在20世纪70年代曾经卷土重来,引发了工业好战主义和左翼激进主义的复苏,可这不过是劳工运动和左翼的垂死一搏罢了。工人阶级组织的力量,并不像根据罢工水平上升来看的那样强大。

美国的社会学家马克·米兹鲁奇(Mark Mizruchi)曾经指出,美国的工会工人甚至从1977年起,在吉米·卡特(Jimmy Carter)担任总统的那一届比较具有同情心的政

---

❶ 在美国,由于有越南战争中的军事失败、"水门事件"和1974年理查德·尼克松总统受到弹劾威胁而被迫辞职等事件,因此精英阶层有更多的考验需要去应对。

❷ 1982年,撒切尔夫人的地位还因在占领福克兰群岛的问题上与阿根廷进行了较量,并且击败了后者而得到了巩固。

府期间，就开始经历一系列的挫折了。第二次世界大战过后不久，反对势力就已演变成了反工会的《塔夫脱-哈特利法案》（Taft–Hartley Act）；这一法案，是在双方敌对情绪更加严重的时期变成法律的。然而，尽管有一位民主党总统，尽管民主党掌控了美国的参众两院，可事实却证明，劳工官僚阶层却无力通过一项法案，来削弱《塔夫脱-哈特利法案》的影响❶。

从20世纪70年代起，所有工业化国家里的工会会员人数一直都在稳步地下降，这就是工会实力衰退的表现。大西洋两岸的工会运动，都在20世纪80年代经历了阶段性的对抗之后就结束了。在英国，1984年的矿工大罢工和1986年的印刷工人大罢工，都被挫败了。在美国，1981年的空管人员罢工也以解雇12,000人而被粉碎了。这些冲突的最终结果之所以毋庸置疑，并不是因为体制的力量，而是因为此时有组织的劳工运动仍然停留在以前的水平上。

这些事件，让工人阶级提出的那种长期性政治倒退的结果变得明确了。西方国家中的劳资纠纷和产业纷争消失，再也没有卷土重来（参见图9.1和图9.2）。米兹鲁奇正确地得出结论说，到20世纪末，美国的劳工运动已是"无关紧要"了。英国、日本和德国的情况，几乎没有什么两样。

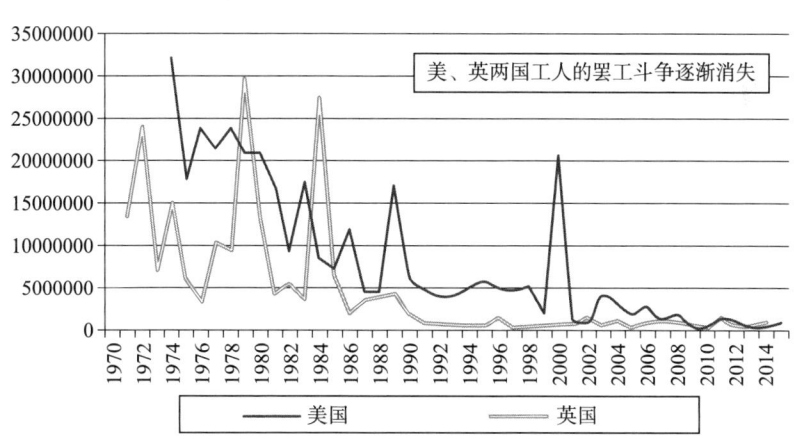

图9.1　美、英两国因劳工运动而损失的工作日

来源：国际劳工组织统计网（ILOSTAT），罢工与闭厂停工。网址：http://www.ilo.org/ilostat/faces/help_home/data_by_subject?_adf.ctrl-state=96vv1z9gc_695&_afrLoop=16746432664984#!

---

❶ 米兹鲁奇，2007年，第8页。

创新性变革
开启一场经济复兴

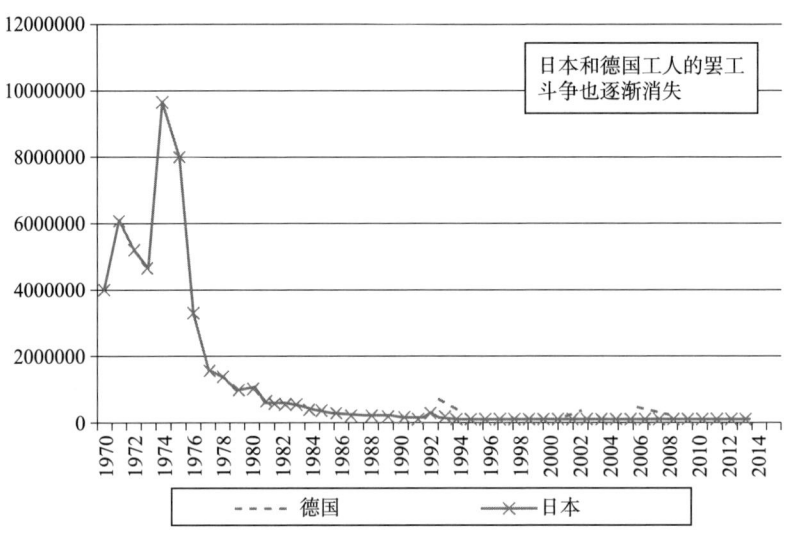

图9.2 德、日两国因劳工运动而损失的工作日

来源：国际劳工组织统计网（ILOSTAT），罢工与闭厂停工。网址：http://www.ilo.org/ilostat/faces/help_home/data_by_subject?_adf.ctrl-state=96vv1z9gc_695&_afrLoop=16746432664984#!

　　人们一度提出，劳工至上主义的瓦解既是自由市场体制正确的明证，也证明选择社会主义和劳工至上主义两种制度是徒劳无用的。可这也意味着，西方的精英阶层失去了一个可以召唤某种使命感的舞台。国内不再有需要与之斗争的阶级敌人之后，当权者会感到更加空虚。在英国，1984年挫败矿工的罢工运动之后，政治生活稳定下来还没过多久，就暴露出了精英当局那种薄弱的道德和智识根基。撒切尔夫人治下的英国政府的使命，在击败敌人之后很快就不复存在了。撒切尔夫人从1987年开始的第三个首相任期，简直就是由一系列几乎没有一致方向的政策组成的大杂烩，其中还包括实行了不受民众欢迎的人头税。11年之后，她便带着党内倒戈的耻辱，在1990年黯然结束了自己的首相任期。

　　伴随着国内敌人不复存在而来的这种双重性，即一开始时的得意感和随后的丧失使命感，随着"冷战"结束而变得更加明显了。20世纪80年代，苏联的体制正在土崩瓦解。与国内的劳工至上主义制度趋于消亡一样，这种瓦解也是由苏联的内部原因所导致，而不是由西方国家带来的压力造成的。苏联无力提高其生产力，因而最终付出了代价。石油价格暴跌和前"东欧集团"(Eastern Bloc)❶各国的债务水平不断上升,让形势达到了一发不可收拾的地步。1989年11月,"柏林墙"(Berlin Wall)被推倒;很快,其余奉行斯大林主义的东欧国家也都土崩瓦解了。1991年年底,苏联解体,分裂成了15个独立的国家。"冷战"结束了。

然而,西方精英阶层由此而来的欢欣鼓舞之情很快就变成了一种怀旧心态,开始怀念起以前那个政治时代种种明显的简单性来。此时,国际和国内的对手全都已经消失,市场资本主义在不再受到任何挑战的同时,也没有任何东西可以遮掩了。资本主义必须靠自身的实力说话了,可很少有人能够找出积极的理由,来支持资本主义和市场关系。

因为资本主义优于苏联或者优于国内批评者提出的体制模式,就认为它是一种成功的体制,这种观点往往只是一种消极的认可。人们已经提出,资本主义比那些容易遭到丑化的替代制度都要好:比如,人们曾经指责说,工会是在"勒索国家",奉行社会民主主义的政治人士与信誉扫地的增加税收和支出政策脱不了关系,而苏联的制度则众所周知,是以财政紧缩与剥夺自由见长。待这些其他的可选制度消失之后,支持资本主义的前提条件马上就变得不那么令人信服了。

人们已经做出了种种努力,想用"原教旨主义"或者"反恐战争"之类的新形式,来取代这些以前的敌手。经历了一些非同寻常的暴行,比如美国的"9·11恐怖袭击"、2005年伦敦交通系统的"7·7自杀式炸弹袭击"以及2015年11月的巴黎恐袭案之后,这些努力已经在一定程度上引发了民众的共鸣。可是,这些措施从来都没有获得与以前那些做法相同的控制力和凝聚力。

"冷战"结束后西方国家那种必胜信念的瓦解表明,一个困扰着西方精英阶层的老问题再度出现了:"我们真正主张的是什么?"正如富里迪所阐释的那样,一旦"柏林墙"倒塌,而苏联也随之成为了历史,西方的精英阶层就再也无法如此回答这个问题了:"我们的鲜明特点,就是与共产主义为敌。"❷

---

❶ 指第二次世界大战后中、东欧地区的共产主义国家,通常指苏联和《华沙条约》的签署国,后随着东欧剧变和苏联的解体而不复存在。——译者
❷ 弗兰克·富里迪,《"柏林墙"倒塌25年之后,一道文化壁垒已经取而代之》(25 years after the Berlin Wall fell, a culture wall has replaced it),见于《尖顶》杂志,2014年11月10日。

创新性变革
开启一场经济复兴

在里根和撒切尔夫人的政府治下复兴的那些自由市场价值观虽说受到了人们的普遍欢迎,可它们也无法达到在智识或者文化上牢牢掌控社会的目的。甚至在2008年西方国家出现金融危机之前,情况就已如此。自20世纪90年代起,市场资本主义就受到了抨击,并且这种抨击主要来自内部。自由市场思想并没有发挥出积极认可资本主义的作用。"反资本主义"再次变成了一种正常的立场,就像熊彼特眼中20世纪30年代的情形一样。

这一次,出现的既是一种更加虚弱、更具"伪装性"的反资本主义形式,也是一种具有不同重心的反资本主义形式。20世纪30年代的反资本主义运动,是试图以另一种社会制度来取代资本主义。如今的反资本主义思潮,却是保留资本主义,把它当成一种没有受到根本挑战的生产模式。更准确地说,它表达的是人们对市场活动带来的负面影响更感不安、想要逃避这些负面影响的心态。如今的反资本主义思潮,是试图制约资本主义,而不是要推翻资本主义。

人们已经普遍对日益扩大的不平等、商业领袖的自私自利以及环境遭到破坏等现象感到忧心忡忡。这些方面,如今不再仅仅是非政府组织和左翼团体残余势力的竞选议题了。它们已经开始占据主流思想,开始盖过人们因经济增长带来了益处而产生的感激之情。对经济生活当中不招人喜欢的一些方面片面地感到不安,体现了人们对传统上与资本主义有关的那些价值观,即进步、活力与冒险的批判。具有讽刺意味的是,就在一场小规模的反资本主义革命运动停歇的同时,却出现了一种范围更加广泛、得到了部分当权派支持的"反资本主义"思潮。

对商业持批评态度的人当中,其实有许多都来自商业精英阶层内部;这些人想要的,是一种不那么大起大落、较为温和且具有同情心的资本主义形式。自由竞争的资本主义受到了贬低,而一种不那么具有对抗性的资本主义则受到了吹捧。"启蒙时期"的经济学家兼哲学家亚当·斯密(Adam Smith)获得了新的评价,人们都开始认为,他是一位传播负责任且具有关怀之心的资本主义的使徒,而不是自由市场的最初倡导者;这一点,就反映出了时代思潮的转变。我们都受到鼓励,去阅读他撰写的《道德情操论》(Theory of Moral Sentiments),因为此书呈现出了一个真实、敏感的亚当·斯密,而不要只想着《国富论》(The Wealth of Nations)中体现的那种自私自利的资本主义。

人性的衰减

　　精英阶层中再次出现的使命危机，凸显并且增强了以前人们对启蒙价值观和人类进步有益所持的怀疑心态。作为一个社会，我们已经变得不愿意去验证和提升人性中主动、积极的一面，去改变事物，使之往更好的方向发展。这就代表着一种转变，说明人们开始反对启蒙思想中的一种核心观点，即认为人类能够理性地创造更美好未来的观点了。相反，如今我们经常认为个人很软弱，有时很不理性，并且经常需要上级来约束。启蒙思想的人文主义本质，已经失去了魅力。人类进行有意义、有目标的干预这种潜力，经常会受到人们的怀疑与质疑。

　　于是，就出现了扩大监管的倾向；不止是扩大了对经济的监管，还对人类生活的所有领域都扩大了监管。支撑这种监管至上倾向的是一种强烈的欲望，因为我们都想掌控人类的行为，并且不希望我们认为经常有问题的一些后果出现。监管至上思想的蔓延，并非只是一个数量问题，并非只是涉及到采取越来越多的监管措施。这种思想中，还贯穿着一种不那么讨人喜欢且日益愤世嫉俗的人性观。

　　人文精神之兴起，既是对中世纪宿命论做出的反应，还传播了这样一种理念：人们不止是变革的对象，也是变革的主体❶。相比之下，如今很多人却声称，人们非但不理解自己的利益所在，而且往往不会理性行事。根据自身最大利益行事的这一重任，不能委托给人类。这种指责，在精英阶层对英国决定退出欧盟和特朗普当选总统这两件事情表现的反民主情绪中是显而易见的；在上述两种情况下，他们都忽视了选民的理性与愿望。

　　对国家与民众关系所持的那种开明的人文主义观点，如今业已逆转过来。国家不再是需要人们去掌控的一个机构。如今，判断什么东西对人们有益、提高公众的认识以及在社会上引导人们去做"正确的事情"，都成了国家的职责。以前强调人类能动性具有重要意义的观点，已经被强调人类的脆弱性和无力感的观点取代了。由于人类

---

❶ 弗兰克·富里迪，《我们需要往英国政治中注入一些人文精神》（We need to inject some humanism into British politics），见于《尖顶》杂志，2015年5月6日。

如此无力、如此脆弱，所以这就说明我们需要获得政府机构的支持是有道理的。

国家的干涉之举，很少会以公开的专制形式表现出来。更常见的情况是，这种干涉会以提供关怀和治疗性支持这样的名义提出来。社会批评家克里斯托弗·拉什（Christopher Lasch）在1979年出版的《自恋的文化》（The Culture of Narcissism）一书中，早已指出了这种家长式的倾向。他在书中曾经敏锐地解释说，早期的自由主义者"认为理性的利己主义"在人类身上"占有主导地位"，可后来的自由主义者却摒弃了这一观点，并且"代之以一种对人类进行治疗的观念"❶。拉什认为，不管是在工作中还是在私人生活中，对人们进行监管的目标，都是要把"整个人"置于掌控之下。对人类实行国家管控措施的倾向，正是对早期由人类来掌控社会和国家的观念的彻底颠覆。

启蒙价值观对经济的影响

"启蒙运动"中的理性、人文精神和自由思想，对社会来说是一笔极其宝贵的财富。这些思想，是个人的自主性和个人获得一种健全的公共生活之基础。它们并不需要经济或其他方面的任何实用性益处来证明。

尽管如此，作为一个历史事实，启蒙思想的盛行还是产生了巨大的经济影响。在工业资本主义发展起来之前的数百年里，人类的生活环境几乎没有出现什么进步。据著名经济历史学家安格斯·麦迪森（Angus Maddison）估计，公元1年全球的人均产出为467美元，1000年之后稍微下降到了453美元，而到1700年的时候，这一数字也仅仅增长到了615美元❷。也就是说，在这1700年里，全球人均产出的年均增长率为0.02%，实际上给人类生活没有带来任何影响。

直到18世纪下半叶，人均产出才开始在工业化国家里出现了显著的增长❸。随着

---

❶ 拉什，1991年，第224页。
❷ 按"1990年国际元"美元计算。
❸ 麦迪森，2003年。英国稍有例外：在20世纪前三分之二的时间里，该国物质生活水平的提升速度略快于世界的平均水平。

一种面向未来的开明观点出现，工业资本主义使得这种飞跃变成了持续的生产力增长。英国的人均产出在1700年至1820年间增长了一半；也就是说，在该国工业发展的初期阶段，人均产出年增长率仅为1%的三分之一。然后，在接下来的40年里，英国人均产出的年均增长率加速到了1%左右，直到1860年。

随后，生产力出现了进一步的增长。尽管期间因20世纪的两次世界大战和30年代的经济衰退而有所中断，可在20世纪60年代之前的那100年里，每个英国人的实际产出都翻了两番，年均增长率接近1.5%。在整个西欧，各国的经济表现都差不多。美国的增长速度稍快一点儿，年均增长率只稍低于2%。

如果没有与启蒙时代一脉相承的智识背景，工业资本主义就不可能腾飞。生产率的增长，取决于人们对实验和变革的开明心态。罗纳德·贝里（Ronald Bailey）曾经解释说，产业和技术的发展，为经济增长提供了必要的手段。然而，自18世纪以来的一系列工业革命，除非被看成是启蒙思想的核心贡献即自由导致的产物，否则就是无法理解的。自由减轻了社会、文化和经济方面对创新和实验的种种限制❶。

这也是乔尔·莫基尔在其《开明经济》（The Enlightened Economy）一书中提出的观点。他解释说，各个时期的经济变革，都取决于人们的信念。倘若没有认识到"启蒙运动"出现所代表的智识巨变的重要性，我们就无法理解工业革命。倘若没有人类的介入，经济上就不可能出现变革。信念决定了人类的理性行为。作为一场颂扬"社会发展和人类进步"的运动，"启蒙运动"鼓励人们运用理性与洞察力来改善人类的处境，也包括改善其中的物质基础❷。

同样，乔治·马格鲁斯也将西方国家在19世纪和20世纪大部分时间里的经济优势和持久发展，跟一些特定的、与启蒙运动相关的文化特征联系起来了。他曾解释说，体现了这种文化的制度，帮助西方社会"适应、创新和改造"了自身。这些制度，还激励人类"去挑战现状、进行结构改革和创新"❸。

---

❶ 贝里，2012年。
❷ 莫基尔，2010年，第33页。
❸ 马格鲁斯，2011年，第45–46页。

文化对重组的反感

近几十年来，尤其是在过去的25年里，这些优势、能力和抱负却表现得远没有那么明显了。它们的智识基础和道德基础一直都在崩塌。启蒙价值观的衰落，已经促成了"长萧条"的发展演变。

正如启蒙思想的兴起决定了工业资本主义的经济发展，启蒙思想的衰落则决定了如今这种缓慢发展的资本主义。对变革感到不安的心态，与市场体赖以前进的商业活力是完全对立的。对具有颠覆性的变革感到不安的文化心态，与资本主义发展和经济进步不可或缺的创造性破坏背道而驰。这种尴尬的局面，就决定了主流的政治倾向是喜欢稳定而非混乱。

在言辞的层面来看，人们依然承认经济增长依赖于创新和投资，而创新和投资又依靠充分地致力于科学和研究活动。政治精英阶层偶尔会为情势所迫，解决一些真正的经济难题，比如生产率停滞不前等问题。在回应这些问题的时候，他们仍然会把长期投资的重要性挂在嘴边，会把具有活力的经济带来了种种好处挂在嘴边，会把高质量的科学与创新的价值挂在嘴边❶。这些陈词滥调之所以始终空洞虚伪，原因并不在于政府实施的财政紧缩措施（不管是真诚实施的还是自愿实行的），而在于他们对变革感到不安的心态。这一点，就削弱了精英阶层按规模需要来实施真正的经济改革计划的能力。

保罗·奥默罗德（Paul Ormerod）曾经强调说，要是没有对变革和破坏的开明心态，就不可能出现经济增长。倘若缺乏这种眼界，人们就会不愿参与创新和进行转型投资。对研究以及随后的创新来说至关重要的，就是"一个国家接受变革而不是抵制改变的意愿"。❷

就政府而言，它对破坏性变革感到不安的文化心态，主要是通过一种疏忽，也就是一种不作为的做法来产生影响的。精英阶层连推动西方经济魔力恢复所必需的经济改革都不乐意进行，更别提去领导这种经济改革了。他们没能实现结构重组，没能

---

❶ 例如英国政府的"生产率计划"（Productivity Plan）。英国财政部，2015年。

❷ 保罗·奥默罗德，《经济增速放缓并非不可避免，只是我们必须接受变革》（There's nothing inevitable about slower growth—but we must embrace change），见于《城市早报》，2015年3月4日。

应对放弃旧模式必然导致的种种剧变，对"长萧条"持久存在发挥出了至关重要的作用。

总而言之，对变革感到不安的心态本是当代的一种主观特征，如今却已变成了经济复兴和进步的一种客观障碍。随着保护者国家的出现，这种局面还得到了制度化。推动经济变革，将取决于在主流文化视角下实现一场革命。因此，结束"长萧条"首先就是一种智识挑战和政治挑战。我们的首要目标，就是再次积极地肯定变革带来的种种益处，并且废除国家干预的种种僵化形式。

第10章
对变革感到不安

在这里我们将回顾一下人们对变革感到不安的心态中的三种：一是对风险的高度关注，二是对新技术的影响更感担忧，三是可持续性这种商业原则的兴起。其中的每一种，都阻碍到了转型投资和经济发展。此外，它们还维持了一种有利于国家支持稳定而非支持增长的经济政策的风气。

对风险的高度关注

2013年，时为《华尔街日报》（Wall Street Journal）记者的本·卡斯尔曼（Ben Casselman）撰写了一篇关于美国经济丧失了活力的专题文章。多年来，美国企业新增就业岗位的速度都日益缓慢了下来。风险投资者对新增企业的投资也有所减少。人们新创的企业日益减少，同时还不太愿意换工作，不太愿意为了新的就业机会而搬家。卡斯尔曼因此而得出结论说，美国已经变得"在风险面前心慈手软"了。美国那种著名的冒险精神日益衰落，就是20世纪90年代以来该国经济复苏更加乏力的根源❶。

这种深刻的见解，也适用于其他的西方国家。麦肯锡咨询公司称，国际商业界里普遍存在一种"反风险的偏见"❷。总有一些个人和企业领导人愿意打破这种常规。不过，倘若整个社会都不支持变革，那么对于一些通常都是进行风险投资的企业来说，这些障碍就会越来越多。

于是，没有把握的企业就会更多地转向风险分析师和风险管控工具，来寻求指导意见。有些企业，尤其是金融危机过后的金融企业，都在公司的管理团队与董事会里委任了首席风险官❸。常见的商业理由是，嵌入风险管理的做法，增强了对不确定的未来加以更好地处理和利用的能力。在实践中，这一点通常都会削弱规避风险的行为制度化带来的效果。即便是商人的本能让人想要采取较为大胆的方法，可风险管理机

---

❶ 本·卡斯尔曼，《厌恶风险的文化会感染美国的工人和企业家》（Risk-averse culture infects U.S. workers, entrepreneurs），见于《华尔街日报》，2013年6月3日。
❷ 科勒、洛瓦洛、威廉姆斯，2011年。
❸ 迈克斯，2014年；卡罗琳·宾哈姆（Caroline Binham），"英国企业高管中风险官人数增长"（Risk officers rise in UK executive ranks），见于《金融时报》，2015年4月6日。

制也会建议人们谨慎行事。"还是多想一想哪些方面可能会出问题吧。"

虽说金融危机强化了人们业已提高的风险意识，可风险意识提高的现象，其实在很久以前就存在了。当詹姆斯·波特巴（James Poterba）和劳伦斯·萨默斯两人在20世纪90年代考察美国企业竞争力下降的情况时，他们就注意到了一些迹象，表明商界领袖在处理投资决策时都过于谨慎了❶。资本预算编制中所用的回报率，相较于标准的资本成本分析后表明合适的水平来说，门槛通常更高。波特巴和萨默斯得出结论说，这些更喜欢规避风险的企业，都在拒绝那些有可能盈利的项目。欧洲的企业同样过于谨慎地提高了目标回报率。

麦肯锡公司还有一份关于投资的报告，将不愿承担风险的偏见如何产生影响这一点阐述得很清楚。管理人员对潜在损失的担忧甚于对潜在盈利的重视，导致他们因为觉得风险太大而拒绝了很多的投资建议。企业往往会在之前已经一致同意的资本成本基础上，增加一种武断的"风险溢价"，试图以此来弥补风险；这一点，与波特巴和萨默斯的观点相呼应。这种风险溢价，很少是"基于事实的"，而是嵌入了关于投资风险的种种"晦涩假设"。这一研究还发现，对这些假设我们"很难进行分离和审视"，因而报告中得出结论说，企业没有实施许多前景大好的投资活动❷。

英国的企业也表现出了同样胆小的做法，增加的风险溢价更大。正如前文所述，银行贷款的成本达到了空前低廉的程度，企业贷款利率从21世纪初的6%至7%左右，下降到了金融危机以来的3%。不管怎样，研究表明，由于大家认为外部的经济环境与政治环境使得投资风险高于以往，因此企业都设定了更高的回报率门槛。在金融危机之前，财务主管们原本会批准那些看上去有可能在6年之内回收的投资项目。可到了2012年，投资回收期却已缩短到了4年左右❸。

企业要求的回报率从平均9%左右增长到了14%，也遏制了投资。一些关键性的转型投资，即提高生产率所必需的"不可逆"投资，受到的遏制尤其严重。对那些实际上并未发生之事的担忧加剧，这种心态在一段时间内对经济活力、投资和生产率的

---

❶ 波特巴、萨默斯，1995年。
❷ 罗克斯博格等，2012年，第47页。
❸ 布罗德班特，2012a，第2页。

增长都产生了负面影响❶。

安德鲁·霍尔丹同样认为，企业谨慎心态的提高，至少对过去20年间的投资构成了抑制。他指出，企业在现金这样的固定资产上进行的"投资"，超过了在有形资本这样的流动资产上的投资；此种谨慎的趋势，自20世纪90年代以来就发展得如火如荼。"恐惧性风险"一词，就说明了企业在面对不确定性时这种业已提高的风险认知❷。

风险管理那条无情的发展轨迹就是，将来总会有额外的风险需要去加以确定和寻求控制。一旦接受了这一前提，那么你面对的风险就永远不可能太多。由于未来不可预知，因此一些没有预计到的事情必然会发生。这些"已知的未知因素"，就成了实行更严格的风险管理流程和风险管理制度的正当理由。倘若最终证明现有的风险管理流程不起作用，无法预防下一次公司危机，那么由此得出的结论就是，这些流程一定有缺陷。于是，风险管理制度化便会扩展开来。

例如，金融危机似乎表明，危机之前实施的风险管理机制并不完善，需要加以补充才行。巴塞尔银行监管委员会（Basel Committee on Banking Supervision）制定的《巴塞尔资本协定》第三部分，就是在2010年至2011年间通过的，其目的正是加强对世界各大银行的风险控制流程。由于《巴塞尔资本协定》第一部分和第二部分没有发挥出作用，没有阻止这场金融危机爆发，所以人们认为，需要措施更加严厉的第三部分来弥补以前金融监管方面的种种不足。如今，人们已经开始谈起制定《巴塞尔资本协定》第四部分的问题了。毫无疑问，将来再爆发金融危机之后，这一协定还会添加更多的部分。

金融危机过后，风险管理领域里的这种发展轨迹，还因为出现了"黑天鹅"的观点而进一步得到了认可。所谓的"黑天鹅"，就是指出现概率小、频率低，但量级高、影响大的剧变事件。纳西姆·尼古拉斯·塔勒布（Nassim Nicholas Taleb）关于"黑天鹅"的原始理论中，有一个经常被人们忽视的关键特征，那就是这些事件在理论上来看是可以预测的，就像我们无须亲眼看到，就可以预测说世间存在黑天鹅一样。塔勒布的观点，并不是说要努力预测出黑天鹅事件，而是说我们应当付出更多的

---

❶ 布罗德班特，2012a，第3页，第10–11页。
❷ 霍尔丹，2015年，第3–11页。

努力，不断增强"稳健性"，来应对必然出现的不利局面。

塔勒布认为，目前金融机构普遍采用的那种"风险价值"模型还不够完善。这些模型中，幼稚地使用了"高斯正态分布"钟形曲线，可后者往往会把本应防范的极端事件排除在外❶。我们需要更加稳健的工具。

从金融危机的发展过程中，尤其是从金融危机的跨国界影响中，其他人也得出了相同的结论。世界上某个地区发生的一场灾难，会影响到当地产品的供货、制造、运输和销售。此外，全球金融、经济和政治网络的相互联通，也确保此类事件的影响会"波及全球"。标准的企业风险管理（ERM）工具，根本就无法应对这种情况。

人们通常提出的建议，不是替换这些模型，而是在这些模型中增加额外的控制层级。企业风险管理（ERM）的方法，管理"战略、运营、财务和隐患"这些风险类别当中的"一般性"企业风险仍然具有重要的意义。但是，黑天鹅事件中"高强度、低频率的破坏性因素"，却要求我们做出补充性的努力，将更多的资源投入到风险管理的"破坏性因素分析"中去❷。

即便是在推迟实施资本投资项目之前，人们更加关注风险的做法，也削弱了在创新方面进行基础研究的力度。早期的研发（R&D）活动占据了企业风险承担的一个极端。研发（R&D）活动不仅有风险，而且从本质上来说，它们的结果也具有不确定性。研发（R&D）正是说明"奈特氏"不确定性（Knightian uncertainty）❸本质的一个例子。非但研发（R&D）的财务收益不可预知，而且许多研发（R&D）项目可能根本就没有收益；在前文关于创新的那一章里，我们已经论述过这一点。

马祖卡托说明了研发（R&D）非但需要耗费数年时间才能转化为新产品，而且绝大多数研发（R&D）都会无果而终的情况。在制药行业里，研发项目耗费的时间可能会长达17年，每种药物的成本约达4.03亿美元，而且失败率极高。只有万分之一的复

---

❶ 塔勒布，2007年，第225–226页。

❷ 勒·梅尔（Le Merle），2011年。

❸ 指无法被衡量、不能被计算或然率的风险，由美国经济学家法兰克·奈特提出而得名。在其成名作《风险、不确定性与利润》一书中，奈特对"风险"与"不确定性"进行了定义，认为"风险"是能够计算概率与期望值的不确定性，而不能预先计算与评估的风险则是"不确定性"，并且提出了利润来自不确定性的观点。——译者

合药品达到了批准上市的阶段，即成功率只有0.01%❶。

冒险与投机，对创新和转型性经济增长都是绝对必需的。马祖卡托曾经得出结论称，要想深入探究这个充满不确定性的世界，我们需要的莫过于"匹夫之勇"❷。在大家都认为冒险与投机属于鲁莽和不计后果之举的环境中，人们对长期研发（R&D）的投入将会减少；我们在前文中提到过，研究在整个企业研发（R&D）中所占的比重正在下降，就表现出了这一点。

商业冒险从来都不是一桩易事。企业始终都有可能出现亏损；这种亏损，甚至有可能威胁到企业的生存。不过，若是没有冒险的话，企业活力就会受损，而经济进步的可能性也会降低。如今更关注风险的做法所导致的优柔寡断和无能，会扼杀掉一家又一家企业。因此，这种做法会巩固资本主义缓慢发展的趋势。

科技悲观主义盛行

人们对变革感到不安和对未来感到担忧的心态，也在他们对科技的影响日益感到焦虑的状态中体现了出来。技术本是经济发展的载体，可如今人们对待技术的态度却比过去更加矛盾。人们也开始日益关注技术带来的危险。

这一点，并没有阻碍到技术的进步，而我们当中的绝大多数人，也仍然渴望着利用技术。我们都钟爱那些年复一年地增加了功能的电子产品。它们已经变成我们日常生活中不可或缺的一部分，以至于以前对手机会让人生病或者变蠢的担忧，如今已无人再提，因为"担忧这个太过尴尬"。

然而，倘若涉及了技术的一般性应用，人们的种种担忧，其中还包括对许多发展完善之领域的担忧，就会公开表达出来。牛津大学"人类未来研究所"（Future of Humanity Institute）的一个研究小组，曾经评选出了有可能消灭人类的12种最大风险。这次非同寻常的灾难推测中最引人注目的，就是绝大多数灾难都并不是我们几乎无法掌控的自然灾害，比如小行星撞击地球。相反，最大的风险都来自现存的、由人

---

❶ 马祖卡托，2011年，第50页。
❷ 马祖卡托，2011年，第71–111页。

类主导的经济与技术发展。比如说，有可能出现可怕问题的领域，就包括了合成生物学、纳米技术和人工智能❶。

克劳斯·施瓦布（Klaus Schwab）是每年都召开"达沃斯年会"的世界经济论坛（World Economic Forum）的创始人；他认为，技术变革的步伐就意味着，如今我们所处的时代面临着有史以来最大的潜在危险。这种危险，源自技术进步成果分配的不平等，源自大规模失业带来的威胁，还源自机器人技术、基因工程和网络武器可能会被滥用等方面❷。

有些人还将金融动荡也归咎于技术。身为虚拟现实技术先驱的杰伦·拉尼尔（Jaron Lanier）认为，互联网才是导致金融危机的根源。廉价的计算技术和网络信息，"确实推动了，或者说起码也增强和加速了"金融危机的整个过程。导致了金融危机的，并非只是金融工程，而是计算金融工程。

没有哪一家银行，能够在不借助网络来获取全球信息的情况下，对可疑抵押贷款的低风险投资组合进行切分、组合和出售❸。信息与通信技术（ICT）无疑让如今的金融化成为了可能。不过，呈现出对科技感到担忧这种流行文化的症状的，就是人们把注意力都集中在这些技术杠杆之上，却没有集中在金融危机那些潜在的经济驱动因素之上。

拉尼尔曾经解释说，计算技术使得我们可以随时掌握"制造骗局"所需的全部细节情况。将这次金融危机说成是金融从业者的"欺骗行为"，就显示出了经常与技术焦虑心态相伴相生的那种愤世嫉俗倾向。破坏稳定的技术进步，被当成了人类傲慢自大的产物。

有些人还预计，科技最终会让人类搬起石头砸自己的脚。人们创造了种种技术，接下来这些技术却会让人类受到伤害。"复仇女神"（Nemesis）可能会用技术的形式，比如用摆脱了人类控制的无人机或者机器人，来杀死我们。连人类的生存，可能

---

❶ 克里夫·库克森（Clive Cookson），《可能终结世界的12种方式》（Twelve ways the world could end），见于《金融时报》，2015年2月14日。

❷ 施瓦布发出这一警告的时候，正值2016年那场盛会即将召开之际：参见约翰·桑希尔（John Thornhill）对克劳斯·施瓦布《第四次工业革命》（The Fourth Industrial Revolution, 2016）的评论，见于《金融时报》，2016年1月18日。

❸ 拉尼尔，2014年。

也会受到科技的威胁。

斯蒂芬·霍金（Stephen Hawking）教授曾经警告说，"几乎可以肯定的是"，技术进步正在对地球构成威胁。人工智能或许就预示着"人类的终结"❶。霍金还反省说，人类并不像以前想象的那样强大和优秀。人类的能力其实非常有限。

计算机能够以越来越快的速度更新自身，可人类却没有这种本领："人类受到了生物进化速度缓慢的限制"，因此"无法与之竞争"。假以时日，人类"将被取代"。人类正在傲慢自负地用自己的技术毁灭这个地球，而这些技术同样有可能毁灭人类自身。

经营着太空探索技术公司（Space X）和电动汽车生产企业"特斯拉"（Tesla）的科技企业家埃隆·马斯克（Elon Musk），怀有与霍金相同的种种担忧。此人也称，人工智能就是"我们生存的最大威胁"❷。比尔·盖茨（Bill Gates）也表达出了同样的担忧。他认为，如果不严肃地对待超级人工智能可能带来的危险，那就有可能出现与系列科幻电影《终结者》（Terminator）中相似的局面❸。

拉尼尔、霍金、马斯克和盖茨既不是天生愤世嫉俗的人，也不是对科技持有悲观态度的人。恰恰相反，他们都在科学与创新领域里树立起了自己的赫赫威名。他们全都曾经向科技前沿推进，其中有些人如今仍在这样做。连他们都表达出了显著的忧虑心态，这足以说明对科技感到担忧的情绪已传播得相当广泛。

而在一种更加世俗的层面上，技术也被认为是造成失业的罪魁祸首；非但现在如此，将来技术导致失业的情况甚至会更加危险。倘若机器设备攫取了我们的就业岗位，不论是白领岗位还是蓝领岗位，那么接下来大规模失业的局面就会向我们招手

---

❶ 罗里·凯兰-琼斯（Rory Cellan-Jones），《斯蒂芬·霍金警告说，人工智能有可能终结人类》（Stephen Hawking warns artificial intelligence could end mankind），见于英国广播公司新闻频道（BBC News），2014年12月2日；莎莉·戴维斯（Sally Davies），《霍金警告说，地球有可能因智能电脑掌控而毁灭》（Hawking warns earth could go to Hal as intelligent computers take over），见于《金融时报》，2014年12月3日。

❷ 塞缪尔·吉布斯（Samuel Gibbs），《埃隆·马斯克：人工智能是我们生存的最大威胁》（Elon Musk: artificial intelligence is our biggest existential threat），见于《卫报》（The Guardian），2014年10月27日。

❸ 埃里克·麦克（Eric Mack），《比尔·盖茨称我们应当警惕人工智能》（Bill Gates says you should worry about artificial intelligence），见于《福布斯》（Forbes），2015年1月28日。

了。有些人还提出，数字经济本身就是导致长期性停滞的驱动因素❶。

马丁·福特（Martin Ford）在其获奖作品《机器人的崛起》（*The Rise of the Robots*）一书中曾经指出，随着科技不断加速发展，机器设备将会开始照管自己。工作中需要的人员将日益减少。他认为，如今人工智能已经开始淘汰一些优质的就业岗位：许多的律师助理、记者、办公室职员，甚至是电脑程序员，都随时有被机器人和智能软件所取代之虞❷。琳达·葛瑞腾（Lynda Gratton）教授也赞同这样一种观点：科技正在让工作镂空化，并且减少了中等水平工作岗位的数量❸。她承认，我们很难对就业的未来形成一种积极的评价。

当然，机器设备正在抢走我们的就业岗位并不是一种新颖的观点。自19世纪早期的卢德运动（Luddism）❹以来，科技一直都被当成是导致人们失业的罪魁祸首。事实上，最初的许多"卢德分子"都对机器设备持有积极的态度，并且都精通技术。他们发起的抗议，并不是想要让技术开倒车。更准确地来说，他们是被工业资本主义兴起过程中非人性化的一面激起进行抗议的❺。然而，新技术当时正在取代人力，所以他们才背上了反技术的恶名。一个世纪过后，到了"大萧条"的早期，凯恩斯才创造出了"技术性失业"这一术语，来说明机器设备取代工人的方式。

每当失业率在经济危机期间大幅增长，人们通常就会把技术当成是一个主要的原因。其实这是错误的。失业的驱动因素并不是由于生产率提高而导致了就业岗位流失，而是由于经济萧条未能创造出足够多的新部门和优质的新就业岗位。因此，重要的就是拥有范围广泛的发明和创新，为将来提供替代性的就业之源。

体面的就业岗位，其中包括中等技能的工作，在就业中所占的比重从20世纪70年

---

❶ 弗雷，2015年；卡拉贝尔（Karabell），2016年。

❷ 福特，2015年。

❸ 琳达·葛瑞腾，《致第二个机器时代的忠告》（Advice for the second machine age），见于《金融时报》，2015年3月31日。

❹ 19世纪初英国工人以破坏机器为手段来反对工厂主压迫和剥削的一场自发的工人运动，因其首领名称"卢德王"而得名。这场运动于1811年从英国的诺丁汉开始，在1811年至1812年间迅速蔓延，后被英国当局镇压。参与这场运动的人被称为"卢德分子"，现多用于指强烈反对机械化或自动化的人。——译者

❺ 宾菲尔德（Binfield），2004年。

代就开始减少❶，这与整个"长萧条"期间就业累积速度开始放缓的时间同步。仅凭时间这一点，就可以驳倒一些人将失业归咎于信息与通信技术（ICT）的观点。优质高薪的私营部门新增的就业岗位一直不足，成为生产性创新投资疲软的一种表现。正是这一点，对失业者和那些试图加入劳动力大军的年轻人构成了阻碍，使之无法找到体面的工作。

有些人声称，由于机器设备的"智力"不断增长，因此这种观点如今已经过时了。埃里克·布林约尔松和安德鲁·麦卡菲两人都承认，在过去，科技一直都对就业岗位有利；可如今呢，随着智能机器的出现，情况却不同了❷。如今的机器，越来越能够用与人类相似的本领来完成任务。这些最新的技术，再加上由它们促进的全球化，导致需要中等水平技能的工作岗位逐渐减少了。他们还认为，更加深入的技术进步将威胁到以前那些看似安全的工作岗位；无论这些岗位需要较高水平的技能还是需要较低水平的技能，都是如此。

他们的观点，就是计算机将发展到能够进行"分析"的程度。人们认为，这种情况预示着一种噩梦般的未来；到了那时，不被机器人技术和算法技术重重包围的职业数量，将越来越少。卡尔·弗雷（Carl Frey）和迈克尔·奥斯本（Michael Osborne）两人（无疑是在计算机的协助之下）曾经估算说，当前美国有差不多一半、英国有差不多三分之一的就业岗位，都处在未来20年内可能实现自动化和消失的高风险行业里。其中，就包括像法务秘书、金融账户经理以及税务顾问这样的职业❸。

但这种前景，并不会改变失业率持续居高不下的根源在于新增就业岗位不足这一现实。当前和未来的一代代机器人和软件，本质上仍属自动化的一种形式。就像纺织机一样，它们将取代劳动力。不过，正如第一次工业革命那样，下一场工业革命也会创造出许多的新部门和新就业领域。

有一种概念性的困难，增添了人们对技术与就业问题的误解。想象我们熟悉的现有岗位可能会如何被自动化所取代，要比预测取代它们的可能是什么容易得多。想象

---

❶ 普伦基特，2011年，第33页。

❷ 布林约尔松、麦卡菲，2011年。

❸ 弗雷、奥斯本，2013年；乔治·鲍登（George Bowden），"机器人占用了英国35%的就业岗位：人工智能可以替代的8种角色"（Robots taking 35% of UK jobs: 8 roles artificial intelligence may replace），见于《赫芬顿邮报英国版》（The Huffington Post UK），2015年9月14日。

出未来数载、数十载里生产性投资可能创造出来的所有新岗位、新部门和新行业，又要困难得多了，甚至是不可能做到的。

在20世纪初的时候，是没有哪个人能够准确地预测出，100年之后人们从事的所有职业类型的。如今，不仅有信息与通信技术（ICT）部门的员工，还有利用电子计算机技术的所有新岗位上的从业人员，从商店收银员到电子商务，再到电话服务中心，不一而足。还有由以前的生产率增长带来的盈余和更高生活水平导致的更多服务，从娱乐业到健身会所和私人教练，到快餐店，再到国际烹饪。或者，我们不妨想一想如今的医疗卫生制度。任何一个从1900年穿越过来的人，都是不可能意识到如今职业类别的巨大规模和广泛范围的。

对技术性失业感到极度悲观的人都忘记了一点：在一种充满活力的经济中，就业岗位和职业总是处在变化当中。工业化国家中劳动力市场的人员流动率，比我们经常想象的要高得多。每年离职的人当中，只有一小部分是由于技术性淘汰的原因导致离职的。

倘有充足的优质就业岗位可以替换，那么这种人员流动就不成问题。在经济较具活力的时代，额外的就业岗位会取代那些已被自动化淘汰的岗位。例如，在过去的150年里，农业产出激剧增长，同时有数百万的农业工作岗位消失。结果，农村却没有出现持续的大规模失业现象，因为其他产业开始创立或者发展起来，给这些由于技术原因而被替换的工人提供了就业机会。

新的技术带来了新的经济环境。它们会激发出更多的创新。在此过程中，会创造出许多需要人员去干的工作，从而让人们获得就业。技术进步本身就会创造出各种各样的新职业来，比如20世纪出现的航空航天、制药和能源等行业中的岗位，就是如此。

技术既会夺走就业岗位，也会创造出就业岗位。航空旅行会减少海陆客运量。但是，航空业创造了更多的新就业岗位，不仅仅是飞行过程中的就业岗位，还有维修飞机、在机场为航空旅客服务以及空中交通管制等职业。航空旅行还帮助开辟了一种大众观光旅游业。这样，就会让更多的人安排时间去度假，然后在游客的旅行目的地提供食宿服务。

正如许多人目前从事的职业在100年前并未创造出来一样，将来100年之后的情况，应该也会如此。因此，倘若机器设备接过了一些艰苦的工作，其中不仅有日常的体力劳动，还包括日常的脑力劳动，那么这就是一件好事，我们不该为之感到烦恼才是。这样，会为一些新的部门开辟出发展空间，人们在这些新领域里也会拥有发挥出创造潜力的更大余地。

总而言之，更强劲的就业形势需要更多的技术，而不是更少的技术。较高的生产率会带来较高的生活水平，并且为新领域的投资和扩大经济活动提供更多的手段。倘若没有足够多的资本盈余来有效地创造新的就业机会，失业问题就会随之出现。具有讽刺意味的是，持续性失业并非源自技术过剩与生产率增长，而是源自技术进步不足，因而无法开辟出更多的产业与部门来提供许多的新就业岗位。我们需要更多的和更好的机器人技术，而不应当对机器人技术的发展实施种种规避风险的限制措施。

技术变革本是经济和社会进步的主要手段，如今却已被人们贬低，堕落成了导致经济停滞甚至是倒退的原因。资本投资方面的种种社会障碍，还因为人们对技术转型中固有的变革感到担忧而加剧了。科学技术的潜力，正在被人们认为发展很危险、认为发展有害的社会风气扼杀掉。

可持续性准则

如今人们在经济发展方面的种种忧虑，只是偶尔才会转变成明确拒绝经济需要增长的做法❶。不过，在很长一段时间里，尤其是自20世纪60年代以来，批评人士的注意力都日益集中到了随着经济增长和发展而来的一些问题上。

以斯拉·米香（Ezra Mishan）出版于1967年的《经济增长的代价》（The Costs of Economic Growth）一书，曾经因为强调了经济增长的种种"外部不经济性"，比如城市交通拥堵、烟尘与噪声污染，而在当时轰动一时。"我们已经为物质充足及科学遗留下来的科技玩具付出了沉重的代价。"❷数年之后的1973年，舒马赫（E.F. Schumacher）出版了《因小而美：以人为本的经济学研究》（Small Is Beautiful: A

---

❶ 参见杰克逊，2011年。

❷ 米香，1967年，第208页。

Study of Economics As If People Mattered）一书，认为现代经济是不可持续的，而由于自然资源正在日益耗尽，故尤其如此。舒马赫提出了一种"知足"的哲学理念。他谴责了那种认为"越大越好"以及"增长有利"的观念。

公开宣称世界已经发展到了富足的地步，在当时还属一种少数派观点。显而易见的是，"第三世界"当时仍然深陷在贫困当中，只有让经济继续发展，才能战胜贫困。在工业化国家当中，许多人的确很正确地认为，他们当时的生活状况比以往任何时候都要好。但对于绝大多数人来说，当时却不像是一个富裕的、物质享受已经"足够"的时代。

半个世纪过去之后，如今许多人却依然不希望看到明确地排斥经济增长的做法。世界各国的人都渴望提高自己和子女的生活水平。经济的快速增长，已经通过帮助南亚和东亚的数亿人摆脱了贫困而证明了自身的社会价值；对此，罕见有人表示质疑。即便是在英国这样的发达国家里，住房短缺现象也说明，人们依然迫切地关注着他们的物质需求。

可是，随着环境保护主义崛起，对进步感到不安的心态反而已经进入了主流的观点当中。如今最为人们认可的变革，就是那些试图限制或者逆转人类对环境造成之影响的变革。比如，减少碳排放已经被广泛认可为气候变化问题的解决之道。人们都支持发展速度放缓而不支持加速发展，以此来应对和适应全球变暖的局面。

现代环保主义是在20世纪60年代开始流行起来的。起初人们与米香一样，担忧的主要是污染以及对自然造成危害的问题。人们认为，是蕾切尔·卡森（Rachel Carson）的《寂静的春天》（Silent Spring，1962）一书，激发了当代社会对环境问题的兴趣。她让人们注意到了农药对野生动物造成的有害影响。此后，像"世界野生动物基金会"（World Wildlife Fund）这种组织中，成员数量便出现了大幅增加。

10年之后，成立于1968年的跨国智库"罗马俱乐部"（Club of Rome）发表了《增长的极限》（The Limits to Growth）一书；后来，此书也成了有史以来最畅销的一部环保图书。此书汇集了那个10年当中已经变得较为突出的所有问题。环保方面的议题，从污染和公开的掠夺资源，扩展到了强调自然资源的枯竭。这本书出版得非常及时。仅仅过了一年之后，"阿以战争"便让人们的注意力都集中到了石油这种重要资源供应不稳定的问题上。此后，人们对资源依赖性和资源有可能枯竭这两个方面的担忧之情，就再也没有彻底打消过。

尽管20世纪70年代人们对环境方面做出的那些最悲观预测并未成真，可在环保目标和经济增长之间进行取舍的思想，却得以延续下来❶。20世纪70年代中期，丹尼尔·贝尔（Daniel Bell）曾经带着些许惊讶之情，说明了经济增长为何会变成"对环境遭受破坏负有责任"的原因。❷与此同时，人们对旨在刺激经济增长的凯恩斯主义财政政策的怀疑心态，与人们日益对经济加速增长有益持怀疑态度的现象保持着一致，这恐怕不能说是一种巧合。

"罗马俱乐部"在20世纪90年代初发表的一份后续出版物，则提炼出了反发展观点中的种种愤世嫉俗倾向。由于"冷战"结束，因此这份出版物的作者认为，传统对手的突然消失，意味着人们"必须确定新的敌人"，才能为社会提供凝聚力❸。他们指出，污染、全球变暖和水资源短缺刚好符合"共同之敌"的要求，同时还警告说，我们可不要把症状误认成了病因。

他们认识到，在其"整体性和相互作用"中，这些生态现象构成了一种"每个人都必然会面对"的共同威胁。不过，他们还强调说，这些危险实际上都是由人类对自然的干预造成的。"因此，真正的敌人就是人类自身。"❹这份报告呼吁人类压制自己的欲望，进行一些比较无害、比较不具有破坏性的经济活动。

对人类的进步感到不安的心态，已经变成了认为经济增长具有许多负面影响的观念。米香、舒马赫、"罗马俱乐部"以及其他人，都确定了经济增长的种种"负外部性"。他们认为，与付出的这些代价做斗争，需要人类努力保持克制。丹尼尔·本-艾米曾经一针见血地说明，人们对待增长的态度已经转变，经由增长怀疑论转变成了一种"增长具有极限的观念"。

增长虽说仍是一种可以接受的目标，但只是在经济增长到了某种类型的极限之前，才是如此。这种极限，可以是社会上的或者道德上的，但最普遍的还是环境方面的。一旦达到这些极限，人们就会认为，经济继续增长会带来危害。这样做，并不是

---

❶ 科伊尔，2014年，第60页。
❷ 贝尔，1996年，第80页。
❸ 金、施奈德（Schneider），1993年，第70页。
❹ 金、施奈德，1993年，第115页。

创新性变革
开启一场经济复兴

全然反对增长,只是怀疑增长带来的益处是否会大于我们需要付出的代价罢了❶。

这种怀疑的态度,让整个社会都在提防着经济变革和发展带来的破坏性后果。本着这种精神,有些人甚至欢迎较低的增长率,因为较低的增长率会让有害的副作用减少到最低程度。他们追求的理想状态,就是稳定的增长,或者人们常称的"均衡"增长。于是,他们便开创了一种对那种相当普通却需要额外基础设施的发展怀有敌意的风气。在人们日益激烈地反对修建新的公路、铁路、大坝、发电站、管道、机场和跑道的计划,甚至反对住宅修建计划的做法当中,我们就不难看出这一点。

增长怀疑论会演变成一种重视预防胜过经济发展的心态。预防性原则会把这一点制度化,说明"假如一种行动或者政策可能具有对公众或环境造成危害的风险,那么这一原则就会获得优先地位,指导我们不去采取行动或者停止做某事"。证明某件事情没有危害的举证责任,该由那些想要采取行动的人去承担。谨慎会告诉我们,什么都不要去做。

1987年,这一原则首次在国际范围内得到了重大实施;当年,联合国缔结了《关于限制消耗臭氧层物质的蒙特利尔议定书》(UN Montreal Protocol on Substances that Deplete the Ozone Layer)❷。这份议定书,为逐步停止生产被人们认为导致了臭氧损耗的那些物质提供了正当的理由。自那时以来,这条原则就变成了国际性的气候变化宣言和议定书中的常规组成部分。

采取预防措施,要么会导致政府做出制约经济发展的决策,要么就是导致抑制经济发展的自我约束行为。欧盟(EU)的官方指令,禁止了转基因食品。美国对干细胞研究实施了种种限制。这项原则,还让各国对水力压裂法和水平钻探技术(主要在欧洲)、核能(由德国领头)和油气开采(全世界,但尤其是在像北极这样的荒芜地区)实行了诸多的限制措施。

增长怀疑论的主要表现,就是那种界定并不明确的"可持续发展"理念。通过可持续发展的议题,我们已经给人们那种希望制约和稳定的冲动赋予了巨大的社会力量。这种情况的根源,就在于环境保护主义。起初,"不可持续"增长的观念,是指

---

❶ 本-艾米,2010年,第31-57页。

❷ 该原则首次得到广泛认可是在1982年,当年联合国大会(UN General Assembly)通过了《世界自然宪章》(World Charter for Nature)。

这种增长对地球造成了严重的破坏，以至于毁掉了未来获得进一步发展的手段。但是，这种理念却从可持续的自然界中的这些基础之上，扩展成了一种提防经济增长给社会和生态现象带来破坏性影响的警告。

1972年，耶鲁大学两位杰出的教授威廉·诺德豪斯（William Nordhaus）和詹姆斯·托宾（James Tobin）撰写了《增长过时了吗？》（Is growth obsolete？）一文，率先推广了"可持续性"这一概念❶。两人当时正在研究像米香这样的人士在20世纪60年代鼓吹的、关于经济增长的较为矛盾的观点。他们得出的结论总体认为，增长仍然很有必要，从而让他们与二十世纪六七十年代的"反增长人士"划清了界线。然而，在这样做的过程中，他们却又成了增长怀疑论的先驱人物。

他们反驳那些对增长持批评态度的人时提出的观点，都属于实用性的观点，而没有为经济增长提供一个积极的理由。例如，他们认为，经济零增长的观念对于让空气变得更清洁这样的目标而言，实在是一种太过无力的工具了。这种工具"付出的代价会极其巨大，可多半却会徒劳无用"❷。尽管接受内在权衡的理念，可如果相反的观点没能说服他们，他们就不愿意放弃增长。

虽说对他们在标题中提出的问题做出了否定回答，诺德豪斯和托宾还是吸纳了那些反增长人士提出的一些假设，并且率先为经济增长和发展推出了一种可持续的方法。他们认为，国内生产总值（GDP）这样的增长指标既有局限性，也过于物质化。于是，他们取而代之，提出了一种"可持续经济福利"的指标。

认为只有在可持续发展的前提下，才能证明经济增长合理的观念，既体现出人们对经济增长持有的疑虑心态，也因此而传播了这种对经济增长持有的疑虑。在20世纪90年代，绝大多数行业本已公认的智慧之举，都变成了一心只追求"可持续"发展。不过，这种合格的增长类型中包括了什么，又排除掉了什么呢？

倘若不考虑到员工、供应商的生存，或者环境受到严重污染的后果，那么这种发展几乎就是不可持续的。将所有员工和供应商都扫地出门，并且毁掉这个星球的经济增长，将会陷入停滞。然而，这种空想出来的经济活动形式，我们只能在反企业的小说和电影里找到例子，在现实世界当中是找不到的。

---

❶ 诺德豪斯、托宾，1972年。

❷ 诺德豪斯、托宾，1972年，第17页。

创新性变革
开启一场经济复兴

与可持续性的自以为是恰好相反，伴随着经济增长而来的社会发展，实际上还会为这些自我毁灭的行为提供最好的矫正办法。历史表明，经济发展带来的好处之一就是，它能够逐步淘汰掉比较原始的生产方式，因为这些原始的生产方式更有可能产生不利的社会和生态后果。工业资本主义就曾控制过自身的反社会活动。这些措施，涵盖了19世纪对童工以及工作时间的限制，到近来对工业污染的控制，以及在建筑施工中禁止使用石棉等制度。

假如没有几十年间高达两位数的经济增长带来的好处，那么目前北京以及中国其他大型城市里，就不可能正在纷纷采取清除有害健康的雾霾等措施了。最不发达国家中所谓"血汗工厂里的劳动力"，不可能通过发达国家倡导的国际协定来消除，而是只能由这些国家通过进一步发展经济来加以消除❶。发达国家已经基本上克服了这些情况，而它们所用的方式正是如此。可惜的是，如今人们倡导的那种可持续性，却因为对动态的经济增长不利，故更有可能维持种种反动的生产实践，而不是消灭这些生产实践。

可持续性的理念，如今已经远远超出了其任何一种字面意义。1987年，在挪威前首相格罗·哈莱姆·布伦特兰夫人（Gro Harlem Brundtland）的领导下，"世界环境与发展委员会"（World Commission on Environment and Development）发表了一份题为《我们共同的未来》（Our Common Future）的报告。这份报告中，将"可持续发展"的定义进行了扩展，变成了一种"满足当前需求的同时，又不会危及子孙后代满足其自身需求之能力"的发展。"可持续"的含义已经扩展成了"非破坏性"，因为任何遭到了破坏的东西，都有可能被人们看成"未来几代人"的损失。可持续增长也已变成了不仅不会破坏生态、不会破坏直接的生产方式、不会危及消费者，而且几乎不会破坏生活任何一种特点的增长。

例如，2012年联合国在里约热内卢举行的"可持续发展大会"（UN Conference on Sustainable Development），为全世界确定了17个可持续发展目标，其中包括减少不平等、赋予妇女权力、获得更健康的生活以及提供融合教育，以及一些明显的生态目标。哥伦比亚大学地球研究所（Earth Institute）的所长杰弗里·萨克斯（Jeffrey Sachs）在2015年出版了《可持续发展的时代》（The Age of Sustainable Development）

---
❶ 伯恩斯坦（Bernstein），2010年。

一书，更是促进了这些目标之间的联系。因此，如果伴随着收入或财富日益不平等、性别缺乏多样性或者健康状况日益恶化等现象，那么这种经济增长如今就会被人们看成是不可持续的。既然有预防性原则在发挥作用，那么我们就没有义务提供证据，来说明经济增长与这些现象之间具有什么样的因果关系了。驳斥经济增长具有所谓不利影响的任务，该由别人去承担。

　　总而言之，可持续观点存在的问题，在于其保守性鼓励了保持资本主义现状的种种措施。这种观点，将政府机构倡导稳定的文化背景制度化了。最为意外的是，"可持续性"还与抑制资本主义的创造性破坏倾向相一致。严格地遵循可持续发展的理念，就否定了进行破坏性经济重组的理由。

第11章
敷衍了事的魅力

　　自2010年以来，应对欧元区危机成为了欧盟和各国政府一种"踢皮球"式的、旷日持久的做法。德国的《明镜周刊》将这种现象称为"不争不抢的哲学"，即那种敷衍了事的哲学理念。

第11章 敷衍了事的魅力

在英国，议会下辖的"公共行政专责委员会"（Public Administration Select Committee）负责监督政府的运作施政。一份针对缺乏国家战略问题而展开的调查，曾经听取过一些证人的证词；那些证人，都对政府缺乏战略思维这一点深表失望。曾担任过英国政府首席科学顾问一职的大卫·金（David King），也描述了政府各部门都缺乏远见卓识的情况。他还强调说，这种现象已经深入到了内阁中的行政核心。

英国"国家卫生服务合作与竞争委员会"（National Health Service Co-operation and Competition Panel）的主席帕特里克·卡特尔（Patrick Carter），同样详细地说明了缺乏"针对国内形势的一个总体战略规划"的情况，还说"历届政府从来都不认为有必要"制定这样一种规划。担任英国"国王政策研究所"（King's Policy Institute）所长一职的尼克·巴特勒（Nick Butler）则委婉地声称，这些不足已经导致英国没有形成"一种为经济或整个国家的未来而制定的国家战略"，是一件"憾事"。专责委员会认可了他们的这些担忧，并且将政府没有一种连贯的战略方针，与历届政府反而倾向于采取一种"敷衍了事"的作风进行了对比❶。

这种表述，充分体现出了整个西方世界当代政府活动的这些重要特征：目光短浅、注重实利、消极被动和优柔寡断。在日本，金融泡沫破裂之后那"失去的二十年"已经见证了政治精英阶层一直未能采取果断行动来重组经济的局面。在美国，历届政府在经济问题上几乎都无能为力，在国会里一个又一个僵局的羁绊中步履维艰。美国政府喜欢敷衍了事的原因，通常都被归咎于行政部门和立法部门之间的权力分离。然而，用新中国成立以来就已存在的宪法框架来解释行政实践中的这种变化，无疑是一种不可理喻的做法。

---

❶ 公共行政专责委员会，2012年，第7页、第19页和第20页。

而在大西洋的另一边，自2010年以来，应对欧元区危机就成了欧盟和各国政府一种"踢皮球"式的、旷日持久的做法。德国的《明镜周刊》（Der Spiegel）将这种现象称为"不争不抢的哲学"（die Philosophie des Durchmuddelns），即那种敷衍了事的哲学理念❶。实力较弱的欧元区国家，一次又一次地采取了一种"塞责拖延"的办法，来应对各国的主权债务问题。不论欧元区的制度性功能失调已经多么接近于崩溃，人们始终都无视这一点。

在面对问题的时候，西方各国政府的领导人似乎都不愿意采取行动。作为"苹果"公司的创始人，已故的史蒂夫·乔布斯深知拥有使命感是个什么样子。与时任美国总统的奥巴马共进了晚餐之后，他便充分捕捉到了政客们那种犹豫不定的倾向。"总统非常聪明，可他一直都在向我们解释问题得不到解决的理由。这一点，让我很是生气。"❷

经济干预的去政治化

不愿果断地进行干预，还只是政府没有解决经济萧条问题的部分原因。在过去的40年里，国家在经济领域中实际上是变得更加活跃了，而在其他生活领域里也是如此。政府的经济政策将犹豫不决与留有余地结合起来，形成了一系列范围广泛的被动性干预措施。不管什么时候，只要问题变得太过紧迫而无法忽视，政府就会采取敷衍了事的行动，来保持或者恢复经济稳定的局面。

常规观点认为，政府一直都在向市场自由的新自由主义复兴之幕后撤退；其实，这种观点完全是一大谬见。根本就不存在"让国家撤退"这样的事情。与一些人认为新自由主义复兴始于里根政府和撒切尔夫人治下之政府的观点相反，美、英两国政府的经济活动其实还变得更加广泛了。西方国家生产衰退的局面，使得国家干预比以往

---

❶ 蒂莫西·加顿·阿什（Timothy Garton Ash），《创造欧洲的那段残酷历史日渐淡去的记忆》（Fading memories of the brutal history that created Europe），见于《金融时报》，2015年12月19日至20日。

❷ 高登·克罗维兹（Gordon Crovitz），《史蒂夫·乔布斯给奥巴马的建议》（Steve Jobs's advice for Obama），见于《华尔街日报》，2011年10月31日。

任何时候都显得更加必要,也更加普遍深入。

于是,政府的公共支出越来越多,并且随着每一次经济放缓而逐渐增加。监管力度也加大了。宽松的货币政策成了家常便饭。由于政府对市场活动的扶持力度大增,因此公私之间的界限变得模糊起来。许多企业开始日益依赖于政府采取的措施。

在国家干预蔓延的同时,对这种干预进行民主问责的可能性也变小了。本书第九章曾经指出,"冷战"的终结,暴露了左翼与右翼的政治权谋都业已枯竭的真相。当权阶层缺乏使命感与关注重心的现象更加明显,导致民主规范受到了侵蚀。

由于没有目标明确的规划,精英阶层与选民之间的纽带便断裂了。政客与选民的距离,开始渐行渐远。国家与公民之间的那道隔阂,开始加大。由此,政治阶层便丧失了其公共合法性和道德权威;而这一点,正是英国公投决定退出欧盟(EU)以及特朗普当选为美国总统背后的一个重要因素。文化精英和政治精英阶层随后在这两件事情上做出的那种反民主的反应,本身早就在以前对经济政策(还有其他政策)的民主问责力度削弱现象中预示出来了。

这种敷衍了事的做法,如今还越来越多地应用到了传统的政治领域之外。国内的政治论争减少了,使得政界人士能够逃避一些棘手的问题。解决这些问题的责任,被转嫁给了技术官僚。因此,民众对国家统治进行民主问责的力度也减弱了。国家日益通过独立的机构来运作,而这些独立机构里的成员既非选举出来的,也不存在民主罢免的可能性。

国家的经济活动,已经出现了去政治化。在主流政治内部,人们很少会讨论生产领域里那些具有根本性的问题。虽说他们仍然会讨论公共支出、税收和财政赤字等问题,但经常是在议会里进行讨论。但这就说明,对进入国家议程项目中的可选经济远景进行讨论的重要性已然降低。经济增长复苏中的种种挑战,在实行代议民主制的议会里却很少进行讨论。这样说,并不是要将以前那种经济论争的特点传奇化,而是说应当借鉴其他一些促进经济增长的办法。从20世纪80年代以来,国家对经济的绝大部分干预措施,都是在独立于政治论争问责的情况下实施的。

公共生活的去政治化与官僚化,正是后"冷战"世界最重要的特征之一。政治理论家柯瑞·罗宾(Corey Robin)就指出了这种趋势;他曾经解释说,新的政治精英阶层与商业界几乎没有任何联系。这些人除了在政府任职,主要的经历都位于学术界、新闻界、智库或者文化行业里的其他一些领域内❶。人类学家大卫·格雷布纳（David Graebner）也注意到了这一点，尤其是美国的情况。最终胜过了苏联的结果，并没有如愿地导致市场体制获得主导地位，而是巩固了"本质上保守的管理精英阶层"的优势地位❷。

国家的经济政策信誉尽失

经济政策走上去政治化的道路，始于第二次世界大战后"凯恩斯式"混合经济模型的崩溃。用凯恩斯的名字来为这种模型命名，对此人来说其实不太公平。他在1946年就已去世，当时经济繁荣还没有起步。虽然战后的经济实践都从他的理论中找到了合理性，可他的理论却是为了应对经济萧条的不同情况而提出来的。

甚至还是在战争期间，凯恩斯就已具有先见之明地注意到，其他人正在把他的观点加以扩展，将其变成一种更加常规的理由，来说明国家对经济进行干预是具有正当的理由，令他觉得始料未及。因此，他才在参加了美国一些经济学家组织的一场会议之后，发表了一通尖刻的评论，称他是"会上唯一的非凯恩斯主义者"。尽管如此，为所有党派的政治人物在第二次世界大战后大力实行国家干预措施提供理论依据的，仍是他的那些"经济衰退时代"理论。

20世纪70年代初经济危机的卷土重来，曾令西方各国政府都大吃了一惊。各国的政治领导人都已习惯了经济繁荣时期那种较为平静的局面。20世纪70年代为了应对经济增速放缓的影响而做出的种种努力都未能奏效，从而加强了他们的迷失感。从这种不安的困境当中，开始兴起这样一种思想：激进的国家经济政策非但无效，而且正在变得带来相反的效果。左翼和右翼围绕着凯恩斯的观点而达成的共识大大受挫，即将

---

❶ 柯瑞·罗宾，《终局："冷战"后的保守派》（Endgame: Conservatives after the Cold War），见于《波士顿评论》（Boston Review），2004年2月/3月。

❷ D·格雷布纳（2015），《规则的乌托邦：论技术、愚昧及官僚政治的秘密乐趣》（The Utopia of Rules: On Technology, Stupidity and the Secret Joys of Bureaucracy），梅尔维尔出版社（Melville House），引用于吉莉安·泰特（Gillian Tett）《消灭文书工作的时候到了》（Time to tear up the paperwork），见于《金融时报》，2015年2月21日。

由一种共同对干预性经济政策产生出的智识幻灭感所取代。

在经济危机初期，美国政府就已尝试过利用需求来刺激经济增长的办法，其中还包括右翼政府在内。1971年，共和党总统理查德·尼克松宣布了一项扩张性的预算案，试图以此来让美国的经济继续向前发展。当时，身为右翼的尼克松曾高兴地宣称："我现在算是经济学里的一名凯恩斯主义者了。"❶其他国家也纷纷效仿。一年之后，英国那一届保守党政府便尝试了同样的方法；当年，时任财政大臣一职的安东尼·巴伯（Anthony Barber）宣布了一项减税和增加赤字的"快速增长"计划。

可这些政策，都没能推动经济发展。相反，它们似乎还导致了"滞胀"现象；所谓的"滞胀"，是指通货膨胀与经济持续停滞结合起来的一种新形势。不断上涨的失业率本已令人头疼，可物价上涨和公共部门债务的增加还让这个问题变得更加复杂了。财政政策未能达到目的和不断上涨的物价，似乎支持了那种认为人类的干预让形势变得更加糟糕了的反启蒙观点。

很快，鼓吹社会民主主义的各国政府，也纷纷宣布放弃了它们以前极度热衷的财政支出政策。众所周知，英国的工党首相吉姆·卡拉汉（Jim Callaghan）曾在1976年的工党大会上指出，我们是不可能通过支出来摆脱经济危机的。"过去我们经常以为，我们可以通过增加政府支出来摆脱经济衰退，并且提高就业率。"面对一脸震惊的工党代表，他还宣称：

> 我可以十分坦率地告诉大家，那种选择不复存在了……就算的确存在过，自第二次世界大战以来至今，这种选择每次发挥的作用，也只是给经济中增添了一种更加严重的通货膨胀，并且下一步接着又是更高的失业率。❷

因此，凯恩斯主义的经济干预理论并非只是简单的无效。人们还谴责说，这种理论导致了种种经济问题。

第二年，也来自左翼社会民主党（Social Democratic Party）的西德（West Germany）

---

❶《纽约时报》，1971年1月7日。
❷ 英国工党，1976年，第188页。

创新性变革
开启一场经济复兴

总理赫尔穆特·施密特（Helmut Schmidt），同样对凯恩斯主义经济学进行了批判。此人认为，德国经济只是通过抵制其他国家纷纷陷入的那种财政邪念当中，才没有达到其他国家出现的通货膨胀水平。他总结出来的，同样是反对政府支出的这一教训。施密特宣称，适用凯恩斯经济学的时代已经过去，因为如今全球的主要问题就是通货膨胀❶。几乎所有国家都把用政府支出来刺激经济增长的那种热情抛到了脑后。

国家产业政策的声誉，也好不到哪里去。实施这些政策的方式，令它们更易丧失信誉，因为实施这些政策的目的，不是为了帮助创立新的产业，而是为了扶持那些遭到了经济危机重创的产业。英国的产业政策，支持的都是夕阳产业里的企业，比如钢铁、造船和汽车行业。原本是为了"挑选赢家"而提出的这一计划，最终却受到了人们的嘲笑，说它支持了一系列"跛脚鸭"式的输家。

英国业已陷入了困境的钢铁产业中，绝大多数企业都在1967年实现了国有化。在接下来的30年里，尽管政府继续扶持，可工厂还是一家接一家地倒闭了。幸存下来的工厂和企业，则在1988年重归私营领域❷。2016年，在余下的钢铁产业中占有半壁江山的"塔塔钢铁"（Tata Steel）宣布，该公司意欲退出英国的炼钢行业。

1975年，在国内汽车产业中占有大部分份额的英国"利兰汽车公司"（Leyland），也不得不进行了部分国有化。英国的这一行业后来再也没有恢复竞争力，最终在1986年彻底完蛋了❸。与此同时，正在衰落的造船业也在20世纪70年代初由政府进行了重组，然后在1977年实行了全面国有化。在20世纪80年代将为数不多、能够盈利的造船厂通过出售实现了私有化之后，英国造船公司（British Shipbuilders）便在1989年关闭了最后的一座造船厂。这样的失败，削弱了人们对任何所谓的产业政策的支持。

1981年，美国的里根总统曾经总结了人们对国家经济政策所持的那种新的怀疑心态："政府并非问题的解决之道；实际上，政府就是问题所在。"思想文化史作家安

---

❶ 布鲁斯·巴特利特（Bruce Bartlett），《凯恩斯和凯恩斯主义》（Keynes and Keynesianism），见于《纽约时报》，2013年5月14日。

❷ 英国钢铁生产中的最大份额后来与一家荷兰钢铁生产商进行了合并，更名为"康力斯"（Corus），直至2007年被印度的塔塔钢铁收购。

❸ 自那以后，来自日本、美国、德国和印度（塔塔旗下的另一家公司在2008年从福特公司手中收购了捷豹路虎）的外国企业，一直主导着英国的汽车生产业。

格斯·布尔津（Angus Burgin）曾经描述说，到了20世纪80年代，英、美两国的论争当中充斥着一种设想，大家都认为自由市场的运作应当受到保护，使之不受到政府干预措施的影响才是❶。在随后的那个10年里，名义上属于左翼的美国总统克林顿又宣称，"大政府时代已经结束了。"❷

别无选择（TINA）与技术官僚统治的兴起

这种广泛的共识，导致经济政策不再是一个公开的政治议题。早在20世纪80年代，对经济问题展开的论争热度就在消退。尽管撒切尔夫人后来获得了打破常规的美誉，可她制定的政策其实却不是那么的独特新颖或与众不同。它们不过是国际上两党合作这种共同趋势中的组成部分罢了。当时，《金融时报》曾经敏锐地指出了政治分歧带来的腐蚀作用。1984年11月，就在撒切尔夫人的首相权力达到鼎盛之势时，该报曾经如此写道："撒切尔夫人的经济政策与欧洲其他政府制定的经济政策没有太大的区别，既好不到哪里去，也差不到哪里去；不管是像德国的所谓保守派政府，还是像法国的所谓社会主义政府，都找到了自己的解决办法。"❸

撒切尔夫人比绝大多数人都更加明确地表达出了正在形成的这种新共识。她最喜欢说的一句话，即"别无选择"，就概括出了这种共识。作为一种经济制度，资本主义没有别的选择。这句话的英文首字母缩写，就是"TINA"，已经变成了国际社会的一种战斗口号，用于倡导亲市场的政策，倡导降低政府在经济中的作用。到了20世纪80年代末，待斯大林主义从内部崩溃，淘汰了最成熟的那种选择之后，"别无选择"这一准则就变得底气十足起来了。

弗朗西斯·福山那种著名的"历史终结"（End of History）观点，则强调了这一点：对抗性力量的瓦解，标志着市场进行可靠替代的终结❹。在整个政治领域中，无

---

❶ 布尔津，2012年。

❷ 克林顿总统1996年发表的国情咨文。网址：https://clinton4.nara.gov/WH/New/other/sotu.html。

❸ 引用于杰梅茵·格里尔（Germaine Greer），《玛姬的成功》（The making of Maggie），见于《卫报》，2009年4月11日。

❹ 福山，1989年。

创新性变革
开启一场经济复兴

论市场具有什么样的公认缺陷，人们都认为市场是现代社会唯一合理的运作方式。市场前所未有地被人们看成是一种自然规律。就像天气一样，市场不会轻易地被人类的成功干预影响到。

中国采取市场机制来推动经济发展的做法，就进一步证明了这一点。整个世界都支持市场体制的种种优点。不管市场对社会具有积极的作用还是消极的作用，核心的经济问题都不再是政治分歧领域了。从华盛顿到伦敦、到法兰克福、到莫斯科和北京，世界各国的精英阶层都已认可了市场经济的作用。

各国的政府领导人，其中包括传统社会主义国家中的领导人，都放弃了为了更加美好的经济前景而展开竞争的幻想。对经济生活，他们都采取了一种更具技巧性和管理性的方法。这一点，在20世纪90年代克林顿总统和英国时任首相托尼·布莱尔（Tony Blair）都信奉的"第三条道路"（Third Way）的各种计划中，清晰地表达了出来。最近，时任法国经济部长一职的埃马纽埃尔·马克龙（Emmanuel Macron）还提出开创一种新的两党合作政治运动"En Marche"（即"前进"），从而将这一点进行了扩展❶。"第三条道路"超越了社会主义和自由市场原教旨主义之间的立场对立，因此，人们都认为它与后政治时代相得益彰。

围绕着自由市场体制达成的这种新共识，加上人们对经济增长带来了好处这一点日益持保留意见，就意味着政界人士都松了劲，甚至希望在制定经济政策的过程中退居二线了。尽管实际应对经济萧条带来的后果需要实施范围更加广泛的经济干预，可在没有论争的情况下，这些国家活动也就不再具有以前的那种政治化形式了。

政治精英阶层已经接受了一种技术官僚和管理取向，试图通过此种取向，让自己显得是维持经济稳定的一种可靠且不牵涉到政治的力量。布莱尔宣称"在我看来什么都比不过管理经济"的能力之时，就表现出了这一点。此人还宣称，他认为"稳定很性感"。政府的恰当战略，就是"在一个充满不确定性的世界里引领国家沿着稳定的道路前进"❷。

---

❶ 安妮-西尔万·沙萨尼（Anne-Sylvaine Chassany），《埃马纽埃尔·马克龙押注法国的政治重组》（Emmanuel Macron bets on French political realignment），见于《金融时报》，2016年4月18日。

❷ 《英国的政治："稳定是一件性感的事情"》（UK politics: "Stability is a sexy thing"），见于英国广播公司新闻频道（BBC News），1998年11月16日。网址：http://news.bbc.co.uk/1/hi/uk_politics/215777.stm。

第11章 敷衍了事的魅力

在把自己看成务实的管理者而非空想主义者的同时,当权的政界人士一直都在将经济事务上的权力委托给别人。他们把自己的责任,委托给了一些非选举出身的专业人士;这些专业人士,构成了一系列不用承担责任的机构、工作组和委员会。由技术官僚组成的半官方机构和半国有化私营机构承包或者受托提供的公共服务,取代了直接的政府干预。这一点,已经让更多的国家活动脱离了政治辩论和民主问责。经济决策的任务,便从代表大会转移到了那些不用承担责任的国家机构或超国家机构身上。

几乎在任何一个国家,"独立自主的"中央银行都在努力控制市场波动性方面发挥出了显著的作用。货币政策已经变成当今最重要的一个经济决策领域,可在绝大多数情况下,这种决策都已正式脱离了对政府的民主问责体制。1997年,布莱尔的"新工党"(New Labour)政府实施的第一批法案当中,有项法案就宣布英格兰银行是"独立的"。

接受委任的个人和机构,如今承担了英国绝大部分日常经济政策的决策任务。其中,不仅包括英格兰银行下辖的"货币政策委员会"(Monetary Policy Committee),还包括"竞争与市场管理局"(Competition and Markets Authority),以及许多的官方监管机构。这些机构监管着大量的业务,涵盖了过去常常由政府当局直接管辖的大部分领域。

在不得不负起决策重任的时候,大臣们总是会听从外部专家的意见。所以,2015年8月,英国政府因为出售苏格兰皇家银行(Royal Bank of Scotland)的部分股份(这一部分股份,是英国政府在金融危机期间注入的救市资金)的时机而受到批评的时候,大臣们便将责任全都推到了别人身上。英国财政部为自己的做法进行了辩护,称他们只是听从了金融咨询集团"罗斯柴尔德"(Rothschild)和英格兰银行行长的建议罢了。❶ 政客们推诿责任,已经变成了一种惯常现象。

制定政策过程中的反民主倾向,在欧洲事务中表现得最为明显。在欧洲,各国政界人士都把责任外包的现象,已经为欧盟(EU)那些负责经济和其他事务、对民众即民主大众不用承担责任之机构的兴起提供了动力。连教皇方济各(Pope Francis)也

---

❶ 爱玛·邓克利(Emma Dunkley)、马丁·阿诺德(Martin Arnold),《出售苏格兰皇家银行(RBS)股份标志着英国最大的私有化进程开始》(Sale of RBS stake marks start of the UK's biggest privatisation),见于《金融时报》,2015年8月4日。

曾深表失望地说，那些曾经激励欧洲的伟大理想，已被"（欧盟）各个机构里的官僚技术细则"所取代了❶。欧盟（EU）与其说是导致国家去政治化的原因，还不如说是国家去政治化的一种症状；不过，它的确明确地表达出了种种反民主的倾向。因此，这里描述的种种趋势，都并非只是给增长缓慢的资本主义持久存在这个方面带来了问题。它们还击中了整个社会的民主自由之要害，从而刺激了像英国举行公投、决定退出不民主的欧盟（EU）这样的做法。

在欧元区危机期间，意大利和希腊两国都出现了未经选举产生的政府。2011年，在欧盟（EU）机构施加的压力之下，马里奥·蒙蒂（Mario Monti）这位经济学家兼前欧盟委员会委员被任命为意大利总理，而前希腊央行行长兼欧洲中央银行（European Central Bank）副行长卢卡斯·帕帕季莫斯（Lucas Papademos）则被任命为希腊总理。蒙蒂政府完全由技术官僚组成，其中既没有一名国会议员（MP），也没有一名政党成员。

国家层面上的技术官僚政府被用作一面镜子，反映了超国家的泛欧洲层面上由技术官僚进行决策的情况。至于对此给出的理由，也是技术性和反民主的；人们认为，只有非政治性的政府摆脱了选举压力，才能实行必要的痛苦改革。可在实践中，意大利和希腊两国政府采取的，不过是更多相同的敷衍了事政策罢了。两国政府都狭隘地把精力集中在试图降低政府的预算赤字这个方面，只是此时不再需要进行民主问责罢了。于是，欧元区危机就在继续发酵。

恢复力增强

启蒙政治枯竭还有一个方面，也让政府更易在经济管理方面采取敷衍了事的办法。资本主义面临的种种挑战已经消亡，为政府有效地应对生产衰退提供了更多的余地。国内没有了来自工人阶级的压力，国际市场关系得到了扩展，都帮助西方资本主义扩大了现有的方式并找到了新的办法来抵消经济萧条带来的影响。利用更多恢复力

---

❶ 詹姆士·波利提（James Politi），《教皇方济各称欧洲为"年迈而憔悴"的祖母》（Pope Francis calls Europe an "elderly and haggard" grandmother），见于《金融时报》，2014年11月25日。

资源的本领增强了，就巩固了此次经济萧条具有抑制性且旷日持久的独特特征。

国内恢复力增强

在过去实行资本主义的150年间，产业罢工出现的频率已经大大降低了。真正爆发产业罢工的时候，这些罢工也不再具有以前那种斗志旺盛的阶级斗争成分。由于没有了太多的社会矛盾，政治精英和商界精英就有可能以压力没有过去那么大的方式，承受并且随后解决经济方面的种种挑战了。

正是由于无须与社会对手正面交锋，因此政府及其正式的外包合作伙伴才能够采取敷衍了事的应对措施，而不必过多地去关注普通百姓即公众的行为或者想法。这些对抗性较低的时代，让人们更加容易实现那些保守的冲动，来制约破坏的程度和维持稳定的经济形势。

例如，自20世纪80年代末以来，各国之所以能够长期实行较为宽松的货币政策，就是得益于国内环境不再那么两极分化所带来的那种灵活性。如今，各国的央行行长在制定或者审查利率的时候，都不再那么关注出现通货膨胀的可能性，就是理所当然的了。在20世纪80年代中期之前，由于劳工运动较为激烈，工资水平上行带来压力的可能性更大，因此"担忧通货膨胀"的心态会较早地对收紧利率产生影响，而不是较晚才会产生影响。

各国央行行长对通货膨胀原因的理解是本末倒置的，但这一点并不要紧。"长萧条"早期的物价上涨，主要是企业对利润率降低带来之后果所做的反应。企业用一种自掘坟墓的方式，推高了包括消费品价格在内的市场价格，试图提高利润率水平。工人们则会集体进行反击，要求补偿性地增长工资，来抵消物价上涨对生活水平的影响。

如今，整个经济和绝大多数企业在应对利润率降低时更加容易；这一点，始终都是比力不从心的工会重要得多的一个反通胀因素。然而，认知也很重要。实力真正较弱、要求增加工资的能力较低的工人阶层，推动了各国实施较宽松货币政策的做法。

而劳资关系更加平静、政治意味较淡的氛围也发挥出了作用，帮助企业更加直接地缓解了经济萧条带来的影响。随着绝大多数激进工会制度消失，工资增长已经变得较为容易控制了。此外，企业削减成本的做法，已被变成了一种近乎永久性的商业战略。改变经营管理方案来削减运营成本的政策,也更加容易实施了。

在21世纪初的经济衰退过后,约翰·菲尔波特(John Philpott)曾经描述过一种所谓的"3R"现象,也就是一个机构内部同时发生重组(Reorganising)、招聘(Recruitment)和裁员(Redundancies)的现象。当时,普通的公司每3年就会重组一次。而在这些重大改组计划之间,企业还会对工作方法做出一些较小的改革。企业始终都在改变其组织结构;无论经济状况如何,企业始终都在流失和招募人员。这种情况,与前一个时代裁员主要发生在经济衰退时期的状况形成了鲜明的对比❶。

在解释企业这种持续变化的做法时,罗伯特·戈登还形成了他自己所谓的"一次性工人"的观点。实力较弱的员工,正在日益被企业当成"一次性商品"那样来对待❷。企业都在减少就业岗位、减少工时,却不会受到处罚。戈登提出,企业削减成本的力度异常巨大,从而为2002年至2003年间美国生产率大幅增长的现象提供了一种解释。工时缩减的速度,比产出下降的速度更快。他还引用了《华尔街日报》的说法,称此次经济衰退的温和程度掩盖了一种残酷的利润紧缩形势,导致许多企业的总经理都在裁员,还付出了其他的代价❸。

戈登得出结论说,自20世纪80年代末以来,企业为了应对利润压力而反复削减成本的做法变得更加容易了。削减成本不再只是经济衰退中的一种现象,而是持续贯穿了整个经济周期始终。这一点,不但让更多的企业能够在经济增速放缓的形势中幸存下来,还延缓了实施范围更加广泛的经济重组的必要性。

这种"一次性工人"的模式,在2008年至2009年间的经济衰退中表现得很明显。美国的非自愿性兼职就业人数增幅异常,同时就业率也大幅下降了。由于当时人们预计会出现一场与20世纪30年代相似的经济灾难,因此企业纷纷"忍痛割肉",一边裁员,一边减少固定资产投资❹。

---

❶ 菲尔波特,2004年。菲尔波特当时是"英国特许人事与发展协会"(UK's Chartered Institute of Personnel and Development)这个人事职员行业协会中的首席经济学家。

❷ 戈登,2010a,第4-5页。

❸ 戈登,2010a,第9页引述了乔恩·希尔森拉特(Jon E. Hilsenrath)的话:"在经济复苏的同时,严重的利润危机困扰着企业;紧张不安的首席执行官们可能会因为持续裁员、工厂倒闭而阻碍到经济复苏",见于《华尔街日报》,2002年4月1日,A1版。

❹ 戈登,2010b,第4-5页。

在劳动力更具个性化的背景之下进行的成本削减，与奥利纳、西切尔和斯提洛三人的分析保持着一致。他们发现，从20世纪90年代末到2001年间，美国利润下滑幅度最大的行业，往往也是裁员幅度最大和21世纪初生产率增幅最大的行业。这一点，导致他们得出结论说，从2000年之后至少到2004年生产率再次下降时为止，为了应对利润压力而进行的产业重组和成本削减，都促进了生产率的增长❶。

麦卡锡咨询机构也描述过企业在21世纪头一个十年末期的经济衰退中"不懈地"追求效率的情况。由于员工集体反对的现象少得多了，因此有三分之二的美国公司和四分之三的最大企业都已经重组了他们的经营业务，来减少企业所需的员工数量❷。

随着工作中的矛盾冲突减少，企业就能够找出这些更加直接的办法，来实现它们的盈利目标。这一点，会导致企业无须实施种种必然会令人感到不安的转型投资。坚持在企业内部进行频繁的重组来降低成本、提高利润，这种做法当然更好。

通过国际化增强恢复力

由于市场关系广泛地扩展到了全球，因此西方各国也找到了大量的外部支持，来帮助它们敷衍了事。在失败的社会主义国家纷纷接受市场规律的当代，"全球化"变成了一个典型的热门词汇。这种情况，始于中国在邓小平的市场化改革政策影响之下，于1978年实行的对外开放。随后，从1989年开始，中、东欧地区的苏联集团以及世界各地的卫星国，也纷纷采取了资本主义的运作方式。尽管这些国家的结果大多不如中国取得的成就那样令人瞩目，但国际贸易和投资却迅速增长了。

全球的资本主义劳动力市场多了成千上百万的工薪劳动者之后，国际分工就开始走上跳跃式发展的道路。据乔治·马格鲁斯估算，从1980年至2007年间，全球有效的劳动力增长了4倍❸。这种巨大的飞跃扩展到了全球的资本主义经济领域，帮助发达国家缓解了经济停滞趋势带来的影响。

对外贸易带来的收入和利润，已经帮助西方国家度过了国内的经济困境，德国和日本这两个出口大国尤其如此。对新兴市场的出口，增加了这些国家的收入。进口则

---

❶ 奥利纳、西切尔、斯提洛，2007，第4页。
❷ 马尼卡等，2011年，第13–14页。
❸ 马格鲁斯，2011年，第64页。

创新性变革
开启一场经济复兴

让供给品变得廉价。低价的进口商品，尤其是从中国进口的低价商品始终都是一件好事，不但帮助企业降低了成本，还通过提高个人的支出能力，减轻了工资上涨给企业带来的压力。这种情况还进一步抑制了通货膨胀，让西方国家更容易实行宽松的货币政策❶。

东西方对峙局面的终结，也已让各国处理国际经济紧张的局势变得更加容易。爆发的国家性或地区性经济和金融动荡都受到了抑制，使得它们的国际破坏性都要小于此前的经济和金融动荡。正如国内阶级矛盾的消失扩大了精英阶层在经济管理方面的回旋余地一样，国家间矛盾冲突的减少，也成了有利于各国政府敷衍了事的一个方面。

由于"冷战"结束之前，地缘政治的紧张局势就已有所缓和，因此由美国前财政部长尼古拉斯·布雷迪（Nicholas Brady）在1989年制定的《布雷迪计划》（Brady Plan）❷说明，从国际上来缓解经济局势有了更大的余地。这一计划，旨在消除资本市场因为拉丁美洲许多发展中国家以及非洲、亚洲和东欧其他一些国家积累的高额债务而背上的沉重负担。以不那么繁琐的"布雷迪债券"（Brady Bonds）换取债务削减，给发放贷款的西方银行都带来了益处。债务国则可以重返市场，为本国经济的进一步发展筹措资金。

自那以后，此种得到了强化的国际灵活性已经反复出现了多次。从1994年墨西哥的比索危机，直到东亚、俄罗斯和阿根廷的金融危机，合作性的干预措施通常都很有效，减轻了这些危机原本可能给全球造成的不稳定影响。2008年的金融危机可能造成的毁灭性影响，也被一种互联互通性更强的全球经济所缓解。世界上受影响程度较小的地区和国家，尤其是中国，就能够按照一些国际经济会议的要求，刺激全球的经济增长了。

不发达国家中生产活跃的领域，也为全世界提供了一种巨大的价值创造新来源。西方的发达国家一直都能够利用这一点，来帮助自己摆脱困境。西方企业纷纷将生

---

❶ 博里奥（Borio），2012年，第7–8页。
❷ 由美国前财政部长布雷迪提出的一项关于解决发展中国家债务问题的新政策，主要内容就在国际货币基金组织和世界银行资金的支持下，将解决发展中国家债务问题的战略从发放新贷款转向减轻重债务国的债务负担，以促进债务国的结构改革和经济增长。——译者

产设备直接搬到了那些国家，或是通过搬迁，或是通过外包，将其部分生产或者全部生产都转移到了这些正在蓬勃发展的国家与地区。这样做，就避开了国内种种制约利润率的因素。通过直接对外投资形成的这种资本出口带来的收益，给所有的发达工业国都带来了巨大的好处，英、美两国尤其如此。据摩根士丹利投资管理公司（Morgan Stanley Investment Management）的鲁奇尔·夏尔马（Ruchir Sharma）估计，美国海外业务带来的收益在企业利润所占的比例，将从20世纪90年代末的17%左右，上升到21世纪20年代中期的27%❶。

流入西方国家的资本，对那些不得不承受国内经济衰退形势的国家来说，则是另一种巨大的帮助。金融化绝对不是一件只关乎国内的事情。自新兴市场崛起，尤其是自中国向资本主义世界开放以来，国际资本流入已经极大地增强了金融化的普遍性和有效性。

英、美两国的政府机构获得了更大的回旋余地，可以制定宽松的货币政策，并且实施其他一些依赖于金融化债务的国家活动。这个方面主要有4种方式：为伴随着债务扩张而来的对外收支赤字融资；防止货币贬值破坏经济稳定；为政府的赤字支出提供资金以及抑制市场利率。

为对外收支赤字提供资金

资本输入已经让政府承担得起由债务驱动的公共支出了。实际上，其中很大一部分都来自新兴经济体的资本流动，已经为一些发达经济体的对外收支赤字提供了资金。这种依赖于外国资本的现象，曾经促使时任英格兰银行行长的马克·卡尼（Mark Carney）在脱欧公投运动伊始时警告说，英国正在试探"陌生人的善意"❷。在当时各方对脱欧问题意见不一、争论不休的情况下，这就是一种很具鼓动性的说法，因为在就公投问题进行讨论和投票脱欧之前，英国的外部融资依赖性就存在已久了。自

---

❶ 欧文·斯特尔泽（Irwin Stelzer），《美国仍然是全球经济增长的最佳驱动力》（America remains the best engine for global growth），见于《星期日泰晤士报》（The Sunday Times），2016年1月17日。

❷ 吉尔·特雷纳（Jill Treanor）、尼古拉斯·沃特（Nicholas Watt），《马克·卡尼担心，脱欧会让英国依赖于"陌生人的善意"》（Mark Carney fears Brexit would leave UK relying on "kindness of strangers"），见于《卫报》，2016年1月26日。

1984年以来，英国始终都存在经常账户赤字。美国的赤字出现得甚至更早，是在1982年，并且自那以后，只有一年稍有盈余，即经济衰退期间的1991年。

从全球的层面来看，一种类似于卖方融资的做法也有所增加。美、英两国都不断地扩大贸易和经常账户赤字，因为两国都属于寅吃卯粮，都在购买国外生产的商品。外资则使得两国政府能够这样去做。

这种做法，从中、美两国的双边合作当中就可以看出来。贸易和资本的双向流动，从技术上来看，并不一定要达到平衡；可令人惊讶的是，两者同时都有所增长。随着美国对华贸易逆差扩大和"中国制造"的所有廉价商品在全美范围内有售，中国也成了美国债务最大的海外买家。美国购买得起中国的出口商品符合中国的利益，因此中国也发挥出了作用，为美国提供了资金。

这种情况，与传统的卖方融资具有重大的区别。传统的卖方融资，通常都是陷入了困境的生产商为了人为地提高销售而采取的一种金融化手段。竞争力较弱的生产商，会向潜在的买家提供信贷。而在中、美经贸关系当中，情况却完全不同。作为一个正在崛起的价值生产国，中国处于优势地位。该国可以决定让多少资本流入美国、流入其他的西方国家或者其他的发展中国家。中国一直都在将更多的价值从生产领域转向其他用途，而不是用于支持美国。越来越多的资金开始留在中国国内，以提振国内市场。越来越多的资金进入了亚洲、非洲和拉丁美洲的其他新兴市场，其中就包括中国提出的"一带一路"倡议。

预防货币崩盘

资本流入已经为西方货币提供了支撑，尤其是为美元和英镑提供了支撑，并且为宽松的货币政策可能引发的无序贬值提供了一重保障。尽管从长期来看，汇率往往会随着生产率的相对变化而变化，但其他因素也有可能引发一次次不受人们欢迎的汇率波动。宽松的货币政策之所以会带来这种可能性，是因为它们降低了将一个国家的低息资产进行保值的吸引力。

在实践当中，让货币贬值一直都是这些货币政策一个秘而不宣的目标，量化宽松（QE）政策尤其如此。之所以"秘而不宣"，是因为20世纪30年代的贸易保护主义让人们记忆犹新，仍然让大家对货币战争都谨言慎行。货币贬值通常都会受到企业的欢迎，因为它会让出口商变得更具竞争力。一些负债累累的政府虽说再次保持了沉默，可实际上它们也喜欢成本较高的进口品带来一定程度的通货膨胀，以减轻它们的实际债务负担。

然而，货币贬值也会带来负面影响。进口价格较高可能会抑制消费，从而抵消金融化刺激国内支出的目标。为对外收支赤字提供资金可能会变得更加困难。汇率降低，也会让人们在国外做任何事情的成本提高，从旅游到对外直接投资，都是如此。

浮动的汇率极不容易管控，而这些企图用金融化来操纵汇率的做法却可以导致波动性，并且带来陷入一种具有破坏性的自由贬值状态的风险。由此引发的动荡，很可能导致各国央行提高官方利率来保护汇率；对美、英等拥有巨额海外赤字而需要融资的国家来说尤其如此，因为这种局面会让它们失去廉价的资金支持。

美、英两国可以获得的资本流入，已经降低了货币崩盘的可能性。流入的资本，已经维持了一种较高的汇率；如若不然，两国的利率不会这么高。尽管金融化制度之下的汇率并不稳定，但要是没有外资输入的话，货币贬值的程度可能就会更加极端、更不稳定❶。

支持政府的赤字支出

外国资本不仅可以为工业化国家的对外收支赤字提供资金，尤其还可以为这些国家的公共支出赤字提供资金。较高的政府支出，连同低迷的税收收入，会导致近乎永久性的财政赤字，从而增加国家背负的债务。外国政府承担这些公共债务的数量和比例，都在不断增加。

就美国而言，外国政府持有的美国国债，从"长萧条"时期伊始的15%左右，增长到了2000年的35%，期间还在2008年达到了超过60%的峰值。尽管在量化宽松（QE）政策下，美联储已经成为美国政府债券的重要持有者，可2013年外国持有者所占的比重仍然保持在50%上下。从2008年到2013年，美国的未偿付国债增加了差不多两倍，从3.6万亿美元增长到了9.8万亿美元；而外方持有的美国国债也翻了一番

---

❶ 2016年6月英国公投决定退出欧盟（EU）触发了英镑贬值，使之达到了更加接近公允价值的水平；此前的多年里，由于资本流入高居不下，因此英镑价值被人们高估了数年。

多，达到了近5万亿美元❶。

外方持有的英国国债，也从1996年的19%左右，上升到了2008年的36%这一最高比例。与美国一样，英格兰银行在量化宽松（QE）政策下购买了大量的英国国债，使得外方所持国债的占比在2013年下降到了30%左右。可令人惊讶的是，在这段时间里，外方持有的英国国债仍然翻了一番，在2013年增加到了逾4000亿英镑❷。在为美、英两国政府的财政赤字提供资金方面，外国资本流入一直都是必不可少的；正是流入的外资，才让两国政府能够继续实施应对困难和稳定经济的措施。

在外方持有美国国债这个方面，对华关系也始终处于最重要的位置。光是2008年那一年，中国借给美国政府的资金就超过了4,000亿美元，超过了中国国内生产总值（GDP）的10%。这笔资金，为美国政府在经济危机期间稳定该国的经济形势发挥了巨大的作用。它消除了一些经历过主权债务危机的美国人所担心的那种可能性。

利率降低

外方拥有政府债务比例的不断攀升还带来了另一重好处，那就是降低了政府的偿债成本。金融投资者无论是国内的还是国外的，都必须有人去说服，才会购买政府债券，才会把购买国债当成一种具有吸引力的金融投资手段。现有的高额债务，可能会让这一点变得更加困难。这种情况，引发了人们的担忧；人们担忧的，不仅是这种债务将来是否会得到偿付，还有由于货币贬值，到时这笔偿付款究竟价值几何的问题。潜在的投资者之所以要求获得一种高得多的利息，目的就是为了抵消他们认为的这种购买风险。

有外国资本大量流入来购买国债，这对政府的财政状况而言是有利的，因为政府可以让利率保持在低于正常的水平之上。国际货币基金组织（IMF）的一项研究发现，平均而言，非本国居民持有的证券份额每增加10个百分点，证券的收益率就会下降32至43个基点，或者说下降三分之一至0.5个百分点左右❸。

---

❶ 美国财政部，2014年，第5页。
❷ 英国债务管理局（UK Debt Management Office）数据库。网址：http://www.dmo.gov.uk/rpt_parameters.aspx?rptCode=D5N&page=Gilts/Overseas_Holdings。
❸ 安德里奇（Andritzy），2012年，第26页。

通过抑制市场利率，资本流入也为宽松的货币政策提供支持。本书第五章曾经解释过，低利率是发达经济体内部利润率下降，且因生产性投资水平处于低位以及企业储蓄水平相应地处于高位而得到了强化的一种反映。企业储蓄中的一大部分，都流入了金融资产当中，其中就包括债券。债券需求的增长会推高债券的价格，并且对利率产生逆效应，因为债券的票面利率是根据债券的原始名义价格来偿付的，而不管其实际价格是不是较高。

外国资本流入西方国家的公共和私人债务领域，还会产生出另一股强大的推动力，帮助西方国家平抑短期利率和长期利率。这种下行性的影响，在21世纪初的美国曾经变得非常明显；当时，美国央行发现，旨在提高美国长期性的企业借贷利率和家庭借贷利率的措施，并没有收到成效。连时任美联储主席一职的艾伦·格林斯潘也称，这是一个"难题"❶。

即便美联储已经提高了联邦基金的目标利率，可长期利率仍呈下降趋势。这种情况，与正常的模式恰好相反。这个难题的答案，除了前面已经讨论过的国内企业储蓄，就在于中国以及其他的新兴经济体购买了太多的美国国债，从而压低了市场利率。国际货币基金组织（IMF）后来进行的分析证实，外国官方购买美国国债的做法，对21世纪头十年中实际利率的下降起到了重要的作用❷。

尽管这一点削弱了格林斯潘的货币紧缩政策的效果，但相较于对外债务融资带来的其他好处来说，这不过是一种很小的代价罢了。反正美联储一贯都倾向于宽松，因此在绝大多数时候，资本输入都有助于巩固那些宽松而廉价的金融化货币政策。自"长萧条"开始以来，外国投资者购买美国所有长期债务（包括公债和私债）的比例都在日益增加。1974年，这一比例约为5%，而自2007年以来，他们持有的比例已经超过了四分之一。

恩里克·门多萨（Enrique Mendoza）和文森佐·卡德里尼（Vincenzo Quadrini）两人，曾经分析过金融全球化与美国债务迅速增长之间的关系。据他们估计，自20世纪80年代中期以来，美国非金融行业的净贷款中，也就是企业、民众和政府的净贷款中，有超过一半的增幅都源自外方的贷款。外国资本流对美国的"债务激增"发挥了

---

❶ 格林斯潘，2005年。
❷ 国际货币基金组织（IMF），2014a，第13页。

创新性变革
开启一场经济复兴

重要的作用❶。

资本流动的这一特点,也促进了美、中两国之间那种共生性债务贸易机制的运作。中国的官方贷款主要流向了美国政府,而不是直接流向了美国的家庭。然而,正是低利率和宽松的信贷市场,才使得来自中国的资本流入发挥出了作用,维持了美国对中国产品的消费支出居高不下的局面。

总而言之,"冷战"后的国际化极大地提振了债务不断扩大的西方经济体的耐久性。资本已经从亚洲一些新兴经济体以及中东地区的石油生产国,流向了经济萧条的国家。较少的资本流入,意味着西方国家的国内利率会上升,而且很有可能导致债务增速放缓。那样的话,国内的经济活力、生活水平和国内生产总值(GDP)增速都将下降。

人们如今都喜欢将东西方的不平衡说成是导致金融危机的原因之一❷;其实,这种观点是在责难一种让西方经济保持活力的决定性力量。来自贸易顺差国的资本输入,令许多西方国家如今的经济生活显得与2008年之前一样健全。倘若没有这种稳定的外方需求来源,那么债务的持续扩张,尤其是政府债务的持续扩张,可能就会让金融投资者感到恐慌,导致金融危机提早爆发。

国内和国际上的智识、政治和经济环境结合起来,从20世纪80年代开始,一直对国家采取的那种敷衍了事做法有利。为了更好地应对经济萧条的影响而采取的一系列广泛措施,为如今这种缓慢发展的资本主义打下了物质基础。它们有效地缓解了经济衰退中一些最为严重的特征。这种状况,能够继续下去吗?

---

❶ 门多萨、卡德里尼,2009年,第4页和第29页。
❷ 参见沃尔夫,2014年。

第12章
敷衍了事的局限性

近几十年来的"敷衍了事",不可能永远有效,它们的局限性都是相对的,而不是绝对的。敷衍了事带来的政治挑战与其说是源于其局限性,还不如说是源于其有效性。

第12章　敷衍了事的局限性

自20世纪80年代中期以来，尤其是到2008年金融危机爆发之前，对生活在西方国家中的绝大多数人而言，经济生活似乎正常得很。绝大多数年份里，经济产出都出现了适度的增长。一次次的经济衰退，程度都很温和。虽说金融危机改变了形势，可这种变化也不算那么严重。经历了随后而来的严重衰退之后，经济形势却因增长停滞而让人们深感失望。不过，个人面对的巨大困难却仍属例外。如今，人们虽说对经济能否恢复强劲增长这一点感到悲观，可他们对即将到来的厄运，却依然无动于衷。

经济形势这种相对良性的状况，就是我们能够利用资本主义的恢复力来成功应对的证明。那么，我们为什么不能继续永远地敷衍了事下去呢？如果主张干涉和稳定的政府机构那么有效，那么依赖它们又有什么错？为什么还有人担心西方国家的生产衰退呢？这些合情合理的问题，表明敷衍了事带来的政治挑战与其说是源于其局限性，还不如说是源于其有效性。形势相当稳定，就说明在修复业已崩溃的经济方面继续拖延下去具有正当的理由。

虚假的宽慰

用敷衍了事的办法成功地阻止了经济形势崩溃，已经在精英阶层当中维持了一种虚假的幸福感。政治领导人承受的压力，得到了缓解。敷衍了事的做法非但行得通，还变得能够自圆其说了。为了复兴经济而进行更加深入和更加激进之改革的紧迫性，被掩盖了起来。社会对变革中固有的各种破坏性感到不安的心态，已经在当权派内部催生出了一种根深蒂固的保守性。抵制经济重组的心态，与认为经济生活实际上并非

创新性变革
开启一场经济复兴

那么可怕的自满情绪并存。

在敷衍了事带来的实质性效果的鼓舞下，精英阶层并没有意识到这些问题到了何种根深蒂固的程度。他们采取的做法就是大回避，不去正视经济萎缩的问题，不承认存在广泛的重组需求。国际货币基金组织（IMF）的一位官员曾经捕捉到了他们这种不愿采取行动的心态，如此描述了政客们都拒绝接受进行变革建议的情况："既没有出现经济危机，也没有出现经济衰退，因此，何必要采取什么行动呢？"❶

哲学家朱利安·巴吉尼（Julian Baggini）曾经充满睿智地建议，如果发现自己"经常利用自身的韧性"，那么您真的应该去问一问自己，您为什么会一而再、再而三地摔倒在地❷。此种针对个人的忠告，同样可以用于西方的精英阶层。如果经济生活如此依赖于恢复力，那么他们就该问一问，为何我们需要如此频繁地去利用这种恢复力。相反，他们却在坚持这种大回避的做法。

就连危机加剧的时候，他们对问题都出现生产领域内部也仍然感到沾沾自喜。例如，他们认为金融危机主要是一个金融问题。金融体系的优胜劣汰，发挥出了平息人们的担忧且为金融化重新开始铺平了道路的作用，可生产领域的淘汰却很少出现。金融危机本身几乎没有发挥出揭露以前的繁荣表象都属虚假的作用。

他们吸取了错误的教训。他们进行的讨论，重心都放在金融从业者的反常做法与金融市场的种种缺陷上。他们的主要反应，并不是把金融危机看成需要加以解决的生产衰退问题的征兆，而是把责任归咎于贪婪的银行家、容易上当的借款方和无效的监管机构。这次金融危机，又成了一次原本可以让我们认识到经济萧条的严重性，却被白白浪费了的机会。也许，2016年英国公投与美国大选带来的冲击，会激发出一些新的想法来。然而，一种具有进步意义的结果，取决于人们对当前的国家形势以及如何应对这种形势的问题展开一场成功的观念论争。

本章解释了对大回避感到自鸣得意的做法也属目光短浅的原因。近几十年来的应对措施，不可能永远有效。它们的局限性都是相对的，而不是绝对的。债务水平、

---

❶ 陈思萍（Szu Ping Chan）和本·莱特（Ben Wright），《可以阻止这种全球性的恶性循环吗？》（Can anything stop this global cycle of doom?），见于《每日电讯报》（The Telegraph），2016年4月16日。

❷ 朱利安·巴吉尼，《我们是否应该培养韧性？》（Should we cultivate resilience?），见于《金融时报周末杂志》（FT Weekend Magazine），2014年10月4日至5日。

公共补贴或者实施的量化宽松（QE）政策数量，永远都不会达到一种硬性的上限。不过，额外的债务、补贴或货币宽松政策，也永远无法消除导致经济衰退的种种原始力量。

尽管敷衍了事的方法本身无穷无尽，但这种做法带来的效果却是有限的。这一点，看似并非敷衍了事政策的最终失败。不过，随着时间的推移，此种应对办法导致的良性表象就会变得日益模糊，然后被一场场严重的危机中断。之所以如此，主要是因为生产衰退并非一桩事件，而是一个过程，其衰退性的结果是随着时间流逝而逐渐累积起来的。

应对经济衰退，会带来三大困境：衰退持久存在、应对效果枯竭与经济形势不稳定。虽说各种应对机制能够控制潜在的衰退趋势，可它们不会彻底消灭这种趋势。它们的反制作用，最终也会弱于导致它们发挥作用的那种衰退力量。

经济衰退会持续下去，而其影响也会加剧。此外，大多数应对工具使用得越多，效果往往也会越差。有些工具还会带来自身的问题，从而造成更多不稳定的因素。金融危机业已证明了这三大缺陷。债务的持续扩大，未能阻止衰退蔓延。它也没有阻止经济出现深度衰退。而债务导致的金融泡沫，还造成了严重的混乱局面。

这些限制，就好比治疗某种疾病时的疗效。施用姑息剂，可能是一种缓解症状并让身体继续治愈初始疾病的正确方法。但在某些情况下，姑息剂可能只是掩盖了根本性的疾病，并且令其恶化下去，即让疾病持久存在。随着时间的推移，身体的免疫力慢慢增强，治疗的提振效果可能会逐渐减弱，从而出现效果枯竭。这种情况，又有可能因为药物的副作用带来了其他的严重症状而变得雪上加霜，也就是病情变得不稳定了。

最终，我们仍需解决这种疾病的病根。古希腊悲剧作家埃斯库罗斯（Aeschylus）曾经写道，拖延无法让人逃避问题。而且，在最终解决掉病根的时候，这种根本性的疾病还会进一步加重，因此与趁早治疗相比，此时的治疗很有可能更具侵入性和破坏性。

持久存在

通过有效应对，"长萧条"获得了更多的时间，用最终变得不那么可以控制的方式，更加深入、更加广泛地扩散开来了。倘若延误了做出变革的时机，资产就有可能永久损失掉。在美国，那些建成40年之久的房屋纷纷垮塌❶，以及坍塌的桥梁❷都具有象征意义，暗示出了未来的命运。在德国，莱茵河上的桥梁也正在呈现老化之势。勒沃库森市（Leverkusen）的A1高速公路大桥，也已经禁止中型货车通行❸。

旷日持久的衰退，极少导致真正的经济崩溃。平稳恶化与萎缩，才是常态。用敷衍了事的做法来应对萧条，一些国家有可能维持适度富裕的局面。然而，它们会逐渐滑向世界的边缘，陷入未来生产率下滑、影响力削弱的境地。正如法里德·扎卡瑞亚（Fareed Zakaria）声称的那样，西方国家的主要危险并非经济崩溃，而是经济僵化❹。

通过金融化来应对萧条成效不大就是一个例证，说明了经济衰退的持久存在。金融化的根本缺陷，在于其影响只限于金融和汇兑领域。金融扩张可以抬高股价和房价，借贷则可以刺激消费。不过，它们无法导致经营性资产方面的资本投资出现复苏。连英国业已撤销的"金融服务管理局"（Financial Services Authority）的前任局长阿代尔·特纳（Adair Turner），也对放宽贷款主要是为了给新的企业投资提供资金这种正统的观点提出了质疑。银行贷款当中，只有五分之一左右的贷款用于给资本投资提供资金。在发达经济体中，绝大多数信贷资金要么是用于家庭消费，要么就是用于购买现有资产❺。

宽松的金融体系，无法让一个垂死的生产部门复兴。金融机制的运作，是以从其他地方获取价值为基础的；也就是说，必须从其他生产价值的地方，尤其是通过借贷

---

❶ 乔纳森·奥康奈尔（Jonathan O'Connell），《美国联邦调查局（FBI）总部大楼正在垮塌。为何美国如此难以建造一栋新的大楼？》（The FBI's headquarters is falling apart. Why is it so hard for America to build a new one?），见于《华盛顿邮报》（The Washington Post），2015年10月16日。

❷ 《10号州际公路加州段因桥梁垮塌而关闭》（I-10 in California closed after bridge collapses），见于《今日美国》（USA Today），2015年7月20日。

❸ 斯蒂芬·瓦格斯蒂（Stefan Wagstyl），《德国：焦头烂额》（Germany: in a spin），见于《金融时报》，2014年9月1日。

❹ 扎卡瑞亚，2013年。

❺ 特纳，2014b，第2页和第18页。

来生产价值的地方获取，因为借贷实际上是获取另一个时间即未来的价值。金融和债务扩张，能够人为地维持经济需求。它们不会发挥出让生产环境转型的作用。此种转型，必须由生产者的行为导致。金融领域内的发展，无论多么新颖，无论多么妥善地加以监管，都无法解决生产领域内部出现的问题。

货币政策典型地说明了金融化为何会持久存在，却没有逆转经济衰退局面的原因。这种政策，经常被说成是"唯一的选择"❶。然而，这种选择的范围，却局限在纯粹的金融事务上。尽管制定了史上最为宽松的货币政策，西方各大经济体在衰退之后的复苏过程，仍属20世纪30年代之前以来最乏力的一次，或许还是迄今为止最为乏力的一次。调整民众和企业借贷时的难易程度与所付代价的政策，都只是行政性的杠杆。各国央行并不会投资、生产或者建造任何东西。它们不会创造出新的财富，也无法决定其他人创造财富的方式。

各国的中央银行，领导的是一个不会创造出新价值的金融整体。科斯塔斯·拉帕维查斯指出了其中具有根本性的一点，那就是无论现代金融体系有多么复杂、表面上有多么独立，为金融提供内容即价值生成的各种关键性经济关系，却并非存在于金融领域内部。这些关系，都存在于其他的经济领域里❷。

中央银行或者商业银行可以发行更多的货币；不过，倘若企业把那一部分资金用于转型投资的话，银行发行货币就只能影响到生产供应条件。低成本资金，也无法导致企业投资。正如我们在本书第5章里已经讨论过的那样，低利率是投资疲软和经济增速放缓的一种症状。成本高昂的资本并非导致经济低迷的原因，因此廉价资本就不是解决这一问题的办法。

官方确定的利率，作用有如顺风或者逆风对一架飞机的影响。风向虽然可以让飞机飞得更快，或者让飞机降速，却无法改变飞机的航向。金融危机过后超低的央行利率就如一阵顺风，将业已很低的市场利率压得更低了。英格兰银行0.5%的基准利率，是英国官方利率300多年的历史上最低的一次❸。以前的最低基准利率是2%。而在美联储相对较短、"只有"100年的历史上，其官方利率也从未达到过此种低位：2008

---

❶ 这是穆罕默德·埃尔–埃里安2016年所著图书的书名。
❷ 拉帕维查斯，2013年，第107页。
❸ 脱欧公投后，基准利率进一步下调了。

年年底，美联储的基准利率降到了0至0.25%之间。然而，由两国央行好心好意地提供的这种廉价资本，还是没能推动商业投资。相反，政府维持的低利率还巩固了由借贷增长导致生产率持续低下的那种萎缩性循环。

货币政策的矛盾之处在于，国有银行拥有极大的正式权力，对金融市场拥有巨大的影响力，但对经济当中创造价值的那个部分几乎没有什么影响力。中央银行是金融经济当中的关键机构，与声誉扫地的政治阶层相比，它们已经变成了一种受人尊崇的机构。不过，它们的经济影响力却微乎其微。

身为央行行长的马克·卡尼曾强调说，他所在的英格兰银行对实际形势的影响力很有限。"我们不会在英格兰银行里计划来建一座房子。我们影响不到那个。"❶他说得很对：宽松的货币政策可以维持或者抬高房价（对那些已有住房的人来说，这一点似乎是有利的）。不过，相同的政策却不会直接或者自动经由建筑商之手，确保新建住宅为社会所共享。

那种情况，才算是真正创造出了财富。塞浦路斯中央银行前行长阿萨纳西奥斯·欧菲尼德斯（Athanasios Orphanides）也曾解释说，中央银行无法确保创造出优质的就业岗位。货币政策不可能取代经济持续增长所需的结构性政策❷。经济衰退仍然没有受到干扰。

效果枯竭

随着时间推移，连应对措施带来的表面益处，也会逐渐消失。这一点并不会立竿见影，因为提振效果的枯竭，很少会导致人们公开废弃这种特定的扶持机制。恰恰相反，这种情况通常还会促使政府采取更多的相同措施。由于人们以为这种情况是应对措施不够导致的，故会成倍地增加这些措施。

金融危机以来的国家金融化，也证明了效果枯竭这种局限性。连货币政策维持一

---

❶ 网址：http://news.sky.com/story/1263732/carney-house-prices-biggest-risk-to-economy，2014年5月18日。

❷ 欧菲尼德斯，2013年，第7页和第18页。

种恢复常态之表象的效果，也在日益减弱；这一点，在我们采取的"非常规"形式越来越多这个方面就表达了出来。而过了5年多的时间之后，我们仍在采用应急措施，则进一步体现出了这一点。

在"雷曼兄弟公司"（Lehman Brothers）破产后，经济增速放缓时期降低利率的标准做法，就变成了采用超低利率。由于经济复苏依然乏力，因此随着央行资产负债表大规模扩张，接下来就出台了量化宽松（QE）政策。尽管美国在2008年11月首次实施的量化宽松（QE）政策发挥出了作用，安抚了恐慌的市场，使之逃脱了彻底冻结的命运，可继续实施这种政策来促进经济复苏的做法，却始终未能奏效。第二轮和第三轮量化宽松（QE）政策，取得的积极效果就少得多了[1]。

倡导量化宽松（QE）政策的人，在很大程度上依据的都是他们声称这一政策能够有效提振信心，即让民众和企业都感觉更好的说法。《金融时报》曾经如此总结说："购买政府债券，就像是一场骗局。"[2]人们都希望，资产价格上涨带来的"财富效应"会提振消费支出，并且增强企业的信心，从而鼓励企业支出和投资[3]。量化宽松（QE）政策的失败，表明这种希望化成了泡影。正如乔纳森·戴维斯（Jonathan Davis）所言："无论量化宽松（QE）政策的历史说明了其他哪些东西，显而易见的都是，这种政策本身没有发挥出导致经济增长的任何作用。"[4]

随后，一些国家的央行便尝试性地采用了更具非常规性的负利率。欧洲是最先采取这种政策的地区；2016年初，约有半数的政府债券收益率为负数，其中领头的是德国、芬兰和瑞士。2016年1月底，日本银行也采纳了一种原本被人们认为不太可能的理论[5]。此种孤注一掷的做法，就证明货币政策的效果正在减弱。

敷衍了事手段的枯竭，也在债务水平日益上升对维持经济活力的影响正在减弱

---

[1] 内利斯（Nellis），2013年。

[2] 罗宾·哈丁（Robin Harding），《伯南克的笑话凸显了量化宽松（QE）有效性方面的诸多问题》（Bernanke joke underscores questions on QE's efficacy），见于《金融时报》，2014年10月14日。

[3] 乔伊斯（Joyce）、唐（Tong）、伍兹（Woods），2011年，第201–202页。

[4] 乔纳森·戴维斯，《债务通缩的噩梦逼近欧洲》（Nightmare of debt deflation stalks Europe），见于《金融时报》，2014年8月25日。

[5] 伊莱恩·穆尔（Elaine Moore）、托马斯·黑尔（Thomas Hale），《日本实施宽松政策之后，债券负收益已达5.5万亿美元》（Negative bond yield universe hits US$5.5tn after Japan eases），见于《金融时报》，2016年1月30日。

这一点上体现出来了。将第二次世界大战后繁荣时期的债务扩张，与席卷所有发达经济体的"长萧条"期间比较一下，我们就可以看出，贷款与产出增长之间的比率从1.5倍扩大到了1.9倍。尽管在战后那些年里，人均实际产出平均增长了4.2%、贷款增长了6.2%，可在"布雷顿森林体系"瓦解之后，两种增长率却分别降到了2.6%和4.9%❶。随着经济增速回落，经济增长中的"信贷密度"也加大了。这就意味着，每1美元债务对经济的影响力正在降低，与我们从价值主导的经济增长时代转向债务驱动的经济增长时代这种趋势保持着一致。

随着经济萧条旷日持久地持续下去，债务与生产之间的关系变得更加紧张了。阿代尔·特纳发现，在金融危机爆发之前的20年里就有迹象表明，信贷增长与产出增长之间的比率一直都在扩大❷。其他研究也已证实，与"长萧条"早期的情况相比，2000年至2008年这段时间里债务与国内生产总值（GDP）之间比率的增速加快了❸。特纳提出了一种"二阶导数"效应：随着时间的推移，私人信贷增长超过产出增长的幅度正在日益提高❹。

要是将源自资本市场与银行的各种债务合计起来，信贷密度增加这一点就会表现得更加明显。约翰·莫尔丁（John Mauldin）和乔纳森·泰珀（Jonathan Tepper）两人，曾将这种现象称为"债务的边际生产率递减"❺。随着时间的推移，一个债务单位获得的国内生产总值（GDP）增额，就会越来越少。

这种趋势，也存在于全球范围内：在1990年至2009年间，债务的增长率平均每年都要比全球国内生产总值（GDP）的增长率高2.3个百分点左右❻。然而，在这一时期的后半段，即从2002年以来，债务与产出之间的差距却拉大了。全球债务的增长速度更快，年均增幅接近11%，而年均产出增幅却只有4%左右。全球的债务增长率，比国内生产总值（GDP）的增长率高了大约3倍❼。

---

❶ 约尔达（Jorda）、舒拉里克（Schularick）、泰勒（Taylor），2012年，第4页和第10页。
❷ 特纳，2014b，第16页。
❸ 罗克斯博格等，2010年，第10页。
❹ 特纳，2014a，第5页。
❺ 莫尔丁、泰珀，2011年，第148–149页。
❻ 多布斯等，2010年，第17页。
❼ 凯尔·贝斯（J. Kyle Bass），"海曼顾问公司"（Hayman Advisors）的客户信《对这一切的认知失调》（The cognitive dissonance of it all），转载于约翰·莫尔丁的《他山之石》（Outside the Box），2010年3月6日。

格兰特·威廉姆斯（Grant Williams）所做的分析，也得出了债务对经济的影响正在减弱的相同结论。据威廉姆斯估计，在1947年至1952年期间，每1美元增量债务导致美国实际国内生产总值（GDP）的增长额相当于4.61美元，可在1953年至1984年期间，这一增长额却降到了0.63美元。那个时期，就是以债务驱动的经济活动开始猛增而宣告结束的。在1985年至2000年间，每1美元的附加产出进一步下降到了0.24美元，并且在2001年至2012年间又下降了三分之二，只有0.08美元❶。

尽管克里斯托弗·鲁佩（Christopher Rupe）和内森·马丁（Nathan Martin）两人利用的是一种不同的衡量标准，但他们同样推断出了债务对经济的影响正在减弱的情况，参见图12.1。随着更多债务进入经济体系，按每一债务单位所获产出来计算的"生产率"，都会降低。

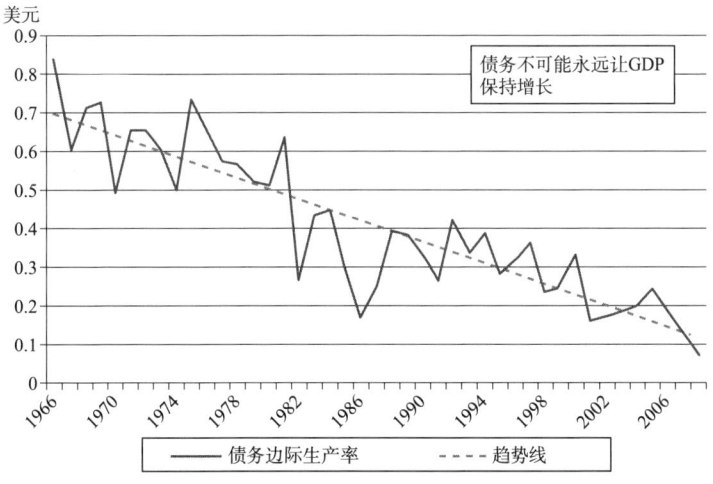

图12.1 美国的债务边际生产率正在下降

注：债务边际生产率是指相对于1美元债务增额而言国内生产总值（GDP）中的名义年均美元增长率。

来源：据克里斯托弗·鲁佩和内森·马丁最新公布的数据，发表于"经济优势"博客上；内森·马丁于2010年3月20日发表的"21世纪最重要的图表"。网址：http://economicedge.blogspot.co.uk/2010/03/most-important-chart-of-century.html。数据源自美联储关于信贷市场债务总额（所有部门；债券与贷款）的Z.1报告，以及经济分析局关于年均名义国内生产总值（GDP）的数据（国民收入和生产账户（NIPA）表1.1.5）

---

❶ 格兰特·威廉姆斯，《经济和平的后果》（The consequences of the economic peace），见于《让人沉吟的事情……》（Things that make you go hmmm ...），见于莫尔丁经济网（Mauldin Economics），2014年10月6日。

不稳定

旷日持久地采用应对机制，也会造成种种困境，带来新的、潜在的不稳定性。同样，金融化再次证明了敷衍了事的第三种局限。为了进一步维护稳定而采取的金融化措施，会加剧金融不稳定性，有时还会加剧整个经济的不稳定性。在实际资本日益退化的过程中，债务扩张和虚拟资本结合起来，就产生了一种导火索的作用。虚拟资本与实际资本之间的偏离，最终就会出现内爆。

其中的根本问题，仍然在于扩大生产时面临着种种障碍，而不在于债务和金融资本的扩张。假如信贷被用于生产性投资，那么企业就会创造出新的价值，用于去偿付债务。如此，就不会产生问题。

但是，在投资疲软的时候，货币供应的增幅会超过价值的生产，从而推高金融价格。在某种情况下，现实会进行干预并压低金融价格。因此，金融化有助于缓和并且抑制商业周期，而付出的代价则是产生了一系列的金融周期。这些方面，都抑制了它们自身酿成破坏性危机的可能性❶。

依靠债务来维持生存的经济体，会引发三种不稳定因素。首先，偿债成本可能会上升，从而迫使贷方违约。从美国的抵押贷款利率自2005年就开始上升，引发了一系列事件，最终导致三年之后"雷曼兄弟"公司倒闭的过程中，我们就能看出这一点。其次，倘若金融资本流动放缓或者蒸发，就很难或者不可能为现有债务进行再融资了。这种情况，也会导致债务违约。在过去的40年里，由于输入的资本迅速枯竭，许多负债累累的发展中国家都经历过多次这样的情况。

最后，由杠杆收购导致的资产价格泡沫会破裂，从而让资产持有者苦不堪言。虚拟价值会缩水。虚拟价值的持有者，其中还包括金融机构，可能会破产倒闭。这种情况，往往会引发范围更广的金融动荡，有时还会引发经济动荡。偶尔也会出现2008年那样的情况，债务泡沫本身就会破裂；此时，倘若金融业务运行不畅，就会导致更加严重的混乱后果。

相对于真正的价值创造而言，虚拟价值越是扩张，不稳定的可能性就越大。债务

---

❶ 德雷曼（Drehmann）、博里奥、萨沙洛尼斯（Tsatsaronis），2012年。

水平作为衡量未偿付虚拟资本额的一种标准，体现出了金融体系的脆弱性。债务水平没有绝对的极限。然而，债务的可靠性以及由此而来的债务稳健性，都是建立在债务目前的有效性以及未来的偿付前景基础之上的。偿付现有债务的资金可能来自新增债务，而新增债务又会推迟清算的日期。不过，总得有某个地方产生价值，来为偿付债务提供资金才行。做不到这一点，就会出现不稳定性。

稳定适得其反

出现不稳定性之后，有些人会以美国经济学家海曼·明斯基（Hyman Minsky）的名字，把不稳定性出现的这一时间称为"明斯基拐点"（Minsky Moment）。明斯基最为世人所知的成就，就是他提出的"金融不稳定假说"；这种理论认为，稳定会导致不稳定。这种假说，描述了稳定时期如何刺激人们购买较多的金融资产，导致价格泡沫形成，并且最终破裂成"明斯基拐点"的过程。稳定时期确立的各种结构，最终会变得摇摇欲坠，进而导致崩溃❶。

在对一种金融化经济中经常出现的情况进行通情达理的描述时，明斯基既没有切实把握住这种经济的特殊性，也没有理解偶尔会出现这种经济的原因。关键在于，从本质来看，与生产力核心运行良好的经济相比，金融化经济更易出现波动性。在价值生产不景气的时候，金融价格的波动幅度往往会更大。

由于与实际价值没有直接的联系，因此金融化价格可能会偏离经济基本面，且偏离幅度会超过服务或商品价格偏离其实际价值的幅度。例如，一家公司的股价可能会与企业的潜在价值之间存在极大的偏差，而不管这种潜在价值是以其资产负债表价值为基础，还是以预计利润带来的现金流为基础。

通常说来，相对于生产而言的高负债额说明，价格和潜在价值之间的那种弹性关系会变得紧张起来，导致有可能出现金融内爆。克劳迪亚·博里奥（Claudio Borio）恰当地将金融化经济的这种特性称为"过度弹性"。"这就好比是一根橡皮筋，它可以拉伸得很长、很长，直到某个时候突然断裂。"❷

泡沫破裂的时间以及导致泡沫破裂的具体因素，都是无法预测出来的。我们只

---

❶ 明斯基，1992年，第7–8页。

❷ 博里奥，2012年，第7页。

是事后才看得出，泡沫上的小孔其实很明显。21世纪头十年末期，首先破裂的泡沫就是美国的次级抵押贷款，但原本也有可能是其他某种定价不当、估值过高的金融资产泡沫。这就像是"层层叠"（Jenga）游戏，倘若移走一块积木，整座积木塔就会倒塌。至于具体是移走哪块积木才会导致倒塌，很少是一眼就能看出来的。移走另外一块，也完全有可能让整座积木塔变得摇摇欲坠。

在游戏中，有的时候整座积木塔都会倾倒，而不仅仅是其中的一部分积木会倒塌。同样，金融危机有时也有可能受到抑制；但另一种情况是，危机一旦开始，就会形成一种难以遏制的势头。21世纪头十年末期的情况，正是如此。

2006年，由于抵押贷款成本上升，美国的房价开始迅速下跌。最终表明，这种情况对贷款者而言实在是太过难以承受，而那些收入最低的次级贷款者尤其如此。房屋止赎以及住宅供应相对过剩的状况，给房价带来了进一步下行的压力。随着次贷违约率不断上升，有超过25家次级贷款公司在2007年2月和3月宣布破产，而美国最大的次级贷款公司"新世纪"（New Century），也在4月份倒闭了。

到了2007年7月，贝尔斯登投资银行（Bear Stearns）宣布，由于建立在次级贷款基础之上的资产抵押证券也开始崩盘，该公司持有的两只对冲基金出现了重大亏损。第二年3月，美国政府敦促"摩根大通"公司（JP Morgan Chase）以最低价收购贝尔斯登投资银行，因为暴露出来的问题已经让贝尔斯登投资银行濒于倒闭了。至于其余的情况，正如他们所说，都属于金融历史了❶。

央行加剧了不稳定

政府为了稳定资本主义而制定的金融政策，通常都会为下一轮由债务驱动的金融不稳定性爆发重新创造出条件。即便是以前的几轮流动性促成了早期泡沫的形成，可泡沫破裂后政府做出的惯常反应，却是又一波由央行支持的流动性。在一种国家金融化经济中，债务往往只会朝着一个方向发展，那就是上升。

金融危机过后的借贷紧缩措施，几乎没有影响到债务整体扩张的势头，情形与我们在本书第5章中讨论过的企业债务一样。让债务回落，说起来容易做起来难。这是一种结构性的两难困境，而不是一个缺乏毅力的问题。债务减少只有可能源自两个方

---

❶ 吉莉安·泰特的《愚人的黄金》（Fool's Gold）写得很好，可以让我们充分了解当时的情况。

面。贷款可以用实际价值来偿付；但是，考虑到目前经济中缺少的就是价值创造，因此如今做到这一点是很困难的。或者，债务削减也可以来自"债务重组"，这是一种委婉的说法，其实就是债务冲销。

不过，冲销却是另一种不稳定的因素，因为债务冲销能够迅速蔓延开来。这里冲销的一笔坏账，可能会在其他地方产生连锁反应，从而有可能破坏整个信贷体系的可靠性；在拉丁语里，"信贷"一词就是"信任"的意思。这一点会对债务重组构成障碍，因为人们担心这样做会让整个虚拟经济体系变得不稳定。

2008年之后，债务冲销主要集中在家庭债务方面，而在美国的抵押贷款领域中则表现得尤其明显。这样做，虽然给那些被迫寻找新住所的破产家庭带来了痛苦，可由此破坏的虚拟价值总量相对却不多。从2009年年底至2015年年中，英、美两国的家庭信贷总额在国内生产总值（GDP）中所占比重的降幅分别为13%和16%多一点。然而，从绝对数值来看，这却意味着两国的家庭负债总额出现了显著增加，分别达到了1,080亿美元和2,260亿美元❶。

在所有的发达国家中，非金融性债务从2007年年底相当于年均产出三分之一的水平，增长到了2014年年中占国内生产总值（GDP）的260%。私人债务在国内生产总值（GDP）中所占的比重下降了2%，完全不能说只是被公共债务在国内生产总值（GDP）中占35%的增幅抵消了❷。从各国的情况来看，从2007年至2015年年中，美国的非金融性债务总额在国内生产总值（GDP）中所占的比重增长了近20%，日本增长了71%，德国增长了7%，英国则增长了差不多33%。这些国家，都没有出现多少去杠杆化。

各国中央银行自金融危机以来为促进流动性而采取的一些特殊措施，已经强化了债务的增长趋势。这种情况，会导致金融价格差异增大和出现新的泡沫的可能性。2014年，时任达拉斯联邦储备银行（Federal Reserve Bank of Dallas）行长一职的理查德·费舍尔（Richard Fisher），曾经公开对美国央行的流动性政策发出了警告："我相信，我们正在经历自己造成的金融过剩。货币变得极其廉价且无所不在之后，攫取

---

❶ 国际清算银行（BIS）统计资源管理器：非金融部门信贷，更新至2015年12月6日。网址：www.bis.org/statistics/totcredit.htm?m=6%7C326。

❷ 多布斯等，2015年，第20页。

收益就成了金融机构的本能。"❶

在这种情况下,金融价格会经由三条主要的途径而上涨。首先,商业银行或者其他金融机构因实行量化宽松(QE)政策而持有的额外资金会直接投入金融资产,从而扩大了需求并且推高了价格。其次,这些金融机构可能会将此种额外流动资金中的一部分拆借给其他个人或者企业;后者不是把这些流动资金用于生产性投资,甚至也不是用于消费,而是用于购买金融资产。

无论是上述两种方式中的哪一种,央行支持的流动性都会推高资产价格。价格出现上涨之后,我们就会看到第三种途径,那就是随之而来的动量效应。其他买家认为这种额外的流动性会持续一段时间,因而会将价格推得更高。中央银行发出的延续宽松货币政策信号,又会导致金融资产价格出现更大幅度的上扬。

在国家金融化的背景下,金融资产定价过高的做法已经变成了一种持久稳固的现象。在金融界里,这种情况被称为"风险定价不当",因为资产价格过高的另一面就是金融回报率较低。金融投资者获得的回报,与他们承担可能无法回笼资金的风险并不相称。

由此导致的主流金融资产(比如政府债券和优质企业债券)收入减少,会刺激到金融投资者,使之购买波动性更大的资产。在政府支持的流动性的助力下,他们会把目光投向别的地方,以寻求更高的回报。"追逐收益"的心态,会促使金融投资者转向风险更高的票据投资,以及一些更古怪的金融活动形式。约翰·普伦德(John Plender)曾经写道,所谓的"追逐收益",不过是一种委婉的说法罢了;其实,这就是一种无视更高的金融风险来获得更高收入的做法❷。

有些人会放弃寻找适度收入流的做法。相反,他们会用资金去追逐资本升值。从房地产到大宗商品,再到优质葡萄酒或者艺术品,购买这些"新奇"的金融投资产品和"另类"资产,都带有投机性。股权、房地产和另类投资产品的价格会飙升,从而吸引更多资金进入不断攀升的市场,导致价格不断自行上涨,直到一个泡沫再次破裂为止。

---

❶ 费舍尔,2014年,第1页。

❷ 约翰·普伦德(John Plender),《追求收益率的人穿越第二个沙漠,后果自负》(Yield chasers cross the beta desert at their peril),见于《金融时报》,2014年9月1日。

回想一下以前的情况，我们就可以看出，用这种方式操纵金融价格，正是政府实行宽松货币政策的一大目标。这种政策希望，推动金融资产价格上涨可以引发一种能够鼓励更多支出的财富效应。英格兰银行的安德鲁·霍尔丹承认，货币政策显然"助长和鼓励了"投资者的"冒险行为"。他提醒人们说，这一点始终都是货币政策的意图，即用较高的资产价格为手段，来刺激更大范围内的经济。"那就是（货币政策的）目的所在，那就是我们采取这些政策的原因。"对他而言，较高的资产价格就是一则"喜报"❶。央行以前本是价格稳定这座"猎场"的看守，如今却变成了一名偷猎者了。

结论

尽管具有这三重局限性，但敷衍了事的做法仍然保持着强大的耐久力。作为一种政府层面的方法论，这种做法的矛盾之处就在于它既无力、又强大。得过且过、敷衍了事的机制，尤其是国家金融化这种机制，只能是缓和经济衰退中各种大趋势的姑息剂。与所有的姑息剂一样，它们既不全面，作用也很有限。它们永远都无法解决其中的根本问题。

不过，通过缓解经济衰退中那些最严重的表征，敷衍了事的机制也减轻了我们对经济衰退的根本原因采取更加果断的行动时所承受的压力。它们发挥出了充分的作用，维持了一种经济繁荣的氛围。它们通常都会避免出现灾难性的经济崩溃。然而，生产活力不足，基础设施、厂房和设备的老化和退化，以及创新有限和发展乏力等方面的根本问题，全都会继续对整个经济造成损害。

一种无济于事的螺旋式发展趋势会逐渐呈现在我们的面前。经济衰退的形势，会因延缓了经济重组而不断加剧；采取激进干预措施的前景，也会显得更加令人气馁。相比之下，得过且过、敷衍了事的做法却仍然具有吸引力。在动摇这种沾沾自喜的心

---

❶ 克里斯·贾尔斯（Chris Giles）、莎拉·奥康纳（Sarah O'Connor），《霍尔丹支持各国央行在一个"疯狂"的世界里采取的行动》（Haldane backs central banks' actions in a "nutty" world），见于《金融时报》，2014年7月3日。

态，并且采取恰当的行动之前，这种螺旋式的发展趋势都预示着西方国家会继续衰落下去，滑向经济落后的深渊。

"落后"并不一定预示着一种缓慢而沉闷的消亡，但此种前景将极其堪忧。应对措施的各种局限性与各种经济衰退的趋势结合起来，就说明西方国家滑向世界经济边缘的过程中，将穿插着一波又一波严重的不稳定形势和动荡局面。进行经济重组来解决生产问题的必要性，可能被耽搁。但是，我们无法永远逃避这种必要性。

第四部分

出路

  应对经济萧条的一种办法，就是产业复兴。这并不是说，我们试图扭转采煤业和钢铁生产业、造船厂或汽车制造厂的没落趋势。这种复兴追求的，并非是原有重工业与制造业的复兴。这种复兴涉及的，是为多种服务与商品领域内生产财富而创造出新的经济部门。经济复兴，必须涵盖交通和能源、建筑和通信、农业和医疗、服装和家庭用品、休闲和食品等行业。

第 *13* 章
摆脱"长萧条"

　　摆脱"长萧条"的魔爪并非易事,但我们必须这样做,也有可能做到这一点。面临的最大挑战并不是客观存在的、经济上的制约因素,而存在于我们的思想观念与想象力、文化与政治领域内。

第13章 摆脱"长萧条"

摆脱"长萧条"的魔爪并非易事,但我们必须这样做,也有可能做到这一点。西方各大经济体需要重建,而不是需要挽救。这个方面,涉及不再做某些事情,以及开始做其他一些事情。经济健全与经济繁荣的确面临着许多的障碍,但没有哪一种障碍是不可逾越的。其中最大的挑战并不是客观存在的、经济上的制约因素。最大的挑战,其实存在于我们的思想观念与想象力、文化与政治领域内。

应对经济萧条的一种办法,就是产业复兴。这并不是说,我们试图扭转采煤业和钢铁生产业、造船厂或汽车制造厂的没落趋势。这种复兴追求的,并非是原有重工业与制造业的复兴。这种复兴涉及的,是为多种服务与商品领域内生产财富而创造出新的经济部门。经济复兴,必须涵盖交通和能源、建筑和通信、农业和医疗、服装和家庭用品、休闲和食品等行业。

生产性财富创造的复兴,将带来薪资较高的就业岗位,减少因为失业和就业不足而浪费的人力和社会资源。它会增加税收收入,为科学发现和发明方面的公共支出提供资金。如今,通过结束"长萧条"来释放提高生产率和实现社会改良的现有潜力,才是恰如其分的进步重点。

目前仍有一些激进的左翼人士,主张通过革命来推翻资本主义❶。在工人阶级作为一种政治力量而存在的时候,这种主张还是有意义的。不过,我们在本书第9章说过,工人阶级已经不复存在,已经终结了那个具有种种可能性的时代。因此,如今的问题依然是,如何才能用某种方式来组织、改造或者超越现有的生产体系,从而增进人类的最大利益。一旦我们摆脱了"长萧条",由此导致的经济增长阶段并不会永远存在。经济增长将在某个时候达到极限,就像第二次世界大战后那段经济繁荣时期的

---

❶ 例如,克里曼,2012年。

创新性变革
开启一场经济复兴

情况一样。至于解决如何才能克服利润驱动型经济的种种局限性这个问题，并不是当今的首要任务。

经济挑战

对于经济复兴而言，除了创造性破坏，我们别无选择。几十年来，维持生产率低下的企业所带来的重负，一直都在削弱西方各大经济体的活力。我们必须集体行动起来，目的明确地弃旧扬新。剔除过时的资本存量，会淘汰掉那些停滞不前的部门，并且将资源解放出来，用于生产率更高的企业和新的生产部门进行创新投资。其中的第一步，就是叫停政府实施的种种功利性敷衍了事政策。我们必须抛弃导致经济衰退持久存在的一揽子法规和补贴。

未来经济繁荣的关键，就在于科学和技术得到发展、从而产生"第四次工业革命"这个方面。"长萧条"期间出现的数字技术，具有让生产转型的潜力。只是迄今为止，数字技术的发展前景几乎还没有超出娱乐、通信、金融和商业领域的范围。

自这次萧条伊始以来，科学进步其实并非绝对不足（尽管并不像之前的几十年那样层出不穷）。生物科学和纳米科学依然是进行研究和发展的两大领域。然而，一些具有革命性潜力的技术，比如基因医学、干细胞疗法和机器人技术等等，它们的发展却一直缓慢得令人沮丧❶。下面的表13.1（自动交通技术）、表13.2（量子技术）和表13.3（虚拟现实技术）中，还指出了其他一些发展得太过缓慢或者范围太过狭窄的技术。一些较新的领域，包括范围更加广泛的医疗技术和农业技术，一直都缺乏快速发展所需的资金。

我们需要解决的问题，还有很多。世界各国的人们都需要更好的方法，来生产商品和提供服务。他们需要改善医疗卫生服务、住宿条件和信息管理水平。我们需要共同应对能源生产和储存的挑战，应对气候变化和环境破坏的问题。

---

❶ 戈登，2016年，第478-480页。

表13.1 自动交通技术

何谓自动交通技术?

在究竟是采用全自动无人驾驶汽车技术还是半自动无人驾驶汽车技术这个问题上,各大公司所走的道路并不相同。福特公司(Ford)正在致力于推出一款无须人工干预就能控制整个行程的汽车。信息通信技术(ICT)领域里的一些公司,比如谷歌(Google)的母公司爱法贝(Alphabet),基本上也支持这种具有重大变革性的策略。

相比之下,通用汽车公司却正在遵循一条较为循序渐进的路线,从将一些最常用的驾驶任务自动化开始,比如在高速公路上驾驶。沃尔沃(Volvo)、戴姆勒(Daimler)和电动汽车制造商特斯拉(Tesla)也支持这种循序渐进的方式。

其实,上述两种方式各有其优缺点。直接采用全自动驾驶技术,并不会剥夺人类所起的作用,因为自动驾驶汽车将在很长一段时间内与非自动驾驶汽车一起行驶在道路上。而且,解决如何在短时间内将控制权交还给正在忙于其他事情的乘车者这个问题,也非常困难。

自动交通技术能干什么?

让人们不再需要花费大量时间和精力开车从一地到另一地去,让人们在途中有了做其他事情的机会。

缩短旅行时间,节省燃料。程控汽车行驶速度可以更快,刹车次数也会较少;而刹车之后需要踩油门来加速,此时最浪费燃料。

减少交通事故。绝大多数车祸,都不是因为驾驶员超速或者醉酒引起的,而是由于人们注意力不集中导致的。机器之所以既不会疲劳,也不会分心,并不是因为受到程控后它们很"聪明",而是因为它们不具有人类的想象力这种特征。想象力既需要时不时地通过睡眠来放松,还会让我们的思想开小差:这两个方面,都会对驾驶产生不利作用。自动驾驶并不会马上消灭交通事故。大家还记得以前个人电脑的系统经常会"崩溃"的情形吗?这种情况在电脑技术发展的早期阶段较常发生,要到后来人们才会发现故障,并且修复好绝大多数故障。

如今这种技术发展到了什么程度？

有数家汽车制造商，正在实验完全自动化的无人驾驶农用拖拉机，以及在仓库和私营工厂用地上行驶的无人驾驶工业卡车。这两种技术，差不多已经达到了商业推广的程度。这些实验，可以解决无人驾驶汽车面临的一些技术难题。

那种循序渐进式的无人驾驶技术，也已进入了应用阶段。捷豹公司（Jaguar）在1996年推出了"自适应巡航控制系统"；这一系统可以让汽车加速或者减速，从而按照预先的设定，保持好与前车之间的距离。梅赛德斯-奔驰公司（Mercedes-Benz）在2013年推出了"主动车道偏移辅助系统"；倘若汽车错误地穿过了道路上的车道标志，这一系统就会控制刹车，来纠正这个问题。

然而，随着驾驶中的更多方面实现了自动化，仍然有众多的技术难题有待我们去解决。例如，在测试中，无人驾驶汽车曾经为风滚草（tumbleweed）❶所阻。在天气寒冷的时候，无人驾驶汽车还有可能把其他车辆排放的尾气误判为固态物体❷。

更重要的一个方面，则是社会认可的问题；这一点，表现为道德、法律或者监管层面存在的争议。在出了问题、发生了事故之后，我们需要明确责任：究竟是汽车制造商、软件供应商、发生故障时电信网络供应商的责任呢，还是车辆所有者或乘坐者的责任？在向完全自动化过渡的过程中，责任这个问题更加麻烦。倘若一辆由人驾驶的汽车与一辆完全自动驾驶或者部分自动驾驶的汽车相撞，责任又该如何划分呢？

设计程序来让车辆避免碰撞的决策，情况又如何呢？这种决策可能意味着，我们必须在撞上一辆满载乘客的公共汽车、撞上推着婴儿车的行人或者转而撞到墙上并让乘客丧生之间做出选择❸。

---

❶ 戈壁草原地区的一种常见植物，又名俄罗斯刺沙蓬，因在干旱季节会将根部收缩起来、卷成一团随风滚动而得名。生命力极强，俗称草原"流浪汉"。——译者

❷ 罗伯特·赖特（Robert Wright），《自动驾驶汽车制造商走的是不同路线》（Self-driving car makers take different routes），见于《金融时报》，2016年4月15日。

❸ 《为何自动驾驶汽车必须设定杀人程序》（Why self-driving cars must be programmed to kill），见于《麻省理工学院科技评论》（MIT Technology Review），2015年10月22日。

> 解决这些难题有一个办法，那就是将无人驾驶汽车与所有的行人、非汽车道路交通和有人驾驶的车辆隔离开来。专用和有所区别的交通路线，会将自动驾驶技术带来的好处最大化，同时将技术上的危害降到最低程度；不过，我们需要付出巨额的基础设施费用。

表13.2　量子技术

何谓量子技术？

我们可以把量子技术看成是由第一阶段的模拟技术和第二阶段的数字技术发展而来的第三个阶段，它将整个社会推向了一个超越现有数字化技术的新台阶。它衍生自超越了由牛顿运动定律、热力学和麦克斯韦电磁学方程式构成的经典物理学的一门科学。

量子技术能干什么？

量子力学的一些特性，已经进入了实际应用当中，比如量子计算、量子传感、量子密码学、量子模拟、量子计量学和量子成像。

量子技术的应用范围广泛，从精密时钟到通信、传感和计算，不一而足。例如，量子技术将带来功能更加强大，可以存储并处理与二进制数据完全不同的量子数据的量子计算机。除了其他的可能性，这一特点还将提高机器的学习能力。新的加密技术也会随之出现。

量子系统可以将现有的激光技术扩展到新的领域。有一个已在实施的项目，旨在测量重力和物体的质量。这种技术，将让人们能够测量一堵墙壁并且"看穿"墙壁。用户可以"看透"地板，看到地板下方所埋电缆的位置；这种技术，还有助于我们在地面上探查石油、天然气和矿物。

量子系统将使生物系统的建模更加精确。还有一种用途，则与化学传感有关，其潜在的应用范围涵盖了从产品认证到石化工厂的安全控制等方面。人们预计，第一批商用量子设备将出现在半导体制造业。目前带有大约3亿个晶体管的芯片，到时就可以带有12亿个晶体管了❶。

如今这种技术发展到了什么程度？

我们已经有了依赖于量子物理效应的初级量子设备。其中包括激光、微型处理器、晶体管和半导体设备、核磁共振成像（MRI）扫描仪和核能。量子技术指的是第二次量子革命或者"量子2.0版"，它将带来主动创造、控制和判读物质量子状态的设备。

量子技术的研究正在数个国家展开，其中包括美国、英国、中国、德国、俄罗斯和日本，但大部分还处在理论研究阶段。尽管我们对量子技术的全部潜力仍不甚明了，但只要持续投资和不断努力，即便是上述领域，也有可能带来巨大的经济效益（还有安全和国防方面的种种能力）❷。2013年，英国政府宣布了一项为期5年、总金额达27,000万英镑的投资计划。这是一种很有益处的初始注资，尽管英国和世界各国仍需要投入更多的资金才行。

表13.3 虚拟现实技术

何谓虚拟现实？

"虚拟现实技术"已经变成了一个通用术语，既可用于指直接虚拟现实（VR），也可用于指增强现实（AR），后者有时还被称为混合现实（MR）。在实践当中，二者之间其实具有很大的差别。虚拟现实技术是指在一个虚拟世界中进行的一种完全沉浸式体验，而增强现实或混合现实则是指真实世界经过了修正的一种视图。

它们的潜在应用也大不相同。直接虚拟现实（VR）将人们与其物理环境隔离开来，以便他们能够与虚拟世界进行互动。增强现实（AR）提供的，则是由计

---

❶ 哈瑞娅特·格林（Harriet Green），《量子跃迁：对"M平方激光"公司（M Squared Lasers）首席执行官格雷姆·马尔科姆（Graeme Malcolm）的采访》（Quantum leap: interview with Graeme Malcolm, CEO of M Squared Lasers），见于《城市早报》，2016年4月18日。

❷ 乔纳森·普里查德博士（Jonathan Pritchard）和斯蒂芬·提尔博士（Stephen Till），《2014年英国的量子技术形势》（UK quantum technology landscape 2014），英国波登当国防科技实验室。

算机生成的环境和人们周围世界的信息，使之能够与自己的环境进行互动。虚拟现实（VR）头戴式视图器会用一个模拟出来的世界取代现实世界，而增强现实（AR）设备却是将额外的信息叠加到真实世界的视图中。这种附加信息，可能与我们正在研究之物的历史有关，可能是此物相关运动趋势的说明，可能是我们可以获得的服务，比如一家餐馆的菜单、价格对比及用户评价。

虚拟现实技术能干什么？

人们称之为"体验之互联网"的虚拟现实（VR）和增强现实（AR），能够改变的可能远不止娱乐业。这种技术具有诸多显而易见的应用领域，其中包括教育、旅游、零售、房地产销售、建筑、视频会议和社交网络。

我们不妨想一想，这种技术如何能够改变医疗培训。2016年4月14日，肿瘤外科医生沙菲·艾哈迈德（Shafi Ahmed）大夫在伦敦的一家医院里做了一台手术，给一位结肠癌患者摘除了肿瘤。大约20名医科学生戴着虚拟现实（VR）/增强现实（AR）视图器，在附近的一间阶梯教室里观看了这台手术的现场直播，还有一名来自坦桑尼亚的医生也参与了这台手术。

艾哈迈德大夫还是一家公司的创始人，该公司开发的，就是以虚拟现实（VR）为基础的培训技术；此人认为，虚拟现实（VR）/增强现实（AR）技术可以让外科手术的教育和培训发生革命性的变化，而对那些没有西方国家医疗资源与设施的发展中国家来说，则尤其如此❶。进一步发展之后，这种技术有可能让学生不再只是站在一边观看，而是可以与模拟手术的学员进行一种更具互动性的体验。

如今这种技术发展到了什么程度？

到目前为止，这种技术的绝大部分发展都集中在游戏和其他各种休闲娱乐活动中，比如"精灵宝可梦GO"（Pokémon Go）增强现实（AR）游戏。率先应用这一技术的，都是大家耳熟能详的一些科技公司，比如脸书（Facebook，该公司用19亿美元收购了欧酷拉（Oculus））、谷歌、微软（Microsoft）、苹果、多普

---

❶ 安德鲁·沃德（Andrew Ward），《最前沿的虚拟现实技术让学员看到直播手术》（Cutting edge virtual reality streams live operation to trainees），见于《金融时报》，2016年4月15日。

> 达（HTC）和三星（Samsung）公司。
>
> 　　据高盛公司（Goldman Sachs）预计，到2025年，虚拟现实（VR）技术的应用软件市场有可能达到350亿美元的规模❶。按照目前的发展趋势来看，其中高达190亿美元的最大份额仍将与娱乐业相关，还有40亿美元的市场份额则属于零售业和房地产销售业。那样一来，留给工程、医疗、培训和教育领域里进行探索性生产应用的，就只有相对较小的份额了。因此，我们需要一种更加开阔的眼界才是。

　　结合起来看，摒弃旧技术和推进新技术的发展，可以帮助人们认识到需要什么技术，才能导致利润率转而开始增长。资本存量和资本资产中体现出来的价值，相对于新创盈余价值的增长而言，将会下降。经济重组将提高整个经济体系的利润率。至于社会效益，将是让整个社会恢复到一种充满活力的创新投资和生产率增长局面。这样，就会带来更多的"免于匮乏之自由"，同时也会为个人提供机会，使之摆脱工作重负并拥有更多的闲暇时光。

　　要想摆脱"长萧条"，可没有什么轻松之道。创造性破坏的过程将意味着经济崩溃，让那些业已受到了去工业化严重影响的国家和地区雪上加霜。因此，任何一项经济重组计划，都必须为面临失业过渡期的个人和家庭提供支持。在技能培训以及住房和福利津贴方面，人们都将需要扶持。要想让人们从夕阳产业的就业岗位上转移到更具活力的企业中去，这一点将是至关重要的。

　　拖延着不肯采取行动，是最糟糕的一种选择。正如意大利"文艺复兴"时期的人文主义者尼科洛·马基雅维利（Niccolò Machiavelli）所说："谨慎就在于知道如何认识到不利条件的本质，以及如何选择最不令人感到遗憾的不利条件，并将其当成有利的因素。"❷让目前这种局面一直保持下去，实际上就是在迫使人们去干那些薪酬很低、没有前途的工作。这样做，就是在保护一种僵尸经济；此种经济正步履蹒跚，既

---

❶ 海瑟·贝利尼（Heather Bellini）等，《虚拟现实与增强现实：对下一代计算平台之争的领悟》（Virtual & Augmented Reality: Understanding the Race for the Next Computing Platform），高盛公司，2016年1月。

❷ 马基雅维利，2008年，第78页。

看不到恢复活力的任何希望,而且不时为更加严重的经济危机发作所阻。

国家主导的重组

长达数十年的"长萧条"期间,有一个方面是显而易见的:私营部门无法仅凭自身来实现经济复兴❶。对于当前的现有企业来说,无论它们已经到了怎样垂死挣扎的局面,让它们开始自身的创造性破坏,风险都太大。尽管如今的企业领导人经常强调企业拥有一些范围更广的社会目标,可在实践当中,他们的公司主要还是为了盈利而存在的。此种重心,限制了他们根据更广泛或者长期的社会利益来采取行动的能力。

利润率这一标准,使得私营企业无法独立地进行长期和开放式的研究。由于绝大多数研究都会"失败",因此一种以创新为基础的成功经济,依赖的就是"与经济回报脱钩"的资金来源❷。由于与经济回报密切"挂钩",因此私营部门并不适于进行成本高昂且不可预测的研究活动❸。

私营企业的结构也不利于协作,而协作对科学进步来说却极为宝贵。每家企业都会保护自身的利益,这一做法会抑制知识的传播,而知识却有可能加快进步的速度。旨在保护新思想的知识产权允许企业限制其他科学家接触到这些思想,从而限制了科学家进一步做出新发现的余地。

万维网(World Wide Web)的创始人蒂姆·伯纳斯·李(Tim Berners-Lee)就是一个例外,证明了在开创性的技术进步当中单个创业者发挥的作用不如集体那么重要这一规律。出于原则,伯纳斯·李拒绝将自己的创新商业化,反而更愿意将万维网发展成让人们能够自由表达意见与进行协作的一条渠道❹。但总体来说,在开发新技术并把它们当成实用性创新而推广其应用这两个方面,集体所有的国营机构都处于领先

---

❶ 斯蒂格利茨、林毅夫、孟加,2013年,第10页。
❷ 詹韦,2012年,第1页。
❸ 哈佛商学院教授加里·皮萨诺(Gary Pisano)曾用生物技术产业的例子,说明研发作为私营行业并没有得到最佳的管理。皮萨诺,2006年。
❹ 约翰·卢埃林(John Llewellyn),《给天才一个把世界变得更好的理由》(Give the geniuses a reason to make earth a better place),见于《金融时报》,2014年6月30日。

位置。

在过去的一个世纪里，政府在创新方面发挥的领导作用是显而易见的❶。制造出了原子弹的"曼哈顿计划"（Manhattan Project），以及见证了人类在月球上行走的"阿波罗计划"（Apollo Program），都说明了国家推动科学向前发展的力度❷。在第二次世界大战后的经济繁荣时期里，少数公司进行过一些非凡的科学研究。其中包括美国电话电报公司［AT&T，贝尔实验室（Bell Labs）的母公司］、美国国际商用机器公司（IBM）、施乐［Xerox，帕洛阿尔托研究中心（Palo Alto Research Center）的母公司］、惠普公司（Hewlett Packard）、摩托罗拉（Motorola）和通用电气公司（General Electric）。然而，这些企业取得的成就，并不能证明私营企业的潜力。它们的成就，主要都是与国家进行协作取得的❸。战后美国出现的"军工联合体"，就象征着国家和企业的紧密协作❹。

政府机构并非只是支持了经济发展中那些具有创造性的方面。在为第二次世界大战后的创新局面打下了基础的经济重组中，国家机构也处于核心位置。在二十世纪三四十年代，世界上一些主要国家都在政府机构的监管之下，大力淘汰了过时的资本价值。

政府和第二次世界大战

第二次世界大战，让主要的发达资本主义国家之间长期存在的矛盾冲突达到了顶点。它还标志着各国通过协调一致的国家干预措施，最终解决了20世纪30年代肆虐西方经济体的"大萧条"这一问题。当时，国家活动的主要重心都放在军事冲突上，而

---

❶ 国家在这方面发挥的作用，还可以回溯到更早的时候。詹姆士·贝森曾经描述了自19世纪早期以来，美国政府的采购活动在促进技术创新方面发挥出了重要作用的情况。贝森，2015年。

❷ 广岛原子弹爆炸后的第二天，彼得·泰尔曾引述了《纽约时报》上关于在科学问题上协同工作与集中方向具有优势的合理说法："最终结果：一项发明（即原子弹）在三年的时间里就问世了；假如只能仰仗独自工作的首席科学家，那么我们可能需要半个世纪才能开发出来。"泰尔，2011年。

❸ 皮萨诺，2006年。

❹ 拉佐尼克和奥苏丽文，2000年，第30–31页。

不是放在经济复兴上。然而，在实践当中，与解决私营企业利润率及有限的公共资源受到的种种制约问题相比，满足战争的需求却更加重要。结果就是出现了所谓的"经济奇迹"，将西方世界从经济衰退的泥淖中挽救了出来❶。

战争活动，加速了经济萧条时期业已开始的资本价值破坏进程。据估计，即便是战争中遭受的实际创伤最轻的美国，在1931年至1945年间，资本存量与国内产出之间的比率也下降了逾三分之一。由于资本相对于经济规模出现了如此巨大的贬值，因此利润率差不多翻了一番，从而为经济复苏奠定了基础❷。假如没有政府组织的重建，第二次世界大战后经济繁荣时期是否能够开始，这一点就值得怀疑了。

在为战争做准备和实施战争时，政府机构日益密切地参与到了生产重组过程中一些具有创造性的方面。1930年，美国联邦政府在研发（R&D）支出中所占的比重为16%，可随着战争日益迫近，这一比例也在急剧上升。在第二次世界大战后的整个经济繁荣期间，联邦政府还继续占据了一半到三分之二的比重❸。政府对研发（R&D）的支持，带来了巨大的进步。非但出现了"曼哈顿计划"导致的核能，而且带来了电子计算机、喷气式发动机和雷达❹。对资本回报抱有的种种担忧，完全与那些分裂原子、破解敌方密码、在空战中赢得霸权的人无关。

战时开发出来的技术，比军事目标存续的时间持久得多，因为它们还给和平时期的产业复兴提供了支撑。"战争的需要，成了为改进生产技术而做出的发明创造之母"；后来，这些创新并没有"被人们遗忘"❺。在战争期间，美国政府投资的都是对战争最具关键性的生产部门。其中包括合成橡胶、铝、飞机机身和发动机，还有航空燃油冶炼；这些领域，全都具有非军事用途。

在战争期间，美国政府购买的工业厂房，占到了1941年私营厂房设备存量的50%左右。1940年至1945年间，美国的机床数量翻了一番。战争结束后，许多原本为政府

---

❶ 戈登，2016年，第536–537页。
❷ 据克里曼估算，美国的国内生产总值（GDP）增长了164%，而美国企业促成的资本存量按名义价值来计算，却只增长了3%。克里曼，2012年，第77页。
❸ 林毅夫、孟加，2010年，第10页。
❹ 贝森曾强调说，美国军方是在20世纪40年代才提供资金制造第一代通用计算机。贝森，2015年。
❺ 戈登，2016年，第564页。

所有、由私人经营的工厂，都在所谓的"甜心交易"（sweetheart deals）❶中，以低价出售给了私营部门❷。这样一来，政府就鼓励了发展与创新，而私营部门后来又充分利用了这些发展和创新。

第二次世界大战为生产力和利润率带来了巨大的增长。正如约瑟夫·斯蒂格利茨所言，尽管美国人往往会对"产业政策"这样的术语"过敏"，可这一术语却恰当地说明了美国政府在这一时期进行的系统性干预。这是一种在战后数十年里"永久地改变了经济性质"的政策❸。

在整个"冷战"时期，国家推动创新的动力继续发挥了作用。玛丽安娜·马祖卡托曾在详细阐述她提出的"创业型国家"这一概念的过程中，指出了第二次世界大战后的国家活动随即激增、由此涌现出了大量技术进步的情况。这些进步当中，包括了生物技术和医药的发展，以及计算机和通信技术的发展。在"长萧条"之前的那些年里，"启动并且扩展了经济增长引擎"的就是政府，而不是私营部门❹。

互联网发展这个例子，就生动地说明了国家在创新领域进行干预的重要性。互联网是由"高级研究计划署网络"（ARPANET）发展而来的；后者是美国官方运营的数据通信网络，在20世纪60年代将全国各地的研究网站联结起来了。该网络的后台，是美国政府下辖的国防高级研究计划署（DARPA）；该机构成立于1958年，也就是苏联成功地发射了"斯普特尼克"（Sputnik）太空卫星、让美国当局深感震惊的之后一年。当时，国防部高级研究计划署（DARPA）的目标，就是确保美国军方拥有比任何一个可能之敌更加精湛的技术。但是，通过为大学设立计算机科学系、为创业企业提供资金，这一机构还带来了广泛的经济影响力。这些企业，反过来又成了在半导体以及其他早期的信息与通信技术（ICT）方面取得进步的先锋❺。于是，政府就处于信息与通信技术（ICT）革命的核心位置❻。大卫·金曾经表示，有一个"简单的事

---

❶ 最初指工会头目和雇主私下签订的、有利于雇主的协议，通常都是工会头目暗中收受了雇主贿赂才签订的，后来多用于指令人生疑、不光明正大、甚至是贪赃枉法的私下协议或者私下交易。——译者

❷ 菲尔德，2003年，第16页。

❸ 斯蒂格利茨，2012a。

❹ 马祖卡托，2013年，第13页。

❺ 马祖卡托，2013年，第76页。

❻ 马祖卡托，2013年，第63页。

实",那就是:"如果没有国防部高级研究计划署(DARPA)提供的资金,美国就不会有硅谷。"❶

20世纪50年代的经济增长复苏,是通过国家干预才实现的;不过,从第二次世界大战中牺牲的生命和导致的社会破坏来看,这种复苏却付出了惨重的代价。然而,实施一项不会堕落成野蛮行径的重建计划,人类其实是不可能想不出来的。

"大回避":变革的政治障碍

刺激经济复兴所需的实际措施,我们可以轻而易举地总结出来。同时必须停止对那些垂死挣扎的企业进行扶持,并且应当促进创新投资。我们必须提供支持,帮助人们熬过向新就业岗位转移的过渡期。

也许到了未来,我们会设立一些新型的集体机构,可政府却是唯一一个足够全面得足以按照所需规模来协调经济转型的现有机构。任何公司或者部门的特定利益,都必须服从生产的整体发展。我们所需的解决办法,远非简单地制定一项激进的经济战略而已。事实上,解决办法还超越了经济学的范畴。在过去,国家只是处于极端的胁迫之下,才采取了一种激进的变革计划。这种胁迫,可能以战争带来外部威胁的形式出现,或者源自工人阶级的斗争带来的内部压力。如今的挑战,则源自40年来的经济衰退。

所有发达国家中显而易见的关键问题,就是政府表现出了一种明显不愿去解决"长萧条"诸多遗留问题这个难题的态度。各国政府原本有很多的机会去处理经济衰退中的许多问题,却始终都没能做到迎难而上。在经济事务上,它们要么是忽视了,要么就是否定了形势的严重性。敷衍了事的成功,给政府带来了一种虚假的欣慰感。这种做法,让它们能够回避自己未能复兴生产活力并且促进体面就业的事实。这种做法,就是我们在前一章里提到过的"大回避"。在整个"长萧条"期间,政治领导人都表现出了理解上的过失、领导艺术上的过失以及问责方面的过失。大回避的做法,既会反映出政治精英阶层疏远了民众的事实,也会强化这一事实,说明政治精英阶层

---

❶ 公共行政专责委员会,2012年,第48页的证据。

作为一个政治实体，已经疏远了普通民众。

许多的评论人士，都已让人们注意到了政客们回避经济现实的倾向。理查德·邓肯（Richard Duncan）一直都对政府未能瞄准经济中的结构性缺陷这个方面持强烈的批评态度❶。安德烈·海姆也表达过失望之情，认为政府似乎没有意识到进步已经停滞的事实❷。乔治·马格鲁斯认为，我们正处在一场政治危机之中，原因就在于，主要发达国家的政府事实上都没有采取任何实质性的措施，来促进增长和就业❸。

在法里德·扎卡瑞亚看来，过去的几十年里，工业社会一直都在"控制或者忽视它们的问题，而没有迎头去解决这些问题"❹。鲁里埃尔·鲁比尼（Nouriel Roubini）和斯蒂芬·梅姆（Stephen Mihm）两人，也注意到了政客们不愿"果断"采取行动的心态。他们强调说，继续把问题当皮球踢，采取拖延手段，也有让银行慢慢陷入金融昏迷的状态，变成"依赖于政府信贷的僵尸机构"这种风险❺。埃德蒙·费尔普斯还称，那些"不敢说实话"的政客们都"顽固地否认"存在这样一个经济增长放缓的时代❻。一位很有影响力的专栏作家则坚持认为，那些必要的、"具有破坏性创造力的"政策，"只能由强硬而富有创新精神的政治领导人"来制定。不过，"可悲的是，这样的政治领导人我们一个也看不到。"❼

认识到经济挑战的政治形式至关重要，可我们又该如何去应对它呢？海姆已经大胆地提出了一个解决方案；这个方案，用"梦"的形式呈现在他的脑海中，是由于他认为政治领导人都没有认识到扭转科学发现和创新速度放缓这一局面的紧迫性，故产生了一种沮丧感并在这种沮丧感的促使下提出来的。他的幻想就是，大约50年后，天体物理学家发现一块巨大的陨石正在飞来，即将撞击地球。这个"可怕"的幽灵，激

---

❶ 邓肯，2009年。

❷ 安德烈·海姆，《应该当心且非常当心世界的技术危机》（Be afraid, very afraid, of the world's tech crisis），见于《金融时报》，2013年2月6日。

❸ 艾伦·比蒂（Alan Beattie），《政治和市场：真实恐惧的一周》（Politics and the markets: week of the living dread），见于《金融时报》，2011年8月6日。

❹ 扎卡瑞亚，2013年。

❺ 鲁比尼、梅姆，2011年，第176页。

❻ 费尔普斯，2013年，第236页。

❼ 列辛顿专栏（Lex column），《管好国际清算银行自身的事情》（Minding its own BISness），见于《金融时报》，2011年6月28日。

发人们采取了种种措施,努力要摆脱经济停滞的局面。全世界都会开发新技术,以此来避开这种生存威胁;这种做法,反过来又会发挥出恢复经济发展的作用。在这种设想中,一颗小行星就再次扮演了第二次世界大战后经济繁荣之前第二次世界大战的那种角色❶。

不过,当代政治领域的各种问题都是无法回避的。如今的精英阶层都囿于现状。他们似乎都欲罢不能,既无力不去保护一种增长停滞的经济,也无能承担起努力开创一种新经济所需的风险。他们的做法,已经让"长萧条"久拖不去,而他们也不愿与自身的传统决裂。我们需要一种新的政治领导方式,而不是消极地去预测星系间的一次碰撞。我们需要的,是做好了准备、能够摒弃僵尸经济的种种传统,并且启动一项生产复兴计划的领导人。

挑战这种"大回避",需要革新民主政治。在"长萧条"期间,主导西方各国议会的政界人士在经济事务中都采取了一种谨慎和规避风险的做法。他们还主持制定了一些措施,削弱了公民权利和民主自由。探索经济转型,既需要开放民主辩论,也需要对政治家和政府进行问责。英国进行公投并决定退出欧盟(EU)这样充满民主精神的时机,之所以会为开创新的经济思维以及新的政治思维提供了机会,原因就在于此。

"政治体制改革"是经济结构调整的先决条件。在一个对人类和未来的信念都已达到了低潮的时代,"启蒙时期"的种种价值观,即理性的力量、对自由的追求以及个人的自主和进步,都受到了人们的质疑。然而,这些可以通过民主形式最充分地表达出来的价值观,却会为我们带来政治进步与经济发展的最佳前景。

开创经济重组的政治氛围

我们需要开创一种有利于生产创新的政治氛围。实现这种政治改革的基本前提,就是与维持现状的种种思想观念做斗争。"大回避"的持久力量,依赖的尤其是当代

---

❶ 安德烈·海姆,《应该当心且非常当心世界的技术危机》(Be afraid, very afraid, of the world's tech crisis),见于《金融时报》,2013年2月6日。

社会认为人类主导的变革通常都会让形势变得更糟的这种观念。这种观念，会巩固人们对金融危机爆发之前那20年间的经济增速不大以及自那以来经济增长乏力持有的那种宿命论式的默从心态。与此同时，应对生产停滞带来之影响的措施却取得了相对的成功，从而掩盖了当代社会这种缺乏目标感的情况。

从根本上来看，我们需要挽救的，是整个社会对人类能动性以及对人类具有创造性的潜力、能够解决社会问题的信念。重新构建一种能动感，是人们重新参与政治生活的先决条件。让人们接受一项经济复兴计划，需要我们发动一场想象力的革命。这就是说，要让人们恢复信念，相信转型性变革既是可取的、必要的，也是可以实现的。正如迈克尔·伊格纳季耶夫曾经强调的那样，变革应当是政治的意义所在。政治理念的目的，就是把我们团结起来，并且让我们相信，人类能够掌控自己的集体命运。如果对我们的发展方向缺乏一种政治远见，那么我们就会完全变成"旁观自己随波逐流的人"❶。

维克多·弗兰克尔曾经解释说，对于个人而言，要想恢复丧失的使命感，可以从"意识到自己能够采取什么措施来应对某种特定形势"这个方面开始❷。社会是由个人组成的一个集体，因此做法是类似的。明白我们在重组经济的过程中可以采取什么样的措施，就会为我们打下产生使命感的基础。

促进一种智识性的替代办法，首先就是让经济事务重新回到政治领域之内。这就意味着向当前人们普遍对经济增长的可能性、甚至是对经济增长的可取性持有的那种怀疑论提出挑战。而且，这也意味着暴露僵尸经济需要付出的高昂代价，其中既包括个人付出的代价，也包括整个社会付出的代价。

超越经济与政治之间的隔阂

我们在本书第11章中已经看到，政治精英阶层回避经济责任的做法，一直都是"长萧条"期间的一种普遍现象。长久以来，主流的讨论中都忽视了这一点。经济事务回归到政治论争中去，对重振公开论争至关重要。这一点尤其难以做到，因为资本

---

❶ 迈克尔·伊格纳季耶夫，《让两极分化的政治摆脱其智识真空》（Free polarised politics from its intellectual vacuum），见于《金融时报》，2014年1月10日。

❷ 弗兰克尔，2004年，第145页。

主义社会的一个基本特征就是，实行剥削和资本积累制度的私营领域与政治生活这一公共领域之间泾渭分明❶。

最终结果表明，经济和政治领域分离，就是资本主义制度的一种持久优势。与封建主义和奴隶制度这些早期的生产形式不同，资本主义通常都无须采取强制措施，来确保生产继续下去。结果，生产往往被人们看成是一种严格意义上的"经济"过程，认为它带有自然属性而非社会属性。因此，20世纪80年代以来国家经济干预的去政治化，才没有招致大量的反对意见。考虑到经济学显然具有不依赖于政治的自主性，因此，像如何才能促进经济增长这样的问题被排除在政治论争之外，才会看似一件理所当然的事情。将经济事务方面的责任外包给不用承担责任的政府机构，才似乎只是一种技术性的调整手段罢了。

任何一项经济复兴计划，都必须扭转政府将制定经济政策的义务转嫁给专家、监管机构和非政府组织的趋势。这可不是一个在采取金融权宜之计的问题。这也不是一个怀疑私营企业试图提供公共服务时的动机不良的问题。它首先是一个关乎民主问责制的问题。

打消对经济增长与实现增长的疑虑心态

我们必须参与到针对经济发展带来的社会效益与物质效益这个方面展开的论争中去。这就意味着，我们必须重新确认风险承担的种种好处，废除政府阻碍创新的监管措施。"可持续发展"这一准则高高在上的时间，实在是太久了。这种观点，已经导致我们对创新和经济发展施加了种种限制，从美国的干细胞研究到欧洲的转基因食品，莫不如此。

我们必须对那种让"自然"环境凌驾于经济增长之上的可持续发展共识发起挑战。实际上，经济发展给我们提供了遏制环境破坏的手段，无论这种破坏是由自然事件还是由人类活动造成的。备受敬畏的"自然状态"其实是一个反动之地，因为回归到这种状态，就意味着回归到人类为了生存而挣扎、并且容易因疾病和自然灾害而过早死亡的局面。

现代那些张口闭口都是"可持续发展"的环保主义思想之所以是一个问题，并非

---

❶ 梅克辛斯·伍德（Meiksins Wood），1995年。

只是因为它们导致经济发展受到了种种制约。它们还变成了人们用于批评人文主义、诋毁人类主导的变革的一种公认手段。从这个角度来看，它们是把人类当成了更大的历史图景中一个次要的和不起眼的角色。自然力量制约了人类为了主宰自身生活而可能想要采取的措施，而人类试图掌控自然所做的努力，却被当成了一个傲慢自大、具有危害性的物种的行为。于是，人类的历史和文明就被重新塑造成了一个破坏环境的故事，从而诋毁了理性、知识和科学的力量。

挑战如今的环保主义观念和可持续发展理念，对于恢复这样一种信念来说至关重要：人类具有明辨是非的能力，具有能够对事件产生积极影响的能力。人们在环境方面以及其他更多方面犯下的种种错误，都不是我们放弃变革的正当理由。相反，这些错误还提供了可以指导我们前进的经验教训。不过，倘若环境决定论和可持续发展的理念继续保持目前的影响力，那么人类向前发展的可能性就会大打折扣。

让人们认识到僵尸经济带来的障碍

政府敷衍了事、保持现状的做法，必须停止了。企业对国家的依赖，已经完全变得和个人对福利的依赖一样有害了。福利国家对民众生活的侵扰日益蔓延，已经远远超出了为民众提供安全保障的程度。它助长了一种具有腐蚀性的、对第三方干预的依赖性，削弱了个人自力更生的能力和社区的团结。

对于经济而言，企业对政府救济产生的依赖性，也会带来严重的影响，让当前这种停滞不前的经济形势维持下去。靠企业福利才能生存下去的状况，既会阻碍到企业进行具有破坏性的技术转型，也会导致新创企业更难取代起这些老旧企业。废除政府对僵尸资本主义的扶持，将有助于淘汰老旧和生产率较低的部门，从而开启一场经济复兴。

民主的瓦解

朝着一项经济复兴计划的方向前进，需要我们在观念上做出根本性的转变。我们必须倡导整个社会对一些传统的说法和批评性说法背后的核心假设，展开公开的论争。假如现有的政治精英阶层不能领导经济转型，变革又怎么会出现呢？我们能够向他们发出有力的挑战，让他们承担起责任吗？我们可以采取些什么措施，去用既聪明又实用的办法取代现状呢？我们又要如何才能说服民众，让他们认识到在摆脱"长萧条"之前，我们似乎还必然会经历一个具有破坏性的阶段呢？

我们必须认识到，历届政府始终都在串通一气地维持整个僵尸经济，已经到了非常严重的程度。政府的这种做法，排除了国家的经济政策明确地出现任何改变的可能性。锻造出一个新的政治领导阶层，必将比简单地重新定位政府的优先事项更具挑战性。

资本主义既不会崩溃，也不会改造自身

财经编辑保罗·梅森（Paul Mason）曾经在他的《后资本主义》（*Postcapitalism*）一书中提出，我们应当"积极看待"政府在推动社会向这本书的书名中所谓的"后资本主义"这个新型社会过渡的过程中扮演的角色❶；他这样说，其实淡化了政治挑战的规模。梅森认为，在过去的25年里，资本主义成功地推动了科学技术的向前发展。他认为，由此导致的种种创新，与资本主义的基本制度，比如市场、价格、私有制和工资等方面并不相称。从这种角度来看，资本主义已经达到了自身的极限，正在发生质变，成了所谓的"后资本主义"。他提出，后资本主义之所以可能出现，是因为其他替代性的经济活动形式已经在利用新的信息技术过程中"自发地"出现了❷。

在梅森看来，通过启用新的技术和商业模式，政府会培养出一些非市场经济形式来。用类似的方式，政府也可以重新塑造"市场，使之有利于那些可持续的、具有协作性和社会公平性的成果"❸。不过，他却忽视了近年来那些反民主与反自由的政府行为扩散的现象。他对"后资本主义"提出的构想，回避了为确保任何此种过渡而锻造出另一个政治领导阶层所带来的挑战。

我们可以采取什么样的措施，来培养出一种可以替代政治和经济转型的力量呢？否认成立一个适当的机构来进行变革的必要性，是另一种形式的回避。一些批判资本

---

❶ 梅森，2015年，第243页。

❷ 梅森，2015年，第xiii–xiv页。

❸ 梅森，2015年，第273–275页。

主义的人似乎认为这一点并不重要，因为资本主义制度已经到了垂死挣扎的境地，必将自我毁灭。这种观点的吸引力就在于，它回避了实现转型这一政治使命。我们只需等待资本主义崩溃，然后开始经济复兴的任务就行了。

例如，经济社会学家沃尔夫冈·施特雷克（Wolfgang Streeck）就认为，资本主义将亡于"自我过度发展"❶。他认为，过去30年间西欧劳工运动的瓦解，已经让资本主义失去了它维持稳定所需的反对力量。结果，资本主义受到的制约减少，因而变得更不稳定了。既然昔日的挑战者已被击败，那么对资本主义的威胁，就会来自其内部。

在此人看来，"除去了脚镣的"资本主义，以经济停滞、政治腐败和日益加剧的不平等（这与皮克迪和斯蒂格利茨的关注重点相呼应❷）为特征，往往会走向内爆。诚然，正如我们在本书第12章里讨论过的那样，经济衰退的种种力量与恢复力之间的相互作用，的确很有可能导致更大的不稳定性。但这一点，并不意味着整个制度就会崩溃。施特雷克的观点，暴露出了一种对政治转型的可能性感到极度悲观的心态。他认为，由于集体的能动性受到破坏，"我们甚至都无法想象"对自己的共同命运究竟有多大程度的掌控❸。

施特雷克提出的，是以前左派教条一种复杂的变化形式；此种教条认为，资本主义注定会最终崩溃。在过去，这种决定论的观点曾经导致人们回避了反资本主义运动日渐积聚这种政治挑战。如今，对于没有任何机构能够领导我们所需的经济转型这个问题，我们却再也无法忽视了。

目前这个问题还没有明确的答案虽属事实，却不是我们幻想资本主义会崩溃的理由。资本主义不会出现什么终极的危机。历史应该已经让我们吸取了教训，既不要低估这种制度的韧性，也不要低估这种制度哪怕是在形势最严峻之时的生存能力。要想成功地终结"长萧条"，需要一种能够清醒地领导我们走向经济转型过程的政治力量。

有些批判资本主义的人士，通过幻想已然存在一种资本主义转型力量，回避了显

---

❶ 施特雷克，2014年，第55页。
❷ 斯蒂格利茨，2012b；皮克迪，2014年。
❸ 施特雷克，2014年，第46页。

然没有一个机构来领导变革的这个问题。保罗·梅森在智能手机技术、新型社交媒体和"信息资本主义"培养出来的那种由知识分子形成的网络中,发现了这个机构❶。他赞扬了像"维基百科"(Wikipedia)这样的协作性网络,因为它提供了免费获取信息的途径,以及"共享经济"这样的商业亚文化❷。

梅森认为,资本主义正在通过信息技术的力量颠覆自身。但是,如今世界各地的街头抗议者也在使用社交媒体进行交流的事实,却并不意味着这些人的不满会"直指现代资本主义正在瓦解的核心"❸。手机只是一种通信设备。它并不意味着使用者都拥有了一种反资本主义的意识。

"维基百科"给学生和记者带来了福音,对百科全书和字典供应商来说却是一场灾难。不过,即便是维护该网站的成千上万名志愿者,迄今也依然必须通过搜索其中的数百万页网页,才能找到免费的饮食、衣物、住所和娱乐场所。他们需要来自其他地方的收入。为"维基百科"做贡献,属于过去常称的"业余爱好",或者为社区服务的志愿活动。人们为"维基百科"提供内容,可能有着各种各样的动机;可把这种行为理解成他们是在致力于一种后资本主义生产模式,却有点儿言过其实。

与此同时,"共享经济"当然能够降低服务的价格。但是,参与这种活动并不意味着参与者是有意识地对市场提出了质疑。像"爱彼迎"(Airbnb)❹和"优步"(Uber)这样的机构,已经通过采用一种资产精简、员工精简的资本主义生产方式而获得了成功。直接提供共享服务的个人,利用的是他们自己的资产和自己的时间。他们通常都缺乏常规酒店和出租车公司里的同行所享有的薪水、福利和适度的工作保障。

此种"共享"活动,过去一般称为"非正规行业",即黑市经济,或者充其量也只能说是自谋职业。在有些人看来,这种工作给他们从常规就业岗位上获得的收入提供了一种很有吸引力的补充。而对于那些没有常规工作的人来说,这种岗位却只能说是一种糟糕的替代性就业罢了。

---

❶ 梅森,2015年,第212-213页。
❷ 梅森,2015年,第xv-xvi页。
❸ 梅森,2015年,第xvii页。
❹ 美国一家旅行房屋租赁网站,总部位于旧金山市。亦译为"空中食宿"。——译者

梅森认为，只需集"整个人类的智力，大手一挥"❶，就会产生一种效应，将不同的个体集中起来，变成实现后资本主义转型的一股力量。不过，资本主义转型所需的，可不只是大手一挥。它需要我们广泛而明智地认识到生产衰退的程度，并且认识到可以采取什么措施来克服这种衰退。

转型的残酷现实

如果不淘汰掉没有生产力的企业和部门，同时开创新的生产中心，我们就不可能实现经济转型。拥护政府的产业政策的人士当中，有太多的人都只是片面地把注意力集中在让人感觉良好的创新领域里。他们都极度轻视相关的破坏性过程，轻视由此给个人生活、家庭和社区带来的破坏。这种态度，低估了在争取公众来支持经济重组，尤其是结束目前政府维持僵尸经济稳定的政策这一过程中面临的政治挑战。事实上，许多支持实行一种更加积极的产业政策的人士，都模糊了政府在早期促进了经济增长的措施与近几十年来已经阻碍到了经济发展的政府行为之间的差别。

例如，在描述20世纪末政府发挥的引领创新作用时，马祖卡托就未能认识到下面这一点：要想在21世纪再次发挥出这样的作用，政府就必须进行政治改革❷。她对美国在第二次世界大战后经济繁荣时期那种"创业型国家"的贡献大加赞赏的态度，在英国颇受欢迎，尤其是颇受左翼人士的欢迎。但是，对于国家不仅逃避了这一角色，而且如今还支持僵尸资本主义的程度这一点，她却是轻描淡写、一笔带过。她忽略了态度谨慎、希望稳定的当代政府，与应对"长萧条"所需的那种勇敢无畏、敢于冒险的机构之间的巨大差异。

自20世纪90年代以来，尤其是从采取紧急救市措施以来❸，产业政策得到了更为广泛的恢复，从而进一步混淆了问题的实质，让激进的评论人士形成了这样一种印

---

❶ 梅森，2015年，第xvii页。

❷ 马祖卡托，2013年，尤其是其中的第1章和第10章。她提出，若想扩大我们对国家作用的眼界，我们就必须"改变谈论国家的方式"（第9页）"和用于描述"国家时"的形象与观念"（第198页）。

❸《全球产业政策的复兴：挑选赢家，挽救输家》（The global revival of industrial policy: picking winners, saving losers），见于《经济学人》（The Economist），2010年8月5日；斯蒂格利茨、林毅夫和孟加，2013年。

象：近几十年来的国家政策是开明的，我们可以采取更多这样的政策。事实上，如今"产业政策"这个术语，已经变成了政府实施的任何经济干预措施的代名词❶。这种情况，模糊了倒退的经济干预和进步的经济干预之间的差别。

例如，林毅夫（Justin Lin）和塞勒斯汀·孟加（Celestin Monga）两人对"产业政策"的定义就很"宽泛"，指政府为鼓励一个行业里"正在进行的活动"或投资而做出的任何决定或者采取的任何措施❷。如此宽泛的定义，模糊了扶持与结构重组之间的区别，模糊了挽救老旧产业、老旧企业与向新企业投资之间的区别。然而，这种大相径庭的干预措施，其实对经济和社会却产生了完全相反的影响。

一种增强企业依赖性的产业政策，与我们如今所需的产业政策是背道而驰的。要想实现经济复兴，我们就必须关闭那些低生产率和低利润的企业。而我们在政治上面临的挑战，就是要普及这样一种认识，即挽救旧经济非但会徒劳无功，还会对经济繁荣构成障碍。

像马祖卡托这样的评论人士原本对创造性破坏的了解较为充分，可他们在提出一种新的创新型经济愿景的同时，却没有阐明必然会伴随着这一过程而来的破坏性，因而他们的观点具有误导性❸。民众不会自发地欢迎一项经济重组计划，因为这种计划可能要求他们换工作、重新接受培训和搬家。如果没有一种引人注目、令人信服的美好未来之愿景，个人和家庭陷入困境的前景必然会显得更加突出。回避对转型具有颠覆性这一点进行的政治论争，必然会事与愿违。这样做，会削弱为彻底实施经济转型而争取民意支持的任何一种可能性。

实施颠覆性变革的理由，必须公开进行辩论。经历了长达40多年的经济萧条之后，抵制变革会比安于现状更加糟糕，因为这种做法意味着我们甘愿让经济继续衰退下去。正如海瑟威和利坦两人所言，"政策制定者、公民、所有权人、雇主和创业者"都不应当害怕活力或者变革，即便变革有可能让人暂时感到不安，也该如此❹。

---

❶ 内斯特（Nester），1997年。威廉·内斯特（William Nester）认为，不管承不承认，各国都有一种产业政策，就是利用了如今所有主要产业都与政府盘根错节且依赖于政府的事实。

❷ 林毅夫和孟加，2013年，第23页。

❸ 玛丽安娜·马祖卡托，《工党创造新财富的新议程》（A new wealth-creating agenda for the Labour Party），见于《卫报》，2015年6月15日。

❹ 海瑟威和利坦，2014a，第6页。

创新性变革
开启一场经济复兴

赢得民众对这种变革的认可，正是必要的思想斗争的核心。

终结"长萧条"就意味着，我们要说服民众，让民众相信保护衰落是错误的，相信重建势在必行。除非人民使之发生，否则有意义的经济变革就不可能出现。任何一项经济重组和复兴的计划，都只有在民众积极参与的情况下才能发挥出作用。这不是一种自上而下、可能出现在某个偏僻的"经济"领域里，而与民众的日常生活脱了节的举措。

摆脱当前的经济困境，并没有什么毫无痛苦和轻松易行的道路。我们将不得不做出一些艰难的决定。科学研究、资本投入、创新和新产业方面的决策，都是由人类而非机器做出的。选择新的产业和新的技术，连同它们的运作，一向都属于真正的人类事务。能够自由地表达出经济、科学和技术观点，加上民主讨论和问责制度，就是确保民众做出恰当决定的最佳保障。

短期目标必须与经济、社会中范围更加广泛的优先事项保持平衡。我们可以利用一些新的民主手段来帮助做出这些选择，但有一项原则应当放在首位。这项原则就是：让人民来决定。

参考文献

[1] Aaronson, S., Cajner, T., Fallick, B., Gaibis-Reig, F., Smith, C. and Wascher, W. (2014) 'Labor force participation: recent developments and future prospects', *Brookings Papers on Economic Activity*, Fall.

[2] Abramovitz, M. (1956) 'Resource and output trends in the U.S. since 1870', *American Economic Review*, 46(2), May.

[3] Activist Insight (2014) *Activist Investing Review 2014*, Activist Insight and Schulte Roth & Zabel LLP.

[4] Adalet McGowan, M., Andrews, D., Criscuolo, C. and Nicoletti, G. (2015) *The Future of Productivity*, OECD.

[5] Adorno, T. and Horkheimer, M. (1979) *Dialectic of Enlightenment* (first published in 1944), Verso.

[6] Aghion, P. (2006) 'A primer on innovation and growth', Bruegel Policy Brief 2006/06, October.

[7] Allas, T. (2014) 'Insights from international benchmarking of the UK science and innovation system', Department for Business, Innovation and Skills Analysis Paper 3, January.

[8] Alliance for Competitive Taxation (2014) *ACT Tax Facts: By Standing Still on Taxes, the U.S. Has Fallen Behind the Rest of the World*, Alliance for Competitive Taxation, 25 September.

[9] Allman, D. (1983) 'The decline in business profitability: a disaggregated analysis', *Federal Reserve Bank of Kansas City Economic Review*, January.

[10] Andritzky, J. (2012) 'Government bonds and their investors; what are the facts and do they matter?', International Monetary Fund Working Paper 12/158.

[11] Angeletos, G., Collard, F. and Dellas, H. (2015) 'Confidence, aggregate demand, and the business cycle: a new framework', Vox policy portal, Centre for Economic Policy Research, 16 March. www.voxeu.org/article/confidence-aggregatedemand-and-business-cycle-new-framework

[12] Antolin-Diaz, J., Drechsel, T. and Petrella, I. (2014) 'Is economic growth permanently lower?', Fulcrum Research Notes, Fulcrum, October.

[13] Arora, A., Belenzon, S. and Patacconi, A. (2015) 'Killing the golden goose? The decline of science in corporate R&D', National Bureau of Economic Research Working Paper 20902, January.

[14] Arrowsmith, M., Griffiths, M., Franklin, J., Wohlmann, E., Young, G. and Gregory, D. (2013) 'SME forbearance and its implications for monetary and financial stability', *Bank of England Quarterly Bulletin,* 53(4).

[15] Aston, L. and Bekhradnia, B. (2003) *Demand for Graduates: A Review of the Economic Evidence*, The Higher Education Policy Institute, September.

[16] Bailey, R. (2012) 'Is U.S. economic growth over? Forget the stagnationists. Here are reasons to be cheerful', *Reason*, 16 October.

[17] Baily, M. (2003) 'Comments and discussion', in Gordon, R. (2003) 'Exploding productivity growth: context, causes and implications', *Brookings Papers on Economic Activity*, 2003(2).

[18] Banerjee, R., Kearns, J. and Lombardi, M. (2015) '(Why) is investment weak?', *Bank for International Settlements Quarterly Review*, March.

[19] Bank for International Settlements (2014) *84th Annual Report.*

[20] Bank for International Settlements (2015) *85th Annual Report.*

[21] Bank of England (2013) *Inflation Report*, August.

[22] Bank of England (2014) *Trends in Lending*, October.

[23] Barnett, A., Chiu, A., Franklin, J. and Sebastiá-Barriel, M. (2014) 'The productivity

puzzle: a firm-level investigation into employment behaviour and resource allocation over the crisis', Bank of England Working Paper 495, April.

[24] Barnett, A., Batten, S., Chiu, A., Franklin, J. and SebastiáBarriel, M. (2014) 'The UK productivity puzzle', *Bank of England Quarterly Bulletin*, Q2.

[25] Bates, T., Kahle, K. and Stulz, R. (2009) 'Why do U.S. firms hold so much more cash than they used to?', *The Journal of Finance*, 64(5), October.

[26] Baum, C., Caglayan, M. and Talavera, O. (2008) 'On the sensitivity of firms' investment to cash flow and uncertainty', Boston College Department of Economics Working Paper 638, August.

[27] Bean, C. (2016) *Independent Review of UK Economic Statistics*, HM Treasury and Cabinet Office, March.

[28] Becker, G. (1994) *Human Capital: A Theoretical and Empirical Analysis, with Special Reference to Education*, University of Chicago.

[29] Bell, D. (1996) *The Cultural Contradictions of Capitalism*, Basic Books.

[30] Ben-Ami, D. (2010) *Ferraris for All: In Defence of Economic Progress*, Policy Press.

[31] Bernanke, B. (2004) 'The Great Moderation', speech given at the Eastern Economic Association, Washington, DC, 20 February.

[32] Bernanke, B. (2005) 'The global saving glut and the U.S. current account deficit', speech given to the Virginia Association of Economists, Richmond, VA, 10 March.

[33] Bernanke, B. and Gurkaynak, R. (2002) 'Is growth exogenous? Taking Mankiw, Romer and Weil seriously', *NBER Macroeconomics Annual 2001*, Massachusetts Institute of Technology Press, 16.

[34] Bernstein, A. (2010), *The Case for Business in Developing Economies*, Penguin.

[35] Bessen, J. (2015) 'The anti-innovators: how special interests undermine entrepreneurship', *Foreign Affairs*, January/February.

[36] Bessen, J. and Meurer, M. (2007) 'What's wrong with the patent system? Fuzzy boundaries and the patent tax', *First Monday*, 12(6), June.

[37] Binfield, K. (ed) (2004) *Writings of the Luddites*, Johns Hopkins University Press.

[38] Blanchard, O., Rhee, C. and Summers, L. (1990) 'The stock market, profit and investment', National Bureau of Economic Research Working Paper 3370, May.

[39] Blum, J., Cameron, R. and Barnes, T. (1970) *The European World: A History*, Little, Brown Book Group.

[40] Bond, S., Leblebicioğlu, A. and Schiantarelli, F. (2010) 'Capital accumulation and growth: a new look at the empirical evidence', *Journal of Applied Econometrics*, 25(7), November/ December.

[41] Borio, C. (2012) 'On time, stocks and flows: understanding the global macroeconomic challenges', a lecture co-organised by the University of Munich, the Ifo Institute for Economic Research and the Sueddeutsche Zeitung, Munich, 15 October.

[42] Boyle, G. and Guthrie, G. (2003) 'Investment, uncertainty, and liquidity', *The Journal of Finance*, 58(5), October.

[43] Brenke, K. (2009) 'Real wages in Germany: numerous years of decline', *Weekly Report*, 5(28), German Institute for Economic Research (DIW).

[44] Broadbent, B. (2012a) 'Costly capital and the risk of rare disasters', speech given at Bloomberg, London, Bank of England, 28 May.

[45] Broadbent, B. (2012b) 'Productivity and the allocation of resources', speech given at Durham Business School, Bank of England, 12 September.

[46] Brundtland Commission (1987) *Our Common Future*, Report of the World Commission on Environment and Development, United Nations.

[47] Brynjolfsson, E. (1993) 'The productivity paradox of information technology: review and assessment', *Communications of the ACM*, December.

[48] Brynjolfsson, E. and McAfee, A. (2011) *Race Against the Machine: How the Digital Revolution is Accelerating Innovation, Driving Productivity, and Irreversibly Transforming Employment and the Economy*, Digital Frontier Press.

[49] Brynjolfsson, E. and McAfee, A. (2014) *The Second Machine Age: Work, Progress, and Prosperity in a Time of Brilliant Technologies*, W.W. Norton.

[50] Bryson, A. and Forth, J. (2015) 'The UK's productivity puzzle', National Institute of Economic and Social Research Discussion Paper 448.

[51] Bureau of Labor Statistics (2015) 'Producer prices' (chapter 14), *BLS Handbook of Methods*.

[52] Burgess, S. (2011) 'Measuring financial sector output and its contribution to UK GDP', *Bank of England Quarterly Bulletin*, Q3.

[53] Burgin, A. (2012) *The Great Persuasion: Reinventing Free Markets Since the Depression*, Harvard University Press.

[54] Butcher, B. and Bursnall, M. (2013) 'How dynamic is the private sector? Job creation and insights from workplace-level data', *National Institute Economic Review*, 225, August.

[55] Caballero, R. and Hammour, M. (1994) 'The cleansing effect of recessions', *American Economic Review*, 84(5).

[56] Caballero, R. and Hammour, M. (2000) 'Institutions, restructuring, and macroeconomic performance', paper based on a lecture given in Buenos Aires on 25 August 1999 at the XII World Congress of the International Economic Association, Massachusetts Institute of Technology.

[57] Caballero, R., Hoshi, T. and Kashyap A. (2008) 'Zombie lending and depressed restructuring in Japan', *American Economic Review*, 98(5).

[58] Carson, R (1962) *Silent Spring*, Houghton Mifflin.

[59] Chesbrough, H. (2003) *Open Innovation: The New Imperative for Creating and Profiting from Technology*, Harvard Business School Press.

[60] Christensen, C. (1997) *Innovator's Dilemma: When New Technologies Cause Great Firms to Fail*, Harvard Business School Press.

[61] Clark, T. (2009) 'Is the Great Moderation over? An empirical analysis', *Federal Reserve Bank of Kansas City Economic Review*, Q4.

[62] Collins, J. and Hansen, M. (2011) *Great by Choice: Uncertainty, Chaos and Luck – Why Some Thrive Despite Them All*, Random House Business.

[63] Conference Board (2014) *2014 Productivity Brief – Key Findings: Global Productivity Slowdown Moderated in 2013; 2014 May See Better Performance*, The Conference Board.

[64] Connors, E. and Franklin, M. (2015) *Multi-factor Productivity (Experimental), Estimates to 2013*, Office for National Statistics, 23 January.

[65] Corrado, C., Haskel, J., Jona-Lasinio, C. and Iommi, M. (2012) 'Intangible capital and growth in advanced economies: measurement methods and comparative results', The Institute for the Study of Labor (IZA) Discussion Paper 6733, July.

[66] Corrado, C., Hulten, C. and Sichel, D. (2009) 'Intangible capital and U.S. economic growth', *Review of Income and Wealth*, 55(3), September.

[67] Corry, D., Valero, A. and Van Reenen, J. (2011) *UK Economic Performance Since 1997: Growth, Productivity and Jobs*, London School of Economics Centre for Economic Performance, November.

[68] Cowen, T. (2011) *The Great Stagnation: How America Ate All the Low-Hanging Fruit of Modern History, Got Sick, and Will (Eventually) Feel Better*, Dutton.

[69] Coyle, D. (2014) *GDP: A Brief but Affectionate History*, Princeton University Press.

[70] Crafts, N. (2000) 'Globalization and growth in the twentieth century', International Monetary Fund Working Paper WP/00/44, March.

[71] Crafts, N. (2011a) *Delivering Growth while Reducing Deficits: Lessons from the 1930s*, Centre Forum.

[72] Crafts, N. (2011b) *British Relative Economic Decline Revisited*, University of Warwick.

[73] Criscuolo, C., Gal, P.N. and Menon, C. (2014) 'The dynamics of employment growth: new evidence from 18 countries', OECD Science, Technology and Industry Policy Paper 14.

[74] Dabla-Norris, E., Guo, S., Haksar, V., Kim, M., Kochhar, K., Wiseman, K. and Zdzienicka, A. (2015) 'The new normal: a sector-level perspective on growth and productivity trends in advanced economies', International Monetary Fund Staff Discussion Note SDN/15/03, March.

[75] Davis, I. (2009) 'The new normal', *McKinsey Quarterly*, March.

[76] Davis, S. and Haltiwanger, J. (2014) 'Labor market fluidity and economic performance', revised paper presented at the Federal Reserve Bank of Kansas City's economic policy symposium in August 2014, November.

[77] Deaton, A. (2013) *The Great Escape: Health, Wealth and the Origins of Inequality*, Princeton University Press.

[78] Disney, R., Haskel, J. and Heden, Y. (2003) 'Restructuring and productivity growth in UK manufacturing', *The Economic Journal*, 113(489).

[79] Dobbs, R., Manyika, J., Roxburgh C. and Lund, S. (2010) *Farewell to Cheap Capital? The Implications of Long-term Shifts in Global Investment and Saving*, McKinsey Global Institute, December.

[80] Dobbs, R., Lund, S., Woetzel, J. and Mutafchieva, M. (2015) *Debt and (Not Much) Deleveraging*, McKinsey Global Institute, February.

[81] Drehmann, M., Borio, C. and Tsatsaronis, K. (2012) 'Characterising the financial cycle: don't lose sight of the medium term!', Bank for International Settlements Working Paper 380, June.

[82] Duncan, R. (2009) *The Corruption of Capitalism: A Strategy to Rebalance the Global Economy and Restore Sustainable Growth*, CLSA Books.

[83] Eichengreen, B. (2014) *Hall of Mirrors: The Great Depression, the Great Recession and the Uses – and Misuses – of History*, Oxford University Press.

[84] El-Erian, M. (2016) *The Only Game in Town*, Random House.

[85] Elliott, L. and Atkinson, D. (2008) *The Gods that Failed: How Blind Faith in Markets has Cost Us Our Future*, Bodley Head.

[86] Farnsworth, K. (2015) 'The British corporate welfare state: public provision for private businesses', Sheffield Political Economy Research Institute Paper 24, July.

[87] Field, A. (2003) 'The most technologically progressive decade of the century', *American Economic Review*, September.

[88] Field, A. (2006) 'Technological change and U.S. productivity growth during the

interwar years', *Journal of Economic History*, 66(1), March.

[89] Fisher, I. (1933) 'The debt-deflation theory of great depressions', *Econometrica*.

[90] Fisher, R. (2014) 'Monetary policy and the Maginot Line (with reference to Jonathan Swift, Neil Irwin, Shakespeare's Portia, Duck Hunting, the Virtues of Nuisance and Paul Volcker)', speech delivered at the University of Southern California, Los Angeles, 16 July.

[91] Ford, M. (2015) *The Rise of the Robots – Technology and the Threat of Mass Unemployment*, Oneworld Publications.

[92] Foroohar, R. (2016) *Makers and Takers: The Rise of Finance and the Fall of American Business*, Crown Business.

[93] Fosler, G. (2011) 'The return of the "old normal"', *Economic Assessments*, GailFosler Group LLP, 14 June.

[94] Foster, L., Haltiwanger, J. and Krizan, C.J. (2001) 'Aggregate productivity growth: lessons from microeconomic evidence', in E. Dean, M. Harper and C. Hulten (eds) *New Developments in Productivity Analysis*, University of Chicago Press.

[95] Foster, L., Grim, C. and Haltiwanger, J. (2013) 'Reallocation in the Great Recession: cleansing or not?', Center for Economic Studies Discussion Paper CES-WP-13-42, August.

[96] Frankl, V. (2004) *Man's Search for Meaning*, Rider.

[97] Frey, C.B. (2015) 'The end of economic growth? How the digital economy could lead to secular stagnation', *Scientific American*, 312(1), January.

[98] Frey, C.B. and Osborne, M. (2013) 'The future of employment: how susceptible are jobs to computerisation?', Oxford Martin Programme on the Impacts of Future Technology Working Paper, 17 September.

[99] Friedman, M. (2002) *Capitalism and Freedom: Fortieth Anniversary Edition*, University of Chicago Press.

[100] Fujita, S. (2008) 'Creative destruction and aggregate productivity growth', *Federal Reserve Bank of Philadelphia Business Review*, Q3.

[101] Fukuyama, F. (1989) 'The end of history', *The National Interest*, Summer.

[102] Fukuyama, F. (1992) *The End of History and the Last Man*, Free Press.

[103] Furedi, F. (1997) *Culture of Fear: Risk-taking and the Morality of Low Expectation*, Cassell.

[104] Furedi, F. (2014) *First World War – Still No End in Sight*, Bloomsbury.

[105] Goodridge, P., Haskel, J. and Wallis, G. (2014) *Estimating UK Investment in Intangible Assets and Intellectual Property Rights*, Intellectual Property Office.

[106] Goodridge, P., Haskel, J. and Wallis, G. (2015) 'Accounting for the UK productivity puzzle: a decomposition and predictions', Imperial College London Business School Discussion Paper 2015/02.

[107] Gordon, R. (2003) 'Exploding productivity growth: context, causes and implications', *Brookings Papers on Economic Activity*, 2003(2).

[108] Gordon, R. (2004) 'Why was Europe left at the station when America's productivity locomotive departed?', CEPR Discussion Paper 4416, Centre for Economic Policy Research, 31 March.

[109] Gordon, R. (2010a) 'Revisiting U.S. productivity growth over the past century with a view of the future', National Bureau of Economic Research Working Paper 15834, March.

[110] Gordon, R. (2010b) 'Okun's Law, productivity innovations, and conundrums in business cycle dating', *American Economic Review: Papers & Proceedings*, 100(2), May.

[111] Gordon, R. (2012) 'Is US economic growth over? Faltering innovation confronts the six headwinds', *Policy Insight 63*, Centre for Economic Policy Research, September.

[112] Gordon, R. (2016) *The Rise and Fall of American Growth: The U.S. Standard of Living since the Civil War*, Princeton University Press.

[113] Graebner, D. (2015) *The Utopia of Rules: On Technology, Stupidity and the Secret Joys of Bureaucracy*, Melville House.

[114] Granados, J.T. (2010) 'Economists, recessions and profits', *Capitalism Nature*

Socialism, 21(1), March.

[115] Greenspan, A. (2005) 'The Federal Reserve Board's semi-annual Monetary Policy Report to the Congress', Federal Reserve, 16 February.

[116] Gros, D. (2014) 'Investment as the key to recovery in the euro area?', CEPS Policy Briefs 326, Centre for European Policy Studies, 18 November.

[117] Grossmann, H. (1992) *The Law of Accumulation and Breakdown of the Capitalist System*, Pluto Press.

[118] Haldane, A. (2015) 'Stuck', speech at the Open University, Milton Keynes, Bank of England, 30 June.

[119] Haldane, A., Brennan, S. and Madouros, V. (2010) 'What is the contribution of the financial sector: miracle or mirage?', in Adair Turner et al, *The Future of Finance: The LSE Report*, London School of Economics and Political Science.

[120] Haltiwanger, J. (2012) 'Job creation and firm dynamics in the U.S.', *Innovation Policy and the Economy*, 12, National Bureau of Economic Research.

[121] Haltiwanger, J., Jarmin, R. and Miranda, J. (2008) 'Business formation and dynamics by business age: results from the new business dynamics statistics', Preliminary Draft, Center for Economic Studies, US Census Bureau, May.

[122] Haltiwanger, J., Jarmin, R. and Miranda, J. (2011) 'Historically large decline in job creation from startup and existing firms in the 2008–2009 recession', Business Dynamics Statistics Briefing, Ewing Marion Kauffman Foundation, March.

[123] Haltiwanger, J., Hathaway, I. and Miranda, J. (2014) *Declining Business Dynamism in the U.S. High-Technology Sector*, Ewing Marion Kauffman Foundation, February.

[124] Hansen A. (1938) *Full Recovery or Stagnation?*, W.W. Norton.

[125] Harvard Business Review (2002) 'Inspiring innovation', *Harvard Business Review*, August.

[126] Hathaway, I. and Litan, R. (2014a) 'Declining business dynamism in the United States: a look at states and metros', *Economic Studies at Brookings*, The Brookings Institution, May.

[127] Hathaway, I. and Litan, R. (2014b) 'The other aging of America: the increasing dominance of older firms', *Economic Studies at Brookings*, The Brookings Institution, July.

[128] Hayek, F.A. (1931) *Prices and Production*, Augustus M. Kelly.

[129] Hayek, F.A. (1991) *The Fatal Conceit: The Errors of Socialism*, University of Chicago Press.

[130] Hijzen, A., Upward, R. and Wright, P. (2010) 'Job creation, job destruction and the role of small firms: firm-level evidence form the UK', *Oxford Bulletin of Economics and Statistics*, 72.

[131] HM Treasury (2014) *Review of the Oil and Gas Fiscal Regime: Call for Evidence*, HM Treasury.

[132] HM Treasury (2015) *Fixing the Foundations: Creating a More Prosperous Nation*, Cm 9098, HM Treasury, July.

[133] Hooker, H. and Achur, J. (2014) *First Findings from the UK Innovation Survey 2013*, Department for Business, Innovation and Skills, October.

[134] Ignatieff, M. (1999) 'Ascent of man', *Prospect Magazine*, October.

[135] International Labour Organization Bureau for Workers' Activities (2012) *From Precarious Work to Decent Work*, Symposium Outcome Document, ILO.

[136] International Labour Organization (2013) *Global Employment Trends for Youth 2013 – A Generation at Risk*, ILO.

[137] International Monetary Fund (2006) 'Awash with cash: why are corporate savings so high?', *World Economic Outlook*, April.

[138] International Monetary Fund (2014a) 'Perspectives on global real interest rates', *World Economic Outlook: Recovery Strengthens, Remains Uneven*, April.

[139] International Monetary Fund (2014b) *World Economic Outlook: Legacies, Clouds, Uncertainties*, October.

[140] International Monetary Fund (2015) *World Economic Outlook: Uneven Growth: Short- and Long-Term Factors*, April.

[141] Jackson, T. (2011) *Prosperity without Growth: Economics for a Finite Planet*, Routledge.

[142] Janeway, W. (2012) *Doing Capitalism in the Innovation Economy: Markets, Speculation and the State*, Cambridge University Press.

[143] Jorda, O., Schularick, M. and Taylor, A. (2012) 'When credit bites back: leverage, business cycles, and crises', Federal Reserve Bank of San Francisco Working Paper 2011-27, October.

[144] Jorgenson, D. (2011) 'Innovation and productivity growth', *American Journal of Agricultural Economics*, 93(2).

[145] Jorgenson, D., Ho, M. and Samuels, J. (2010) 'Information technology and US productivity growth: evidence from a prototype industry production account'. http://scholar.harvard.edu/files/jorgenson/files/02_jorgenson_ho_ samuels19nov20101_2.pdf. Prepared for M. Mas and R. Stehrer (eds) (2012) *Industrial Productivity in Europe: Growth and Crisis*, Edward Elgar.

[146] Jorgenson, D. and Stiroh, K. (2000) 'Raising the speed limit: U.S. growth in the information age', *Brookings Papers on Economic Activity*, 1.

[147] Joyce, M., Tong, M. and Woods, R. (2011) 'The United Kingdom's quantitative easing policy: design, operation and impact', *Bank of England Quarterly Bulletin*, Q3.

[148] Karabell, Z. (2016) 'Learning to love stagnation', *Foreign Affairs*, March/April.

[149] Kay, J. (2012) *The Kay Review of UK Equity Markets and LongTerm Decision Making*, Department for Business, Innovation and Skills.

[150] Keynes, J.M. (1936) *General Theory of Employment Interest and Money*, Macmillan.

[151] King, A. and Schneider, B. (1993) *The First Global Revolution*, The Club of Rome.

[152] King, S. (2013) *When the Money Runs Out: The End of Western Affluence*, Yale University Press.

[153] Kliman, A. (2012) *The Failure of Capitalist Production: Underlying Causes of the Great Recession*, Pluto Press.

[154] Knight, F. (1921) *Risk, Uncertainty, and Profit*, Hart, Schaffner & Marx, Houghton

Mifflin Co. Available at the Library of Economics and Liberty Online: www.econlib.org/library/ Knight/knRUP4.html

[155] Koller, T., Lovallo, D. and Williams, Z. (2011) 'A bias against investment?', *McKinsey Quarterly*, September.

[156] Koo, R. (2011) 'The world in balance sheet recession: causes, cure, and politics', *Real-World Economics Review*, 58.

[157] Kothari, S.P., Lewellen, J. and Warner, J. (2014) 'The behavior of aggregate corporate investment', The Bradley Policy Research Center Financial Research and Policy Working Paper FR 14-18, William E. Simon Graduate School of Business Administration, 12 September.

[158] Krippner, G. (2012) *Capitalizing on Crisis: The Political Origins of the Rise of Finance*, Harvard University Press.

[159] Krugman, P. (2013) *End This Depression Now!*, W.W. Norton.

[160] Kurzweil, R. (2001) *The Law of Accelerating Returns*, Kurzweil Accelerating Intelligence website. www.kurzweilai.net/thelaw-of-accelerating-returns

[161] Kurzweil, R. (2006) *The Singularity is Near*, Gerald Duckworth & Co.

[162] Labour Party (1976) *Annual Conference Report*, Labour Party.

[163] Lagarde, C. (2014) 'The challenge facing the global economy: new momentum to overcome a new mediocre', speech given at the School of Foreign Service, Georgetown University, Washington, DC, 2 October.

[164] Lanier, J. (2014) *Who Owns the Future?*, Penguin.

[165] Lapavitsas, C. (2013) *Profiting Without Producing: How Finance Exploits Us All*, Verso.

[166] Lasch, C. (1991) *The Culture of Narcissism: American Life in An Age of Diminishing Expectations*, W.W. Norton.

[167] Lazonick, W. and O'Sullivan, M. (2000) 'Maximizing shareholder value: a new ideology for corporate governance', *Economy and Society*, 29(1).

[168] Le Merle, M. (2011) 'How to prepare for a black swan', *Strategy+Business*, 64, Autumn.

[169] Lin, J.Y. and Monga, C. (2010) 'Growth identification and facilitations: the role of the state in the dynamics of structural change', World Bank Policy Research Working Paper 5313, May.

[170] Lin, J.Y. and Monga, C. (2013) 'Comparative advantage: the silver bullet of industrial policy', in J. Stiglitz and J. Y. Lin (eds) *The Industrial Policy Revolution I: The Role of Government Beyond Ideology*, Palgrave Macmillan for the International Economic Association.

[171] Loeys, L., Mackie, D., Meggyesi, P. and Panigirtzoglou, N. (2005) *Corporates are driving the global savings glut*, JP Morgan Research, 24 June.

[172] LSE Growth Commission (2013) *Investing for Prosperity: Skills, Infrastructure and Innovation*, London School of Economics and Political Science, February.

[173] McCafferty, I. (2014) 'The UK productivity puzzle – a sectoral perspective', speech given at the Bank of England, London, 19 June.

[174] Machiavelli, N. (2008) *The Prince*, Oxford University Press.

[175] McKinsey Global Institute (2001) *US Productivity Growth, 1995–2000*, McKinsey Global Institute, October.

[176] McKinsey Global Institute (2016) *Diminishing Returns: Why Investors may Need to Lower their Expectations*, McKinsey Global Institute, May.

[177] Macmillan, I., Prakash, S. and Shoult, R. (2014) 'The cash paradox: how record cash reserves are influencing corporate behavior', *Deloitte Review*, 15, 28 July.

[178] Maddison, A. (1991) *Dynamic Forces in Capitalist Development*, Oxford University Press.

[179] Maddison, A. (2003) *The World Economy: Historical Statistics*, OECD.

[180] Magnus, G. (2011) *Uprising: Will Emerging Markets Shape or Shake the World Economy*, Wiley.

[181] Maito, E.E. (2014) 'The historical transience of capital: the downward trend in the rate

of profit since XIX century', Munich Personal RePEc Archive (MPRA) Paper 55894, University of Munich.

[182] Manyika, J., Lund, S., Auguste, B., Meddonca, L., Welsh, T. and Ramaswamy, S. (2011) *An Economy that Works: Job Creation and America's Future*, McKinsey Global Institute, June.

[183] Manyika, J., Sinclair, J., Dobbs, R., Strube, G., Rassey, L., Mischke, J., Remes, J., Roxburgh, C., George, K., O'Halloran, D. and Ramaswamy, S. (2012) *Manufacturing the Future: The Next Era of Global Growth and Innovation*, McKinsey Global Institute, November.

[184] Marshall, A. (1920) *Principles of Economics* (8th edn), Macmillan and Co. Available at the Online Library of Liberty: http://oll. libertyfund.org.

[185] Martin, B. (2010) *Rebalancing the British Economy: A Strategic Assessment*, Centre for Business Research, University of Cambridge, July.

[186] Marx, K. (1973) *Grundrisse: Foundations of the Critique of Political Economy*, translated by Martin Nicolaus, Penguin.

[187] Marx, K. (1974) *Capital: A Critique of Political Economy, Volume 3*, Lawrence and Wishart.

[188] Marx, K. (1975) *Theories of Surplus Value, Part 2*, Lawrence and Wishart.

[189] Mason, P. (2015) *Postcapitalism*, Allen Lane.

[190] Mattick, P. (1974) *Marx and Keynes: The Limits of the Mixed Economy*, Merlin Press.

[191] Mauldin, J. and Tepper, J. (2011) *End Game: The End of the Debt Supercycle and How it Changes Everything*, John Wiley.

[192] Mazzoleni, R. and Nelson, R. (1998) 'The benefits and costs of strong patent protection: a contribution to the current debate', *Research Policy*, 27.

[193] Mazzucato, M. (2011) *The Entrepreneurial State*, Demos.

[194] Mazzucato, M. (2013) *The Entrepreneurial State: Debunking Public vs. Private Sector Myths*, Anthem Press.

[195] Meadows, D.H., Meadows, D.L., Randers, J. and Behrens III, W.W. (1972) *The Limits to Growth: A Report for the Club of Rome*, Universe Books.

[196] Meiksins Wood, E. (1995) *Democracy against Capitalism: Renewing Historical Materialism*, Cambridge University Press.

[197] Mendoza, E. and Quadrini, V. (2009) 'Financial globalization, financial crises and contagion', National Bureau of Economic Research Working Paper 15432, October.

[198] Mikes, A. (2014) 'The triumph of the humble chief risk officer', Harvard Business School Working Paper 14-114, May.

[199] Minsky, H. (1992) 'The financial instability hypothesis', The Levy Economics Institute of Bard College Working Paper 74, May.

[200] Mishan, E. (1967) *The Costs of Economic Growth*, Staples Press.

[201] Mizruchi, M. (2007) 'Power without efficacy: the decline of the American corporate elite', seminar paper, University of Michigan.

[202] Mokyr, J. (2013) 'Is technological progress a thing of the past?', Vox policy portal, Centre for Economic Policy Research, 8 September. www.voxeu.org/article/technological-progressthing-past.

[203] National Research Council (2007) *Condensed-Matter and Materials Physics: The Science of the World Around Us*, The National Academies Press.

[204] Nellis, D. (2013) 'Measuring the change in effectiveness of quantitative easing', *Issues in Political Economy*, 22.

[205] Nelson, R. (2000) 'Observations on the post Bayh-Dole rise of patenting at American universities', paper for the Swedish International Symposium on Economics, Law and Intellectual Property, Gothenburg, June.

[206] NESTA (2008) *Social Innovation: New Approaches to Transforming Public Services*, Policy Briefing SI/18, NESTA, January.

[207] Nester, W. (1997) *American Industrial Policy: Free or Managed Markets?*, Palgrave Macmillan.

[208] Nordhaus, W. (2002) 'Productivity growth and the new economy', *Brookings Papers*

on Economic Activity, 2002(2).

[209] Nordhaus, W., Bosworth, B., Solow, R. and Vaccara, B.N. (1972) 'The recent productivity slowdown', *Brookings Papers on Economic Activity*, 1972(3).

[210] Nordhaus, W. and Tobin, J. (1972) 'Is growth obsolete?', in W. Nordhaus and J. Tobin, *Economic Research: Retrospect and Prospect: Economic Growth*, National Bureau of Economic Research.

[211] Office for National Statistics (2015a) *Labour Productivity, Quarter 4 2014*, Office for National Statistics, 1 April.

[212] Office for National Statistics (2015b) *International Comparisons of Productivity – First Estimates, 2014*, Office for National Statistics, 18 September.

[213] Office for National Statistics (2015c) *Capital Stocks, Consumption of Fixed Capital, 2015*, Office for National Statistics, 1 December.

[214] Oliner, S. and Sichel, D. (2000) 'The resurgence of growth in the late 1990s: is information technology the story?', *Journal of Economic Perspectives*, 14(4), Fall.

[215] Oliner, S. and Sichel, D. (2002) 'Information technology and productivity: where are we now and where are we going?', *Federal Reserve Bank of Atlanta Economic Review*, 87(3).

[216] Oliner, S., Sichel, D. and Stiroh, K. (2007) *Explaining a Productive Decade*, Federal Reserve.

[217] O'Mahony, M. and de Boer, W. (2002) *Britain's Relative Productivity Performance: Updates to 1999*, National Institute of Economic and Social Research.

[218] O'Mahony, M. and van Ark, B. (2003) *EU Productivity and Competitiveness: An Industry Perspective: Can Europe Resume the Catching-up Process?*, European Commission DG Enterprise.

[219] Organisation for Economic Co-operation and Development (2015a) *Business and Finance Outlook 2015*, OECD.

[220] Organisation for Economic Co-operation and Development (2015b) *The Future of Productivity*, Joint Economics Department and the Directorate for Science, Technology

and Innovation Policy Note, OECD.

[221] Orphanides, A. (2013) 'Is monetary policy over burdened?', paper presented at the BIS 12th Annual Conference Navigating the Great Recession: What Role for Monetary Policy?, Bank for International Settlements Working Paper 435, December.

[222] Patterson, P. (2012) *The Productivity Conundrum, Explanations and Preliminary Analysis*, Office for National Statistics, 16 October.

[223] Pessoa, J. and Van Reenen, J. (2013) 'The UK productivity and jobs puzzle: does the answer lie in labour market flexibility?', London School of Economics Centre for Economic Performance Special Paper 31.

[224] Phelps, E. (2013) *Mass Flourishing: How Grassroots Innovations Created Jobs, Challenge, and Change*, Princeton University Press.

[225] Philpott, J. (2004) *Quarterly HR Trends and Indicators Survey*, Chartered Institute of Personnel and Development, April.

[226] Piketty, T. (2014) *Capital in the Twenty-First Century*, Harvard University Press.

[227] Pisano, G. (2006) 'Can science be a business? Lessons from biotech', *Harvard Business Review*, October.

[228] Plunkett, J. (2011) *Growth without Gain? The Faltering Living Standards of People on Low-to-Middle Incomes*, Resolution Foundation Commission on Living Standards, May.

[229] Poterba, J. and Summers, L. (1995) 'A CEO survey of U.S. companies' time horizons and hurdle rates', *MIT Sloan Management Review*, 15 October.

[230] Poynter, G. (2000) *Restructuring in the Service Industries: Management Reform and Workplace Relations in the UK Service Sector*, Mansell Publishing.

[231] Public Administration Select Committee (2012) *Strategic Thinking in Government: without National Strategy, can Viable Government Strategy Emerge?*, HC 1625, UK Stationery Office, 24 April.

[232] Quak, E. and van de Vijsel, A. (2014) 'Low wages and job insecurity as a destructive global standard', *The Broker*, 26 November.

[233] Rajan, R. (2010) *Fault Lines: How Hidden Fractures Still Threaten the World Economy*, Princeton University Press.

[234] Reinhart, C., Reinhart, V. and Rogoff, K. (2012) 'Debt overhangs: past and present', National Bureau of Economic Research Working Paper 18015, April.

[235] Reinhart, C. and Rogoff, K. (2009) *This Time is Different: Eight Hundred Centuries of Financial Folly*, Princeton University Press.

[236] Restuccia, D. and Rogerson, R. (2012) 'Misallocation and productivity', University of Toronto Department of Economics Working Paper 468, 23 November.

[237] Romer, P. (1986) 'Increasing returns and long-run growth', *Journal of Political Economy*, 94(5).

[238] Romer, P. (1990) 'Endogenous technological change', *Journal of Political Economy*, 98(5).

[239] Roubini, N. and Mihm, S. (2011) *Crisis Economics: A Crash Course in the Future of Finance*, Penguin.

[240] Roxburgh, C., Labaye, E., Thompson, F., Tacke, T. and Kauffman, D. (2012) *Investing in Growth: Europe's Next Challenge*, McKinsey Global Institute, December.

[241] Roxburgh, C., Lund, S., Wimmer, T., Amar, E., Atkins, C., Kwek, J., Dobbs, R. and Manyika, J. (2010) *Debt and Deleveraging: The Global Credit Bubble and its Economic Consequences*, McKinsey Global Institute, January.

[242] Royal Society, (2011) *Knowledge, Networks and Nations: Global Scientific Collaboration in the 21st Century*, The Royal Society.

[243] Sachs, J.D. (2015) *The Age of Sustainable Development*, Columbia University Press.

[244] Schumacher, E.F. (1988) *Small Is Beautiful: A Study of Economics As If People Mattered*, Abacus.

[245] Schumpeter, J. (1975) *Capitalism, Socialism and Democracy*, Harper & Brothers.

[246] Scott, M.F. (1989) *A New View of Economic Growth*, Oxford University Press.

[247] Simms, B. (2014) *Europe: The Struggle for Supremacy 1453 to the Present*, Penguin.

[248] Sirkin, H., Zinser, M. and Hohner, D. (2011) *Made in America, Again: Why Manufacturing Will Return to the US*, Boston Consulting Group, August.

[249] Smart, J. (2005) 'Measuring innovation in an accelerating world: review of "A possible declining trend for worldwide innovation," Jonathan Huebner', *Technological Forecasting and Social Change*, 72(8).

[250] Smithers, A. (2013) *The Road to Recovery: How and Why Economic Policy Must Change*, Wiley.

[251] Solow, R. (1956) 'A contribution to the theory of economic growth', *Quarterly Journal of Economics*, 70(1), February.

[252] Solow, R. (1957) 'Technical change and the aggregate production function', *Review of Economics and Statistics*, 39(3), August.

[253] Spengler O. (1991) *The Decline of the West*, Oxford University Press.

[254] Srinivasan, S. (2012) 'A new measure of consumer credit', *Bank of England Monetary & Financial Statistics*, July.

[255] Standard & Poor's Ratings Services (2013) *Global Corporate Capital Expenditure Survey 2013*, Standard & Poor's Ratings Direct, July.

[256] Standard & Poor's Ratings Services (2014) *Global Corporate Capital Expenditure Survey 2014*, McGraw Hill Financial, June.

[257] Steinbeck, J. (1962) *Travels with Charley: In Search of America*, Viking.

[258] Stiglitz, J. (2012a) 'The book of Jobs', *Vanity Fair*, January.

[259] Stiglitz, J. (2012b) *The Price of Inequality*, Allen Lane.

[260] Stiglitz, J., Lin, J.Y., and Monga, C. (2013) 'The rejuvenation of industrial policy', World Bank Policy Research Working Paper 6628.

[261] Stock, J. and Watson, M. (2003) 'Has the business cycle changed and why?', *NBER Macroeconomics Annual 2002*, Massachusetts Institute of Technology Press, 17.

[262] Streeck, W. (2014) 'How will capitalism end?', *New Left Review*, 87, May–June.

[263] Summers, L. (2014) 'U.S. economic prospects: secular stagnation, hysteresis, and the

zero lower bound', *Business Economics*, 49(2).

[264] Summers, L. (2016) 'The age of secular stagnation: what it is and what to do about it', *Foreign Affairs*, March/April.

[265] Syverson, C. (2016) 'Challenges to mismeasurement explanations for the U.S. productivity slowdown', National Bureau of Economic Research Working Paper 21974, February.

[266] Taleb, N.N. (2007) *The Black Swan: The Impact of the Highly Improbable*, Penguin.

[267] Tett, G. (2009) *Fool's Gold*, Little, Brown.

[268] Teulings, C. and Baldwin, R. (eds) (2014) *Secular Stagnation: Facts, Causes, and Cures*, Vox e-book, Centre for Economic Policy Research, 16 March. www.voxeu.org/article/secularstagnation-facts-causes-and-cures-new-vox-ebook.

[269] Thiel, P. (2011) 'The end of the future', *National Review*, 3 October.

[270] Toksöz, M. (2014) *Guide to Country Risk: How to Identify, Manage and Mitigate the Risks of Doing Business across Borders*, The Economist in association with Profile Books.

[271] Triplett, J. and Bosworth, B. (2002) '"Baumol's disease" has been cured: IT and multifactor productivity in U.S. services industries', paper presented at a conference on 'The New Economy: How New? How Resilient?', Texas, 19 April.

[272] Turner, A. (2014a) 'Escaping the debt addiction: monetary and macroprudential policy in the post crisis world', lecture at the Centre for Financial Studies, Frankfurt, 19 February.

[273] Turner, A. (2014b) 'Wealth, debt, inequality and low interest rates: four big trends and some implications', speech at Cass Business School, London, 26 March.

[274] United Nations (2016) *World Economic Situation and Prospects 2016*, United Nations.

[275] US Department of the Treasury (2008) *Report to Congress on International Economic and Exchange Rate Policies*, US Department of the Treasury, May.

[276] US Department of the Treasury, the Federal Reserve Bank of New York, and the Board of Governors of the Federal Reserve System (2014) *Foreign Portfolio Holdings of U.S.*

Securities as of June 30, 2013, US Department of the Treasury, April.

[277] Van Ark, B., Inklaar, R. and McGuckin, R. (2003) 'Changing gear: productivity, ICT and service industries in Europe and the United States', in J. Christensen and P. Maskell (eds) *The Industrial Dynamics of the New Digital Economy*, Edward Elgar.

[278] Wehinger, G. (2011) 'Fostering long-term investment and economic growth', a summary of discussions at the OECD High-Level Financial Roundtable on 7 April 2011, *OECD Journal: Financial Market Trends*, 1.

[279] White, W. (2012) 'Ultra easy monetary policy and the law of unintended consequences', Federal Reserve Bank of Dallas Globalization and Monetary Policy Institute Working Paper 126, September.

[280] Whittaker, M. and Savage, L. (2011) *Missing Out: Why Ordinary Workers are Experiencing Growth without Gain*, Resolution Foundation Commission on Living Standards, July.

[281] Wolf, M. (2014) *The Shifts and the Shocks: What We've Learned – and Have Still to Learn – from the Financial Crisis*, Allen Lane.

[282] Woudhuysen, J. and Kaplinsky, J. (2009) *Energise: A Future for Energy Innovation*, Beautiful Books.

[283] Zakaria, F. (2013) 'Can America be fixed? The new crisis of democracy', *Foreign Affairs*, January/February.

缩略词表

ARPANET：高级研究计划署网络

BEA：美国经济分析局

BED：行业就业动态

BIS：国际清算银行

BLS：美国劳工统计局

CBI：英国工业联合会

CEO：首席执行官

DARPA：美国国防部高级研究计划局

ECB：欧洲中央银行

ERM：企业风险管理

EU：欧盟

FRED：联储经济数据库

G7：七国集团（包括美国、英国、日本、德国、法国、意大利和加拿大）

GDP：国内生产总值

GFCF：固定资本形成总值

ICT：信息与通信技术

ILO：国际劳工组织

IMF：国际货币基金组织

JOLT：职位空缺与劳动力流动

LSE：伦敦政治经济学院

M&A：并购（即兼并与收购）

MFP：多要素生产率

NBER：美国国家经济研究局

NESTA：英国国家科技艺术基金会

NIPA：国民收入和生产账户

NRC：美国国家科学研究院

OECD：经济合作与发展组织

ONS：英国国家统计局

OPEC：石油输出国组织

QE：量化宽松

R&D：研究与开发

TFP：全要素生产率

UN：联合国

VAT：增值税